noites tropicais

solos, improvisos e memórias musicais

nelson motta

noites tropicais

solos, improvisos e memórias musicais

nova edição, revista e ampliada

Rio de Janeiro, 2023

Diretora editorial: Raquel Cozer
Coordenadora editorial: Diana Szylit
Editora: Beatriz Lopes
Assistentência editorial: Camila Gonçalves
Copidesque: Bonie Santos
Revisão: Laila Guilherme e Daniela Georgeto
Capa: Luiz Stein Design (LSD) com Victor Hugo Cecatto
Projeto gráfico de miolo e diagramação: Eduardo Okuno
Tratamento de imagens: Victor Hugo Cecatto
Foto da orelha: Drica Albuquerque

Dados Internacionais de Catalogação na Publicação (CIP)
Angélica Ilacqua CRB-8/7057

M875n

Motta, Nelson
Noites tropicais : solos, improvisos e memórias musicais / Nelson Motta. — Rio de Janeiro : HarperCollins, 2023.
496 p. : il.

Bibliografia
ISBN 978-65-5511-423-2

1. Música popular brasileira 2. Celebridades brasileiras I. Título

22-4531 CDD 784.0981
CDU 783(81)

Rua da Quitanda, 86, sala 218 – Centro
Rio de Janeiro, RJ – CEP 20091-005
Tel.: (21) 3175-1030
www.harpercollins.com.br

Para minha mãe, que me ensinou
a amar a música, e meu pai,
que me ensinou a amar as letras.

Para Joana, Esperança e Nina Morena,
filhas queridas, com amor e alegria.

Para Costanza, por tudo, sempre.

Graças à tecnologia, este livro pode ser lido como eu gostaria que fosse o original: com o leitor ouvindo as músicas de que eu estava falando. Na época, tentamos remediar com um CD *duplo com as 32 principais músicas, que eram muito pouco entre as inúmeras citadas no livro. Agora é ir lendo com o streaming aberto, ouvindo a trilha sonora da história que estou contando. Olho no livro e som na caixa. Boa viagem.*

N.M.

!

Mais grave!
Mais agudo!
Mais eco!
Mais retorno!
Mais tudo!

— Tim Maia

Sumário

Rio de Janeiro, 1957

Eu não ligava para música.

Só as de Carnaval, nas chanchadas da Atlântida. O rádio era para futebol e programas humorísticos.

Com treze anos, meus maiores interesses eram literários, esportivos e sexuais. A música, pelo menos a que se ouvia no rádio e nos discos, era insuportável para um adolescente de Copacabana no final dos anos 1950. Boleros e sambas-canções falavam de encontros e desencontros amorosos infinitamente distantes de nossas vidas de praia e cinema, de livros e quadrinhos, de início da televisão e da ânsia de modernização. Para nós, garotos de classe média de Copacabana, aqueles cantores da Rádio Nacional e suas grandes vozes, cantando coisas que não nos interessavam em uma linguagem que não entendíamos, eram abomináveis. Gostávamos mesmo era de praia e futebol, de ver Pelé e Garrincha no Maracanã, dos folhetins de Nelson Rodrigues no *Última Hora*, das gostosonas da coluna de Stanislaw Ponte Preta, das crônicas de Antônio Maria sobre as noites cariocas, de pegar onda de peito no Arpoador, de romances de aventura e de comédias italianas. E de corridas de cavalos: meu grande ídolo era o jóquei Luiz Rigoni. Eu apostava — e perdia — no Jockey Club e nos bookmakers até o dinheiro que minha mãe me dava para o lanche no colégio. Com catorze anos comecei a nadar todos os dias de manhã nos infantojuvenis do Fluminense e abandonei meu primeiro vício.

Mas naquelas férias de 1958, em São Paulo, não só comecei a fumar cigarros como ouvi num rádio de pilha Spica — a nova sensação tecnológica, novidade absoluta recém-chegada ao Brasil — João Gilberto cantando "Chega de saudade". Foi como um raio. Aquilo era diferente de tudo que eu já tinha ouvido. Fiquei em choque, sem saber se tinha adorado ou detestado. Mas, quanto mais ouvia, mais me encantava.

Com dezesseis anos, além de sexo, praia e futebol, só pensava em João Gilberto e na bossa nova, que ninguém sabia bem o que era, mas que era muito boa de ouvir. Era um som macio, delicado e muito ritmado. Minha mãe também ficou maravilhada. Ela adorava música, compunha e tocava foxes e blues no piano, e estava fascinada por João.

Foi dela a ideia de irmos com meu pai a um show no auditório da Escola Naval, a Operação Bossa Nova, produzido e apresentado por Ronaldo Bôscoli, que vi pela primeira vez no palco, de terno e gravata, e achei charmosíssimo, explicando entre um número e outro que bossa nova era o moderno, o novo, o diferente, que era "um estado de espírito".

Foi também lá que vi e ouvi pela primeira vez Nara Leão, timidíssima, cantando de uma maneira que fiquei sem saber se gostava ou não. Mas sem dúvida queria ver de novo: ela era de uma beleza estranha, tinha uma bocona, uns olhos meio caídos que lhe davam um ar de musa existencialista, um cabelo muito liso e muito escuro e uma pele muito branca, um fio de voz e um charme discretíssimo. Sem dúvida ela era diferente. A cara da bossa nova.

No show, estavam Lúcio Alves, Alaíde Costa e Sylvinha Telles (que eu conhecia vagamente), e os desconhecidos Carlinhos Lyra, Oscar Castro Neves e Nara, que cantavam e tocavam umas músicas muito diferentes de tudo que se ouvia no rádio e na televisão, parecidas com as que João cantava. Eles se apresentavam de uma maneira mais informal e intimista, as canções pareciam mais leves e tinham uma batida diferente, e as letras falavam de situações e pessoas parecidas com a vida que se levava nos apartamentos, nas praias e nas ruas de Copacabana naqueles anos bacanas. A bossa nova era a trilha sonora que nos faltava, que nos diferenciaria dos "quadrados" e dos antigos, dos românticos e dos melodramáticos, dos grandiloquentes, dos nacionalistas e dos regionalistas, dos italianos e dos americanos que dominavam a cena musical. Tínhamos uma música que imaginávamos feita só para nós. João Gilberto era nosso pastor, e nada nos faltaria.

Em 1959, João Gilberto era sucesso nacional, adorado e detestado, acusado de desafinado e de afeminado, celebrado como o inventor de um novo gênero musical. Eu o ouvia apaixonadamente como o criador de uma maneira nova de cantar e tocar, com um mínimo de voz e um máximo de precisão, com harmonias e ritmos que refinavam e sofisticavam qualquer canção. Com ele conheci a música de Tom e Vinicius, de Newton Mendonça e Carlos Lyra, de Caymmi e Ary Barroso, e dos grandes mestres brasileiros, que entraram para sempre em meus ouvidos, em minha cabeça e em meu coração.

Porque antes eu não sabia nada de música, não ligava, não prestava atenção. Música não estava nos meus sonhos nem nas minhas memórias. Eu gostava mesmo era de ler e de escrever, de ouvir e de contar histórias.

Aquela noite

Numa noite quente do outono carioca de 1960, um show marcou para sempre a história da música brasileira. E a minha vida.

No anfiteatro ao ar livre da Faculdade de Arquitetura, na praia Vermelha, as luzes se apagaram e ouviu-se a gravação de Sylvinha Telles e grande orquestra de "Eu preciso de você", de Tom Jobim e Aloysio de Oliveira. Uma abertura festiva e empolgante, não em ritmo de bossa nova, mas de ouverture da Broadway. Uma a uma se iluminaram as janelas do segundo andar atrás do palco, e de cada uma delas foi desfraldada uma bandeira, com as palavras "a noite", "do amor", "do sorriso" e "da flor". No meio do público que superlotava os 2 mil lugares do anfiteatro, aplaudi delirantemente.

Muita gente estava ali para ver João Gilberto, lançando o seu segundo LP, *O amor, o sorriso e a flor*, que estourava nas rádios com clássicos instantâneos como "Samba de uma nota só", "Corcovado", "O pato" e "Meditação", de Tom Jobim e Newton Mendonça, cujos versos deram nome ao disco e ao show e um slogan para o novo movimento musical:

> Quem acreditou
> no amor, no sorriso e na flor,
> então sonhou, sonhou,
> e perdeu a paz
> O amor, o sorriso e a flor
> se transformam depressa demais...

Muitos estavam ali para ver Norma Bengell, que era uma das mulheres mais bonitas e desejadas do Brasil, vedete das revistas de Carlos Machado, estrela da coluna de Stanislaw Ponte Preta, sonho erótico nacional. Tinha lançado um disco pela Odeon, "Oooooh Norma", em que cantava com voz sexy e cool standards americanos, canções de Tom Jobim e o "Oba-lá-lá" de João Gilberto.

Alguns poucos, como eu, estavam ali também para ouvir a bossa dos novos cariocas Nara Leão, Nana e Dori Caymmi, Luiz Carlos Vinhas, Roberto Menescal e Chico Feitosa, e de desconhecidos vindos de São Paulo, como Sérgio Ricardo, Pedrinho Mattar, Caetano Zama e Johnny Alf (que era carioca).

Ronaldo Bôscoli era o apresentador e um dos produtores do show, numa bem-sucedida manobra em conjunto com o marketing da Odeon: Ronaldo lançava a sua turma de amigos e a gravadora, o disco de João. Mas a Odeon exagerou: escalou para a "Noite do amor, do sorriso e da flor" alguns de seus artistas mais populares, como o nordestino e bolerístico Trio Irakitan e a explosiva sambista carioca Elza Soares, que não tinham nada a ver com a bossa nova. Muito pelo contrário.

Norma entrou esfuziante, com cabelos louros e curtos e pernas enormes, ovacionada pelo público. Lindíssima, cantou com voz felina uma música de Oscar Castro Neves e Luvercy Fiorini dedicada às feiosas:

> Vem, menina feia,
> todo o seu medo vai acabar
> Se você é feia,
> amor bonito você vai encontrar,
> tem um pequeno príncipe esperando por você,
> que vai de amor te encantar...

E depois todo mundo, bossa nova ou não, cantou.

Cantou até Normando Santos, um pernambucano muito alto e muito magro, com voz grave e sotaque carregado, e um estilo meio antigo de cantar. Cheio de sorrisos e simpatia, ele abriu o vozeirão em "Jura de pombo", primeira parceria de Roberto Menescal com Ronaldo Bôscoli, sobre uma briga de amor entre um casal de pombos, com final feliz. Começava com a pombinha toda de branco indo se encontrar com um pombo moreno.

A letra não era de duplo sentido, mesmo num tempo em que "pombinha" era uma gíria lírica para as partes femininas. Era para ser romântica e divertida, na linha do sucesso "Lobo bobo", e o público riu e aplaudiu. Depois, surpresa: o paulista Caetano Zama apresentou um ousado "samba concreto" em parceria com o psicanalista Roberto Freire: era o experimentalismo paulistano que já pretendia ir além da bossa nova, que mal estava começando. "O menino e a rosa" era um jogo de palavras e repetições em uns poucos acordes de violão, e o público não entendeu nada, mas aplaudiu.

João Gilberto não tinha nada a ver com tudo isso.

Foi ele a grande estrela da noite, fechando o show. Abriu com os hits de seu novo disco, "Samba de uma nota só" e "O pato", depois cantou "Brigas nunca mais", em dueto com sua mulher Astrud, e fechou com "Meditação", diante da plateia hipnotizada pela qualidade e a novidade das músicas e pelo ritmo e a harmonia em perfeita sincronia com sua voz e seu violão. Como o amor, o sorriso e a flor da canção, o show de João terminou depressa demais.

Naquela noite inesquecível, além de ver a presença suave e carismática de João, vi pela primeira vez o poeta Vinicius de Moraes, ouvi as vozes do quarteto Os Cariocas, com suas harmonizações dissonantes inspiradas nos grandes conjuntos vocais norte-americanos, e ouvi o espantoso estilo serpenteante de Johnny Alf, um negro de voz de veludo e fraseado jazzístico. Adorei o ambiente jovem e animado, a sensação de testemunhar o nascimento de alguma coisa grande e bonita.

Durante todo o show fiquei especialmente fascinado com o conjunto de Roberto Menescal, com uma incrível guitarra elétrica vermelha, Luiz Carlos Vinhas no piano, o baterista Hélcio Milito e suas tambas, tambores que tocava com suingue irresistível, Bebeto no sax e Luiz Paulo no contrabaixo, um ritmo e umas sonoridades diferentes, uns acordes estranhos, umas músicas maravilhosas.

Desejei ardentemente ser um deles.

Cantinhos e violões

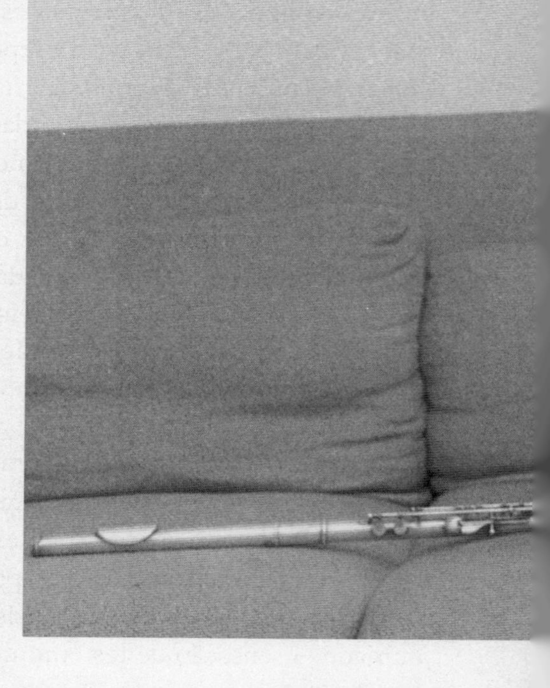

Meu primo Gugu, Augusto Mello Pinto, trabalhava na TV Rio e era amigo de Ronaldo Bôscoli e das moças e rapazes da "turma da bossa nova". Foi ele que me levou às primeiras festinhas musicais, que trouxe a bossa nova para reuniões em nossa casa. Eu tinha dezesseis anos, uma mãe muito bonita e musical e um pai muito simpático e inteligente, e os dois adoravam música e arte moderna, como a bossa nova. Minha vida ganhou novo ritmo.

Começou a virar uma festa, como as que se repetiam em nosso apartamento na rua Paissandu, onde eram presenças habituais Ronaldo e Nara — que namoravam —, Johnny Alf, que sempre levava um "sobrinho" ou "afilhado", Roberto Menescal, que era bonito, discreto e cobiçado pelas garotas, a doce Alaíde Costa, os elétricos Luiz Carlos Vinhas e Luizinho Eça, as belas irmãs Toledo, a loura Rosana e a morena Maria Helena, disputadas pela rapaziada, Chico Fim de Noite e seus óculos escuros. E o barbudo Miele, que não cantava nem tocava nada, mas era simpático e engraçado, o pintor José Henrique

Bello — que não era cantor, mas fazia sempre uma aplaudida imitação de João Gilberto cantando "Rapaz de bem", de Johnny Alf (que João jamais cantou) —, André Midani, um francês louro e animado que trabalhava na Odeon com Aloysio de Oliveira, e o designer Aloísio Magalhães, com seu bigodão, que divertia o pessoal ao violão com suas emboladas e seus desafios nordestinos. E até mesmo, algumas poucas vezes, quando tinha menos gente, João Gilberto.

Uma noite, no apartamento de meus avós no Posto Seis, que ocupávamos temporariamente, levado por Dori Caymmi e diante de poucas testemunhas, João nos visitou. Cantou, tocou e conversou muito com meu pai, que o admirava tanto quanto eu e minha mãe e dizia que as palavras que saíam da boca de João eram como seixos que vinham rolando e rolando por um rio até se tornarem redondos e lisos, até virarem música. João adorou, ficaram muito amigos. Naquela noite, naquele terraço sobre Copacabana, hipnotizado, vi e ouvi João Gilberto de perto pela primeira vez.

A bossa nova havia se tornado para mim mais que um estado de espírito; era um modo de vida, uma causa. À medida que crescia minha paixão avassaladora por João Gilberto e por tudo que se ligasse à bossa nova, tornou-se absolutamente indispensável aprender a tocar violão, a falar aquela língua. Além de tudo, era um caminho certeiro para ser ouvido pelas meninas. Pelo menos para os baixinhos, não atléticos e tímidos.

Recomendado por Ronaldo, Normando Santos, o pernambucano dos pombos, foi um professor paciente, me ensinando semanalmente os primeiros acordes e as músicas de João Gilberto e da bossa nova. Assim que aprendi um básico — que, com a complexidade harmônica da bossa, já era muito —, fui ser aluno da academia de Roberto Menescal.

Sem nenhuma vocação profissional definida e contra todas as evidências, comecei a pensar secretamente em ser músico. Queria viver aquela vida, tocando na noite, conhecendo aquelas mulheres, viajando, ganhando dinheiro com aquele supremo prazer. Sem nenhum talento natural para o ritmo e com um ouvido assim, assim, tentava compensar a falta de dons com horas e horas gastando os dedos no violão. A paixão pela música ocupava quase todo o meu tempo e, naturalmente, me levou a ser reprovado na primeira série do segundo grau no Colégio Santo Inácio. Mas não sem antes ajudar Ronaldo Bôscoli a produzir um show de bossa nova no nosso auditório, quando conheci um maravilhoso pianista que substituía Luiz Carlos Vinhas no conjunto de Menescal: Eumir Deodato.

Quando dei a notícia da bomba, meu pai falou, cool:

— Quer estudar, estuda. Não quer, não estuda: eu não pago mais.

Foi ótimo. Fui trabalhar numa corretora de imóveis de dia, mostrava casas e apartamentos, e, embora nunca tenha conseguido vender sequer uma vaga de garagem, ganhava o suficiente para pagar um curso noturno no centro da cidade, apropriadamente chamado Curso Severo, que preparava para o duríssimo exame supletivo do Colégio Pedro II, que dava um diploma de segundo grau. Nunca estudei tanto na vida. No fim do ano, fiz o exame e passei. Enquanto meus colegas do Santo Inácio estavam terminando a segunda série, eu já estava passando no vestibular da Faculdade Nacional de Direito, frequentando algumas poucas aulas, sem nunca me imaginar advogado. Estudava um pouco de filosofia e história, lia Hemingway e Camus, via filmes franceses e italianos, ouvia cool jazz e bossa nova maciçamente e pensava em música e mulheres o dia inteiro.

Com dezesseis anos, havia me aventurado pela primeira vez no Beco do "joga a chave, meu amor", uma ruazinha cheia de bares e inferninhos que ia da rua Rodolfo Dantas à rua Duvivier, assim chamada porque, diz a lenda, alguém uma noite gritou "Joga a chave, meu amor!" e morreu soterrado por uma tonelada de chaves. Era o lugar certo para ouvir a melhor música da cidade em 1960, se o porteiro e o Juizado de Menores deixassem.

Antes, eu já era habitué das jam sessions dos fins de tarde de domingo, no Little Club, no Beco das Garrafas, onde podiam entrar menores, que bebiam à vontade, para ouvir os maiores talentos do jovem jazz carioca, como os pianistas Tenório Jr. e Sérgio Mendes, o trompetista Cláudio Roditi, o trombonista Raul de Souza, o baixista Octávio Bailly e o baterista Victor Manga.

Mas à noite era diferente. Graças à boa vontade do garçom Alberico, um italiano simpático que ficou meu amigo, entrei pela primeira vez no Manhattan, um barzinho escuro e minúsculo com um pequeno balcão, alguns tamboretes, meia dúzia de mesas, muita fumaça e um jazz trio suingando com uma cantora sensacional fazendo scats vertiginosos em "Old Devil Moon", "But Not For Me" e outros standards americanos.

Encolhido num canto, extasiado, vi pela primeira vez Leny Andrade cantando, acompanhada por Luiz Eça, Octávio Bailly e Hélcio Milito, a base do futuro Tamba Trio. Foi difícil dormir naquela noite.

Os bossa-novistas cariocas adoravam jazz, cool jazz, Chet Baker, Stan Getz, Dave Brubeck e Paul Desmond, Miles Davis, Bill Evans, Stan Kenton, Duke Ellington, tinham ótima formação jazzística, gostavam de improvisar e de harmonizações complexas. Seus ídolos eram jazzistas e eles agiam como jazzmen, não tocavam música brasileira. Pelo menos até a descoberta da bossa nova.

Mas João Gilberto, que havia começado tudo, tinha muito pouco a ver com tudo aquilo que acontecia nos becos de Copacabana.

João era baiano, sua música era brasileiríssima e nela não havia espaço para improvisações. Pelo contrário, exigia constante elaboração e lapidação, extremo rigor e precisão na busca da simplicidade absoluta. As harmonias complexas do jazz encontravam no violão de João dissonâncias e sequências semelhantes, seus acordes pareciam ser os mesmos. Só que em lugares diferentes. Estavam onde não deveriam estar e por isso soavam tão bonitos e surpreendentes — e tão naturais. Seu domínio do ritmo e das divisões, seu suingue sincopado, seu fraseado seco e preciso, a sincronicidade entre voz e violão, tudo em João nascia do rigor e da disciplina, e seu gênio nos levava ao fundo do Brasil.

Os jazzmen gostavam muito de João, mas ele não ligava muito para jazz. Preferia Dorival Caymmi e Ary Barroso. E adorava Cole Porter.

Os jazzistas também adoravam Tom Jobim, porque era moderno, dissonante e sofisticado. As mulheres também, porque, além de tudo, ele era bonito, educado e charmoso. Todo mundo gostava de Tom Jobim, de seu piano e de seu violão, da elegância econômica de seu fraseado e de seus acordes, da sofisticada leveza de suas melodias.

Mas Tom Jobim não fazia parte da "turma da bossa nova", nem de turma nenhuma. Ele era a bossa nova. Ele e João.

A turma era mais animada. Era mais jovem, bebia mais, ria mais, tocava e cantava mais — embora não necessariamente melhor — e em mais lugares. Praticamente em qualquer lugar. Onde houvesse um cantinho, um violão e alguém disposto a ouvir, haveria um bossa-novista militante de violão na mão em missão de catequese. Se houvesse um uisquezinho, melhor ainda.

No início da bossa nova, com exceção de João Gilberto, o rádio não tocava nada do gênero. Mesmo porque não havia ainda muito para tocar: um primeiro LP de Carlinhos Lyra, outro de Sylvinha Telles, alguma coisa de intérpretes já conhecidos que aderiam à bossa, como Agostinho dos Santos, que tinha gravado "Felicidade" para a trilha do filme *Orfeu Negro* em 1959.

Só que Agostinho, simpaticíssimo e com forte sotaque paulista, tinha voz poderosa e técnica perfeita, mas não era um cantor de bossa nova. Pelo contrário, orgulhava-se de ter uma grande voz, fazia questão de mostrar como cantava forte e afinado, cheio de firulas e filigranas. Era um grande cantor — pelos padrões tradicionais —, mas grande demais para a ambientação cool e minimalista da bossa.

Cantor de bossa nova era João, o máximo com o mínimo.

E João não ia a festinhas, não dava entrevistas, raramente aparecia na televisão, não gostava de tirar fotografias e jamais ia à praia, que era onde todo mundo se encontrava. O seu mistério e as suas lendas, seu humor e sua inteligência tornavam sua música ainda mais fascinante.

Além dos shows em colégios e faculdades, as festas em apartamentos da Zona Sul foram o principal veículo de divulgação no início da bossa nova, quando o movimento ainda não tinha discos, não tocava em rádio, não aparecia na televisão nem tinha espaço na imprensa. Samuel Wainer, casado com Danuza Leão, irmã de Nara, dava generosa cobertura no seu vibrante *Última Hora*, com seu entusiasmo pelos jovens e audazes. Ronaldo Bôscoli trabalhava na *Manchete* e sempre que podia colocava alguma matéria na revista; seus discípulos Moisés Fucks e João Luiz Albuquerque faziam o que podiam na *Manchete* e na *Radiolândia*. E era quase só isso. Eu vasculhava as páginas do *Diário Carioca*, do *Correio da Manhã*, do *Última Hora*, da revista *O Cruzeiro*, em busca de escassas novidades sobre a bossa nova, lia todos os dias a coluna de jazz de Sylvio Tullio Cardoso n'*O Globo*, que era um dos poucos espaços que de vez em quando davam alguma coisa sobre a nova onda. O mais era festa.

Numa delas, num apartamento da avenida Atlântica, os anfitriões eram o jovem cônsul argentino Oscar Camilión e a bela e louríssima Suzana, simpáticos, educados e animados — e loucos por bossa nova. Vinte anos depois, Oscar seria embaixador em Brasília e, em seguida, ministro das Relações Exteriores da Argentina. Mas naquela noite roubaram o seu peru.

Enquanto um grupo cantava numa sala para uma plateia deleitada que se espalhava pelo chão — em festas de bossa nova, ninguém sentava em cadeiras —, agindo rápida e sorrateiramente, um comando gastronômico sequestrava o peru assado que dominava a mesa na sala de jantar e sumia na noite.

Havia muita gente na festa, e o mistério nunca foi esclarecido, embora quase todos os presentes tivessem um primeiro e óbvio suspeito: o gordo Carlos Imperial.

O que fazia Carlos Imperial, cafajeste profissional da temida "turma da Miguel Lemos" e animador de programas de rock and roll no rádio e na TV, numa festa de bossa nova em Copacabana?

A "turma da bossa nova" detestava o capixaba Imperial, desprezava seus roqueiros de araque, debochava de seus programas de auditório toscos na TV e de suas plateias suburbanas. Mas ele não parava de agitar, promovendo shows, lançando cantores, ganhando dinheiro e, como se dizia, "comendo as menininhas".

— Meu jovem, belo e querido amigo! — Era como Imperial saudava efusiva e invariavelmente amigos e desconhecidos e até inimigos, como uma caricatura de um político profissional, como um vilão de chanchadas da Atlântida.

Imperial se defendeu: estava na festa para apresentar seu novo lançamento, "um futuro príncipe da bossa nova". E, alegando que seu príncipe ainda não havia se apresentado quando o peru foi roubado, tentou se inocentar, embora, tratando-se do cínico e debochado Imperial, tudo fosse possível.

O cônsul levou na esportiva e, diplomaticamente, levantou um brinde ao "grande ausente", enquanto os convidados e os penetras devoravam os acompanhamentos restantes.

Depois do jantar, muita gente saiu, talvez para jantar, e os remanescentes voltaram à sala e se refastelaram no chão com o máximo de informalidade exigida para uma segunda rodada musical.

A turma de Ronaldo Bôscoli, as estrelas aspirantes da bossa nova, como Nara e Menescal, já tinha tocado e cantado antes do jantar, e todo mundo tinha cantado com eles, baixinho, como era de bom-tom. Muitas músicas que ainda nem tinham sido gravadas já eram sucesso no circuito das festas, com muita gente cantando a letra junto. Bem baixinho.

Para o segundo tempo, apesar do caso do peru e da subsequente debandada, Carlos Imperial iria encontrar um ambiente propício para seu lançamento: um bom público de jovens senhoras e fartura do que no futuro se chamaria de "formadores de opinião". Todos espalhados pelo chão, entre almofadas, copos e cigarros. Muitos sem sapato, como recomendava a informalidade da bossa.

Olhos e ouvidos descrentes aguardavam a surpresa imperial. Que pilantragem seria aquela? Imperial nunca teve nada a ver com a bossa nova, sacaneava a bossa nova, era do rock and roll. Mas o rock estava demorando a pegar no Rio, parecia não combinar muito com o ambiente de sol e praia, e ele, sentindo o potencial comercial da bossa, estava diversificando seus investimentos.

Seu pupilo era magro e tímido, com cabelos crespos e escuros e pele muito pálida. Tinha olhos profundos e tristes e sorria nervosamente quando Imperial, de chinelos e camisa havaiana, bateu palmas e empostou a voz:

— Meus jovens, belos e queridos amigos, bossa nova é silêncio. Si-lên-ci-o. E eu peço o silêncio de vocês para apresentar o futuro príncipe da bossa nova: Roberto Carlos.

Acompanhado por Durval Ferreira, o "Gato", no violão, o jovem conterrâneo de Imperial cantou, com seus lábios finos e um fio de voz, bem afinadinho e até com certo charme, duas músicas de seu mentor, que ele tinha acabado de gravar. O rapaz imitava escancaradamente João Gilberto, e a música era uma sub-bossa imperialesca:

> Brotinho, toma juízo,
> ouve o meu conselho,
> abotoa este decote,
> vê se cobre este joelho,
> para de me chamar de meu amor,
> senão eu perco a razão
> e esqueço até quem eu sou...

As jovens senhoras adoraram, a rapaziada esnobou. Foi a primeira vez que ouvi Roberto Carlos.

Garotos de Copacabana

Na febre da bossa nova, as academias de violão se multiplicavam pela Zona Sul do Rio. Foi numa delas, na rua Dias da Rocha, no coração de Copacabana, que conheci Wanda Sá, Maurício Tapajós, Edu Lobo, Marcos Valle e Dori Caymmi, uma nova turma. Era uma casa de vila de dois andares, onde Roberto Menescal, Samuel Eliachar e outros davam aulas de violão, e principalmente onde os alunos se encontravam para conversar e tocar. A salinha de espera era animada. Todos os meus amigos tocavam melhor do que eu, mas era uma felicidade estar entre eles, ouvindo, aprendendo e sonhando. Vários alunos da academia logo se tornavam professores: os mestres iam ficando com as agendas lotadas e cada vez mais garotos e garotas queriam, precisavam aprender a tocar violão. Edu Lobo, que já tocava razoavelmente de ouvido, foi para a academia para ser aluno de Wanda Sá, aluna de Menescal, que não tinha mais horários. Acabou tendo aulas com Samuel Eliachar e em pouco tempo já tinha aprendido o método e tinha quatro alunos: pagava as aulas de Samuel e ainda lhe sobrava o suficiente para transporte e lazer.

Algum tempo depois, até eu tinha algumas alunas…

Outro ponto de encontro era o "Mau Cheiro", um botequim aberto para o mar de Ipanema, na esquina com a rua Rainha Elizabeth, que na verdade cheirava a uma deliciosa maresia. Era da praia para o bar e do bar para o mar, e vice-versa. De violão na mão, sob um sol de rachar. Tinha gente que achava cafonice, mas era com certo orgulho que atravessávamos a avenida Vieira Souto de violão na mão.

Quem carregava violão nas costas era Juca Chaves, que era paulista e nunca teve nada a ver com a bossa nova. Com faro compatível com seu nariz, o esperto Juca emplacou um hit com "Presidente bossa nova", que de bossa nova não tinha nada, era mais uma paródia do novo ritmo, perfeita para ambientar um retrato satírico de JK e suas novidades. Juca gostava mesmo era de modinhas, mas, ao mesmo tempo que pegou carona na confusão inicial da bossa, com o sucesso de sua música ele contribuiu para popularizar a expressão. E, além de tudo, JK era realmente bossa-nova.

— Mas merecia música melhor… — rosnavam os fundamentalistas da bossa e os guardiões de sua pureza, devotos da Santíssima Trindade: João, Tom e Vinicius. Nós nos considerávamos os apóstolos dos apóstolos. Mas tínhamos o supremo privilégio do acesso direto às divindades e a graça do testemunho. Mais que uma causa, vivíamos a bossa nova como uma religião.

Na praia em frente ao "Mau Cheiro", de preferência à tarde — embora alguns fanáticos tocassem e cantassem até mesmo ao sol do meio-dia —, formavam-se rodinhas de moças e rapazes em volta de alguém com um violão. Para cantar bossa nova, uma música que parecia ter sido criada para ser a trilha sonora das praias cariocas. Foi inspirado pelo querido botequim que fiz minha primeira letra, para um sambinha de Maurício Tapajós: "Um chope no Mau Cheiro". O tema estava mais para Bukowski do que bossa nova, e todo mundo achou que não cheirava bem musicalmente. Tentei uma outra, para a mesma música, "Amor de gente moça", que era o título de um LP de bossa romântica de Sylvinha Telles. Dessa o pessoal aparentemente gostou: era uma sucessão de clichês românticos da bossa nova ("as flores não são flores/ são amores sem saudade/ são cores feitas de felicidade…"). Maurício era filho de Paulo Tapajós, de grande passado artístico, diretor e produtor da Rádio Nacional, e vivi a emoção de ouvir pela primeira vez nossa música no rádio, ao vivo, com uma grande orquestra e lindo arranjo de ninguém menos que Radamés Gnattali e cantada por sua mulher, Nelly Martins. Ao vivo pela Rádio Nacional, numa noite carioca de verão. Minha mãe chorou.

Nesse tempo, aquela música de praia era chamada pejorativamente de "música de apartamento" por cronistas mal-humorados e vagamente esquerdistas, como se fosse uma música restrita e fechada, distante das ruas, apesar de a bossa nova ser um grande sucesso popular, que ia muito além da classe média de Copacabana e do tamanho dos apartamentos que a abrigavam.

Para nós, o Rio era a Zona Sul, a praia de Ipanema e os bares de Copacabana. E o Brasil era o Rio e São Paulo e a construção de Brasília. Com Jorge Amado, Guimarães Rosa, Graciliano Ramos e Erico Verissimo imaginávamos um outro Brasil, de ficção, exótico e atraente, fascinante, mas distante. Tão distante quanto os poetas da beat generation americana que amávamos. Tudo parecia muito longe do Rio de Janeiro no final dos anos 1950, mas a bossa nova começava a aproximar os jovens cariocas dos de São Paulo, de Salvador, de Belo Horizonte e de Porto Alegre. O rádio entrava em decadência, o disco e a televisão começavam a crescer no ambiente de liberdade, modernização e entusiasmo dos anos JK.

*

O apartamento de Nara era um luxo. Imenso, com dois salões envidraçados de frente para o mar de Copacabana. O prédio se chamava Champs Elysées, era um dos edifícios mais modernos e um dos endereços mais valorizados da cidade. Ipanema era quase só casas, predinhos de três andares e árvores, e a Barra da Tijuca era remota, selvagem e quase inacessível. Chique era a avenida Atlântica.

Chique era a bossa nova. E o cool jazz. E o jazz samba. Ou o samba jazz. Que, para muitos, eram praticamente a mesma coisa, e para outros eram coisa muito diferente e assunto para muita discussão na praia e nos bares de Ipanema.

As festas se sucediam, mas Tom e João raramente apareciam. Tinham discos gravados, eram profissionais, casados, tinham família para sustentar, trabalhavam. Viviam de música. E nós, para a música.

Rock and roll era visto e ouvido entre nós como uma música tosca, com seus três acordes primitivos, seu ritmo pesado e quadrado e seus cantores gritando e rebolando. Era a antítese da bossa nova e tão desprezado quanto o sambão tradicional. Era coisa de Carlos Imperial e de Jair de Taumaturgo, que movimentavam as tardes cariocas apresentando na televisão *Os Brotos Comandam* e *Hoje é Dia de Rock*, com garotos e garotas dançando o novo ritmo e calouros fazendo dublagens de sucessos do rock americano.

— Alô, brotos, vamos tirar o tapete da sala... porque hoje é dia de rock! — comandava Jair de Taumaturgo, veterano DJ de rádio, um animado quarentão de cabeça branca, cercado de jovens no vídeo da TV Rio.

Em casa, diante da televisão, a gente ria e debochava.

Nos tapetes macios do apartamento de Nara, os brotos comandavam e geravam a música do futuro. Foi onde vi pela primeira vez, tocado por Luiz Carlos Vinhas, um piano elétrico, novidade absoluta.

Nara tinha mesmo um look diferente. Parecia meio asiática, meio indígena, meio existencialista francesa, tinha uma voz pequena e tímida e vestia-se de uma maneira cool e moderna, sempre com as saias bem acima dos futuramente célebres joelhos. Nara era o protótipo da "garota moderna", que não queria saber do luxo e da quadradice da sociedade carioca e estava disposta a quebrar tabus, trabalhar, ser independente, estabelecer novos padrões de comportamento. E de música. Encarnação da bossa nova, mais que uma voz e um estilo, Nara tinha principalmente o que era mais fascinante no mundo do rock and roll: atitude.

Uma atitude bossa nova.

O rock parecia não se ambientar bem no calor do Rio ensolarado, sua agressividade e seus casacos de couro não combinavam com o clima relaxado e cordial da cidade. As jovens plateias de Imperial e Jair de Taumaturgo vinham principalmente da Zona Norte e dos subúrbios. As praias de Copacabana e Ipanema, antes do túnel Rebouças, que eram distantes e exigiam dois ou três ônibus até o mar para o pessoal da ZN, eram quase privativas dos locais: o pessoal das favelas da Catacumba, do morro do Pinto, do Pavãozinho e da Rocinha que convivia em relativa paz e possível harmonia com a classe média de Copacabana e Ipanema, unificados pelas praias e pela paisagem deslumbrante. Para nós, o Rio não podia ser rock: era bossa nova.

A turma da Zona Norte

O pequeno estúdio da Rádio Guanabara, no centro da cidade, se transformava em um animado auditório e se enchia de jovens para o programa *Os Brotos Comandam*, de Carlos Imperial. Curiosamente, a primeira parte do programa era de mímica de músicas. Sim, mímica no rádio. Mas funcionava: o público em casa ouvia o artista cantando e também a gritaria do auditório delirando com as dublagens que Tony Tornado e Gerson King Combo faziam de Chubby Checker e Little Richard ao vivo. Depois havia o concurso de dança, animado e comentado por Imperial, e finalmente começava a música ao vivo: anunciado estrepitosamente por Imperial como "o Elvis Presley brasileiro", "Robeeeeerto" Carlos, acompanhado pelos Snakes, com Erasmo Esteves no violão e nos backing vocals. Em casa, os ouvintes da Zona Norte e dos subúrbios ficavam incendiados com a gritaria e a animação do estúdio. E a festa continuava:

— E atenção, brotos, porque vem aí o Little Richard brasileiro! — anunciava Imperial.

E Tim Maia entrava, cantava um rock explosivo acompanhado pelos Snakes e levantava o auditório.

Tim era amigo de Erasmo desde criança na rua do Matoso, na Tijuca, quando ainda se chamava Tião e entregava marmitas da pensão de seus pais, dona Maria e seu Altivo, considerado no bairro um mestre dos temperos. Antes da música, o pequeno Tião aprendeu a comer bem e sempre foi gordinho. Quando saía para entregar

as marmitas, pendurava-as num cabo de vassoura que levava nos ombros, como um pescador chinês. Todos os dias, na hora do almoço, ele saía para fazer as entregas e, balançando suas latas, passava pelo Largo da Segunda-Feira, onde sempre rolava uma pelada animada. Era irresistível. Em campo, Tião era o mais pesado e às vezes o mais violento: ia para cima da bola como quem vai num prato de comida. O exercício lhe abria o apetite e Tião abria as marmitas, tomava uns goles de sopa de uma, comia um pastelzinho de outra, um arrozinho, um pedaço de doce, variando. Com a carga aliviada, seguia para a entrega.

Tião gostava de música quase tanto quanto de comida. Começou a aprender violão sozinho, ensinou três acordes do rock para Erasmo, e depois os dois tentavam tardes inteiras, em vão, fazer no violão as complexas harmonias de "Chega de saudade" de João Gilberto, que adoravam. Mais tarde, quando foi para Nova York, Tião se correspondia com Erasmo assinando "Tim Jobim" e recebia abraços de "Erasmo Gilberto".

Tião tinha dezesseis anos quando resolveu que iria para os Estados Unidos. Começou a dizer para todo mundo que ia morar com uma família americana num programa de intercâmbio, fez uma campanha de arrecadação de fundos em casa e conseguiu, depois de suplicantes visitas, convencer o bondoso pároco da igreja da Tijuca a completar o que faltava para a passagem de avião, só de ida. Tião tinha falado tanto para tanta gente e dado tantos detalhes da sua "família americana" que acabou ele mesmo acreditando em sua ficção e se decepcionando: na chegada a Nova York, ninguém o esperava no aeroporto. Nem em Manhattan nem na vizinha Tarrytown, onde a "sua" família era uma vaga conhecida de uma cliente de marmitas de dona Maria e não esperava por ele. Tião virou Tim e trabalhou de garçom e entregador de pizza. Aprendeu inglês, conheceu a música negra americana, cantou em grupos vocais, fez pequenos furtos e experimentou fartamente tudo que era droga leve e pesada durante cinco anos. Para fugir do frio de Nova York, partiu para a Flórida com três amigos e foi preso em Daytona Beach, onde estavam fumando maconha dentro de um carro roubado. Passou uma temporada de terror na cadeia de Daytona e, seis meses depois, foi deportado para o Brasil.

Na Tijuca, de tanto cantar o rock "Bop-A-Lena", Tião queria ser chamado pelo apelido de "Babulina". Mas "Babulina" também era o apelido de um garotão do Rio Comprido, um negro atlético chamado Jorge, que também cantava "Bop-A-Lena", tocava violão e fazia parte da gangue Os Cometas.

Nas rodas da praça da Bandeira, ponto de encontro das turmas da Matoso e do Rio Comprido, já se comentava que Tim teria problemas com Jorge, que se considerava o dono do apelido por cantar a música havia mais tempo. Mas tudo se resolveu pacificamente, e os dois acabaram cantando juntos em uma serenata com Erasmo debaixo da janela da generosa Lilica, que costumava receber a turma toda em sua cama, um por um. Chegavam a se formar alegres e ansiosas filas de dez, doze garotos à sua porta, e muitos jovens tijucanos e rio-compridenses tiveram com ela sua iniciação sexual. Mas naquela noite acabaram todos na delegacia por reclamação dos vizinhos, e o violão foi apreendido: a serenata não era de valsas e canções, mas de twist e rock and roll.

Com suas festas de rua, na Casa da Beira e na Vila da Feira, nos clubes portugueses da área, com suas quermesses e suas festas juninas, a vida na Zona Norte era animada e Jorge estava em todas com seu violão, cantando "Bop-A-Lena" e sempre agradando as meninas, até que passou a fazer suas próprias músicas, usando o nome de Jorge Ben, e começou a tentar a vida nos bares de Copacabana.

Batidas diferentes

Tudo tinha virado bossa-nova no Brasil, do presidente à geladeira, do sapato à enceradeira, do terno da Ducal com um paletó e duas calças a qualquer outra bobagem. A expressão ficou muito maior do que a música que a originara. Amplificada pela publicidade, caiu na boca do povo para designar tudo que era (ou queria ser) novidade: eventos e promoções, comidas e bebidas, roupas, veículos, imóveis, serviços e pessoas que nada tinham a ver com música e muito menos com a música de João Gilberto e Tom Jobim.

Não havia mais possibilidade de qualquer controle: se tudo era bossa-nova, então nada mais era bossa-nova. Até a UDN ultraconservadora tinha a sua "bancada bossa-nova" na Câmara dos Deputados, com José Sarney como um de seus expoentes. Era preciso fazer alguma coisa: Ronaldo chegou a pedir a meu pai advogado que, na impossibilidade de registrar a marca "bossa nova", criasse e redigisse os estatutos de um "Clube da Bossa Nova", que daria shows, discos e um jornalzinho para seus sócios. Carlos Lyra registrou a marca "Sambalanço" e lançou seu primeiro disco na Philips com esse título. Tudo em vão. Ninguém era dono da bossa nova.

A Odeon dispensou a "turma" e resolveu gravar apenas um disco com quatro faixas, então chamado compacto duplo, com o conjunto de Roberto Menescal.

Os dois discos passaram longe do sucesso popular, mas provocaram intermináveis discussões nas rodas musicais de Copacabana.

O disco de Carlinhos, além de "Rapaz de bem" de Johnny Alf, tinha outras boas músicas, como "Maria Ninguém" e "Ciúme", arranjadas em estilo "jobiniano" e com a batida da bossa nova, mas metade do disco — talvez a melhor — era de toadas e sambas-canções. No do conjunto de Menescal, ótimas músicas, como "Céu e mar", de Johnny Alf, que nem cantor tinha: guitarra, baixo, bateria, piano, flauta e, incrível, uma trompa sinfônica tocada por Bill Horne produziam um balanço animado, tinham um timbre diferente e tocavam arranjos bem jazzísticos e bem Copacabana. Cheguei a decorar todos os arranjos completos, inclusive improvisos.

Eu ouvia os dois discos o dia inteiro.

Mas, quanto mais ouvia, mais sentia que João Gilberto e Tom Jobim estavam a anos-luz, anos-som adiante deles.

Carlos Lyra e sua turma tinham preocupações sociais, acreditavam na música como instrumento de ação política, eram nacionalistas que denunciavam a jazzificação da bossa nova, criticavam sua americanização e sua "elitização" e buscavam as raízes populares na (re)descoberta de grandes sambistas cariocas, como Cartola e Nelson Cavaquinho, e de artistas populares nordestinos, como Luiz Gonzaga, João do Vale e Jackson do Pandeiro. Sua "linha musical" basicamente seguia a linha do Centro Popular de Cultura da UNE, do qual Lyra foi um dos fundadores e que reunia a fina flor dos jovens comunistas do Rio, de onde sairia boa parte do Grupo de Teatro Opinião e do Cinema Novo.

> Pobre samba meu
> foi se misturando, se modernizando e se perdeu
> E o rebolado, cadê? Não tem mais…
> […]
> E o samba meio morto, ficou meio torto,
> influência do jazz…

Carlos Lyra reclamava, em "Influência do jazz", com tanto talento e tão boa melodia, que a música tinha acabado. Paradoxalmente, a canção se tornaria um hino nos shows do Beco das Garrafas — reduto irredutível do samba-jazz —, onde recebeu exuberantes interpretações, naturalmente ultrajazzísticas. Coisas de Copacabana.

O samba-jazz dos músicos do Beco das Garrafas, com seus naipes de metais, sua percussão pesada, seus cantores improvisadores, chegou a ser chamado de "heavy samba" por um crítico de jazz francês e, apesar do espanto que provocou, não estava longe da verdade musical.

Conheci Sérgio Mendes acendendo um peido em frente ao Little Club, no Beco das Garrafas. Numa roda de papo, ele empinou a bunda, acendeu um isqueiro na "linha de tiro" e — como um engolidor de fogo de circo — lançou na noite carioca uma chama azulada e fugaz, entre aplausos e gargalhadas.

Sérgio era uma das grandes estrelas do samba-jazz do Beco das Garrafas. Celebrado por seu talento e seu bom gosto musical, e temido pela língua ferina e divertida, era um jovem pianista de Niterói, fã de Bill Evans e Horace Silver, de grande sensibilidade harmônica e com um fraseado musical ágil e elegante. Mendes não tocava só jazz, tocava Tom Jobim e músicas do moderníssimo maestro Moacyr Santos com seu sexteto Bossa Rio, que durante meses superlotou os cinquenta lugares do Bottle's Bar, agora do ex-garçom Alberico Campana, e resultou num dos melhores discos instrumentais já produzidos no Brasil, que se intitulava, "modestamente", *... E você ainda não ouviu nada*.

Sérgio, no piano, liderava Edson Machado na bateria, Octávio Bailly no baixo, o argentino Hector Costita no sax tenor e Raul de Souza e Edmundo Maciel nos trombones, tocando arranjos sensacionais de Tom Jobim, de Moacyr Santos e do próprio Sérgio para "Corcovado", "Ela é carioca", "Nanã" e "O amor em paz", que se tornaram históricos pela audácia harmônica à la Gil Evans, pela potência e pela precisão do ataque dos metais, pelo suingue da cozinha, pelos solos e improvisos criativos, por sua linguagem moderna... e brasileira. O disco teve impacto extraordinário no meio musical e, para muitos, juntava o melhor do jazz e da bossa nova, mas não podia ser chamado de jazz nem de bossa. Porque era samba-jazz. Ou jazz-samba. Tanto faz, era um dos melhores discos instrumentais da música brasileira.

João Gilberto não tinha nada a ver com isso, dizia que sempre tinha feito samba. E nunca levou a sério essa história de samba-jazz. Samba sempre foi samba, todo mundo achava que sabia o que era, só que João tocava e cantava samba tão diferente que parecia mais próximo do cool jazz que do batuque dos terreiros. Depois entendi que ele sintetizava em seu violão uma bateria de escola de samba.

Mas, além do samba e de Orlando Silva, João, como todos nós, também amava Chet Baker, o príncipe do cool.

Chet era um bom trompetista da Califórnia que se tornou um cantor extraordinário. Usava a voz como um músico, como muitos grandes cantores, mas não reproduzia no seu canto os fraseados e os solos que fazia em seu trompete. Parecia buscar um campo intermediário entre o som cool e intimista do seu instrumento e o sentimento frágil e vulnerável da sua voz. Como uma voz com surdina. Cantava com um mínimo de volume, murmurando, mastigando, soprando as palavras em nosso ouvido, direto ao coração. Da Califórnia a Copacabana.

Como João Gilberto, parecia que Chet Baker tinha descoberto a existência real do microfone. Antes deles, parecia que os outros — até mesmo Sinatra e Ella — usavam o microfone só para amplificar o volume de suas vozes potentes, mas continuavam cantando como se estivessem no palco. Chet e João, não: cantavam ali ao seu ladinho, no seu ouvido. A tecnologia os libertava da tirania da potência vocal e do volume bruto, e eles podiam criar uma nova expressividade, mais econômica e precisa, mais suave e elegante. Novos ambientes sonoros para novos tempos. Neles, a música saía menos dos pulmões e mais do coração.

Eles eram radicalmente tecnológicos: não existiriam sem o microfone.

Nem nós sem eles.

*

A ala "light" da bossa carioca se concentrava em torno de Roberto Menescal e Ronaldo Bôscoli, que começaram a compor juntos e, a partir do estrondoso sucesso de "O barquinho", gravada por João Gilberto, emplacaram um hit atrás do outro, na interpretação de Maysa, Os Cariocas, Sylvinha Telles e outros. "Vagamente", "Nós e o mar" e "Rio" eram músicas leves, com letras românticas e coloquiais, rimas sonoras e paisagens marinhas. "É sol, é sal, é sul", na síntese perfeita de Bôscoli. Eles representavam uma espécie de fundamentalismo da bossa nova carioca, defensores do que achavam ser o ideal jobino-gilbertiano, em que, entre patos e lobos, não havia lugar para retirantes, pescadores e favelados, personagens de destaque na nova bossa social.

Mas João Gilberto não tinha nada a ver com isso, e Tom Jobim parecia representar um equilíbrio entre as duas tendências, talvez porque ambas tenham se originado dele, que se situava em algum ponto acima das facções que buscavam a sua aprovação. Tom não dizia que sim nem que não, nem se era samba ou jazz, gostava de Ary Barroso e Cole Porter e era adorado por todos. Mesmo nas mais ferozes polêmicas entre nativistas-sociais e jazz-parnasianos, seu nome sempre pairava acima de qualquer dúvida ou suspeita, e frequentemente era até usado para acusar tanto uns como outros de traidores de sua música. Futricas da bossa nova.

No final de 1962, no Beco das Garrafas, só se falava no Carnegie Hall. Todo mundo ia para o show do Carnegie Hall, em Nova York, uma jogada do americano Sidney Fry, dono da gravadora Audio Fidelity, que queria marcar com um grande evento a chegada oficial da bossa nova nos Estados Unidos. Todo mundo no Beco dizia que ia tocar no Carnegie Hall, até garçons. E muitos realmente foram e cantaram e tocaram, mas, quando ouvimos a fita com a gravação ansiosamente esperada, tirando João Gilberto, Tom Jobim e Sérgio Mendes, quase tudo era só nervosismo, amadorismo e tremedeira.

Porém, os músicos americanos, que já gostavam de bossa nova desde os primeiros discos de Charlie Byrd e Herbie Mann, e desde que o gênio Miles Davis gravara o LP *Quiet Nights*, baseado no primeiro álbum de João Gilberto, adoraram o show. João, Tom e Sérgio ficaram em Nova York, foram disputados por gravadoras e produtores, assinaram contratos para discos, chamaram a atenção da imprensa especializada, encantaram os jazzistas. O resto do pessoal voltou para o Beco.

Nos Estados Unidos, abriram portas e estenderam o tapete para o "mestre" e o "inventor" da bossa — nas categorias poéticas de Ezra Pound —, Tom Jobim e João Gilberto, e para o niteroiense Sérgio, que era o mais talentoso músico e *band leader* a fundir samba e jazz. Os três iniciavam carreira internacional, paparicados pelos grandes nomes do jazz, como Miles Davis, Bill Evans, Stan Getz, Cannonball Adderley e Gerry Mulligan e pelos críticos mais influentes.

A primeira vez que ouvi Stan Getz e Charlie Byrd tocando bossa nova, com todo o respeito, achei, achamos todos, que eles ainda teriam que comer muito arroz com feijão para chegar à síntese, à elegância e sobretudo ao suingue de Tom e João. O pior eram as baterias: os gringos não conseguiam fazer a batida da bossa, ficavam num toque-toque duro e seco. Soava como feijoada em lata. Com o tempo, fui me acostumando e até gostando. Afinal, apesar de o ritmo me soar meio "quadrado", pesadão, o fraseado e o timbre de Getz eram belíssimos e as harmonizações de Byrd no violão eram complexas e sofisticadas como a bossa nova. O ritmo é que era o problema, parecia um violão meio gago, duro, não tinha aquela fluência e aquela leveza do violão de João. Mas também tivemos o orgulho e a alegria de ver nossos heróis cultuados por músicos que cultuávamos, como os Hi-Los, um dos grandes grupos vocais americanos, que dedicou um disco inteiro à bossa nova.

Para as novíssimas gerações no Brasil, porém, não havia coisa mais velha que a bossa nova. A expressão estava desmoralizada, e os jovens músicos que veneravam Tom e João com paixão extremista estavam meio com vergonha de fazer bossa nova: faziam "samba moderno" ou então "nova música brasileira", ou "música moderna brasileira". Tudo, menos bossa.

Certa noite, no Bottle's Bar ainda meio vazio, ouvi um jovem negro forte e bonito cantando e tocando um violão muito diferente de tudo que eu já tinha ouvido. Não tinha nada de jazzístico, mas também não tinha nada de João Gilberto. Ele não dedilhava o violão: tocava-o vigorosamente com uma palheta, à maneira dos bluesmen, num ritmo irresistível. O que ele tocava era indiscutivelmente samba. Mas um samba com uma batida muito diferente, talvez porque fosse um misto de maracatu, como dizia a letra que Jorge Ben cantava em "Mas que nada". Era a invenção do samba-rock, em 1963.

Fiquei impressionadíssimo, contei para toda a turma, cantei para eles um pedaço da música, e uma noite, no João Sebastião Bar, o templo da bossa em São Paulo, comentei entusiasmado com Carlos Lyra que tinha ouvido um tal de Jorge Ben, que estava fazendo uma mistura sensacional de samba com maracatu (não ousei dizer rock), mas ele não deu a menor bola. Se eu tivesse dito a verdade, que o maracatu era rock, ele não teria acreditado. Nem eu, se tivessem me contado.

A primeira vez

Marcos Valle e Edu Lobo, um louro e um moreno, ambos ex--alunos de acordeão, eram compositores promissores e tocavam violão muito bem, mas não tanto quanto Dori, um divertido baiano-carioca que levava música a sério: era filho de Dorival Caymmi — o mestre de seu mestre, João Gilberto. Como João visitava Caymmi com frequência e cantava durante horas, Dori desfrutou do privilégio de ver, ouvir e aprender com quem tinha inventado tudo. Tocava violão o dia inteiro e acompanhava a irmã Nana nos shows e nas festinhas com harmonizações moderníssimas para canções de Tom Jobim e de Caymmi. Nana era tão louca por João Gilberto que daria o nome dele ao seu primeiro filho.

Os primeiros da turma a ter uma música gravada foram os irmãos Valle, Marcos e Paulo Sérgio, o letrista, que emplacaram "Sonho de Maria" no disco do nosso cultuado Tamba Trio: uma linda melodia romântica com harmonizações sofisticadas, pura bossa nova jobiniana, com uma letra sobre o drama, o desespero e, por fim, o suicídio de uma empregada doméstica:

> Tanta roupa pra lavar
> Todo o barraco pra arrumar
> [...]
> Nenhum sonho pra sonhar...

E terminava trágica:

Maria deixou a criança chorar
E uma estrela deixou de brilhar
E chorou...
Chorou, o céu chorou
E a lágrima do céu apagou
Tudo o que Maria deixou
E Maria pra sempre acabou

Foi um sucesso. Principalmente nas jovens rodas musicais da cidade, que se multiplicavam e se dividiam. Ninguém queria mais saber da bossa nova ligeira e praieira, o barquinho ia e a tardinha caía, o tempo no Brasil esquentava e pedia ritmos e palavras mais fortes, música e política começavam a se misturar e se confundir com a ascensão populista de João Goulart, o Jango.

O Tamba Trio, liderado por Luiz Eça, era um grande sucesso artístico e comercial no Brasil inteiro, e fazer parte do seu disco já era uma glória para os irmãos Marcos e Paulo Sérgio, louros e surfistas, bronzeadíssimos e queridos das meninas. E ainda por cima moravam numa bela casa com piscina no canal do Leblon, vizinhos de Tom Jobim, que Marcos visitava frequentemente, desfrutando da convivência e do aprendizado com o mestre. Em todas as rodas musicais, os irmãos eram bem recebidos. Era unânime o reconhecimento do talento de Marcos, que, além de compor belas melodias e harmonias sofisticadas, cantava com voz pequena, charmosa e afinada e tocava muito bem piano e violão: era considerado — com Dori Caymmi e Edu Lobo — um dos maiores talentos da novíssima geração e logo recebeu proposta da Odeon para gravar seu primeiro disco, com arranjos de Eumir Deodato.

Marcos tinha sido companheiro de tortura de Edu, tanto nos bancos do Colégio Santo Inácio como em sete intermináveis anos de aulas de acordeão, numa abominável academia de Copacabana, por imposição materna: ouvido de mãe não se engana.

Com dezesseis anos, liberto do acordeão, Marcos fez sua primeira música no violão:

Duas mulheres me adoram
e por mim choram...

Liberdade poética: as duas "mulheres" tinham quinze anos cada, num tempo em que as menores intimidades demandavam muito cinema e paciência. E, para que ninguém chorasse, Marcos namorava as duas.

Marcos e Edu formavam um trio vocal com Dori e cantavam música brasileira moderna, ou contemporânea, ou o que fosse, menos bossa nova, embora tivessem por Tom e João a mesma veneração absoluta. Cantando "Sonho de Maria", os três apareceram pela primeira vez na televisão.

Uma noite, Edu recebeu um telefonema de sua amiga Maria Olívia Leuenroth, de Petrópolis. Ela dizia que Vinicius, que era amigo de seu pai, Cícero, bem-sucedido fundador da Standard Propaganda, estava passando o fim de semana em sua casa e era uma ótima oportunidade para conhecê-lo.

Edu pegou um ônibus até a rodoviária e de lá outro até Petrópolis. Alguns drinques e músicas depois, quando o poetinha já estava animadíssimo e derramando charme sobre a jovem filha de um escritor amigo, perguntou a Edu se ele não tinha uma musiquinha para ele fazer uma letrinha para expressar o clima romântico com a menininha, totalmente embevecida com as atenções do poetinha.

Claro que Edu tinha. E o poeta foi para um canto e rapidamente escreveu:

Não sei se foi um mal,
não sei se foi um bem,
só sei que me fez bem
ao coração...

E só fez bem mesmo: Edu voltou de Petrópolis com os versos de "Só me fez bem" dobrados dentro do sapato para não perder e completamente bêbado, sem acreditar no que tinha acontecido: era parceiro de Vinicius de Moraes aos dezenove anos. Começou a fazer sucesso no circuito dos shows universitários e das festinhas e levava música extremamente a sério: queria estudar, aprender, criar.

Quando Edu conheceu Ruy Guerra, um cineasta moçambicano muito bonito e politizado, de temperamento polêmico, formado em Paris pelo famoso IDHEC (Institut des Hautes Études Cinématographiques), que namorava Nara Leão, encontrou um amigo e um parceiro ideal. Juntos, fizeram uma série de músicas de inspiração nordestina (Edu era de raiz pernambucana, filho do jornalista, radialista e compositor Fernando Lobo), com melodias ricas sobre harmonias sofisticadas e letras de sonoridades fortes, de denúncia social e de chamados à mudança, como "Réquiem" e "Canção da terra". E também canções líricas, mas com imagens ousadas e carnais, opostas aos diminutivos e romantismos da bossa de Copacabana, dos sucessos de Menescal e Bôscoli.

Culto e inteligente, de formação europeia, Ruy Guerra teve participação intensa na definição e no amadurecimento da música de Edu Lobo. E também nos rumos da criação de outro jovem músico do Rio, membro de outra ilustre linhagem, esta anglo-carioca: Francis Victor Walter Hime estudava engenharia, mas só pensava em música. Tocava piano e violão, era bom de copo e amigo de Vinicius, seu parceiro em "Sem mais adeus". Era chamado pelo poetinha de "príncipe da moderna canção brasileira", e era mesmo: além de talentoso, Francis tinha uma beleza aristocrática e um ar *nonchalant* encantador, era fino e educado, criado entre o Country Club, colégios suíços e os melhores salões da sociedade carioca. Estudou anos e anos de piano clássico, mas era apaixonado por samba e bossa nova.

Voltando de São Paulo, Edu me contou entusiasmado que tinha conhecido na casa de Horácio Berlinck um cara muito inteligente e divertido, que fazia boas músicas e ótimas letras com estilo próprio. E até me cantou uma delas, um samba sincopado, tipo Geraldo Pereira, muito bom.

> Ô Tereza, esta tristeza não tem solução,
> ser mulher é muito mais do que pregar botão
> não vê não…

Algum tempo depois, o amigo paulista de Edu apareceu numa roda de violão sob o sol da praia de Ipanema. Com sotaque paulista, pediu o violão para mostrar uma coisinha. Tocou algumas músicas, e as meninas estavam adorando. Mas, quando disse que uma música sua seria gravada por Claudette Soares, achei que era pura cascata (ou "bafo", como se dizia na época). Imaginem se a grande Claudete Soares iria gravar a marchinha de um inédito. E paulista! Ele cantou "Marcha para um dia de sol", e assim que terminou pedi licença, tomei-lhe o violão — que era meu — e comecei meu showzinho.

Foi assim que conheci Chico Buarque. Fui seu primeiro censor, e durante anos rimos muito quando ele me sacaneava lembrando o início de nossa amizade.

Além do mais, ele era carioca. Paulista era eu, que nasci na Maternidade São Paulo, na rua Frei Caneca, mas vivia em Copacabana desde os cinco anos de idade.

Mas a história me absolve, afinal, a grande Claudette Soares (que tinha 1,54 de altura), excelente cantora que se tornara uma estrelinha da bossa nova depois de ter começado como "a princesinha do baião", jamais gravou "Marcha para um dia de sol".

Na corte do Imperial

Roberto, com uma pastinha debaixo do braço, e Erasmo, carregando um violão, entraram esperançosos no elevador do velho prédio de quatro andares onde funcionavam a gravadora e os estúdios RCA, nas vizinhanças da Central do Brasil. Roberto precisava gravar: seu primeiro LP produzido por Imperial tinha fracassado, e agora todas as suas esperanças se concentravam em uma versão que Erasmo tinha feito para "Marina", um calipso lento de levada contagiante que ele tinha ouvido no Make Believe Ballroom da Rádio Metropolitana e estava estourando nos Estados Unidos. Na pastinha, levava o seu compacto de "Brotinho sem juízo", para mostrar que já tinha gravado, e a letra do calipso, porque queria mudar de gênero.

A porta do elevador se fechou e em seguida se abriu para que entrassem Cauby Peixoto e seu empresário Di Veras. Roberto perdeu o fôlego: Cauby era um de seus grandes ídolos, um monstro de cantor. Quando a porta se fechou, Roberto não se conteve:

— Sou grande admirador seu — gaguejou para Cauby.

— Eu também — Erasmo acrescentou.

E Cauby, rindo magnânimo, com sua voz de ouro:

— Eu sei, garotos, eu sei... Quer dizer que vocês também vão... lá? — perguntou de maneira enigmática, enquanto o elevador subia lentamente.

— Não, nós vamos conversar com o diretor artístico pra ver se a gente grava um disco — respondeu Roberto.

Animadíssimo, Cauby fez um vocalise e contou que ia gravar um sucesso, uma música que estava arrebentando no mundo inteiro.

— Vocês ainda não conhecem, mas é uma música maravilhosa, que se chama "Marina", um sucesso nos Estados Unidos; se quiserem, podem assistir à gravação — convidou o ídolo gentilmente.

Murchos e mudos, Roberto e Erasmo nem saíram do elevador. Desceram lentamente em silêncio e pegaram a lotação de volta para a Tijuca.

Mas, apesar de todo o seu sucesso internacional e de toda a voz e popularidade de Cauby, "Marina" fracassou no Brasil.

*

Roberto continuava se apresentando nos programas vespertinos de Imperial no rádio e na TV e, à noite, trabalhava como crooner na Boate Plaza, em Copacabana, onde cantava um repertório mais romântico e imitava João Gilberto cantando sambas, acompanhado pelo piano de João Donato e pelo conjunto da casa.

"Maria e o samba" foi a primeira música que Erasmo fez sozinho. Roberto gostou e aprendeu, ensinou a Donato e começou a cantar no Plaza:

> Se faltasse o samba,
> Maria de nada valeria,
> E se faltasse Maria
> eu não teria
> vontade alguma de escutar meu samba...

— Aparece lá pra ouvir, o Donato gostou muito — convidou Roberto.

Erasmo apareceu no dia seguinte: era a primeira vez que ia a uma boate. Mas, sem paletó e sem documentos, foi barrado na porta. Com um paletó emprestado pelo porteiro a pedido de Roberto, entrou pelos fundos e se escondeu numa mesinha perto da cozinha. Roberto lhe pagou uma cuba-libre e ele ouviu sua música e ficou ali a noite inteira. Com o dia clareando em Copacabana, pegou a lotação de volta para a Tijuca ainda sonhando com aquelas luzes e aqueles sons.

No dia seguinte voltou. Mas não foi só ao Plaza. Passou pela porta do Drink, da Boate Arpège, entreouvindo a música que saía, seguiu a pé pela avenida Atlântica, passou por todos os bares do Beco das Garrafas, Little Club, Bottles's, Dominó, entrando em alguns como quem procura alguém. Foi até o final da praia de Copacabana, passando por todas as boates, e, no Posto Seis, pegou sua lotação de volta para a Tijuca.

Uma tarde Roberto foi até a casa de Erasmo em busca de um disco do Elvis, *Hound Dog*, para tirar a letra. Graças a Imperial, que era um dos promotores do espetáculo, ele ia cantar na abertura do show de Bill Haley no Maracanãzinho, junto com todo o "Clube do Rock". Erasmo tinha tudo de Elvis: discos, fotos, letras, Roberto agradeceu e convidou:

— Aparece lá no Clube do Rock.

Erasmo foi ao Maracanãzinho, dançou na arquibancada, viu Roberto, as bailarinas e os mímicos e no dia seguinte foi para a TV Tupi, onde Imperial apresentava o Clube do Rock, um programinha de quinze minutos dentro de um programa de variedades vespertinas produzido por Jacy Campos, que tinha também culinária, decoração, moda, entrevistas e novidades femininas tarde adentro. Passou a frequentar o programa e a fazer pequenos serviços. Buscava um sanduíche, carregava um sofá, dava um recado, começou a conhecer as bailarinas e os mímicos, os músicos e os cantores, e logo estava se integrando informalmente à produção de Imperial. De prancheta na mão, anotando horários, nomes e telefones, o "coordenador" era Wilson Simonal, um negro simpaticíssimo de Copacabana, que tinha começado como secretário de Imperial e incorporado o estilo, a fala, as atitudes e a malandragem de seu chefe.

Mas Simonal gostava mesmo era de cantar e logo se tornou um dos destaques dos programas de Imperial, misturando seu suingue natural com um sotaque de malandragem carioca numa voz de timbre aveludado, afinadíssima e com grandes recursos técnicos naturais. Assim que Imperial conseguiu que ele gravasse um compacto na Odeon com o chá-chá-chá "Terezinha", Simonal abandonou a prancheta. E Erasmo assumiu.

Na corte de Imperial, ele era um posto-chave. Seu trabalho envolvia a produção não só dos programas de rádio e de televisão, mas também da coluna que Imperial assinava na *Revista do Rádio*, na qual Erasmo aproveitava para colocar notas inventadas sobre seus amigos, como Renato e seus Blue Caps e Roberto, mas principalmente sobre si mesmo, do tipo "Erasmo Carlos namorando uma famosa atriz casada. Cuidado que o marido dela é brabo". Ou: "Erasmo Carlos. Guardem esse nome. Esse rapaz da Tijuca vai dar o que falar. Anotem bem esse nome". Ele não assinava mais "Erasmo Gilberto". Agora era Erasmo Carlos.

Erasmo e Wanderléa se conheceram na Rádio Guanabara, onde ele era coordenador do programa de Imperial. Ela morava no subúrbio de Cordovil e estava divulgando seu primeiro disco na CBS, mesma gravadora de Roberto e de Renato e seus Blue Caps, um grupo do subúrbio de Piedade que estava estourando no circuito dos bailes e começava a tocar em rádio e a vender discos. O que Imperial chamava de "música jovem" era um grande sucesso popular em São Paulo, com Celly Campello — que fazia sucesso cantando roquezinhos italianos em português, como "Banho de lua", e americanos, como "Estúpido cupido" —, Os Incríveis, Ronnie Cord, Demetrius e Tony Campello, tipo de música que finalmente ia conquistando os jovens cariocas, a começar pelos subúrbios e pela Zona Norte.

Com Imperial, Erasmo passou a levar uma vida dupla. À tarde, cantava rock e aprendia os truques da produção de rádio e TV e, à noite, frequentava as festinhas de bossa nova nos apartamentos da Zona Sul, junto com a turma-bossa de Imperial: o maranhense Nonato Buzar, Luvercy Fiorini, Orlandivo, Roberto Jorge… uma espécie de terceira divisão da bossa nova.

Erasmo ficava calado num canto, se sentindo meio deslocado e envergonhado, mas cumprindo à risca as instruções de Imperial:

— Você não fala nada, não diz nada, fica quieto. Se você falar em rock aqui, te jogam pela janela.

Em Nova York, quando recebeu uma carta de Erasmo contando que tinha feito uma versão para "Splish Splash", que Roberto havia gravado e que a música estava estourando, "Tim Jobim" comemorou: ele também tinha composto uma bossa em inglês, que se chamava "New Love" e ele mesmo iria gravar com um trio vocal.

*

Tanto quanto a música, foram as brigas que aproximaram Roberto e Erasmo. Não entre eles, mas contra os outros.

A primeira foi na frente do antigo Cassino da Urca, onde funcionava a TV Tupi e as meninas ficavam esperando os cantores, músicos, dançarinos e mímicos do Clube do Rock, com suas calças rancheiras e suas camisas coloridas. Gritavam os nomes, imitavam o que viam no cinema e na televisão, viviam a "febre do rock", passavam telefones, mandavam beijinhos. E a rapaziada da Urca começou a não gostar da competição daquele pessoal mais cabeludo e mais malvestido, começou a invejar sua liberdade e intimidade com as bailarinas e, certa tarde, partiu para a porrada.

A Turma da Urca, com seus atletas de praia, era uma das mais temidas do Rio, e dela faziam parte, para grandes ocasiões, até lutadores da Academia Gracie.

Não foi preciso tanto: quando estavam esperando o ônibus com outros integrantes do Clube, Roberto e Erasmo olhavam o mar da Urca debruçados na murada. Alguém chamou Roberto, tocando-o no ombro. Quando ele se virou, foi derrubado por um soco. Erasmo voou em cima do agressor e tentou dar-lhe uma cabeçada, aproveitando-se de sua altura. O outro se esquivou e o derrubou com um cruzado. No chão, imobilizou-o com um golpe de jiu-jítsu, montou em cima e encheu a cara dele de porrada.

Ofegantes e machucados, consolados pelas bailarinas e sob os risos dos rapazes da Urca, pegaram o ônibus de volta para a Tijuca.

Poucos dias depois, numa padaria de Copacabana, por causa de um cafezinho, o pau quebrou. Erasmo derrubou um adversário com um chute, e, quando o outro partia para cima dele, Roberto surgiu ameaçador, com um pedaço de pau cheio de pregos. Acabou ali.

Na lotação de volta para a Tijuca, combinaram de fazer uma música juntos. Os dois achavam que tinham muita coisa em comum além das pancadarias.

"Mentira, cascata, bafo de boca, estão me gozando", foi o que Tim pensou quando recebeu, em uma prisão de Daytona, uma carta de Erasmo contando que ele e Roberto tinham feito uma música e uma letra juntos — "Parei na contramão" — e que o disco era um big sucesso, que tocava no rádio o dia inteiro.

— Mãe, assaltei a padaria — foi o que Erasmo anunciou aos gritos, chegando em casa e jogando um bolo de dinheiro na mesa da cozinha.

— Vai devolver e já! — rebateu dona Diva, apontando para o dinheiro e ameaçando Erasmo com a vassoura.

— É mentira, é mentira, eu ganhei com a minha música! — ele respondeu, rindo e a abraçando.

Foi o primeiro dinheiro de verdade que Erasmo recebeu com a música. Já ganhava uns trocados, parcos e irregulares, na produção de Imperial, e tinha recebido uma mixaria com a versão de "Splish Splash". Mas, com "Parei na contramão" — mesmo com os editores e as sociedades de direito autoral roubando a maior parte —, ele nunca tinha visto tanto dinheiro junto: daria para comprar uma lambreta. Erasmo, entretanto, gastou tudo em roupas.

Roberto Carlos era um sucesso. Mas em Copacabana ninguém sabia.

Sucesso no rádio, nos programas de rock de Imperial e de Jair de Taumaturgo, nos bailes de sábado nos subúrbios e nos clubes da Zona Norte, sucesso nos circos que percorriam a Baixada Fluminense.

Com palhaços e malabaristas, alguns números de mágica e um ou outro animal domesticado, pequenos circos percorriam a periferia do Rio o ano inteiro. Armavam a lona e ficavam uma ou duas semanas. Para manter o interesse do público local, promoviam shows musicais com um artista diferente todas as noites.

Nesses circuitos, Roberto era um sucesso, primeiro só se acompanhando ao violão, depois acrescentando o contrabaixo acústico de Bruno e uma caixa de bateria tocada por seu secretário, Dedé. Roberto já tinha até secretário, mas no Beco das Garrafas ninguém sabia.

O compacto de Jorge Ben, com "Mas que nada" e "Por causa de você", explodiu como uma bomba de som e ritmo sobre o Rio de Janeiro, nas rádios, no Beco das Garrafas, nos apartamentos de Copacabana, na Zona Norte e nos subúrbios. Era um ritmo diferente, pesado como o rock, mas sincopado como o samba, e o ex-"Babulina" ainda cantava pronunciando "voxê" em vez de "você". Tudo isso gerou polêmica e chamou a atenção para a originalidade e a qualidade de sua música, promovida por sua gravadora como "Samba Esquema Novo". Inicialmente desprezado pelos jazzistas, Jorge tornou-se uma atração no Beco das Garrafas e começou a reaparecer na Tijuca com mulheres que o pessoal só via em revistas, cada semana uma diferente, uma mais bonita que a outra.

Depois de seis meses infernais na tranca, quando Tim saiu da cadeia em Daytona e foi deportado para o Brasil, não falava português havia três anos e voltou falando inglês, cantando como os brothers da Motown, e viu, incrédulo, que a música de Roberto e Erasmo era mesmo um estrondoso sucesso. Mas achou que podia fazer coisa muito melhor.

Em São Paulo, onde a "música jovem" tinha começado, a coisa estava pegando fogo com Ronnie Cord, Prini Lorez (que fazia covers de Trini Lopez), os Jet Blacks, Os Incríveis. Grandes shows superlotavam cinemas nas manhãs de sábado e domingo nos bairros populares. Em alguns shows não havia nem microfone: alguém segurava um megafone e o cantor soltava a voz. As jovens plateias paulistanas deliravam.

Mas o Brasil ainda não sabia.

As viniçadas

A mulher de Vinicius na época, Maria Lúcia Proença, uma lady da sociedade carioca, tinha uma belíssima casa de veraneio em Petrópolis, cercada de jardins e às margens de um rio, com salões de mármore e mordomo uniformizado. E melhor ainda: mandou construir, entre as árvores e com projeto de Oscar Niemeyer, uma outra casa, exclusivamente para ela e Vinicius. Isto é, para Vinicius e seus jovens amigos: nós.

No inesquecível verão de 1963, começaram as "viniçadas".

A casa, na verdade, era um enorme loft construído sobre pilares, com o assoalho todo de pinho de riga, que era novo e exalava um perfume inebriante, tinha móveis finos e confortáveis de Sérgio Rodrigues, quadros lindos de Scliar e Di Cavalcanti nas paredes e janelões que se abriam para uma vista deslumbrante da floresta e das montanhas da região serrana. E uma grande geladeira, que fazia gelo sem parar.

Uma viniçada começava sempre nas mesas da Confeitaria Copacabana, no centro de Petrópolis, no fim da tarde. Ali se iniciavam as articulações e os telefonemas e boatos entre garotos e garotas que gostavam de música e de festa. E eram amigos de Vinicius. Vai ter, não vai mais, mudou de lugar. Entre torradas Petrópolis, coxinhas de galinha e drinques em geral, passavam-se as horas até que chegava a resposta esperada: vai acontecer. Ou então o próprio Vinicius ia ao Copacabana, e, entre um drinque e outro, articulávamos uma casa, geralmente a do próprio poeta. Aí era só comprar o uísque e botar o violão no carro.

Alguém tocava o violão, geralmente Francis, às vezes o próprio Vinicius, às vezes seu novo parceiro Carlinhos Lyra, e todos cantavam juntos à medida que o tempo e as canções e os drinques passavam. Um sugeria uma música aqui, outra ronronava um pedido ali, e o poeta decidia. Foi ali que conhecemos as novas canções que ele e Carlinhos tinham feito para "Pobre menina rica", que nos deslumbraram e entusiasmaram tanto que até provocaram algumas discussões especulando se Lyra não seria um melodista superior até mesmo a Tom Jobim. Coisas da madrugada e da juventude, de discussões na cozinha, com o dia nascendo.

O repertório das viniçadas era basicamente a sensacional safra de músicas de Tom Jobim lançadas no show do Au Bon Gourmet com João Gilberto e Os Cariocas, como "Garota de Ipanema" e "Só danço samba", as novas de Carlos Lyra, um ou outro Caymmi ou Ary e as primeiras parcerias de Vinicius com Baden Powell, um violonista que adorávamos. Eram os afrossambas que víamos nascer. Quando o dia já estava clareando e a neblina começava a encher o vale verdejante, o ritual final: Vinicius cantava o "Samba da bênção", dele com Baden, e abençoava cada um dos presentes com versos improvisados e gentis, e todo mundo entendia que a festa tinha acabado.

É melhor ser alegre que ser triste,
alegria é a melhor coisa que existe,
é assim como a luz no coração...

No final daquele verão, ao lado da casa de dona Maria Lúcia Proença, havia uma pilha de mais de um metro de altura de garrafas vazias e esverdeadas de Mansion House, abominável uísque nacional da época, como um monumento às viniçadas.

O balanço do gringo

Em São Paulo, conheci um garoto tímido tocando um piano maravilhoso no João Sebastião Bar. Com vinte anos, Cesinha Mariano era profissional desde os dezesseis e tinha tocado durante dois anos na Baiuca, um famoso e único reduto de jazzistas na noite paulistana. Era lá que tocavam Dick Farney e Johnny Alf, o trio de Moacyr Peixoto, irmão de Cauby, aonde iam artistas, gente de gravadoras, de teatro e de televisão.

Na Baiuca, Cesinha tinha realizado seu sonho jazzístico: tocava das oito da noite às quatro da manhã, de segunda a segunda, como pianista de um dos dois trios que se revezavam a noite inteira. A casa não ficava um minuto sem música; era lá que tocavam os grandes jazzistas de São Paulo, aonde iam Sérgio Mendes, Roberto Menescal, Eumir Deodato, Tom Jobim e Vinicius, onde davam canjas músicos famosos como o Modern Jazz Quartet. Na Baiuca, furioso com uma mesa barulhenta que não o deixava ouvir Johnny Alf, Vinicius disse a frase fatal:

— São Paulo é o túmulo do samba.

Mas logo se arrependeu, se desculpou e atribuiu a frase ao uísque e à irritação com o desrespeito com a música de Alf.

Ao lado da Baiuca, havia um botequim, ponto de reunião de músicos, apelidado de Baiuquinha. Quando a Baiuca enchia, o porteiro Bira abria as duas janelas que davam direto para o boteco, e podia-se ouvir de graça a melhor música das noites paulistanas. Uma

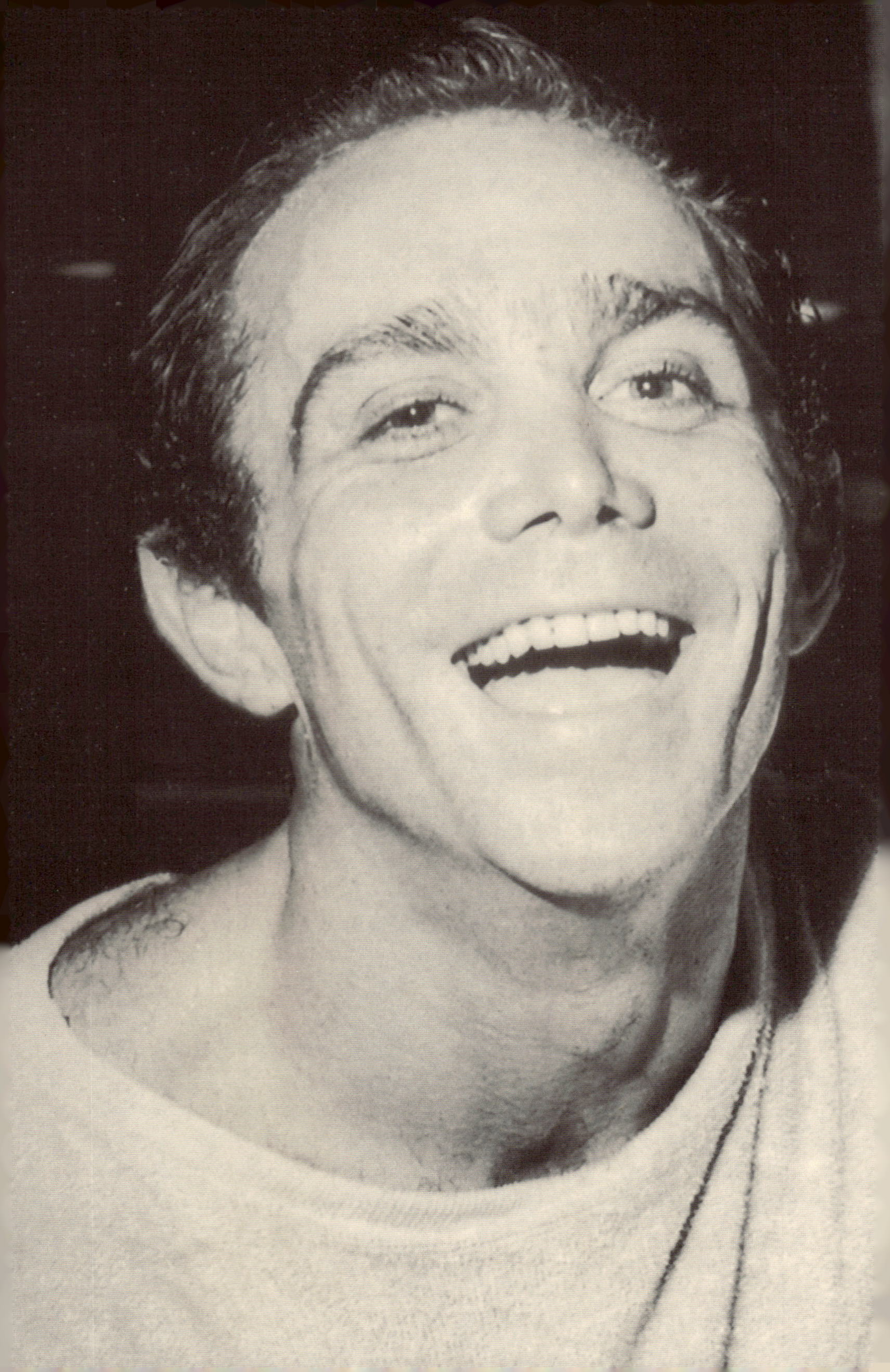

noite, na Baiuquinha, empolgado com a bossa-jazz do trio de César Mariano, Hermeto Paschoal, um albino alagoano recém-chegado à cidade, botou a cara na janela aberta, sacou sua flauta e começou a improvisar vertiginosamente, protagonizando uma surpreendente jam session em estéreo, aplaudida na boate e ovacionada no boteco.

No João Sebastião Bar, desde a noite de estreia César formava o Sambalanço Trio com o baixista Humberto Cleiber e um novo baterista vindo do Paraná, Airto Moreira. Era mesmo um grande balanço de samba, um suingue irresistível, a casa lotava para ouvi-los tocar com Hermeto e acompanhar Taiguara e Claudette Soares. Era o Beco das Garrafas de São Paulo. No João, ele conheceu Solano Ribeiro, ator e diretor do Teatro de Arena, socialista e nacionalista ardoroso, como todo mundo do Arena, que o convidou para participar com seu trio do novo show que estava dirigindo, com um cantor e bailarino americano que já tinha feito shows no Rio e na televisão. Um bailarino americano no Arena?

Lennie Dale, que mal falava português, mas tinha se apaixonado pelo Brasil, queria mostrar num show como via nossas grandezas e misérias, as favelas cariocas e as alegrias do povo, cantando e dançando e misturando a Broadway e o samba. Não era um grande cantor, mas era um excepcional bailarino, que, com sua pouca voz mas grande musicalidade, levantava as plateias. Com ele, o Sambalanço, o pandeirista-passista Gaguinho e quatro bailarinas. O gran finale era com Lennie, no alto de uma escada e de braços abertos, iluminado dramaticamente, como se fosse um Cristo Redentor olhando a favela, cantando emocionado o drama do "Sonho de Maria", dos irmãos Valle. Sucesso estrondoso, seis meses em cartaz.

Depois o show foi para o Rio, onde assisti a ele várias vezes no Zum Zum, no célebre número 200 da rua Barata Ribeiro. Um dos números era absolutamente sensacional, menos pela música e mais pelos efeitos de iluminação, num tempo em que os shows do Beco das Garrafas eram iluminados por lâmpadas coloridas em tubos de papelão. Lennie bolou uma coreografia marcada por várias quebradas rítmicas da música, com a luz se acendendo sobre ele num ponto do palco, congelado no meio de um movimento, como se fosse uma estátua. Por segundos e num ritmo vertiginoso, Lennie sumia no blecaute e reaparecia sob a luz em outra posição, em outro ponto do palco. Mas os ritmos e breaks eram tão complexos que, para operar a mesa de luz, foi necessário não contratar um iluminador, mas treinar um baterista para a função: só um músico seria capaz de memorizar todos aqueles "acende apaga" nas quebradas da música. Victor Manga, o baterista-iluminador, ensaiou exaustivamente com Lennie e tocava com ritmo e precisão as luzes e os escuros do palco. A casa vinha abaixo, ninguém nunca tinha visto nada parecido: Lennie criou a luz estroboscópica com refletores comuns.

Com seu sotaque carregado ele cantava, de Tom e Vinicius:

> O morro não tem vez,
> e o que ele fez já foi demais,
> mas olhem bem vocês,
> quando derem vez ao morro,
> toda a cidade vai cantar...

E o público delirava, noite após noite, meses a fio.

Em seguida, com o Sambalanço, Lennie gravou seu primeiro LP para a Elenco, de Aloysio de Oliveira, e se tornou um dos artistas mais influentes da nova música brasileira. Coisas do Brasil.

O "véio" e o mar

Nunca mais fomos os mesmos depois daquele verão de 1963 em Petrópolis. De volta ao Rio, as festas em volta de Vinicius se sucediam e se multiplicavam, novos amigos entravam na turma, havia cada vez mais música no ar que respirávamos.

Todo mundo voltou a fingir que estudava, mas só se pensava em música. A Faculdade de Direito parecia uma sombra distante, e não havia nenhuma outra perspectiva profissional no meu horizonte. Trabalhando como escriturário na Universidade do Brasil (datilografava os contracheques de milhares de professores e funcionários, não podia errar), passei o ano procurando desesperadamente uma vocação universitária que aplacasse os temores de minha mãe:

— Se você não se formar, não vai ser doutor, vai ficar a vida inteira sendo chamado de "seu" Nelsinho!

A terrível advertência ecoava em minha cabeça. Ela certamente não via muito futuro para mim como instrumentista, apesar de sua paixão musical, ou por isso mesmo: ouvido de mãe não se engana.

Mas, apaixonado cega e surdamente pela música, eu insistia, feliz, embora não fosse correspondido. Tinha dezenove anos e estava adorando aquela vida musical, com minha turma musical, vivendo e sonhando música dia e noite.

Estudava violão o dia inteiro e, embora o sentido rítmico não me fosse natural nem meu ouvido ajudasse muito, a paixão, o entusiasmo e o esforço eram tais que inevitavelmente comecei a tocar

de maneira razoável. E a articular com Alberto, um amigo flautista, magro e alto como uma flauta, filho do compositor clássico Hekel Tavares (de várias sinfonias e "Adeus Guacira" e "Sussuarana"), a formação de um conjunto instrumental. Frequentadores assíduos das jam sessions do Beco das Garrafas e dos shows de bossa nova, queríamos fazer alguma coisa entre o som metálico, jazzístico e vigoroso de Sérgio Mendes e seu Bossa Rio, que cultuávamos, e os sons mais leves e praieiros do conjunto de Roberto Menescal. Sérgio tinha três sopros soberbos, dois trombones e um sax tenor, e o sexteto de Menescal construía sua sonoridade na combinação dos timbres agudos e suaves de flauta-vibrafone-guitarra. Eram sons opostos — e nós queríamos estar no meio.

No "Seis em Ponto", batizado por Ronaldo Bôscoli, as melodias seriam soladas quase sempre em uníssono por trombone e flauta, um bem grave e outra bem aguda, às vezes com o piano timbrando no meio, com meu modesto violão ao fundo ajudando na base harmônica. Não podia mesmo dar certo.

Chamamos Francis para ser o pianista, com a promessa de tocarmos várias músicas dele. Na bateria, João Jorge, filho de Lucinha Proença. No trombone, Carlos Alberto Camarão, que conhecíamos das jam sessions do Little Club, o único que lia música. E, na falta de outras opções, chamamos para o contrabaixo Carlos Eduardo (Saddock de Sá), um garotão bonito com nome de rua que tocava bem mal, mas tinha o instrumento e um Fusca, e era muito gente boa. O grupo, tirando o talento de compositor de Francis, era bem fraco, mas conseguiu ser contratado por Benil Santos para gravar um LP na RGE.

Em sua coluna na *Revista do Rádio*, Imperial sacaneou: "A já famosa 'Turma do Sobrenome', simpática rapaziada de famílias conhecidas que se reúne para difundir a bossa nova, é apadrinhada por Ronaldo Bôscoli, que batizou o conjunto de Seis em Ponto. A ideia não é boa: o nome vai dar chance aos trocadilhos de que o que a turma quer mesmo é 'fazer hora'. A melhor sugestão é colocar mesmo 'Turma do Sobrenome' no disco..."

Mas, penosamente, o disco foi gravado nos estúdios de três canais da CBS.

Fui ficando muito amigo de Edu Lobo. Admirava-o e gostava dele, de seu jeito sério e de sua determinação, de sua intensa musicalidade. Nós conversávamos todos os dias. Os encontros eram no apartamento dos pais dele, em Copacabana. Ele namorava Wanda Sá, e eu, Helena Campos, a melhor amiga dela. Em outras ocasiões, nós nos reuníamos na casa de Wanda, no Leblon, com outros amigos, como os irmãos Valle, Dori Caymmi e Francis Hime, ou no apartamento dos pais de Olívia Leuenroth, no morro da Viúva, o "apartamento de Nara" da nossa geração. Só que maior, mais bonito e com vista para a baía de Guanabara e o Pão de Açúcar, onde passávamos tardes e noites e madrugadas em volta de Vinicius, cantando e tocando e namorando. Com Wanda, fiz minha primeira letra gravada, com o singelo e não muito original título de "Encontro", que tinha uma primeira parte "triste" e uma segunda "alegre", naturalmente quando ela encontrava seu amor. Pura bossa nova de Copacabana, ortodoxia menesco-boscoliana. Wanda estava dividida: namorava e admirava Edu, que estava fazendo uma música mais "sertão", mais nordestina, com letras fortes e sonoras de Ruy Guerra; mas também era amicíssima e ex-aluna de Roberto Menescal, por quem tinha enorme admiração e respeito.

Eu também o admirava muito, mas meu grande ídolo era Ronaldo Bôscoli, o "Véio", como seus amigos o chamavam, e apelido que ele mesmo passou a usar, quando mal tinha passado dos trinta. Era especialista em usar seu humor venenoso e implacável, invariavelmente hilariante, para detonar egos, vaidades e reputações, pelo simples prazer de se divertir. Também tinha um especial e maligno talento para o autodeboche e se tornou um virtuose da maledicência que, às vezes, a levava às fronteiras da arte, alvejando certeiramente o ponto fraco, o falso, o feio e o defeituoso que havia em todos e em cada um, principalmente nos belos e inteligentes, nos ricos e vitoriosos, nos personagens do mundo artístico. Mas em nenhum momento livrava a cara dos fracos e oprimidos, dos feios, pobres e tristes. Além da maledicência e do intenso divertimento, as rajadas de piadas com que o "Véio" alvejava a todos — e a si mesmo — me serviam como afirmação constante das fragilidades do ser humano e ajudavam a equilibrar meu deslumbramento com a "vida artística". Era a língua mais rápida e temida do Rio, e foi a pessoa que mais me fez rir na vida — e provavelmente a que mais fez gente rir de mim.

Aos dezenove anos, eu queria ser como ele, ter aquele charme todo, ter aquelas mulheres todas que ele dizia ter, aquele humor carioca, escrever aquelas letras de música, saber todas aquelas malandragens, morar naquela cobertura em Ipanema. Além da música, nos unia a paixão pelo Fluminense, que nos levava ao Maracanã aos domingos para jornadas geralmente gloriosas e comemorações ruidosas. Eu queria ser ele quando crescesse.

O "Véio" era ranzinza, reacionário, intolerante e engraçadíssimo. Não poupava ninguém, nem os amigos mais queridos. Não poupava nem a própria mãe, que era alcoólatra. Muito menos os que considerava responsáveis pelo desgaste, pela diluição e pela vulgarização da "sua" bossa nova, que vinha sendo atropelada pela efervescência política e pelas novidades musicais que começavam a fazer barulho em todo o país. Ronaldo tomava a decadência comercial da bossa como uma afronta pessoal. Suas músicas com Menescal ainda faziam sucesso, mas o "Véio" era chamado de ultrapassado e se ressentia. Mesmo com todo o sucesso e toda a malandragem, Ronaldo vivia apertado, correndo atrás de dinheiro em vários empregos mal pagos e não desfrutava dos lucros que suas músicas geravam: ele e vários compositores eram escandalosamente roubados em seus direitos autorais por um editor italiano, safado e simpaticíssimo, que surrupiou durante anos os direitos dele e de Menescal, Tom, Carlos Lyra, Vinicius, Baden e outros, e logo em seguida roubaria Edu, Francis, Marcos e Paulo Sérgio, Dori e até a mim mesmo. Até ser liquidado nos tribunais por um advogado americano de Sérgio Mendes, que nos libertou do espertalhão e nos filiou a uma sociedade arrecadadora americana: a Ascap.

O "Véio" estava inquieto, sentia que o vento mudava rapidamente. Tom e João estavam nos Estados Unidos, o samba-jazz pesado fervia no Beco, a dupla Lyra e Vinicius apresentava uma primeira safra de músicas excepcionais, mais fortes e densas, mais "sérias" e "brasileiras" que as dele com Menescal. Vinicius e Baden criavam os afrossambas. A bossa nova perdia público, e as novas gerações estavam mais interessadas na beat generation americana, nos *angry young men* ingleses, na Nouvelle Vague francesa e na Revolução Cubana. No nascimento do Teatro de Arena e do Cinema Novo.

Durante certo tempo, todos os sábados nos reuníamos na cobertura que ele tinha em Ipanema, com Miele, Hugo Carvana, Wanda Sá, minha namorada Heleninha e o fotógrafo Paulo Garcez para beber, beliscar uns petiscos e ver o show do "Véio". Quando fiz vinte anos, ele me deu de presente a nova edição de *Ulysses*, de James Joyce, em tradução de Antônio Houaiss. Além de ser muito afetuoso, o "Véio" sabia surpreender.

Entre seus alvos favoritos estavam a esquerda musical e sua apropriação, que ele considerava demagógica e populista, dos sambistas de morro cariocas e da música nordestina. Com um agravante: sua ex-noiva Nara, que achávamos que ele ainda amava, estava namorando justamente uma das figuras mais carismáticas da arte engajada, o cineasta socialista, e agora também concorrente como letrista, o moçambicano barbudo Ruy Guerra, o "antirronaldo".

— Se, quando você chegar, a portaria estiver fechada, bate no vidro que tem um porteirinho guardado lá dentro — avisou Ronaldo quando fui visitá-lo na cobertura do décimo oitavo andar da Visconde de Pirajá, 22, em cima do teatro Santa Rosa, no coração de Ipanema, de onde se via o mar.

Entre piadas e chuveiradas, em certa manhã o calor era tanto que, por sugestão de Ronaldo, Carvana e eu subimos com ele ao telhado do edifício e, irresponsavelmente, fizemos da caixa-d'água do prédio a nossa piscina.

— Sem pipi! — advertiu Ronaldo antes que alguém perguntasse (embora, tratando-se do "Véio", tudo fosse possível).

Além da cobertura, também frequentávamos ativamente os fins de semana animadíssimos do apartamento do jornalista francês Daniel Garric, correspondente do *Le Figaro*, em Copacabana, onde Ruy Guerra se hospedava havia mais de um ano. Depois da praia, aquele era um dos points favoritos, open house que começava com mariscadas e entrava pela noite com cerveja e violão. Ruy era charmoso e educado, baixinho e de traços finos; tinha uma imagem viril, opiniões diretas e apaixonadas, cultura europeia e espírito aventureiro. Fiquei fascinado por ele, que em quase tudo era o oposto de Ronaldo, com a sua turma meio europeia, as garotas bonitas, os papos cabeça sobre cinema.

Tempos depois, quando Daniel foi chamado de volta a Paris, seu substituto Philippe não só herdou o posto, como o hóspede. Quando se mudou para um novo apartamento, fez questão de levar Ruy com ele.

Às vezes o visitávamos e perguntávamos como ia a coabitação com o francês. Ele respondia com seu sotaque luso:

— De vez em quando eu faço um "plebiscito": digo que já estou aqui há muito tempo, que posso estar incomodando, que estou pensando em me mudar… e, como ele sempre diz para eu ficar, então eu vou ficando.

Meu coração juvenil estava dividido entre o convívio hilariante e afetuoso com Ronaldo, que se tornara uma espécie de padrinho dentro da bossa nova e do mundo artístico, e a nova música mais politizada e nativista que meus amigos estavam fazendo em volta de Carlos Lyra, Baden Powell, Vinicius e Ruy Guerra. E que se contrapunha em música, letra e atitude à velha bossa nova de Menescal e Ronaldo.

Entre Ronaldo e Ruy, eu preferia os dois.

Wanda Sá foi a primeira da turma a gravar, o elogiadíssimo LP *Vagamente*, com músicas inéditas de Menescal e Carlos Lyra e também dela mesma (a nossa "Encontro", minha primeira gravação), além de várias de compositores da sua geração, como Edu, Francis e Marcos, com arranjos de Eumir Deodato, Menescal, Tenório Jr. e Luiz Carlos Vinhas.

Edu não gostava da música de Menescal e detestava Ronaldo, porque, além de tudo, arrastava uma asa para Wanda. Edu adorava João Gilberto e Tom Jobim, tanto que logo descobriu que, no gênero, não poderia fazer nada melhor. E começou a buscar linhas de criação diferentes, procurando outros caminhos nas suas origens e lembranças, nas férias nordestinas, na água morna da Boa Viagem, nos frevos e nas cirandas, nos xaxados e nos baiões.

Com Vinicius, fez uma bela e lírica "Canção do amanhecer" ("… vem raiando a madrugada… música no céu") e uma outra, de batida afro:

É Zambi na noite, ei, ei, é Zambi,
É Zambi, tui tui,
Tui tui, é Zambi...

Vinicius explicou que "Zambi" era um outro nome, uma variante para o "Zumbi" (dos Palmares), e que a letra era um canto guerreiro. "Tui tui" era uma onomatopeia de advertência, atenção, sons da noite e da floresta. Ah, bom. Como Vinicius se dizia "o branco mais preto do Brasil", quem haveria de duvidar?

As duas se tornaram conhecidas no circuito das "viniçadas" e das festas de violão, mas foi só quando Edu fez "Reza", com Ruy Guerra, que teve sua primeira música gravada. Por Pery Ribeiro e, logo em seguida, pelo sonhado Tamba Trio. Foi seu primeiro sucesso:

Laia, ladaia, sabatana, Ave Maria
Ó meu santo defensor,
traga o meu amor...

Era o refrão sincrético, afro-brasileiro, de uma melodia forte e direta, apoiada em um ritmo que estava muito mais próximo de Boa Viagem que de Copacabana. Um sucesso instantâneo, que tornou o nome de Edu conhecido e gerou um convite de João Araújo para gravar um LP na Philips. Mas Edu queria gravar na Elenco, o novo selo cult de Aloysio de Oliveira, onde gravavam Caymmi e Tom, Nara e Vinicius, Lennie Dale, com suas capas em preto e branco em alto contraste, com sua imagem sofisticada e exclusiva criada pelo artista Cesar Villela.

Por insistência de Tom Jobim, de quem tinha se aproximado através de Vinicius, Edu acabou sendo contratado por Aloysio, que não simpatizava com as letras de Ruy, por achá-las muito agressivas. Mas o disco, com participação do Tamba Trio e arranjos de Luiz Eça, teve que esperar algum tempo até ser lançado: uma das músicas, justamente o carro-chefe do disco, tinha letra de Vinicius e teria que permanecer inédita até o fim do I Festival de Música Brasileira, promovido pela TV Excelsior, onde estava selecionada entre as 36 finalistas: era "Arrastão".

Forma e função

Para o Brasil, o ano de 1964 pode ter sido péssimo, mas, para a música brasileira, foi um ano maravilhoso. E para o cinema. E para o teatro.

Depois do estrondoso sucesso internacional de *Getz/Gilberto*, com "The Girl from Ipanema" chegando ao número um da lista da Billboard, foi lançado *Getz/Gilberto #2*. Nara Leão lançou com sucesso seu primeiro disco na Elenco, com músicas de Edu Lobo e Francis Hime, em parceria com seu namorado Ruy Guerra. Carlos Lyra e Vinicius apresentaram o sensacional score musical de *Pobre menina rica*, com várias canções que se tornaram clássicos instantâneos, como "Primavera" e "Sabe você". Marcos Valle foi grande sucesso nacional com "Samba de verão", que logo foi gravada por diversos artistas americanos e se transformou em um dos maiores hits internacionais da música brasileira na gravação instrumental do organista Walter Wanderley. Marcos partiu para a Califórnia surfando na onda do sucesso.

Deus e o diabo na terra do sol, de Glauber Rocha, foi o maior impacto cinematográfico do ano e um evento transformador da minha vida e da de tantos outros que estavam na pré-estreia no gigantesco cinema Ópera, na praia de Botafogo. O filme não só recebeu uma delirante ovação no final como várias vezes teve suas principais sequências aplaudidas, como se estivéssemos num teatro ou num estádio, e não num cinema. Eu nunca tinha visto aquilo. Na saída, fui apresentado por Cacá Diegues a Glauber, de quem me tornaria

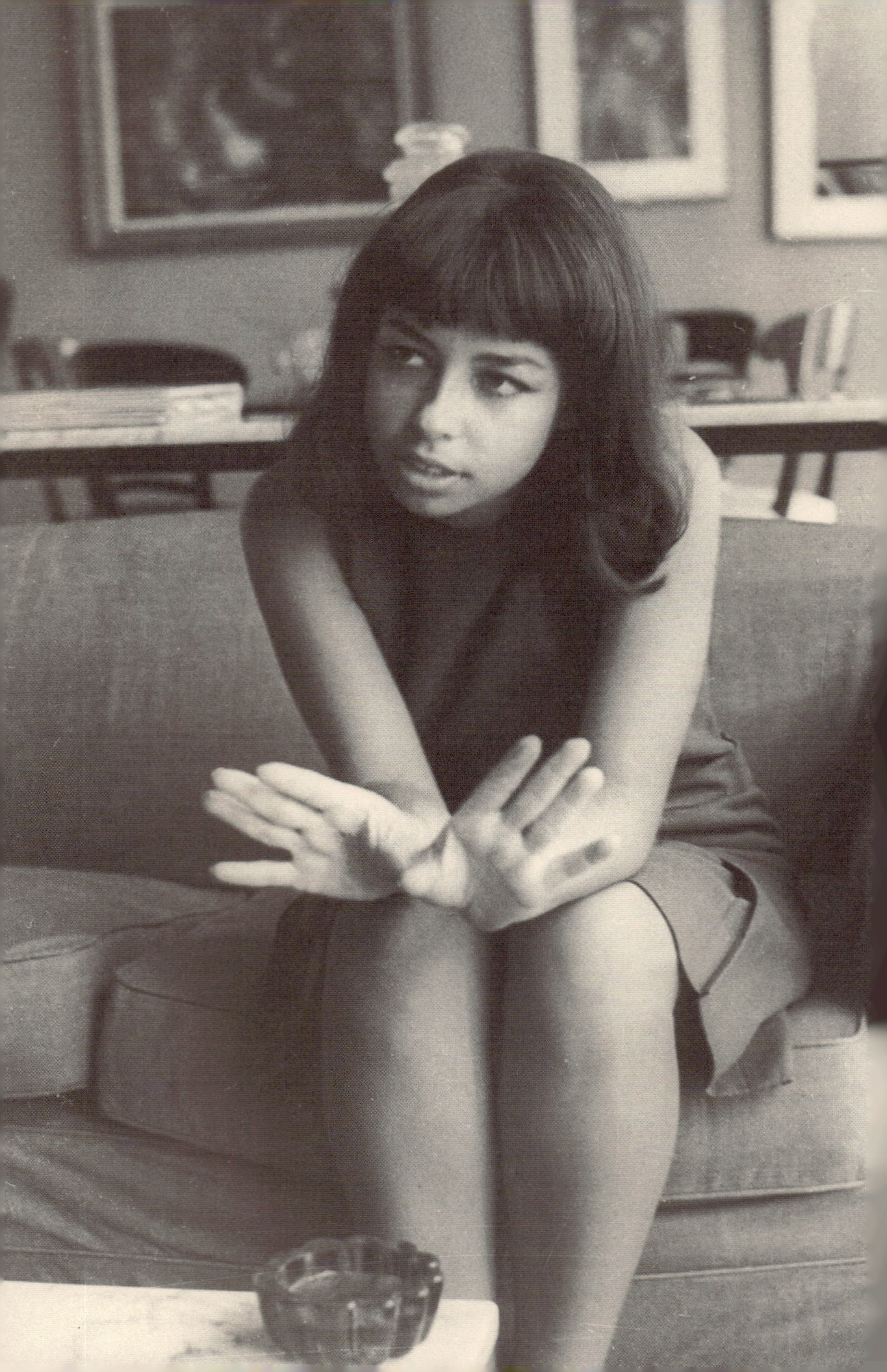

amigo e com quem passaria a me encontrar com frequência nos bares de Ipanema e na praia.

Dori foi contratado para ser o diretor musical do show *Opinião*, criado por Oduvaldo Vianna Filho, Paulo Pontes, Armando Costa e Ferreira Gullar, dirigido por Augusto Boal, e que tinha Nara Leão dividindo a cena com o sambista carioca Zé Keti e o compositor nordestino João do Vale. Numa tarde de verão, olhando o mar de Copacabana, acompanhei Dori a uma reunião no apartamento de Nara, com Boal falando sobre a necessidade de fazer oposição ao governo militar, de conscientizar o povo, de denunciar injustiças, prisões e perseguições e de integrar a música com os movimentos populares da América Latina. Acreditei, entusiasmado, que a generosidade dos propósitos superava as contradições entre aquelas pessoas, naquele lugar, naquele momento. Nara não era mais a musa da bossa nova, mas da oposição de esquerda.

No Teatro de Arena, no segundo andar de um shopping center semiacabado em Copacabana, com escadas rolantes que não rolavam, assisti à estreia triunfal do *Opinião*. Textos curtos e políticos, provocativos e emocionantes, num espetáculo aparentemente despojado, mas de concepção sofisticada, ligavam as músicas cantadas por Nara, Zé Keti e João do Vale, que denunciavam a miséria e a opressão e celebravam a liberdade e a solidariedade. O público explodia em aplausos todas as noites, e era como se a ovação fosse uma vaia ao governo militar.

De camisa masculina vermelha amarrada na cintura, calça cáqui e tênis Conga, Nara desafiava e protestava, encantava o público. Acompanhada por Dori Caymmi, ela parecia muito à vontade cantando os sambas de morro de Zé Keti e os ritmos sertanejos de João do Vale, e integrava com sucesso as fontes musicais populares, os avanços musicais da bossa nova e o pensamento da esquerda internacional.

Depois do teatro, a onda era ir para o Zicartola, restaurante do "recém-descoberto" mestre Cartola e de sua mulher Zica, no centro da cidade, para comer carne-seca e ouvir "samba autêntico". Ou então para a gafieira Estudantina Musical, na velha praça Tiradentes. Onde as garotas que frequentavam a praia de Ipanema iam dançar samba puladinho, com orquestra ao vivo e, de preferência, nos braços de um bailarino local, se possível de terno branco e sapato bicolor. "Populismo sexual", rosnavam os machos ressentidos e abandonados nos bares de Ipanema.

O hino desse tempo era a "Marcha da Quarta-feira de Cinzas", uma belíssima e melancólica marcha-rancho de Carlos Lyra com uma letra emocionada de Vinicius metaforizando o golpe militar que tinha acabado com o Carnaval da liberdade.

> E no entanto é preciso cantar,
> mais que nunca é preciso cantar,
> é preciso cantar e alegrar a cidade...

E nunca se cantou tanto. Cartola e Nelson Cavaquinho, grandes mestres do samba carioca, começaram a ser cantados nas festas dos jovens da Zona Sul do Rio. Os antes ignorados ou abominados baiões de Luiz Gonzaga e os xaxados de Jackson do Pandeiro receberam nova leitura, que se queria nacional e libertária, de participação e de oposição.

No Teatro de Arena e na Estudantina, poucos ficaram sabendo dos quatro Grammies ganhos por Tom Jobim, João Gilberto e Astrud Gilberto com "The Girl from Ipanema", derrotando os Beatles, os Rolling Stones, Frank Sinatra e Elvis Presley. Menos ainda celebraram a conquista. Nos bares de Ipanema, muitos já os viam e ouviam como artistas politicamente alienados produzindo música americanizada. O Vinicius da "Garota de Ipanema" era falso e inútil: o verdadeiro e engajado era o da "Marcha da Quarta-feira de Cinzas", vociferavam jovens barbudos para as jovens cabeludas nas mesas do Zeppelin.

⋆

As gravações do Seis em Ponto eram um tormento para mim (e imagino que para meus companheiros e para o técnico de gravação Umberto Contardi), e certamente foi aí que me dei conta de que eu talvez não desse para aquilo. Os dedos se embaralhavam, as unhas roídas produziam uma sonoridade abafada e escorregadia nas cordas que me doía no ouvido. Foi penoso manter o ritmo razoavelmente preciso. Os "improvisos" eram todos escritos por Francis, e cada um decorava o seu, mas Alberto, como tinha muitos solos e não lia música, escrevia por extenso no papel: dó-sol-fá-mi-mi-fá.

Apesar do excelente repertório, com quatro belas canções de Francis, novas músicas de Tom Jobim e Carlos Lyra e da fina flor da nova geração (Edu, Marcos, Theo de Barros), apesar dos textos de apresentação generosos assinados por Ronaldo Bôscoli e por Tom Jobim ("sinto neles os perfumes da terra brasileira..."), não podia mesmo ter dado certo. Para mim, a gota d'água foi um pequeno "improviso" de violão num andamento proibitivo para minha técnica precária do qual, depois de incontáveis tentativas, desisti. Fomos tomar um café e encontramos o trombonista Raul de Souza, uma das estrelas do Bossa Rio de Sérgio Mendes, que eu conhecia do Beco, zanzando pelo estúdio. O papo foi rápido e reto: pedi que ele tocasse, e ele fez um improviso jazzístico de verdade com seu trombone no primeiro e único disco do Seis em Ponto, o que contribuiu decisivamente para que eu começasse a me orientar em direção às letras de música e, vá lá, ao design.

Quando não estava ensaiando com o Seis em Ponto ou ouvindo e falando de música, cheguei a pensar em estudar arquitetura — para não virar "seu Nelsinho". Mas acabei optando por um vestibular duríssimo, mais de setecentos candidatos para trinta vagas, para entrar na Escola Superior de Desenho Industrial (Esdi), então no seu segundo ano de funcionamento, a menina dos olhos do governo Carlos Lacerda e uma de suas iniciativas mais progressistas. Uma escola-modelo de altíssimo nível, com professores da Hochschule für Gestaltung, de Ulm, da Parsons School of Design, de Nova York, e gente do calibre de Décio Pignatari para ensinar Teoria da Informação, Aloysio Magalhães e Alexandre Wollner para Comunicação Visual, o crítico Flávio de Aquino para História da Arte e Zuenir Ventura para Comunicação Escrita. Mas existiria mesmo isso, o "design brasileiro", a tal "forma brasileira" que buscávamos? Era o que nos perguntávamos enquanto matávamos a aula de Lógica Matemática no boteco da esquina, onde bebíamos, fumávamos e sacaneávamos o jovem atendente que estava sempre de touca, chamando-o "Ô de touca!". Quanto menos ele gostava, mais nos divertíamos. Um dia, ele tirou a touca e pediu por favor, quase emocionado, que não o chamássemos mais assim. Passou a ser chamado de "Ô sem touca!".

O boteco oferecia um cardápio de pratos do dia escritos a giz numa lousa preta. Mas às vezes era difícil adivinhar do que se tratava, como um misterioso "aristu" que, só comendo, descobriu-se que era *irish stew*, o cozido irlandês de vegetais, carne e vinho.

A Esdi era equipadíssima: tinha biblioteca, laboratórios fotográficos e oficinas de metal, de madeira e de gesso. Além de trinta professores, tínhamos à nossa disposição até uma moviola de 35 mm, uma das duas ou três do Rio, que jamais utilizamos, embora tivéssemos aulas de Cinema no currículo. Na moviola da Esdi seriam montados alguns dos grandes filmes do Cinema Novo, como *Terra em transe*, de Glauber Rocha, e *A grande cidade*, de Cacá Diegues, que testemunhei praticamente plano a plano no melhor curso de cinema que uma escola poderia oferecer. Foi onde conheci Arnaldo Jabor, Gustavo Dahl e Eduardo Escorel, e onde estreitei a amizade com Glauber Rocha.

Mais que proporcionar um encontro com a forma e o design, entre a arte e a indústria, e além das amizades, dos romances e das aventuras da convivência universitária, a Esdi me traria a revelação da arte moderna e do concretismo dos irmãos Campos através das aulas apaixonadas de Décio Pignatari. E também o início de um caso de amor com o nascente Cinema Novo, que era tão diferente na forma e no conteúdo, mas me lembrava tanto, no ânimo e na fé, o início da bossa nova.

Com a dolorosa experiência do disco do Seis em Ponto, abandonei o sonho instrumental e comecei a fazer letras para músicas de Dori Caymmi. A primeira foi "O velho pescador", uma bela e complexa melodia que me inspirou uma ficção em que um velho pescador, cansado do trabalho e do perigo, no fim da vida, contemplava desconsolado o horizonte e desejava morrer no mar. Eu tinha vinte anos, e minhas experiências marítimas se resumiam à praia de Ipanema e um ou outro passeio de barco pela baía de Guanabara. Mas adorava as músicas do velho Caymmi, com as quais aprendi que era doce morrer no mar e que os pescadores querem se casar com Iemanjá, e os livros de Jorge Amado, que li com avidez durante a adolescência e nos quais me encantei com a exuberância e a sensualidade da Bahia, que conhecia só de ouvir falar. Nunca tinha visto um saveiro na vida, e de peixe não gostava nem para comer.

> Minhas mãos já não fazem
> mais a rede voltar
> E meus olhos são tristes
> de não verem o mar…

"O velho pescador" foi nossa primeira gravação, e considerada pela crítica uma das melhores faixas do primeiro disco solo de Luiz Eça, o criador do Tamba Trio, celebrado como um dos melhores do ano. Pena que a gravação era só instrumental, sem letra nem vocal, com o piano exuberante de Luizinho cercado por uma formidável massa de cordas em movimento: *Luiz Eça & cordas* revelava a musicalidade de Dori Caymmi e sua originalidade harmônica e melódica. Depois fizemos "O mar é meu chão", na mesma praia, agora com um pescador que vai morar no campo e sofre de saudade do mar e seus perigos. Sérgio Mendes ouviu e adorou: gravou-a nos Estados Unidos, com lindíssimo arranjo de orquestra de Dave Grusin, produzido pelo lendário Nesuhi Ertegün. Mas, de novo, a letra continuava inédita: o disco também era todo instrumental, piano e orquestra.

Foi na Esdi que fiquei sabendo, antes de Edu e Vinicius, que "Arrastão" era uma das 36 selecionadas de centenas de músicas concorrentes do festival, entre elas minha parceria com Dori Caymmi, "Saveiros". Meu querido mestre Décio Pignatari tinha feito parte da comissão de seleção em São Paulo e me antecipou o resultado oficial.

Decepção: nosso saveiro não tinha zarpado.

Mas a música que mais tinha impressionado Décio era de um garoto de São Paulo, talvez um japonês, chamado Taiguara. Concretista e modernista militante, Décio, que adorava o "É sol / é sal / é sul" de Menescal e Bôscoli em "Rio", verso debochado pela esquerda como exemplo de alienação, tinha gostado das interações entre "ilha" e "Cecília" e "maravilha" da letra. Para ele, era a favorita.

Eu conhecia Taiguara (que não era japonês, mas uruguaio) de São Paulo, onde ele cantava todas as noites no João Sebastião Bar com o balançadíssimo Trio Sambalanço de César Camargo Mariano.

Taiguara tinha belo timbre, grandes recursos vocais e muita musicalidade, era jovem e simpático e um pouco exagerado em suas interpretações e firulas vocais. Mas cantava e compunha bem, e "Cecília", que era apenas uma balada assim, assim, revelou mais o cantor que o compositor quando foi apresentada no festival. O mestre tinha exagerado no entusiasmo.

*

Quando souberam que estavam nas finais, Edu e Vinicius imediatamente pensaram em Elis Regina para cantar "Arrastão". E Solano Ribeiro, diretor do festival e namorado de Elis, também.

Na tela da televisão em preto e branco em que a vi pela primeira vez, Elis Regina parecia bem baixinha. Estava sentada numa escada cenográfica, com uma saia escura curta e uma blusa clara de mangas bufantes, rindo e abrindo os braços e cantando. Os cabelos eram pretos e fartos e formavam um horrendo capacete de laquê. As sobrancelhas grossas e a maquiagem carregada lhe davam um ar mais adulto e meio vulgar. Ela ria muito e mostrava mais a gengiva do que os dentes pequenos, e um ligeiro estrabismo se acentuava com seu nervosismo. Mas aquela garota de dezoito anos cantava uma barbaridade, cantava muito mais do que todas que a gente tinha ouvido.

E no fim da música era uma imagem radiante de talento e energia. Já não parecia tão feiosa.

As garotas modernas da turma debocharam das suas roupas e do cabelo, os garotos da bossa jazz minimalista fizeram restrições a seu fraseado muito mais próximo de Angela Maria que de João Gilberto, mas todo mundo ficou besta com aquela voz.

Desde João não se ouvia nada melhor do que Elis.

Ou seria Élis?

Fui conhecer Elis no estúdio Rio Som, nas vizinhanças da praça Tiradentes, no coração do Rio Antigo. Um buraco horroroso que se pretendia um templo tecnológico, com uma mesa de som de dois canais comandada por um engenheiro de som americano, Norman Sternberg. Elis estava colocando voz em "João Valentão", o clássico de Caymmi, com um arranjo audacioso e ultrajazzístico de Paulo Moura, uma das melhores faixas de seu primeiro disco para a Philips, que provocativamente se chamava *Samba: eu canto assim*. Mas era praticamente jazz.

Elis estava apaixonada pela música de Edu e escolheu três canções dele para gravar: "Aleluia", "Resolução" e o sucesso "Reza". Além delas, selecionou duas de Francis ("Minha" e "Por um amor maior", com letras de Ruy Guerra) e um futuro clássico dos irmãos Valle, "Preciso aprender a ser só".

Levado por Edu, eu estava ali boquiaberto com o que estava ouvindo no "aquário" da técnica, quando ela entrou, toda espevitada e sorridente, e me estendeu a mão:

— Eu sou a Elis.

E não Élis, aprendi.

No final da gravação, Norman fez questão de tocar para nós um disco recém-chegado da nova maravilha americana, da sensacional revelação que estava arrebentando nos Estados Unidos: Barbra Streisand, cantando "People". Assombro geral. Todo mundo ficou impressionadíssimo. Eu também. Mas gostei ainda mais de Elis.

Ela era a nova sensação do Beco das Garrafas junto com Wilson Simonal, ex-funcionário e discípulo de Carlos Imperial, que enchia as casas com seu suingue e sua simpatia, sua malandragem carioca, sua voz de veludo afinadíssima, cantando maravilhosamente samba-jazz, com naipes de sopros, scats e firulas vocais, às vezes exagerados e em outras de gosto duvidoso, mas que levavam as plateias ao delírio. Com todas as restrições que as patrulhas bossa-novistas poderiam fazer, era impossível negar que Simonal tinha todas as qualidades de um grande cantor popular no Brasil de 1964. Seu primeiro disco, *Nova dimensão do samba*, foi um espetacular sucesso nacional.

O Beco das Garrafas fervia, nos bares tocava-se cada vez mais alto, com mais músicos, cantava-se cada vez mais "pra fora". Com 19 anos, Elis, filha da periferia de Porto Alegre, e Simonal, 22, filho de uma lavadeira carioca, eram as melhores vozes e as maiores revelações da nova geração. A maior influência dos dois não tinha sido João Gilberto, mas Lennie Dale, que introduziu no Beco das Garrafas o profissionalismo americano, os ensaios exaustivos, uma forma de cantar que aproximava o samba da Broadway e do jazz, com um fraseado exuberante, uma ênfase nos ritmos dançantes e uma atitude extrovertida, em tudo opostos ao intimismo minimalista da bossa nova.

O Brasil também estava muito diferente do tempo de "Chega de saudade". João Gilberto e Tom Jobim não tinham nada a ver com aquilo: estavam nos Estados Unidos, fazendo shows e gravando discos, encantando e influenciando grandes nomes da música e da imprensa musical. O jazz americano nunca mais seria o mesmo depois da bossa nova.

Nem a música brasileira, depois de 1964.

Iemanjá na Broadway

Aquele ano de 1964 também foi maravilhoso para Roberto, Erasmo e Jorge Ben.

Roberto estourou um sucesso nacional com o rockabilly "É proibido fumar" e o divertido rock "Um leão está solto nas ruas", que tocaram em todas as rádios e TVs e bailes, e as crianças cantavam nas ruas. Até o Beco das Garrafas agora sabia que ele era um sucesso e, apesar disso (ou por causa disso), o desprezava.

Muito antes de se chamar Benjor, Jorge Ben se tornou uma das grandes estrelas do Beco, do Rio e do Brasil lançando a sequência de hits "Por causa de você, menina", "Mas que nada" e o maior de todos, "Chove chuva", com os quais estabeleceu um novo padrão de ritmo, aceito tanto pelos jovens fãs de rock dos subúrbios quanto pelos sambistas dos morros da Zona Norte e pelos músicos e ouvidos mais sofisticados de Copacabana. Não era nada de "misto de maracatu", como ele dizia na letra; era samba, sim, *heavy samba* certamente, mas também era um misto de rock e um tanto de funk, uma batida diferente que antecipava o reggae. "É o samba-rock, meu irmão", como antevia Jackson do Pandeiro em "Chiclete com banana".

A sensacional levada do violão de Jorge não era dedilhada, cheia de síncopes e sutilezas, acordes complexos e dissonantes: ele usava todos os seus dedos enormes, rasqueando as cordas, como se tocasse com uma palheta. Jorge integrava acordes básicos e melodias intuitivas com letras diretas e sonoras. Suas palavras eram puro

ritmo, e o violão soava também como percussão: sua música era a maior e melhor novidade do momento.

Ao contrário de Elis e Simonal, colegas de início de estrelato no Beco das Garrafas, Jorge compunha seu próprio material e se acompanhava com o violão. Não precisava de músicas de ninguém, nem de músicos: sozinho, era uma banda.

Em São Paulo, 1964 foi um ano decisivo para Elis Regina. Com sua voz potente e seu temperamento explosivo, a baixinha foi o ponto mais alto do show da Faculdade de Odontologia, "Primeira Denti-Samba", que Walter Silva produziu no imenso Teatro Paramount de São Paulo, apresentando-se acompanhada pelo Jongo Trio, a resposta paulista ao Tamba Trio. Elis era gaúcha, mas não tinha nenhum sotaque, nem paulista nem carioca, cantava numa perfeita dicção nacional, sua voz tinha a exuberância extrovertida dos grandes sambistas, o sentido harmônico dos grandes jazzistas, o volume, a potência e a precisão das grandes vozes. No show da Faculdade de Medicina, "O remédio é bossa", Elis provocou uma explosão no auditório cantando uma nova música dos irmãos Marcos e Paulo Sérgio Valle, que se tornaria um sucesso imediato, um de seus primeiros e maiores, "Terra de ninguém", um hino à reforma agrária:

> Quem trabalha é que tem
> direito de viver,
> pois a terra é de ninguém

Poderia ter saído do palco carregada pelo público.

No Rio, em suas cada vez mais frequentes apresentações no Beco das Garrafas, Elis conheceu Lennie Dale, que era amigo de seu namorado Solano, e, como todos os jovens que o conheceram naquele tempo, se encantou pelo seu jeito apaixonado de ver e interpretar a vida como um espetáculo.

Lennie não vinha do jazz; vinha da Broadway, dos sonhos dos grandes musicais, das coreografias em perfeita sincronicidade, das iluminações e cenografias luxuosas. Veio parar no Brasil quando as filmagens de *Cleópatra*, em Roma, e as sequências de dança romana — ou talvez egípcia — foram canceladas e ele veio passear nos trópicos. Fascinada pelo carisma de Lennie, por seu sentido de profissionalismo, tão diferente do jeito relaxado dos músicos do Beco, Elis encontrou nele um grande amigo, um mentor, um mestre, a quem dedicou o seu disco *Samba: eu canto assim*.

De simpatia irradiante, Lennie era abertamente gay, num tempo em que isso não era comum nem recomendável, pois era castigado pelo machismo latino-americano com piadas e desprezo. Mas com Lennie ninguém folgava: além de bailarino atlético e ágil, com a malandragem treinada nas ruas perigosas de Nova York, ele era uma parada indigesta para todos que desafiavam sua fúria e seu pavio curto de leonino ítalo-americano. Deu muita porrada em machões abusados.

Mas normalmente Leonard Laponzina era um homem doce e elétrico, em estado de permanente entusiasmo. Chamando homens e mulheres de "baby" e falando rápido com seu sotaque forte e cheio de gírias, aquele gringo doidão e amoroso era querido por todo mundo e estava apaixonado pela música brasileira, pelos rapazes cariocas e pela maconha baiana, que fumava o dia inteiro, em qualquer lugar, com grande naturalidade. Gostava muito de chamar um taxista amigo, que também fumava, e convidar os amigos para umas voltas no quarteirão na sua "sauna".

Lennie não tinha grande voz, mas, como todo artista americano aspirante à Broadway, cantava-dançava-representava com competência. E tinha excelente ouvido musical, sentido rítmico, musicalidade e noção de espetáculo. Sabia reconhecer em poucas notas um grande talento: ficou louco quando ouviu Elis. Tomou-a sob sua proteção, encantou-se com sua gana e sua determinação, tão parecidas com as dele, ensinou à garota ingênua e provinciana o que tinha aprendido sobre show business em Nova York, ante(ou)viu o brilho fulgurante da estrela. Com Lennie, Elis aprendeu outras divisões rítmicas, outros fraseados, outras maneiras de cantar, muito diferentes das de Ângela Maria. Aprendeu a ensaiar exaustivamente e a buscar sempre mais, sempre o melhor, sempre mais uma vez.

*

As festas continuavam no Rio. Depois de uma noite de uísque e violão com Edu Lobo, Gianfrancesco Guarnieri se empolgou e o convidou para escrever um musical em parceria, para ser encenado pelo Teatro de Arena de São Paulo, que tinha grande prestígio e fazia montagens de temas brasileiros com leitura política. Era uma espécie de coletivo profissional, onde brilhavam os atores Paulo José, Dina Sfat e Lima Duarte. Edu, que tinha só três ou quatro músicas, em parceria com Vinicius, achou um pouco exagerada, mas muito bem-vinda, a empolgação de Guarnieri e acreditou: uma semana depois, pegou um ônibus e estava em São Paulo, de violão na mão, tocando a campainha da casa de Guarnieri. Tinha vindo para fazer com ele o tal "musical brasileiro" que tinham sonhado naquela já remota noite alcoólica carioca. Foi muito bem recebido, mas Guarnieri não tinha nenhum tema nem ideia e não se lembrava bem da proposta que tinha feito a Edu.

— Mas um musical sobre o quê mesmo?

Uma das músicas que Edu tinha lhe mostrado no Rio era a tal "Zambi", que Vinicius imaginara na selva, entre pios de pássaros e onomatopeias noturnas, um líder organizando seus guerreiros para a luta pela liberdade. Era perfeito para o Arena, que já tinha encenado *Castro Alves pede passagem* com grande sucesso e agora contaria e cantaria a história de Zumbi dos Palmares, o herói popular, o rebelde, o mártir da liberdade, uma metáfora de resistência ao golpe militar, oportunidade para driblar a censura e apresentar uma visão brasileira da luta contra a opressão.

Edu e Guarnieri saíram imediatamente para comprar os livros e iniciar as pesquisas. Começaram a trabalhar naquele mesmo dia, viraram a noite e foram dormir às onze da manhã. Mergulharam no trabalho e produziram um grande volume de texto e músicas em pouquíssimo tempo: estavam entusiasmados, inspirados, num outro mundo e num outro tempo, lutando pela liberdade na serra da Barriga.

No boteco Redondo, na esquina do Teatro de Arena, numa noite fria de abril, bebendo com Guarnieri, Edu acompanhava pelo telefone a final do festival no Rio. Não havia transmissão direta pela TV, e, do outro lado da linha, o pai Fernando Lobo ia narrando os eletrizantes acontecimentos. Quando foi anunciado que o segundo lugar era "Valsa do amor que não vem", de Vinicius e Baden, Edu achou que estivesse fora, por causa de Vinicius: não iriam dar também o primeiro lugar para o poeta, seu parceiro em "Arrastão". Passou o telefone para Guarnieri e voltou cabisbaixo para o teatro. No meio do caminho, foi chamado de volta aos gritos:

— Você ganhou! Você ganhou!

Com "Arrastão", uma melodia bem construída e de forte apelo popular, e com a letra de Vinicius engendrando uma fantástica história em que Iemanjá em pessoa vem na rede dos pescadores, Elis passou como um trator sobre os finalistas do I Festival de Música Brasileira no palco da TV Excelsior, em Ipanema, ganhando também o prêmio de melhor intérprete. Apoiada por um empolgante arranjo de Luiz Eça, com uma levada rítmica rápida e agalopada no início e o refrão cantado com o ritmo desdobrado, Elis explodia, e o aplauso era unânime e entusiasmado. Pela maneira como cantou, na exuberância de seus gestos, na utilização que fez das mudanças de ritmo, no fraseado, Elis devia muito da vitória a Lennie Dale. E começava ali uma grande parceria com Edu.

Levada de roldão no arrastão, "Sonho de um Carnaval" passou quase despercebido pelo público. Era um belo e sombrio samba de Chico Buarque em tom menor, cantado por Geraldo Vandré, um paraibano do Rio, parceiro de Carlos Lyra, moreno bonitão de olhos verdes que estava nervosíssimo durante toda a música. Com uma expressão dramática, ao mesmo tempo desafiadora e sofrida, cantava com voz trêmula:

> Carnaval, desengano,
> deixei a dor em casa me esperando,
> e brinquei e gritei e fui vestido de rei,
> quarta-feira sempre desce o pano…

Estrelas e pilantras

Depois do Festival, Elis foi a São Paulo para fazer mais um show de Walter Silva, ao lado de Jair Rodrigues e do Jongo Trio, no Teatro Paramount: "O fino da bossa". A lotação para as duas noites se esgotou em poucas horas e foi acrescentado um terceiro show, que também superlotou os 2 mil lugares, as escadas e os corredores do teatro. Elis e Jair foram eleitos os melhores cantores do ano no Troféu Roquette Pinto, o mais prestigiado evento da TV Record. Na noite da premiação, transmitida ao vivo, o auditório foi à loucura com Elis e Jair, e eles foram contratados pela emissora para comandar um novo programa musical, que não podia se chamar *O fino da bossa*, porque os direitos do nome eram de Walter Silva. O programa, então nomeado apenas *O fino* e dirigido por Manoel Carlos, acabou entrando para a história e seria chamado pelos espectadores, a vida inteira, de *O fino da bossa*. Foi palco da fina flor da nova música brasileira: Baden Powell, Edu Lobo, Marcos Valle, Os Cariocas, Wilson Simonal, Geraldo Vandré, Nara Leão, Tamba Trio, Zimbo Trio e, naturalmente, Lennie Dale.

Graças a uma manobra do empresário Marcos Lázaro, que fez um leilão entre Cassiano Gabus Mendes, da TV Tupi, e Manoel Carlos, da TV Record, que disputavam seu passe, Elis assinou um contrato para fazer *O fino* ganhando um salário de 17 mil dólares, astronômico numa época em que o cantor mais bem pago da casa, Agostinho dos Santos, ganhava 2 mil dólares. Era tanto dinheiro que,

com seus dois primeiros salários, descontados os 20% de comissão de Marcos, Elis comprou, à vista, um apartamento no mesmo prédio onde morava havia três meses, acolhida pela família Lázaro, na esquina das avenidas Ipiranga e Rio Branco, no centro da cidade. E ainda sobrou o suficiente para comprar uma infinidade de roupas, perfumes e principalmente sapatos, muitos, tamanho 35.

O sucesso de *O fino* foi imediato e contagiante. Filas imensas se formavam na calçada horas antes do programa. Moças com os cabelos duros de laquê e vestidas para festa e muitos homens de paletó e gravata disputavam o privilégio de ver um show com quinze artistas do primeiro time por uma entrada um pouco mais cara que a de um cinema. O programa era gravado às segundas-feiras e exibido às quartas, às nove da noite, na Record, e era líder absoluto de audiência em todo o Brasil. A dupla Elis e Jair se completava e excedia: dois jovens talentosos, animados e cheios de ritmo, alegres e populares. Juntos, eles lançaram um dos maiores sucessos populares da história do disco brasileiro, *Dois na bossa*, acompanhados pelo Jongo Trio. O forte do disco eram sucessos do momento reunidos em pot-pourris, junto com sambas extrovertidos e novidades da nova geração: a dupla se tornou um estrondoso sucesso nacional. Muito maior do que Elis e Jair separados. Mas Elis não pensava em fazer uma carreira em dupla com Jair. Ou com quem quer que fosse.

Aos 21 anos, tinha talento, recursos vocais e ambições artísticas que pareciam ilimitados, e uma paixão secreta por Rubinho, baterista do Zimbo, mais velho e experiente que ela, um músico de jazz prestigiado. Uma das grandes influências de Elis nesse início de estrelato foi o núcleo jazzístico do Zimbo (Rubinho e o baixista Luiz Chaves), já que o pianista, Amilton Godoy, era de formação erudita. Ao calor e à exuberância de Elis somavam-se os solos virtuosísticos, e as harmonizações jazzísticas do Zimbo, entre o popular e o sofisticado, ampliavam o público do trio e da cantora.

Até João Gilberto chegou a fazer *O fino*, mas foi como se não tivesse feito. Primeiro, foi difícil convencer Elis, que não queria saber da sofisticação cool de João Gilberto e Tom Jobim. Elis detestava bossa nova. Depois de árduas negociações, Marcos Lázaro conseguiu trazer João de Nova York para participar do programa. Trancado no hotel, concentrado, João não quis falar com ninguém, não participou do ensaio e chegou em cima da hora para a gravação. Para seu intimismo cool, não havia ambiente menos favorável que a animação quase futebolística das jovens plateias d'*O fino*, onde tudo era feito para animar e levantar o público. João cantou seus sambas quase em segredo e foi ouvido como um objeto sonoro não identificado, algo de um passado remoto. Ou de um futuro distante. A hora era de refrões poderosos, para o público cantar junto; era hora de letras fortes e palavras duras, de ritmos desdobrados e sambas animados, hora de botar pra fora.

O esperto Marcos Lázaro deu outra grande tacada quando conseguiu que a Record dobrasse a proposta da TV Tupi para Wilson Simonal comandar um musical. Simonal saiu direto da assinatura do contrato para uma loja de automóveis, onde comprou um Impala cor de vinho. Com seu mentor Carlos Imperial na produção e o trio de César Mariano, agora chamado Som Três, Simonal se tornou um dos maiores salários — e sucessos — da Record com o seu *Show em Si... monal*. Contava piadas, brincava com o público e o estimulava a cantar, tocava instrumentos, fazia imitações, como um *entertainer* americano. Apresentava números musicais com os contratados da Record e duetos divertidos com artistas populares, como o genial Jackson do Pandeiro ou o megabrega Orlando Dias, criador do sucesso "Tenho ciúme de tudo", em que cantava "tenho ciúme até da roupa que tu vestes".

Simpático e irreverente, Simonal sabia interagir com o público como poucos e estava criando um gênero musical próprio, um estilo, uma batida, uma atitude: a "pilantragem". Uma jogada dele e de Imperial, com a ajuda musical de César Mariano, que adaptava temas populares como "Meu limão, meu limoeiro" para o ritmo dos hits de Chris Montez, uma espécie de samba americano com sabor latino, muito gostoso. O público adorou, acompanhava com palmas, todo mundo dançava: finalmente Imperial acertava no milhar. Bem que ele tentou chamar a nova onda de "samba jovem" em vez do duvidoso "pilantragem". Mas Simonal gostava do termo e usava a palavra como uma atualização da antiga malandragem, como sinônimo de esperteza, de vivacidade, de criatividade, sem nenhum sentido pejorativo: era uma qualidade. Era impossível sobreviver no Brasil sem uma certa pilantragem: ele mesmo se considerava um bom pilantra.

Num fim de noite no Beco das Garrafas, naquela afetuosidade alcoólica que estimula confidências, ele suspirou e me disse:

— Veja você, até pouco tempo atrás eu era secretário do Imperial, um crioulo filho de uma lavadeira, e hoje... tenho um dos carros mais bonitos da cidade.

Musas da oposição

Como a velha Hollywood e a antiga Rádio Nacional, a TV Record tinha um imenso elenco de artistas contratados, que ganhavam salários mensais e eram escalados para participar dos diversos programas da casa. A Record também não acreditava em cheques: todo mundo era pago em dinheiro vivo.

Após a vitória no festival, com "Arrastão", o lançamento de seu primeiro disco e o sucesso de *Arena conta Zumbi*, Edu Lobo se tornou uma das estrelas da nova geração: foi contratado pela Record, ganhava salário, se apresentava de smoking n'*O fino* e em outros programas musicais. A Record tinha contratos de exclusividade com praticamente todas as grandes estrelas da música brasileira, de todos os estilos e gerações. Quem não estava na Record não estava em lugar nenhum. Nos contratos, os artistas também assumiam o compromisso de se apresentar todo mês no *Show do dia 7*, que era o número do canal da Record em São Paulo. Todo o elenco, de todas as facções e gerações, era obrigado a participar, os camarins pegavam fogo. Mas, ao contrário de Elis, Nara Leão, a musa da oposição, se dava bem com o pessoal da "música jovem".

No Rio, foi anunciado que Nara sairia do show *Opinião* e seria substituída por uma cantora baiana de dezoito anos, que a própria Nara tinha conhecido e escolhido em Salvador. Naquela noite, na última semana de 1964, subi as escadas rolantes que não rolavam até o Teatro de Arena e me juntei à multidão para a reestreia do *Opinião*,

o maior sucesso teatral do ano. Com os cabelos crespos puxados para trás e as mesmas calça cáqui e camisa masculina vermelha de Nara, nariz adunco e sobrancelhas grossas, as mãos tão expressivas que pareciam ter vida própria, vi Maria Bethânia pela primeira vez. Como poucos, achei-a de estranha e misteriosa beleza. Muitos se espantaram com a dureza de seus traços. Sua voz grave e potente, de timbre único, maravilhou a todos os presentes pela força e pela delicadeza, cantando João do Vale e Zé Keti com vigor e emoção e apresentando pela primeira vez uma bela canção, a primeira que o Rio ouviu, de seu irmão Caetano Veloso.

> ... mas a flor amada
> é mais que a madrugada,
> e foi por ela
> que o galo cocorocou...

Todo mundo saiu cantarolando "o galo cocorocou".

Maria Bethânia se tornou uma estrela da noite para o dia no Rio de Janeiro. Tudo nela era diferente de todas as outras, muito diferente: voz, figura, gestos, sexualidade, sotaque baiano. Atitude.

Voltei muitas vezes ao teatro para vê-la e ouvi-la, e uma noite, levado por Dori Caymmi, troquei algumas palavras com ela no camarim, quando também fui apresentado a seu irmão, magro e delicado, que eu já admirava por "Boa palavra", finalista de um festival, e agora também pelo cocorocar do galo. Caetano sorria com grande doçura e irradiava sensibilidade e inteligência.

Bethânia logo conquistou uma legião de fãs. Entre eles Jerry Adriani, um dos mais disputados galãs da "música jovem", que passou a ir buscá-la todas as segundas-feiras na saída das "Noitadas de samba" que Thereza Aragão produzia no Teatro de Arena e Bethânia frequentava. No Aero Willys vermelho de Jerry, eles passeavam pela cidade, comiam e bebiam, riam e conversavam, se abraçavam e se beijavam, quase namoravam.

Nara estava cansada de carregar bandeiras e vocalizar protestos, cansada de dar opinião. O namoro com Ruy Guerra tinha terminado: Nara dizia que não aguentava mais a falta de atenção e de romance, a rispidez do "espírito revolucionário", e virou o jogo: começou a namorar o diplomata Zoza (João Augusto) Médicis e uma noite, na porta da boate Zum Zum, em Copacabana, me contou feliz que estava encantada. Ele era educadíssimo, a levava a bons restaurantes, abria a porta do carro, puxava a cadeira para ela, um gentleman que a tratava como uma lady.

— Pela primeira vez na vida — disse, rindo.

Mas o romance não durou muito. Pouco depois, Nara provocou espanto e comoção nas hostes nacionalistas da música brasileira. Foi acusada de alta (ou baixa) traição pelos homens e invejada pelas mulheres quando começou um namoro com o "arqui-inimigo" Jerry Adriani.

Esse Jerry, hein?

Jovens tardes de domingo

Em São Paulo, a Record transmitia, a custo zero, jogos de futebol do campeonato paulista nas tardes de domingo. Considerava-os eventos públicos, não pagava nada e vivia às turras com a Federação Paulista e os clubes. Até que um mandado de segurança impediu a Record — que era da família do megacartola Paulo Machado de Carvalho, o "marechal da vitória" da Copa de 1958 — de transmitir os jogos, e o lucrativo horário nas tardes de domingo ficou vazio.

Por pouquíssimo tempo. A emissora já vinha fazendo sucesso com *O fino* e as novas estrelas da MPB, como Elis Regina, Jair Rodrigues e Wilson Simonal, e os musicais estavam na moda. Nada mais natural para a Record do que dobrar a parada, lançando um programa de "música jovem" e popular para competir com *O fino*. Uma ideia audaciosa da nova agência de publicidade de João Carlos Magaldi, Carlito Maia e Carlos Prosperi, que acompanhavam com atenção e entusiasmo a revolução dos Beatles e do rock na Inglaterra e nos Estados Unidos, a vertiginosa transformação no comportamento dos jovens e sua crescente influência na sociedade e no mercado consumidor. Eles achavam que Roberto Carlos tinha carisma e potência para se tornar um superstar, e que aquela era uma boa hora para dar aos jovens brasileiros sua própria música, sua moda, sua dança e seus Beatles. O seu programa de televisão.

Para comandar a novidade, eles queriam um trio: Roberto, Erasmo e Celly Campello. O problema era que a primeira estrela da "música jovem" brasileira, depois de breves anos de fulgurante sucesso, no auge da popularidade, aos 23 anos, tinha abandonado a vida artística para se casar e ir morar em Taubaté. De nada adiantaram as propostas milionárias de Marcos Lázaro: Celly e seu marido eram irredutíveis. A escolha da companheira de Roberto e Erasmo teria de ser então entre Wanderléa e Rosemary, uma loura muito bonita, uma bonequinha suburbana que cantava baladas italianas em português. Rose era mais bonita, mas Wanderléa, além de cantar e dançar com muita graça, tinha ótimas pernas e cantava músicas mais alegres. Tinha o carisma e a simpatia de "irmãzinha" perfeitos para animar um programa de auditório. Foi a escolhida.

Roberto, Erasmo e Wanderléa participaram de uma reunião com o pessoal da agência, a direção da Record e Marcos Lázaro, que negociava todas as contratações da emissora. Na primeira proposta da Record, a Roberto foi oferecido um salário de 4 mil dólares, e a Erasmo e Wanderléa, 3 mil cada, mas Roberto exigiu que os salários fossem iguais, concordando em diminuir o seu. Como um gentleman e um homem de negócios, Paulinho Machado de Carvalho aumentou o valor pago a Erasmo e Wanderléa para o mesmo de Roberto, e os contratos foram assinados no ato, em clima de grande euforia e imensas esperanças. O programa iria ao ar às cinco da tarde de domingo, ao vivo, e se chamaria *Jovem Guarda*, que era o título da coluna que o jovem Ricardo Amaral, meu primo, mantinha no *Última Hora* com grande sucesso, muito atrevimento e eventuais brigas e broncas com a brotolândia paulistana por seus comentários e indiscrições. Era a primeira coluna "jovem" da imprensa brasileira, uma invenção de Samuel Wainer, e nela o futuro empresário Ricardo Amaral começava sua carreira como jornalista irreverente, lançando novas gírias, personagens, lugares e modas.

A agência e a Record bancaram sozinhas os programas até conseguirem convencer os primeiros anunciantes do fabuloso mercado que se abria com aquele canal direto com a juventude consumidora. Em pouco tempo havia uma fila de patrocinadores, e o programa se tornava muito mais rentável do que *O fino*.

Os planos da Magaldi, Maia & Prosperi eram ambiciosos: transformar o pessoal da "música jovem" em ídolos nacionais, fabricar calças, camisas, chaveiros, bonecos, bonés, brinquedos e tudo mais que pudesse ser comercializado com a marca "Jovem Guarda", como Carlos Lyra e Ronaldo Bôscoli haviam um dia pensado em fazer com a bossa nova. Como nem Carlos Imperial tinha ousado sonhar.

Roberto e Erasmo se mudaram para São Paulo e foram morar no hotel Lord, na rua das Palmeiras. Wanderléa foi morar no Normandie, na avenida Ipiranga, com a mãe e os irmãos, todo mundo por conta da Record.

Domingo, ao meio-dia, todos estavam na televisão para a reunião de produção e o ensaio. Com os cabelos crespos alisados em tentativas heroicas de imitar as franjinhas dos Beatles e vestidos com cópias de seus terninhos justos e gravatinhas finas, os pés apertados em suas botinhas, Roberto e Erasmo esperaram nervosos a hora de entrar em cena. Quando a cortina se abriu, uma explosão. Brancas, negras e orientais, ricas e pobres, feias e bonitas, as meninas que gritavam o tempo todo representavam a diversidade étnica e social de São Paulo. Garotas da alta sociedade paulistana lado a lado com as filhas de suas empregadas e dos operários das fábricas de seus pais, todas gritando por Erasmo, Roberto e Wanderléa e cantando com eles os seus sucessos. E os de Wanderley Cardoso e Jerry Adriani, de Renato e seus Blue Caps, dos Vips, de Leno e Lilian e dos Golden Boys.

O sucesso foi estrondoso e imediato. Os ingressos do teatro da Consolação se esgotavam com uma semana de antecedência. Na saída, as estrelas e os músicos tinham ampla escolha de companhia em meio à múltipla oferta de fãs. Ou depois, na boate da moda, o Moustache, onde as menininhas da sociedade dançavam e flertavam ao som dos Beatles e de baladas italianas, onde os personagens da "Jovem Guarda" de Ricardo Amaral encontravam os da *Jovem Guarda* da TV Record. Dançavam, flertavam, conversavam e pouco mais que isso: aqueles cabeludos cheios de colares e anéis e roupas esquisitas eram diferentes dos jovens bem-vestidos e penteados que as acompanhavam, mas não entrariam em suas casas nem nos clubes que elas frequentavam, não se sentariam a suas mesas. As noites terminavam no Cave, reduto de músicos e da boemia "profissional" e ponto de encontro do fim de noite paulistano, onde se dançava não ao som dos Beatles, mas de James Brown, onde as garotas de programa iam se divertir com os amigos e namorados depois do trabalho e o pessoal da "Jovem Guarda" era muito bem recebido.

Mas o hotel Lord não deixava os hóspedes subirem acompanhados e policiava rigidamente. Nem a clássica manobra de entrar pelo restaurante do segundo andar funcionava.

Quem os salvava era a "Baiana", simpática dona de um casarão de alta rotatividade na rua Riachuelo, que alugava seus seis quartos para casais "sem cama", num tempo em que não existiam motéis. Na sala de visitas do térreo ela instalou um bar, onde a clientela bebia e conversava enquanto esperava que vagasse um dos quartos do segundo andar. Cada quarto era decorado com cortinas, tapetes e móveis antigos e pesados, sedas e rendas finas, e as camas cheias de almofadas tinham dosséis, que faziam Roberto, Erasmo, Simonal, Jorge Ben e Tim Maia se sentirem no século XVIII.

Com o sucesso do programa, dos discos e dos shows, o dinheiro começou a entrar, mas Erasmo não confiava em bancos nem em cheques: guardava tudo que ganhava em erva viva numa gaveta de seu quarto de hotel. Dois meses depois da estreia de *Jovem Guarda*, comprou seu primeiro carro, um Volkswagen verde metálico, e pagou à vista. E em dinheiro.

Roberto e Erasmo foram visitar um apartamento que estava para alugar na avenida Paulista: morar no hotel estava ficando chato, era frio, impessoal e cheio de restrições, e a "Baiana" era uma alternativa salvadora, mas estava saindo muito cara. O apartamento era uma beleza, com uma grande sala envidraçada dando para o trânsito que enchia a Paulista, com o *skyline* de São Paulo ao fundo. Os quartos eram ótimos, mas o aluguel assustou. Como o contrato de *Jovem Guarda* era de seis meses e ninguém sabia o dia de amanhã, assinar um compromisso de um ano por aquela quantia seria uma responsabilidade que eles não deveriam assumir.

Logo depois, Roberto se mudou para um pequeno apartamento com o amigo-secretário Luiz Carlos Ismail, que dormia na sala, e transformou um dos quartos em estúdio, de onde gravava um programa diário de uma hora para a rádio Jovem Pan, divulgando a Jovem Guarda. Erasmo trocou o Fusca por um Karmann-Ghia, mas continuou morando no Lord. Três meses depois, alugou sua primeira casa, no Brooklyn, e chamou Jorge Ben para dividir o aluguel.

Quando se mudou para o Brooklyn, Jorge chegou também dirigindo um Karmann-Ghia, vermelho, que tinha batizado de Thor, e com ele destruiu parte da garagem. Já estava elétrico. Tocava guitarra o dia inteiro, sentado na janela, com as pernas balançando, criando músicas improvisadas sobre os acontecimentos mais diversos e banais do cotidiano. Não fumava nem bebia e tinha horror a drogas. Era de uma vitalidade animal.

Mas, depois da explosão inicial do sucesso, os discos de Jorge já não vendiam tanto, suas novas músicas soavam repetitivas e ele parecia estar numa fase de transição. De vez em quando, ele se apresentava n'*O fino*, mas depois que participou dos primeiros *Jovem Guarda* foi vetado no musical comandado por Elis Regina e Jair Rodrigues.

Foi o primeiro tiro de uma guerra musical e mercadológica (e até mesmo política, para alguns mais inflamados) entre o *Jovem Guarda* e *O fino* — que era tudo que a TV Record poderia querer como promoção, gerando polêmica, debates e paixões, num tempo em que música popular era discutida nas ruas de São Paulo como se fosse futebol: a ditadura tinha fechado centros acadêmicos, sindicatos, associações de bairro, tinha cassado vereadores e deputados, e aquilo era o que restava para um simulacro de debate político.

Além de ter se apresentado no programa do "inimigo", Jorge agora tocava guitarra elétrica — uma afrontosa provocação para as brigadas da "autêntica" música brasileira, que seria acústica pela própria natureza, simbolizada pelo violão: a guitarra era um instrumento da dominação americana, do colonialismo e do imperialismo. Devia ser destruída.

Estimulada e amplificada pela TV Record, a briga entre a "música jovem" e a "música brasileira" — como muitos colocavam, com involuntário humor, em tempos de radicalismo político e paixão nacionalista — ganhou os jornais, as rádios e as ruas. Gerou conflitos entre fã-clubes e torcidas, encheu auditórios, estourou as audiências de televisão, vendeu discos como nunca.

Os brotos comandam

Pouco depois de se mudar para a casa do Brooklyn, Erasmo comprou o Rolls-Royce do folclórico político populista Adhemar "Rouba-mas-faz" de Barros, um dos dois ou três que existiam no Brasil (os carros ingleses, não os políticos que roubavam mas faziam).

Em São Paulo, foi um escândalo ainda maior do que tinha sido em Londres, quando John Lennon comprara um Rolls, símbolo da aristocracia e da tradição inglesas, e o pintara com cores e desenhos psicodélicos. O de Erasmo continuou preto e foi pago com os direitos autorais de "O calhambeque" e "Quero que vá tudo pro inferno", gravadas por Roberto e mega-hits nacionais, os primeiros da Jovem Guarda. Ao mesmo tempo, a Magaldi, Maia & Prosperi lançava no mercado três linhas de roupas, brinquedos e adereços: "Calhambeque", de Roberto, "Tremendão", de Erasmo, e "Ternurinha", de Wanderléa, dentro de seu plano de comercialização da imagem dos novos ídolos: os fabricantes pagariam royalties à agência, que os dividiria com os artistas.

Em pouco tempo, o visual do pessoal da Jovem Guarda mudou completamente: os terninhos Beatles de quatro botões foram substituídos pelas calças boca de sino coloridas, pelos paletós de veludo, pelas camisas com babados, pelos chapéus; as garotas passaram a usar minissaias e calças Saint-Tropez de cintura baixa que mostravam a barriguinha, as mãos foram se enchendo de anéis, os cabelos, crescendo. A Jovem Guarda emplacava um sucesso atrás do outro: "Festa de arromba", de Roberto e Erasmo, era cantada e dançada no Brasil inteiro, celebrando as estrelas da Jovem Guarda:

> Mas vejam quem chegou de repente,
> Roberto Carlos com seu novo carrão...

A festa de arromba imaginada por Roberto e Erasmo era uma celebração da vitória e promovia nacionalmente os personagens do programa de televisão, da nova onda que tomava conta do país. Na festa, todo mundo se divertia, mas ninguém comia ninguém: as jovens estrelas Wanderléa, Martinha e Rosemary eram todas virgens, marcadas de perto por pais, mães e irmãos.

Festa mesmo era o vestiário dos músicos no auditório da TV Record, que era separado do camarim das cantoras por uma fina parede de compensado, onde um voyeur mais audacioso abriu um discreto buraquinho. Já às onze da manhã, antes de começar o ensaio, lugares na fila eram disputados a tapa. E não só nos programas da Jovem Guarda, mas em todos os musicais da Record, desde *O fino* até o *Bossaudade* de Elizeth Cardoso e Hebe Camargo, passando pelo *Show em Si... monal*, produzido por Carlos Imperial.

Por causa do programa, Roberto e Erasmo brigaram feio pela primeira vez. Para homenagear Erasmo e dar-lhe um troféu como "destaque de compositor", a produção preparou um pot-pourri com os grandes sucessos da dupla: "Não quero ver você triste" (que foi gravado até pela bossa-novista histórica Sylvinha Telles), "Calhambeque", "Parei na contramão" e "Festa de arromba", para ser cantado por Erasmo e Simonal. Mas o nome de Roberto não foi mencionado em nenhum momento. Uma hora depois, no Rio, ele já sabia de tudo e estava furioso: telefonou esculhambando Erasmo pela omissão. E Simonal e Imperial pela pilantragem. Até parecia que ele se metia nas músicas como um intruso, como um "bicão". Roberto se sentiu traído: afinal, o combinado era que, além do que fizessem em parceria, tudo que cada um fizesse sozinho seria sempre assinado e dividido pelos dois, como Lennon e McCartney. O pau comeu feio entre os Carlos.

Ficaram seis meses sem se falar, mesmo fazendo juntos o programa de televisão todos os domingos: eles se comunicavam através do diretor e dizendo estritamente os textos escritos pela produção. E se esforçando para manter publicamente o calor de um companheirismo, uma alegria e um espírito de turma que eram parte da força e da graça do *Jovem Guarda*. No palco, todo mundo continuou se abraçando e se festejando, Roberto continuou anunciando fraternalmente a entrada em cena do "meu amigo... Eraaaaaaasmo Caaaaarlos!", e nem na plateia, nem em casa, ninguém percebia nada: a Jovem Guarda estava cada vez melhor e mais unida.

O sucesso era estrondoso. "É uma brasa, mora!" era o bordão de Roberto e se tornou a mais popular gíria nacional. "Quero que vá tudo pro inferno" se transformou no grande hit, no maior de todos, no sucesso que levou Roberto ao primeiro lugar absoluto nas paradas, onde ficou meses, enquanto o Brasil cantava:

> Só quero que você
> me aqueça nesse inverno,
> e que tudo mais vá pro inferno!

Quase todos os programas da Jovem Guarda terminavam com todo mundo no palco cantando a música, que se tornou uma espécie de hino do iê-iê-iê nacional. O Brasil inteiro, dos vovôs aos netinhos, da classe A à Z, mandou tudo pro inferno, e, mesmo entre as novas gerações, mais sofisticadas e politizadas, que torciam o nariz para a Jovem Guarda simplória e alienada, Roberto começou a ganhar admiradores. E principalmente admiradoras. Nas mesas dos bares de Ipanema, a princípio timidamente, mas depois com entusiasmo, simpatizantes ofereciam teses, interpretações e leituras políticas para a música e seu sucesso: o desejo reprimido do povo de mandar os militares para o inferno, uma mensagem cifrada de rebeldia, metaforizada para escapar da censura. Ou a interpretação sexual de "me aqueça nesse inverno" como slogan libertário. Tudo pretexto para poder gostar de Roberto Carlos sem parecer simplório nem alienado. Mesmo entre os músicos, pelos quais antes era considerado vulgar e superficial, Roberto começava a ser reconhecido pela doçura de seu timbre, por sua afinação, pela precisão do seu fraseado e pelo inegável charme com que cantava. Afinal, ele tinha começado imitando João Gilberto, argumentavam jovens sofisticados, já atraídos irresistivelmente por seu fascínio. Como o Brasil inteiro.

★

Na última carta de Erasmo que recebeu na prisão em Daytona, Tim ficou sabendo que eles tinham um programa de televisão só deles, mas não levou muita fé. Assim que chegou ao Rio e viu que era verdade, procurou Erasmo e Roberto e foi a São Paulo fazer o *Jovem Guarda*. Anunciado com grande entusiasmo por Roberto, entrou em cena um negro gordo, de cabelo *black power* e casaco de couro escuro. As meninas se assustaram. Aplaudiram, porque aplaudiam a tudo e a todos, mas sem o menor entusiasmo. Elas gostavam mesmo era dos galãs Jerry Adriani, Wanderley Cardoso, Ronnie Von, Erasmo e Roberto. Depois foi pior ainda: Tim cantou duas músicas em inglês, funk, soul, James Brown, brabeira. A plateia não entendeu nada. E Tim saiu reclamando do som.

Com o sucesso estrondoso de "Meu bem", versão de "My Girl", dos Beatles, Ronnie Von se tornou uma nova estrela dentro do *Jovem Guarda* e dos outros programas do circuito de musicais da emissora. Tinha longos cabelos lisos em corte pajem, olhos verdes e belos dentes: era um rapaz bonito e suave, que também cantava. A Record imaginou que Ronnie poderia se transformar numa alternativa a Roberto Carlos e promoveu sua imagem de "Pequeno Príncipe". Ele passou a ter seu próprio programa nas tardes de sábado, onde se apresentavam todos que faziam todos os outros programas. E mais alguns, bem iniciantes, que participavam só do seu. Como os Baobás, trio formado pelos irmãos Sérgio Baptista e Arnaldo, e a namorada de Arnaldo, a lourinha Rita Lee.

Era tal o sucesso do *Jovem Guarda*, assistido no resto do Brasil com atraso, em videoteipe, que uma versão carioca ao vivo passou a ser feita todas as semanas na TV Rio, dirigida por Carlos Manga. Mas nunca chegou a ter o sucesso da versão paulista, muito pelo contrário.

Numa dessas idas ao Rio, Erasmo deu um mau passo.

Depois do programa, como sempre, fazia-se uma "colheita de brotos", como dizia o Imperial, e iam todos, Erasmo, Eduardo

Araújo, Luiz Carlos Ismail e outros, para o apartamento de Imperial, em frente à TV Rio, para o que Imperial chamava dubiamente de "comes e bebes".

Naquela noite, não só os brotos eram menores de idade, mas tinham vindo de São Paulo e foram encontrados de madrugada pela polícia, cheirando a bebida e vagando como zumbis pela praia de Copacabana. Erasmo, que tinha saído no início da festinha, escapou do processo. Mas os outros dançaram.

Depoimentos, investigações, escândalo: voz de prisão, sujeira geral. Rádios e jornais associando a Jovem Guarda à corrupção de menores. Roberto Carlos, a TV Record e a Magaldi, Maia & Prosperi, preocupadíssimos, lançaram uma blitz de relações públicas. Eduardo Araújo e Imperial, com prisão decretada no Rio, fugiram para São Paulo e, de lá, para o interior de Minas, onde ficaram três meses escondidos numa fazenda de parentes de Eduardo. Juntos, ali compuseram futuros clássicos do rock, como "O bom":

> Meu carro é vermelho,
> não uso espelho pra me pentear
> Botinha sem meia,
> e só na areia eu sei trabalhar
> Cabelo na testa, sou o dono da festa,
> pertenço aos dez mais
> Se você quiser experimentar
> sei que vai gostar

E o coro ficava repetindo o refrão:

> Ele é o bom, é o bom, é o bom,
> ele é o bom, é o bom, é o bom

Erasmo não foi preso, mas, junto com outros envolvidos na investigação, foi proibido pelo juiz de menores de se apresentar em shows e programas de rádio e de televisão no Rio de Janeiro por um ano. E pior: foi proibida também a presença de menores de dezoito anos em programas de rádio e TV de "música jovem". E pior ainda: o juiz Cavalcanti de Gusmão ampliou as investigações, que levaram a um novo escândalo, ainda maior, com vários DJs de rádio e artistas como The Fevers e um músico da banda Renato e seus Blue Caps a serem acusados de corrupção de menores. Banido do Rio, Erasmo ficou em São Paulo, fazendo o *Jovem Guarda* e outros programas da Record. Mas não pôde mais fazer shows ao vivo: nas primeiras tentativas em cidades do interior do estado, onde as notícias haviam se espalhado rapidamente, seu carro foi apedrejado e o show, suspenso. O cerco estava se fechando. Depois de uma edição do *Jovem Guarda*, Erasmo foi levado embora apressadamente por uma saída nos fundos do teatro e enfiado em um carro. Assustado, ele ficou sabendo pelo chefe de segurança da Record que a polícia do Rio tinha enviado uma ordem de prisão para a polícia de São Paulo. O segurança sabia da ordem porque também era delegado da polícia paulista, com muitos contatos e informações, frequentador do Cave e conhecido de todos os artistas. O delegado Sérgio Paranhos Fleury levou Erasmo para casa e o aconselhou a sumir por uns dias. Antes que sumissem com ele.

Guitarras e violões

A briga entre a "música brasileira" e a "música jovem", isto é, entre o *Jovem Guarda* e *O fino*, se transformou em uma verdadeira guerra musical.

Discutida apaixonadamente nas esquinas e nos botecos, nas farmácias e nos velórios, como dizia Nelson Rodrigues, a música brasileira, jovem ou não, era o assunto do momento no início de 1966, quando a Record anunciou que faria seu I Festival de Música Brasileira, com grandes prêmios em dinheiro e o Berimbau de Ouro ao primeiro colocado.

Ao mesmo tempo, a TV Rio de Walter Clark anunciou seu I Festival Internacional da Canção, com prêmios em dinheiro maiores que os da Record e o troféu Galo de Ouro, desenhado por Ziraldo. Todo mundo inscreveu suas melhores músicas, inclusive Dori e eu, com a nossa ainda inédita "Saveiros", que havia sido rejeitada no festival da TV Excelsior.

No meio do ano, graças à generosidade de meu pai e de meu tio Max, fui para Londres assistir à Copa do Mundo. Antes passei uma semana em Paris, onde vivi um breve e intenso romance com uma mulher brasileira bem mais velha do que eu, amiga de Ronaldo Bôscoli, que foi uma fonte de alegria e de revelações e me fez chegar a Londres me sentindo adulto.

Em Londres, me maravilhei com a força e a criatividade da juventude nas ruas, com suas roupas coloridas. Invejei a liberdade

e a democracia deles, seu acesso à arte e à cultura, a música alegre e vibrante.

Tremendo de emoção, entrei no trem que nos levaria a Liverpool, onde eu caminharia pelas ruas por onde andaram os Beatles e veria o Brasil de Garrincha decadente e Pelé machucado ser massacrado em campo pela Hungria e por Portugal. Durante a Copa, fiquei muito amigo de um americano quarentão, baixinho e barrigudinho, ultrafã do futebol brasileiro e amigo de meu tio Max, que foi a todos os jogos com o nosso grupo: Nesuhi Ertegün era fundador da Atlantic Records e futura lenda viva do disco americano. Era um homem finíssimo, filho do embaixador da Turquia em Washington, educado na Sorbonne, um dos grandes críticos de jazz dos Estados Unidos e depois produtor de Miles Davis, John Coltrane, Tom Jobim e outras estrelas do jazz. Nesuhi adorava música brasileira, feijão-preto e maconha, mas a coisa de que mais gostava era o nosso futebol. Foi quem mais sofreu com a derrocada de Liverpool.

Voltei de Londres derrotado, mas feliz em experimentar o sabor da vida como podia ser vivida. No Brasil, eu me perguntava por que a música não podia ser "brasileira" e "jovem" ao mesmo tempo, assim como a inglesa (embora a minha primeira vez com os Beatles tenha sido uma decepção).

Quando chegaram as imagens deles ao Brasil, em 1963, de cara não simpatizei muito com aquelas franjinhas e aqueles terninhos, achei meio ridículo. Mas estava louco para ouvir a música deles, estávamos todos: o disco era mais que um sucesso, era uma comoção mundial, uma nova onda musical. No meu apartamento da rua Paissandu, ouvimos pela primeira vez "She Loves You". Quando a música terminou, silêncio total.

Mas era só aquilo? Uma musiquinha boba, com uma letrinha bobíssima, um ritmo quadrado: o que havia de tanta novidade naquilo? Shakespeareanamente concluí que era "*much ado about nothing*", muito barulho por nada.

Quando saiu o primeiro LP, com "I Wanna Hold Your Hand" e "Love De Do", dei uma ouvida desinteressada, mas continuei achando a música meio pobre e as letras, bobas. Ninguém que eu conhecia gostava dos Beatles, só as garotinhas da praia e Carlos Imperial e suas plateias suburbanas. Mas quando fui, com Edu Lobo, ver o filme *Os reis do iê-iê-iê* (*A Hard Day's Night*), saímos do cinema completamente seduzidos por suas personalidades e seu humor, pela atitude rebelde e irreverente, pelo ritmo vertiginoso e as imagens sofisticadas de Richard Lester. Depois do filme, até as músicas pareciam melhores. E talvez "Can't Buy Me Love", "A Hard Day's Night" e especialmente "And I Love Her" fossem mesmo muito melhores. As primeiras de que gostei de verdade.

Em 1965, vi *Help* em Londres, num imenso cinema em Picadilly Circus, e saí em êxtase, absolutamente conquistado. Foi um dos pontos altos da viagem. Três meses depois, o filme entrou em cartaz no Rio e vi pelo menos mais umas dez vezes, vários dias seguidos. Adorava os diálogos, as *gags*, as músicas, os vilões, as roupas, as cores psicodélicas. Tudo ali era alegre e divertido, tudo parecia novo e jovem. Na Esdi costumávamos até brincar entre nós, perguntando com afetada casualidade:

— Já viste *Help* hoje?

⋆

Numa das incontáveis festas no apartamento de Olívia Leuenroth, no morro da Viúva, o irmão de Bethânia apareceu, tocou e cantou, e ouvimos pela primeira vez sua nova música "Quem me dera", que deixou todo mundo maravilhado e teve que ser repetida muitas vezes até que todos aprendessem a melodia, a letra e os acordes do violão.

> De madrugada,
> quando o sol cai den' d'água,
> vou mandar te buscar
> [...]
> Ai, quem me dera,
> mas quem me dera a alegria
> de ter de novo a Bahia,
> e nela o amor que eu quis...

Ele estava louco para voltar para Salvador, não estava gostando nada daquela vida no Rio como acompanhante da irmã. Caetano foi paparicadíssimo por todo mundo, e eu me encantei com ele, que também adorava João Gilberto. Conversamos um pouco sobre cinema, Fellini, Nouvelle Vague, Cinema Novo, Godard, Buñuel, e me surpreendi que aquele rapaz daquela distante Salvador e de uma inconcebível Santo Amaro da Purificação tivesse visto os mesmos filmes que eu via no Paissandu e na Cinemateca do MAM e falasse deles com tanta intimidade e desenvoltura. Pouco tempo depois, eu conversava com um amigo num pub de Londres sobre os mesmos assuntos, e imaginei que ele deve ter pensado a mesma coisa de mim.

"Aldeia global" era um conceito muito recente e muito teórico de Marshall McLuhan, formulado no livro *The Medium is the Massage*, que não tinha nada a ver com massagem, mas era um trocadilho com "Mass Age", a idade da cultura de massa, a era das comunicações, o império da mídia, na qual o veículo era a mensagem. As teses eram polêmicas e incendiaram discussões na Esdi, onde foram promovidas várias palestras sobre o palpitante tema. Chegaria mesmo o dia em que o mundo seria uma aldeia global, com todos interligados?

Em São Paulo, era guerra total. E a Jovem Guarda estava ganhando. O festival da Record seria uma grande oportunidade para a "música brasileira" reagir e mostrar suas novidades e qualidades. O pessoal da Jovem Guarda nem ousou inscrever nada.

No auditório, desde as primeiras eliminatórias, organizaram-se as torcidas, como as de futebol. Com faixas, bandeiras, gritos e palavras de ordem. Torciam mais por seus ídolos que pelas músicas que eles cantavam: os torcedores de Elis odiavam Roberto, os de Roberto vaiavam Elis, os fãs de Nara vaiavam Jair Rodrigues, os de Vandré vaiavam todos os outros. Parecia que as torcidas tinham mais prazer em vaiar os adversários do que em aplaudir seus ídolos. Dois anos de repressão política, prisões, cassações e censura levavam para os auditórios de televisão uma ânsia imensa de participar, de criticar e de escolher.

Nas eliminatórias, duas músicas saíram consagradas. A primeira era uma moda de viola estilizada, com uma letra de ritmo e sonoridade vibrantes, metaforizando as lutas de um boiadeiro contra o dono da boiada; a outra, uma marchinha lírica, na melhor tradição brasileira, feita de delicadeza e desencanto, sobre a magia de uma música que passa pela rua e sua alegria fugaz.

"Disparada", de Theo de Barros e Geraldo Vandré, e "A banda", de Chico Buarque, chegaram à final como Flamengo e Fluminense, como Grêmio e Internacional, como Atlético e Cruzeiro.

Chico tinha 22 anos, e músicas como "Pedro pedreiro" ("Pedro pedreiro penseiro esperando o trem [...] que já vem, que já vem, que já vem"), "A Rita" ("levou os meus planos, meus pobres enganos, os meus vinte anos, o meu coração"), "Morena dos olhos d'água" e outras de uma primeira safra de alto nível, que revelavam um grande talento de compositor. Suas músicas tocavam no rádio, nas festas, nas ruas, e ele aparecia com frequência nos musicais da Record e nos shows das universidades. As meninas iam à loucura. Nara foi a primeira a gravar várias músicas de Chico, tornou-se sua intérprete e amiga, sua parceira de sucessos.

Vandré era alguns anos mais velho, paraibano, ligado a Carlos Lyra (com quem fez "Quem quiser encontrar o amor") e ao Centro Popular de Cultura do Rio. O grosso da torcida de Vandré era político, engajado, de participação; mas boa parte era de meninas que se encantavam com o seu charme agreste e com os seus olhos, verdes como os de Chico.

Pela primeira vez o festival foi transmitido direto de São Paulo para o Rio, onde também "A banda" e "Disparada" dividiam as opiniões e as paixões. E geravam até apostas em dinheiro.

Na noite da final, o auditório explodia, como num estádio de futebol. Quando "A banda" e "Disparada" foram apresentadas e fizeram o público delirar com igual intensidade, todo mundo sabia que a vencedora seria uma das duas. As outras, como um belíssimo samba do novo compositor carioca Paulinho da Viola com letra do baiano José Carlos Capinam, "Samba pra Maria", teriam que se contentar com os prêmios menores.

Irritada com as vaias e as provocações das torcidas adversárias, Elis cantou mal nas eliminatórias, se descontrolou, ficou furiosa, desafiou o público e não se classificou para a final com a música de Edu Lobo, "Jogo de roda". A outra música que defendia, o samba "Ensaio geral", de Gilberto Gil, um novo baiano talentoso, de quem ela já tinha gravado "Lunik 9", terminou em quinto lugar.

Roberto Carlos, de smoking, enfrentou as vaias com coragem e segurança e cantou maravilhosamente bem uma canção dificílima de Beto Rushel, construída com harmonias complexas e dissonantes, ultrassofisticada. Roberto interpretou com emoção e precisão, valorizando uma letra apaixonada e audaciosa de Renato Teixeira, cheia de ambiguidades amorosas: um rapaz declarando seu amor para sua bela madrasta. A música não ganhou nada, mas Roberto foi premiado pelo júri como "melhor intérprete".

Theo e Vandré montaram um poderoso trio para acompanhar o popularíssimo Jair Rodrigues em "Disparada", com Airto Moreira na percussão, Heraldo do Monte na viola caipira, além do próprio Theo, uma fera no violão: o Trio Novo. Jair, parceiro de Elis n'*O fino*, era um sambista sorridente, alegre e brincalhão, que divertia o público plantando bananeira no palco e batendo palmas como uma foca. Jair cantava muito bem, tinha ótima voz, era bonito e simpático. Mas, até então, não era considerado "sério". "Disparada" era sua oportunidade de se afirmar como intérprete de primeira linha. De blazer vermelho e gravata, olhando duro nos olhos do público, Jair levou a sério: foi forte e empolgante em sua interpretação e levantou o auditório.

Chico e Nara eram muito tímidos, cantavam tensos e parados, pareciam pouco adequados para incendiar a jovem plateia. Mas provocaram uma reação explosiva quando apresentaram "A banda" pela primeira vez: era irresistível a combinação de música e letra, ritmo e melodia, simplicidade e sofisticação, passado e presente. Cheios de graça e juventude, acompanhados por uma bandinha e pelo auditório em coro, Chico e Nara saíram do palco consagrados: seria impossível derrotar tão poderosa paixão popular.

Assim também pensavam os autores, os intérpretes e os fãs de "Disparada".

Paulinho Machado de Carvalho, dono da televisão, e Solano Ribeiro, o diretor do festival, estavam felizes. Mas começaram a ficar preocupados. O júri também. Os ânimos estavam muito exaltados na plateia, nos bastidores e nos camarins. A temperatura aumentava enquanto o júri demorava a deliberar.

Diz a lenda que "A banda" ganhou por um voto na apuração do júri. Ou teria sido "Disparada"? E que Solano ficou contrariado quando Paulinho Machado de Carvalho, o dono da casa, sabiamente, decretou o empate oficial, dobrando o prêmio e fazendo explodir o auditório. Era o único resultado possível: dar o prêmio a qualquer uma das duas músicas enfureceria metade do público e provocaria um quebra-quebra. E, afinal, não era uma guerra: era só um festival.

"A banda" e "Disparada" se tornaram estrondosos sucessos nacionais, e Chico Buarque virou a estrela do momento.

> Na boiada já fui boi,
> mas um dia me montei
> […]
> agora sou cavaleiro,
> laço firme, braço forte,
> de um reino que não tem rei
>
> E cada qual no seu canto,
> em cada canto uma dor,
> depois de a banda passar
> cantando coisas de amor

Uma moda de viola e uma marchinha, estilizadas, sofisticadas, populares, dividiam o gosto musical do país. Nos dias seguintes ao festival, discutia-se acaloradamente nas esquinas e nos botecos: "A banda" ou "Disparada"? Havia um jeito-banda de ser, como havia um jeito-disparada. Os mais líricos, mais românticos, as mulheres, os cariocas, preferiam "A banda"; os mais políticos, mais agressivos, os homens, os paulistas, gostavam mais de "Disparada".

"A banda" fez Chico Buarque vender mais de 100 mil discos em uma semana, se transformou num dos maiores sucessos brasileiros de todos os tempos e foi gravada no mundo inteiro: Chico virou uma paixão nacional, uma unanimidade. Quase uma obsessão.

O Brasil se apaixonou por suas músicas e letras, por seus olhos e sua timidez, por seu brilho seco e sua inteligência emocionada. Encantou-se até com um certo desconforto de sua figura na tela da TV: o que para ele era pura tensão inspirava tesão, tanto físico como intelectual, em homens e mulheres de todas as idades.

Jovem e bonito, culto e carismático, talentosíssimo, ele reunia as qualidades certas, na pessoa certa, no momento certo: sua poesia ágil e moderna, com sólidas raízes no Brasil, unia o popular e o sofisticado em suas harmonias e melodias, avançando pelos caminhos abertos por Tom, Vinicius e João, ídolos máximos do novo ídolo brasileiro.

Era a resposta da "música brasileira" à "música jovem". Seria ele, como um cruzado de violão, a enfrentar as guitarras infiéis com seu talento e sua juventude. Só que ele não sabia. Nem queria.

Risos e vaias

O Seis em Ponto teve um fim natural, rápido e indolor. Comecei a fazer letras para as belas e complexas melodias do amigo Dori Caymmi.

De aparência muito séria, com bigode, óculos e cara fechada, Dori era um falso rabugento, um carioca-baiano amoroso e desabusado que divertia a turma com seu espírito crítico e seu humor apimentado. Mas principalmente com o violão que tocava.

Numa de nossas festinhas, Dori conheceu Ana Beatriz, prima de minha namorada Heleninha, que falava como uma metralhadora e era do tipo "animada à beça". Discutiram a festa inteira. No dia seguinte e nos subsequentes, Dori fez questão de reclamar de Ana Beatriz. Ela também se queixou dele para todas as amigas, sem parar. Festa após festa, Dori e Ana Beatriz discutiam e brigavam e falavam mal um do outro. Tanto que começamos a desconfiar: pouco depois se declararam apaixonados e se casaram.

Como toda a turma, Dori e eu tínhamos inscrito nossas músicas no Festival da Record e também no novo Festival Internacional da Canção.

Com a nossa boa e velha "Saveiros", recusada no festival paulista, nos classificamos entre as 36 finalistas do festival carioca, que seriam apresentadas no Maracanãzinho em três eliminatórias e uma final. A novidade era que a música brasileira vencedora disputaria uma finalíssima do troféu Galo de Ouro com concorrentes do mundo inteiro. O prêmio era uma fortuna: dava para comprar um Fusca e meio.

Mas alguns não deram importância ao novo festival. Chico Buarque não inscreveu música, mas, como a nova unanimidade nacional, não escapou: foi convocado para o júri. Roberto Menescal também. Edu Lobo inscreveu e classificou a melhor música que já tinha feito, "Canto triste", com bela letra de Vinicius, que seria cantada por uma Elis Regina apaixonada e recém-saída das vaias e dos confrontos com o público no festival da Record. Nós já conhecíamos a música de Edu, que achávamos lindíssima, e ainda mais cantada por Elis, mordida pelas vaias paulistas. Dori escolheu sua irmã Nana, recém-chegada da Venezuela e recém-saída de um casamento, para cantar nossa música. Minha preferência inicial era Elis, mas gostei da ideia, porque adorava a voz de Nana desde as primeiras vezes que, adolescente, a ouvira cantando nas festinhas de bossa nova no apartamento de meus pais.

Os ensaios foram no pequeno auditório da TV Rio, no Posto Seis, em Copacabana. Grande orquestra, correria, nervosismo, concorrentes e imprensa teriam uma prévia das músicas. À medida que as canções iam sendo ensaiadas, aumentava a minha ansiedade, mas cresciam as esperanças: achei quase todas as adversárias fraquíssimas, de um nível muito inferior às músicas que tinham disputado o festival da Record.

Elis estava séria, emburrada, pelos cantos; não queria falar com ninguém, me cumprimentou secamente e respondeu com monossílabos às perguntas da imprensa. Dura e tensa, entrou no palco para ensaiar "Canto triste" com a orquestra. O grandioso arranjo de cordas escrito por Luiz Eça, a beleza da linha melódica e das sequências harmônicas, a letra emocionada de Vinicius e a interpretação arrebatadora de Elis, mesmo num ensaio, me deram a certeza de ser aquela a nossa grande concorrente. Olhei para Dori e não falei nada. Nem precisava. Uma de minhas esperanças secretas estava no fato de que, embora belíssima, a música era difícil às primeiras audições, ultrassofisticada, dificílima de cantar. Mas, principalmente, como o título dizia, era triste. E essas coisas não combinavam bem com o clima de festivais, principalmente depois do que tinha acontecido em São Paulo. E, afinal, Edu já tinha ganhado com "Arrastão".

Minhas esperanças cresceram quando ouvi Nana cantando "Saveiros" na frente da orquestra regida pelo maestro Lindolpho Gaya, que tinha escrito um arranjo poderoso, reproduzindo com o naipe de metais da orquestra o balanço que Dori fazia nos baixos do violão e dando um ritmo ondulante à canção. A voz grave e marítima de Nana navegava por essas ondas sonoras, que iam e vinham e cresciam sempre, explodindo num final grandioso. Quando Nana terminou de cantar, todos que estavam ali, músicos, imprensa e concorrentes, explodiram em aplausos.

Depois de algumas músicas, felizmente fracas, veio outra bonita, muito bonita, levemente ameaçadora: "Minha senhora". Com letra lírica e amorosa de Torquato Neto, a música de Gilberto Gil era uma bossa nova ultracool, com sabor nordestino, que caía como uma luva para a voz afinadíssima de Maria da Graça, uma baianinha timidíssima que morava no Solar da Fossa e cantava docemente, como um João Gilberto de saias e seios. Tudo ali era bonito: a voz e as palavras, a melodia e o arranjo. Tudo era suave, elegante, gilbertiano — delicado demais para as arenas dos festivais. E Gracinha, que já conhecíamos e admirávamos de festinhas e de um dueto com Bethânia em disco, com seu fio cristalino de voz e sua musicalidade intensa, por sugestão de seu empresário Guilherme Araújo, agora se chamava Gal Costa. Nos bares de Ipanema fofocavam que a origem do nome era a sigla de "Guilherme Araújo Limitada". Poucos no Rio sabiam que era o antigo apelido baiano da nova cantora.

Na noite da grande final, Elis ficou isolada, concentrada. Entrou pisando duro no palco, cantou com grande precisão e intensidade e impressionou os jurados mais sofisticados. Mas a música passou praticamente despercebida pelo público. Elis entrou e saiu sem um sorriso.

Uma sorridente e amorosa Maysa, com seus olhos verdes e sua voz rouca, levantou as arquibancadas com "Dia de rosas", uma marcha-rancho de Luiz Bonfá e sua mulher Maria Helena Toledo, mas Gal Costa, cantando "Minha senhora", quase não foi ouvida, embora seu estilo e sua qualidade tenham sido percebidos pelos mais sensíveis.

Meu coração batia cada vez mais forte. Nana foi arrebatadora, soltou a voz e o coração, o poderoso arranjo impulsionou sua interpretação, e a música empolgou o público: nosso saveiro navegou de velas abertas. No intervalo, minha amiga Marieta Severo, que estava começando a namorar Chico, me disse que estávamos bem no júri. Menescal confirmou. Na espera ansiosa nos bastidores, entre boatos, fofocas e unhas roídas, Dori me deu uma fitinha do Senhor do Bonfim, que amarrei no pulso mentalizando meu secreto e óbvio desejo.

Quando "Dia de rosas" foi anunciada em terceiro lugar, o público não gostou da classificação e vaiou: Maysa foi ovacionada delirantemente. A temperatura subiu.

Vaias e aplausos quando "O Cavaleiro", de Tuca e Geraldo Vandré, foi classificada em segundo lugar.

Então... será que...

Alguém nos empurrou para o palco. De mãos dadas, Dori, Nana e eu vivíamos aquele momento tão ansiado de vitória, de conquista, de afirmação, dessas coisas que importam tanto quando se tem 21 anos. Ofuscados pelos refletores e emudecidos pela gritaria, entramos no palco e fomos recebidos pelos aplausos calorosos que tanto desejávamos, mas também por uma estrepitosa vaia, dos muitos que torciam por "Dia de rosas" e estavam furiosos com a decisão do júri. Fiquei chocado. Não entendia nada naqueles segundos intermináveis entre o locutor Hilton Gomes anunciar a primeira colocada e o maestro Mario Tavares conseguir fazer a orquestra tocar os primeiros acordes no meio do barulho ensurdecedor, ampliado pelas paredes de concreto do ginásio, famoso por sua péssima acústica. Do alto do palco, no meio da gritaria, vi nas primeiras filas meu pai e minha mãe rindo e aplaudindo (ela chorando) e acenei para eles. Nana começou a cantar sem ouvir a orquestra, saiu do tom, o ritmo atravessou, sua voz tremeu e falhou. Dramaticamente e com grande coragem, ela cantou a música até o fim, sem se ouvir nem ouvir a orquestra: só os aplausos e vaias ensurdecedores de 20 mil pessoas. Meu coração quase saía pela boca.

No dia seguinte, na Esdi, foi uma pequena comoção. Encantado, recebi cumprimentos de colegas e professores e, na primeira incursão do dia ao botequim da esquina, excedi-me com certa arrogância numa discussão sobre arte *versus* tecnologia, e tive que ouvir de um colega, que me dava tapinhas nas costas:

— É, Nelsinho, acho que as vaias lhe subiram à cabeça...

Minha vida acadêmica andava movimentadíssima: fascinado com as aulas de Zuenir Ventura sobre linguagem e comunicação, a força da expressão escrita, o jornalismo moderno, tinha conseguido por intermédio de meu pai um estágio na reportagem geral do *Jornal do Brasil*. Quando ganhei o festival, já vinha me dividindo entre o jornal e a Esdi. Ia às aulas — quando ia — de manhã e passava as tardes no jornal e na rua. As noites eu passava na música, com minha turma, em volta de Vinicius, nos shows do Beco das Garrafas e nas festas.

Na velha redação da avenida Rio Branco, onde trabalhavam Fernando Gabeira, Alberto Dines, Carlos Lemos, Marina Colasanti, Armando Nogueira e outras estrelas do novo jornalismo, me apaixonei por aquele mundo de notícias, ideias e papel. No primeiro dia, saí com um velho repórter para a cobertura de um escândalo no Departamento de Águas. No dia seguinte, materiazinha humana da editoria de Cidade, um leilão de objetos penhorados na Caixa Econômica. Na volta, eu escrevia a minha versão, que era submetida ao chefe de reportagem, Luiz Orlando Carneiro, que pacientemente corrigia, tirava todos os adjetivos e me ensinava o básico. Logo comecei a receber pequenas missões, campanhas do Banco de Sangue, eventos escolares, pequenos acidentes, novo bicho no zoológico. E gostava cada vez mais. Corria para ler o jornal de manhã cedo para ver como tinha saído, se tinha saído, a minha materiazinha anônima, depois de um trato dos copidesques.

No dia seguinte ao festival, subi feliz a centenária escada de madeira do *Jornal do Brasil* e entrei na redação modesto e sorridente, como se nada tivesse acontecido. Mas ninguém falou nada de festival. Ninguém ali me conhecia, embora, junto com Dori e Nana, eu estivesse na primeira página de todos os jornais, levantando o Galo de Ouro no Maracanãzinho. No meio da tarde, duas jovens repórteres do JB, Maria Helena Leitão e Bella Stal, entraram esbaforidas na redação: estavam procurando o estudante da Esdi que tinha ganhado o festival. Eu me apresentei e dei minha primeira entrevista na própria redação onde estagiava.

Como representantes do Brasil na parte internacional do festival, fomos, brasileiramente, vice: a vencedora foi a alemã "Frag den Wind", que ninguém precisava ouvir para saber que era uma chatice. As concorrentes internacionais eram fraquíssimas, e poucas entusiasmaram o público: as preferidas eram a inglesa "Love Is All" e a francesa "L'amour toujours l'amour", que, como os próprios títulos indicam, não eram lá muito originais. Foi bom porque abiscoitamos mais uma grana, e chato porque, todas as vezes que a música era anunciada, uma parte do Maracanãzinho vaiava a entrada de Nana. Mesmo na noite da final, quando Ronaldo Bôscoli — que era o redator do roteiro do Festival — colocou no script de Hilton Gomes na apresentação da música que o letrista estava fazendo 22 anos naquela noite e pedindo um aplauso, recebi também uma inédita "vaia natalícia".

Depois do festival, fiquei eufórico quando soube que Elis gravaria "Saveiros". Mas saí decepcionado do estúdio da Philips, onde fui assistir à gravação sem ser convidado. Ao contrário do arranjo rítmico e vibrante da gravação de Nana, o que Elis havia encomendado ao maestro Chiquinho de Morais era o oposto, em forma de canção lenta, sem ritmo marcado, sem bateria nem percussão. Era bonito, até, mas chato, parado, e Elis cantando também era perfeito, mas sem emoção, sem brilho, sem vontade. Estava claro que ela não se entusiasmava com a música: estava gravando a pedido da direção artística da Philips, para ser o lado B de seu compacto com "Canto triste".

No jornal, logo passei de estagiário a repórter, com carteira assinada e ganhando um salário mínimo, e então começaram a aparecer oportunidades de matérias melhores e, finalmente, a glória: uma matéria de meia página no Caderno B, minha primeira assinada, com uma das novas sensações musicais de 1966: o baiano Gilberto Gil, que eu já conhecia do Teatro Opinião e da casa de Vinicius e admirava por "Procissão", "Roda", "Louvação" e "Ensaio geral". Usei como epígrafe uma frase do poeta Torquato Neto, perfeita para expressar como Gil se situava no momento musical efervescente, dividido entre políticos e bossa-novistas, jazzistas e sambistas, nacionalistas e jovem-guardistas, cariocas e paulistas:

"Há várias formas de se cantar e fazer música brasileira. Gil prefere todas."

Mocinhos e bandidos

Com o dinheiro do prêmio do festival, comprei um Fusca bege e, seguindo a práxis revolucionária que Glauber Rocha pregava, aprendi fazendo: saí dirigindo pela cidade sem me preocupar com burocracias como carteira de habilitação, vistoria, seguro, essas coisas. Duas semanas depois, o carro foi roubado na porta de casa. Arrasado, fui pedir ajuda ao leão de chácara da boate Le Bateau, meu conhecido da noite, que era da polícia e me disseram que já tinha recuperado vários carros de amigos. Na porta da boate contei-lhe o problema, dei uma descrição do carro, disse onde tinha sido roubado. Muito simpático e amistoso, Mariel Mariscöt me tranquilizou:

— Você deixa uma graninha pra investigação que a gente acha o carro...

Deu uma risada e completou:

— ... e ainda apaga o vagabundo! Já tá incluído.

Tentei rir, mas não consegui.

— Valeu, Mariel, depois a gente combina.

Desisti das investigações e peguei um táxi para casa.

Um mês depois, fui cobrir uma coletiva do produtor de rádio e televisão Flávio Cavalcanti, em que ele denunciaria a baixeza e a obscenidade das músicas de Carnaval e iniciaria uma campanha moralizadora para acabar com elas. Flávio se caracterizava por um moralismo dramático e sensacionalista, que interpretava com grande sentido de espetáculo. Lá estava eu, de papel e caneta na mão, me di-

vertindo com algumas hilariantes "obscenidades e baixezas" que ele denunciava, tirando e colocando os óculos quando lia pausadamente as letras, fazendo expressões exageradas de pasmaceira e indignação.

> A minha fantasia ninguém muda,
> eu este ano vou sair de Buda,
> vou de Buda pra lá, pra rebolar,
> mas se chover o meu Buda vai molhar.

— Isso tem que acabar, em nome da família e da autêntica música popular brasileira! — clamava Flávio, passando para o mundo do espetáculo o estilo de seu ídolo político Carlos Lacerda, conservador e anticomunista ferrenho.

A maioria das letras era de bobagens e baixaria, algumas poucas eram realmente grossas, mas algumas eram irresistivelmente engraçadas, como "Toco cru pegando fogo", proibida pela censura estadual a pedido de Flávio. Afinal, o que se pode esperar das músicas de Carnaval, que são a trilha sonora para a libertinagem e os excessos que caracterizam a folia? Foi o que eu pensei, mas não disse.

Depois da coletiva, fui conversar com Flávio, que me reconheceu como o garoto que tinha ganhado o festival com "Saveiros". Falamos um pouco sobre música e ele me convidou para fazer parte de um grupo de jornalistas que formariam um júri musical em seu programa da TV Excelsior, *Um instante, maestro*, para julgar as músicas de Carnaval que ele apresentaria.

— Pode dizer o que você quiser — assegurou.

E completou, em voz mais baixa:

— E tem até um cachezinho.

Na noite seguinte, de smoking, no auditório da TV Excelsior em Ipanema, participei pela primeira vez de *Um instante, maestro* com os jornalistas Mister Eco, veterano colunista da noite, Hugo Dupin, diagramador e colunista do *Diário de Notícias*, Carlos Renato, um quarentão simpático especialista em consultórios sentimentais que se esforçava para imitar Nelson Rodrigues, o sisudo crítico musical José Fernandes, ultraconservador, comicamente inflexível, e Sérgio Bittencourt, um jovem cronista e compositor, filho do legendário Jacob do Bandolim. Com 22 anos, eu era o mais jovem e menos experiente da mesa, tanto em jornalismo como em televisão. E falei o que me veio à cabeça, de acordo com meu temperamento: a maioria era bobagem, algumas eram baixaria e algumas poucas realmente eram de muito mau gosto e não eram para famílias. Como o Carnaval. Foi o que pensei, mas não disse.

Depois do programa, recebi o cachezinho e exultei: era o salário de uma semana de trabalho no jornal. Flávio gostou tanto que convidou todo mundo para o programa da semana seguinte.

Sempre gostei de músicas de Carnaval, dessa mistura de ritmo com humor que aprendi a amar nas chanchadas da Atlântida. Mas, ouvindo as novas músicas carnavalescas, ficava claro que as antigas tinham mais qualidade. Antigamente, os melhores, Ary Barroso, Lamartine Babo, Assis Valente, é que faziam as músicas de Carnaval. Já os que vieram depois da bossa nova não achavam Carnaval coisa séria, musicalmente. E os engajados, então, nem pensar! "Música de Carnaval" era considerado um gênero menor, primário, comercial. Com a cabeça cheia de velhas marchinhas e sambas alegres, maliciosos e espontâneos, comecei a imaginar como seria bom se todos aqueles mestres, como Tom e Vinicius, e aqueles jovens tão talentosos, como Chico, Edu, Caetano e Gil, pudessem usar seu talento para criar novas músicas de Carnaval, alegres, maliciosas, espontâneas, e dessem essa alegria ao povo.

E a nós também. De caneta e papel na mão, vendi a pauta ao meu editor e fui ouvir vários diretores de gravadoras para uma matéria no JB sobre a decadência das músicas de Carnaval. Conversei bastante com João Araújo, diretor da Philips, que eu já conhecia de shows e festas, e ele ficou entusiasmado com a possibilidade de os novos compositores renovarem o Carnaval — e decidiu convocá-los para fazer um disco na Philips. Falou com Vinicius, que gostou da ideia. Todos que foram chamados adoraram.

Dias depois, na cobertura de Vinicius no Jardim Botânico, nos reunimos para o lançamento do projeto para a imprensa. Na dupla função de repórter do JB e compositor da nova geração, me encontrei com Edu, Chico, Caetano, Capinam, Torquato Neto, Paulinho da Viola, Luiz Bonfá, Maria Helena Toledo, Tuca, Dori Caymmi, Francis Hime, Eumir Deodato, João Araújo e, naturalmente, Tom Jobim e Vinicius de Moraes. Para evitar qualquer mal-entendido ou animosidade em relação às velhas gerações, Vinicius fez questão de chamar João de Barro, o Braguinha, veteraníssimo grande mestre e autor de grandes clássicos carnavalescos. E também Dircinha Batista, uma das melhores cantoras da Era do Rádio. E, por via das dúvidas, uma simpática senhora, que diziam ser compositora, chamada Jandira, filha do governador Negrão de Lima. Todos juntos, no terraço de Vinicius, fizemos a foto histórica por Paulinho "Salsicha" Scheuenstuhl para uma grande matéria na revista *Manchete*. A reportagem e as fotos saíram gloriosas.

Mas ninguém fez música nenhuma para o Carnaval. Só o Braguinha era do ramo e fez o dever de casa.

*

Líder absoluta com seus musicais para todos os gostos, a Record lançou mais um programa de sucesso, uma mistura de jogo de salão com música, com nome tirado de peça de Pirandello: *Esta noite se improvisa*.

Cinco cantores se sentavam diante do auditório lotado e, quando o apresentador Blota Júnior anunciava "A palavra é...", corriam para apertar o botão que daria direito a cantar uma música que tivesse a tal palavra na letra. Quem apertasse primeiro o botão respondia: se acertasse, ganhava; se errasse, perdia pontos e outro podia responder e ganhar. O vencedor ganhava um carrinho popular Gordini. O público delirava.

Acompanhados pelo conjunto de Caçulinha — que, com sua grande experiência em bailes e programas de calouros, parecia conhecer todas as músicas —, as grandes estrelas de todos os musicais da Record passaram a participar do programa. Assim que o cantor começava, Caçulinha e seu pessoal saíam atrás, mais em perseguição que em acompanhamento, e o público se divertia com seus ídolos brincando de cantar.

Mas as grandes estrelas do *Esta noite se improvisa* não eram necessariamente as melhores vozes nem os artistas mais populares: eram os de melhor memória musical. Como Chico Buarque, que demonstrava conhecimento enciclopédico de letras brasileiras e certa vez, flagrado numa contravenção, inventou na hora uma música e uma letra com a palavra pedida, inventando também uma dupla de autores e provocando protestos dos concorrentes: nem Caçulinha nem ninguém da produção conheciam a música, e os pontos foram impugnados. Mas Chico estava apenas levando ao pé da letra o nome do programa e exibindo seu humor e seu talento de improvisador.

O grande rival de Chico era Caetano Veloso, que apenas começava a ficar conhecido como compositor. Uma noite, improvisadamente, substituiu sua irmã Maria Bethânia, que estava escalada, mas não quis participar porque ficava nervosa e na hora não se lembrava de música nenhuma. Mas Caetano parecia se lembrar de todas: velhos sambas e boleros, marchas de Carnaval, valsas, choros e bossas.

No palco do *Esta noite se improvisa*, Chico e Caetano iniciaram uma amistosa rivalidade e protagonizaram memoráveis batalhas de memória musical, muitas vezes com lances eletrizantes, como quando a palavra pedida aparecia somente nas últimas frases da música e o auditório acompanhava ansioso em suspense e explodia em aplausos no final, como se fosse um gol. Mas os dois tiveram que enfrentar um surpreendente concorrente, que também sabia muitas músicas, era brigão e cafajeste, provocava tumultos e contestações, sacaneava os adversários, tentava todos os truques sujos, respondia com beijos às vaias do auditório e se tornou uma (anti)estrela do programa: Carlos Imperial, sempre de chinelos e com os pés sujos, com suas camisas havaianas, fazia o papel de vilão com grande competência e ótima memória. Várias vezes foi de carro novo para casa.

"Prefiro ser vaiado numa Mercedes do que ser aplaudido num ônibus" era sua máxima, plagiada de uma frase de Françoise Sagan e usada para enfurecer os que o vaiavam.

Artes e ofícios

Todo mundo riu com a resposta do cronista Rubem Braga a um amigo que voltava ao Brasil depois de três anos no exterior e perguntou, animado, o que havia de novo no país.

— Cigarro Hollywood com filtro — rosnou o mestre rabugento.

Mas, quando Tom Jobim voltou, depois de uma longa temporada nos Estados Unidos, e os jornalistas lhe fizeram a mesma pergunta, ele respondeu com entusiasmo:

— Chico Buarque de Hollanda.

Com a "Bandamania", Nara e Chico percorreram o Brasil em sequências exaustivas de shows, alguns em cima de caminhões, em praças de cidades do interior. Em todos os lugares, eram recebidos por bandas que, com o sucesso da música, saíam do esquecimento e voltavam aos coretos e às ruas. Fazer o show não era nada: duro era ouvir a bandinha da cidade.

A TV Record bem que tentou faturar com a nova paixão nacional à sua maneira: Chico e Nara ganharam imediatamente seu próprio programa semanal, no qual apresentavam convidados do *cast* da emissora, menos os da Jovem Guarda. Mas durou pouco: a timidez, a pouca vontade e o grande desconforto dos dois para interpretar aquele papel fizeram o diretor Manoel Carlos concluir que eles eram os mais perfeitos "desanimadores de auditório" do Brasil, e Nara e Chico concordaram, aliviados, encerrando a breve carreira de *Pra ver a banda passar*.

Antes do festival, Chico já tinha se mudado para o Rio. Morava num pequeno apartamento na rua Prado Junior, no coração de Copacabana, zona de bares e prostitutas, de boates e inferninhos, tradicional ponto de fim de noite carioca, do sanduíche de lombinho com abacaxi do Cervantes e do caldo verde da Lindaura no Beco da Fome. Numa produção do amigo Hugo Carvana, fez uma curta e festiva temporada na Boate Arpège, no Leme, ao lado da atriz e cantora Odete Lara e do MPB4. Chico já era conhecido, seu primeiro LP havia sido um estrondoso sucesso e ele estava se apresentando para pouco mais de cem pessoas (entre as quais eu era um assíduo "autoconvidado") que abarrotavam a casa para ouvi-lo cantar "Olê olá", "Morena dos olhos d'água", "Tem mais samba" ("tem mais samba no porto que na vela/ tem mais samba o perdão que a despedida...") e seus outros hits. Todas as noites, ele encaixava nas músicas versos que criava de improviso para homenagear os amigos presentes. Numa dessas, eu e minha namorada Heleninha fomos recebidos com um improviso carinhoso e divertido. O homem era uma máquina de fazer versos. E que versos.

Além da música, o futebol — e a paixão pelo Fluminense — nos aproximava: íamos (quase) todos os domingos ao Maracanã, onde ficávamos tomando cerveja nas cadeiras especiais e gritando no meio da torcida "Jovem Flu", que fundamos com Hugo Carvana, Ronaldo Bôscoli, Carlos Leonam, Paulo César Oliveira e outros fanáticos tricolores. Fizemos muito barulho nos estádios, incentivando o time — e, na imprensa, pressionando a diretoria para comprar craques ou trocar de técnico.

Certa tarde, Chico apareceu com uns amigos no jornal. Queria protestar porque seu samba "Tamandaré" tinha sido proibido pela Censura por desrespeitar a memória do patrono da Marinha. Fui o repórter escalado para ouvir o amigo. O samba de Chico reclamava da vida e do salário e tirava sarro do Marquês de Tamandaré, que ilustrava as notas de um cruzeiro, que não valiam nada. A matéria inflamada saiu, mas a música ficou: a Censura não tinha o menor humor e estava cada vez mais intolerante.

⋆

O ritmo da pilantragem se popularizava: "O carango", um samba jovem balançado de Imperial e do maranhense Nonato Buzar, gravado por Simonal e Som Três, estourou nas paradas:

> Ninguém sabe o duro que dei
> pra ter fon fon, trabalhei, trabalhei...

Pouco depois, novo gol da dupla Imperial e Simonal: "Nem vem que não tem", outra pilantragem com uma primeira parte inteira falada no ritmo da música, um proto-rap com molho carioca:

> Nem vem que não tem,
> nem vem de garfo que hoje é dia de sopa
> [...]
> nem vem de escada que o incêndio é no porão...

Depois, ainda, outro petardo de Imperial, na mesma levada dançante, se tornou sucesso nacional com Simonal, mais pilantra do que nunca, explicando por que as garotas gostavam tanto dele:

> Eu era neném, não tinha talco,
> mamãe passou açúcar em mim

Louras e morenas choviam na horta do "Simona", navegando nas noites cariocas a bordo de um dos carros mais bonitos da cidade.

Em 1970, Simonal foi contratado pela Shell para estrelar suas campanhas comerciais. Uma ideia-bomba da Magaldi, Maia & Prosperi: pela primeira vez um negro brasileiro, depois de Pelé, tinha sua imagem associada a uma grande companhia estrangeira. A peso de ouro.

O merchandising da Jovem Guarda ia de vento em popa, com a juventude paulista comprando calças "Calhambeque", chapéus "Tremendão" e coletes "Ternurinha". Simonal ainda não tinha nenhum produto com seu nome, mas tinha tudo para ter. Era o que pensava Horácio Berlinck, ativo participante do lançamento da Jovem Guarda e produtor de diversos shows universitários.

Mas não seriam roupas nem brinquedos: Simonal, como o slogan de seus comerciais para a Shell, tinha "algo a mais". Das reuniões com Horácio e João Evangelista Leão, surgiu uma nova e audaciosa pilantragem: um amuleto.

Um boneco de pano preto, de um palmo de altura, redondo, com braços e pernas moles e sem pescoço: um monstrengo que parecia uma mistura de Pelé com o marechal Castello Branco, que foi batizado como "Mug" e apresentado por Simonal no programa como seu amuleto da sorte. Todos os convidados ganharam seus Mugs, alguns foram distribuídos no auditório, outros artistas os receberam em casa. Logo, Chico Buarque, Jair Rodrigues, Jorge Ben, Imperial e vários outros começaram a aparecer nos programas da Record com o Mug e a fazer piadas e brincadeiras com ele. A imprensa começou a falar, as crianças gostaram, o público se apaixonou. O boneco não tinha nenhum copyright ou controle, e, como era tosco e fácil de fazer, todo mundo passou a produzir e vender Mugs. Os camelôs os ofereciam em diversos tamanhos e até variavam a forma. Mugs gigantes. Micromugs. Naquele Natal, em São Paulo, todo mundo ganhou o seu. Teve gente que ganhou vários. Só os inventores da jogada vitoriosa não ganharam nada, e lhes restou comemorar o sucesso de sua criação e de seu marketing sensacional. Ou talvez a ideia fosse esta mesmo: mostrar como o público pode ser bobo e manipulável.

O Mug realmente deu muita sorte para Simonal, que mostrou o poder de fogo de sua pilantragem. Muito mais que um boneco, ele vendia sorte, como vendia gasolina, como vendia alegria.

Quem tem medo de Elis Regina?

Fustigado pela Jovem Guarda, pelo *Show em Si... monal* e pelo sucesso estrondoso do *Esta noite se improvisa*, *O fino* perdeu audiência. Elis, então, pediu à produção que tirasse Jair, mas não foi atendida.

No Rio, uma provocação: a jovem cantora Cláudia (hoje, Cláudya), vinda de São Paulo como grande revelação, com um timbre de voz parecido e — diziam — uma potência vocal semelhante à de Elis, era a estrela do novo show de Ronaldo Bôscoli: *Quem tem medo de Elis Regina?*

Ajudado pela polêmica, o show foi um sucesso e encheu o Rui Bar Bossa durante três semanas. Elis ficou furiosa, mas não tinha nada a temer: ela sabia que Cláudia era dona de uma voz poderosa, mas que não tinha seu carisma nem sua musicalidade. O que Elis não sabia era que estava mordendo a isca de Ronaldo Bôscoli.

Na sua cobertura em Ipanema, tomando sol e cerveja e cercado de brotos, o "Véio", que em nenhum momento acreditou no título de seu show, gargalhava triunfante com as reações furibundas de Elis. Ele tinha 38 anos e ela, 22.

Por via das dúvidas, Elis baniu Cláudia d'*O fino*, onde a recém-chegada havia se apresentado algumas vezes com algum sucesso. E pediu à direção da Record que tirasse Manoel Carlos e contratasse a dupla Miele e Bôscoli — com quem não falava havia dois anos, desde uma briga no Beco das Garrafas — para dirigir o programa.

Enquanto Ronaldo assinava contrato com a Record, Elis se sentia ameaçada, não por Cláudia, mas pela Jovem Guarda. Em São

Paulo, com Gilberto Gil, Edu Lobo, Geraldo Vandré e outros nacionalistas acústicos, ela formou uma "Frente Única da Música Popular Brasileira" e comandou uma passeata que saiu às ruas com faixas, cartazes e palavras de ordem contra a guitarra elétrica, contra a dominação estrangeira, contra a "música jovem alienante". Contra a Jovem Guarda vitoriosa.

A passeata saiu do Largo de São Francisco e, entre vaias e aplausos, foi até o Teatro Paramount, onde Chico, da janela, assistiu à sua chegada. Da janela do apartamento do empresário Guilherme Araújo, Nara Leão e Caetano Veloso também assistiram à passagem da passeata e se divertiram muito: achavam tudo aquilo uma grande bobagem.

*

Sábado de manhã, cobertura do "Véio" em Ipanema. Ele e Miele tinham passado duas semanas em São Paulo para começar a reformular *O fino*. Enquanto tomava uma cerveja no terraço com um casal amigo, quase não acreditei no que via: Elis, descalça, de calcinha e camiseta, atravessando a sala e indo para a cozinha. Muito mal-humorada. Olhei para o "Véio", pasmo. Ele riu do meu espanto, triunfante. Alegrou-se quando a campainha tocou e outros amigos chegaram para ter a mesma espantosa surpresa: o "Véio" estava orgulhoso de sua mais difícil e trabalhosa conquista, a inconquistável arqui-inimiga, a melhor de todas. Ronaldo dizia que não, mas talvez não soubesse que estava apaixonado por Elis.

O "Véio" estava feliz, mas cada vez mais rabugento e intolerante com tudo que não fosse bossa nova, Frank Sinatra, o Fluminense e Ipanema. E cada vez mais engraçado, com seus exageros, sua rapidez e seu talento para a maledicência. Era implacável com a esquerda musical, a antibossa nova, reagia à ameaça dos novos compositores que faziam uma música oposta à dele. Detestava a valorização de sambistas de morro e artistas nordestinos. E tinha o mais profundo desprezo pela Jovem Guarda. Beatles, nem pensar. Os musicais políticos do Teatro de Arena e os filmes do Cinema Novo recebiam dele saraivadas de piadas. Outro de seus alvos favoritos era Elis: cafona, malvestida, mal-educada, grossa, cafajeste, mau-caráter, a melhor cantora do Brasil. Em suas mãos experientes, ele imaginava, a baixinha seria a maior.

Nos dias seguintes, Elis mudou da água para o uísque. Cortou os cabelos bem curtinhos, por sugestão de Ronaldo, como os de Mia Farrow, que na época era casada com Sinatra. Ficou mais jovem, mais moderna, mais bonita. Fez uma plástica para diminuir os seios, comprou roupas novas, mais leves, mais discretas, mais elegantes, "acariocou" seu guarda-roupa. Continuou desbocada, aceitando todas as provocações de Ronaldo e respondendo com uma torrente de palavrões enquanto ele ria e ela saía batendo portas. Na entrega do Troféu Roquette Pinto, na Record, Elis era outra: de minivestido de Dener e meias prateadas "espaciais". Cantava cada vez melhor.

Na cobertura de Ipanema, onde passou a morar, Elis tratava os amigos de Ronaldo com distância e desconfiança. Com ele, alternava momentos de ternura explícita e ataques furiosos, pelos menores motivos e diante de quem quer que fosse, fazendo uma versão brasileira, mais apimentada, de *Quem tem medo de Virginia Woolf?*, a peça de Albee que depois virou filme com Elizabeth Taylor e Richard Burton. Ronaldo estava feliz e parecia se divertir com as brigas. Tratava Elis como se ela fosse uma menina, uma potranca puro-sangue que precisava ser domada. Aos poucos, ela foi se acostumando com a nova turma, ficando mais segura e simpática. Chegou até a ir ao Maracanã conosco no meio da torcida Jovem Flu e a dizer para a imprensa que era tricolor desde criancinha, quando torcia para o Grêmio em Porto Alegre. Com seu poder e sua influência sobre Elis, Ronaldo pensava que seria capaz de restabelecer um pouco de ordem e hierarquia na música brasileira em seu maior palco: *O fino*. Que poderia enfrentar os populistas, demagogos, esquerdistas e jovem-guardistas e talvez fazer renascer a bossa nova.

⋆

Até o Carnaval, foram mais três programas *Um instante, maestro*, e os cachezinhos representaram considerável reforço para o meu caixa momesco. As discussões sobre músicas de Carnaval foram animadas. Não só se falava mal das novas como se celebravam as velhas, que eu conhecia e amava desde criança. O auditório participava ativamente, vaiando e aplaudindo as opiniões dos jurados, e Flávio Cavalcanti percebeu logo que tinha encontrado um novo formato de programa. Depois convidou todos para jantar, pediu atenção, baixou a voz e, com seu habitual estilo conspiratório e bombástico, disse que depois do Carnaval estrearia na TV Tupi. E levaria consigo seu júri musical, que comentaria e debateria não apenas músicas de Carnaval, mas toda a música popular brasileira. E ganhando um cachê de verdade.

Depois do Carnaval, virei crítico musical na televisão. De smoking, gravava uma vez por semana *Um instante, maestro* no auditório do Cassino da Urca e debatia acaloradamente com os jurados — que ou eram ultraconservadores e agressivos ou simpáticos que não entendiam nada de música. Desde o início defendi sincera e apaixonadamente aquilo em que acreditava: novidade e qualidade, sofisticação e rebeldia. Muitas vezes me chocava contra a intolerância e a falta de humor da mesa, mas frequentemente o auditório me apoiava nessas posições mais liberais. Todos aqueles dias e noites ouvindo discos, lendo, estudando e discutindo música não tinham sido em vão: a Esdi acabava de perder um aluno.

Na televisão, me tornei o porta-voz da nova música, abominada pelos outros jurados. Eu defendia a esquerda musical e Roberto Carlos, me divertia com o samba jovem e a pilantragem, que eles detestavam, defendia e promovia meus amigos. Flávio provocava, incentivava as discussões, levava cantores para apresentar músicas polêmicas, que eram julgados de corpo presente. Muitas vezes era constrangedor ver alguém sendo esculhambado ao vivo e em preto e branco, mas o público gostava. Eu nunca fiz isso. Fazia minhas críticas com cuidado, quase pedindo desculpas ao réu. O público gostava também. Em poucas semanas, o programa já era um sucesso. A fórmula de Flávio tinha dado certo: juntando a ânsia nacional por debates e a música popular, um tema querido e cotidiano dos brasileiros, ela dava ao público a oportunidade de se identificar com algum dos jurados por seus pontos de vista, sua personalidade, seus valores, e de se sentir representado e ouvido. Havia para todos os gostos, com uma exceção: até no júri de *Um instante, maestro*, Chico Buarque era unanimidade.

Depois de "A banda" e da sensacional primeira safra, Chico lançou uma sequência impressionante de sucessos: o primeiro foi

"Com açúcar, com afeto" ("fiz seu doce predileto / pra você parar em casa..."), carro-chefe do disco de Nara e mais uma polêmica: a letra lírica cantada por uma mulher apaixonada e submissa de um malandro, pronta a recebê-lo de braços abertos depois de suas noites de perigos e orgias, não casava com a imagem de Nara, mulher independente e moderna, politizada, revolucionária, sexualmente igualitária. Mas ela queria cantar uma música assim, uma tradição brasileira, oposta à sua vida real. Uma artista interpretando uma personagem. Nara era o oposto da protagonista da canção, mas cantava com tanta graça e ironia que os belos versos e a melancólica melodia eram entendidos e amados pelo que eram: talento e sentimento. A polêmica só ajudou, e a música foi um hit instantâneo. Depois, "Quem te viu, quem te vê", na melhor tradição do samba carioca, também dolente e melancólica, com um sambista de escola lamentando em versos impecáveis a perda da cabrocha que virou madame. Em seguida, "Noite dos mascarados", um belo dueto de dois mascarados num baile de Carnaval antigo, uma marcha-rancho com versos estupendos e melodia nostálgica, gravada por Chico e Elis Regina.

*

Roberto e Erasmo detonaram uma saraivada de hits jovens e agressivos, como "Eu sou terrível" e "Eu não presto mas eu te amo", mas Roberto assinou sozinho, pela primeira vez, um grande sucesso. Os motivos logo ficaram claros e contribuíram para a polêmica e a promoção de "Namoradinha", em que Roberto confessou amar loucamente a namoradinha de um amigo, que, dizia a lenda, era o costureiro Dener, casado com a estonteante Maria Stella Splendore. Roberto sempre negou. "Negro gato", um blues de Getúlio Côrtes, era outro grande sucesso do disco de Roberto:

> Eu sou um negro gato de arrepiar
> e essa minha vida é mesmo de amargar
> [...]
> há tempos eu não sei o que é um bom prato,
> eu sou um negro gato

Carlos Imperial estava a todo vapor, sem descanso. A gravação de Ronnie Von de sua "A praça", uma contrafação vagabunda de "A banda", que ele marqueteava como "marcha jovem", promovida febrilmente por sua máquina pessoal de divulgação, alcançou o primeiro lugar nas paradas de sucessos apesar de rechaçada pela crítica, que debochava dela, ou talvez por isso mesmo.

Com Eduardo Araújo, Imperial acertou no paladar e divertiu o Brasil com o sensacional rock and roll "Vem quente que eu estou fervendo", um clássico popular instantâneo:

> Pode tirar seu time de campo,
> o meu coração é do tamanho de um trem,
> iguais a você eu apanhei mais de cem,
> pode vir quente que eu estou fervendo

Parecia uma briga de Ronaldo e Elis. Era o contrário da delicadeza e da melancolia das canções de Chico.

A grande chance

Segunda-feira: *O fino*
Terça: *Esta noite se improvisa*
Quarta: *Show em Si... monal*
Quinta: *Hebe Camargo*
Sexta: *Bossaudade*
Sábado: *Astros do disco*
Domingo: *Jovem Guarda*

Além do *Show do dia 7*, que reunia o *cast* inteiro durante três horas uma vez por mês. A Record arrasava as concorrentes todas as noites no horário nobre. Mas os programas começaram a se parecer entre si: os convidados eram praticamente os mesmos em todos os shows, ficava cada vez mais difícil criar alguma coisa diferente e o público começou a se cansar dos musicais. A dupla Miele e Bôscoli conseguiu fazer umas poucas mudanças no *Fino 67*, mas não o suficiente para reacender a velha chama. Elis tinha se renovado e se modernizado, mas o programa não. A audiência caía, lenta mas inexoravelmente. A Jovem Guarda fervia. Na esperança de uma guerra musical, a Record abriu as inscrições para o seu festival.

★

Além do prêmio em dinheiro e do Galo de Ouro do festival do Rio, Dori e eu ganhamos da Esso uma passagem de ida e volta para Nova

York e 500 dólares para despesas, que davam de sobra para uma semana num hotel confortável na 46th Street com diária de 10 dólares, para comer e comprar discos e livros e entradas para shows. Eu já tinha ido à Europa duas vezes: uma com meus pais, percorrendo compulsoriamente museus, ruínas e monumentos, em exaustiva maratona cultural, e outra solto na *swinging London*, na Copa do Mundo, em Paris e na Liverpool dos Beatles. Mas, tirando a música, os Estados Unidos me interessavam muito menos que a Europa. Nos bares de Ipanema, só se discutia cultura europeia e se desprezava a americana; na Esdi, o design e a comunicação visual americanos eram debochados como meras estilizações. Fora a música e alguma coisa de Hemingway, Fitzgerald e Faulkner, dos *beats* e de alguns poucos atores e diretores, como Marlon Brando e Elia Kazan, eu considerava tudo deles muito inferior ao que fosse europeu: cinema, pintura, moda, teatro, literatura, política e comportamento. E mulheres. Arrogante e ignorante, só fui porque a passagem tinha sido de graça. Mas Nova York foi amor à primeira vista, e seria um amor eterno.

Assim que cheguei, procurei um amigo de meu pai, André Spitzman Jordan, que gentilmente me convidou para assistir a um show no Rainbow Room, no 65º andar do Rockefeller Center, um grande salão *art déco* redondo, todo envidraçado e com Manhattan iluminada embaixo e ao redor: uma das vistas mais lindas do mundo. O show era de João Gilberto, cantando e tocando violão, com Airto Moreira tocando com vassourinhas num catálogo telefônico: parecia um sonho dentro de outro dentro de outro. João estava cada vez melhor, e depois do show saímos juntos os três, conversando pela rua. Feliz e animado, ele de vez em quando ensaiava uns passos de sapateado pela Quinta Avenida quase deserta, com fumaça saindo pelos bueiros. Foi minha primeira noite em Nova York.

Com um bilhete de recomendação de minha colega Sílvia Ferreira, uma *beatnik* mineira adorável, para seus amigos Neville d'Almeida e Jorge Mautner, que moravam em Nova York, encontrei-os no bar Figaro, no Village. Gostei deles e de seus relatos entusiasmados sobre a cultura pop e revolucionária, fiquei deslumbrado com a potência daquela juventude colorida e cabeluda, com o ar de liberdade política ilimitada que se respirava, com a riqueza e a diversidade, com a vitalidade da metrópole: foi amor à primeira mordida. Neville estudava cinema e sobrevivia como garçom freelancer, Mautner era tradutor na ONU e reforçava o orçamento como massagista. No apartamento deles, na esquina da Bleecker Street com a 6th Avenue, fumei meu primeiro baseado. Duas tímidas e medrosas tragadas. E não senti nada.

Tudo ali para mim era novo, forte, inesperado. Numa loja de livros, revistas e bugigangas, cheirando a incenso de patchouli, vi as paredes cobertas de pôsteres, fotos enormes, em preto e branco, de músicos, estrelas de cinema, escritores, heróis culturais nacionais e internacionais, novidade absoluta. Eram todos lindos, eu nunca tinha visto nada parecido. Custavam um dólar cada, e eu queria comprar vários. Meu deslumbramento só foi quebrado quando ouvi um garotão cabeludo, cheio de livros debaixo do braço, chamar o vendedor e apontar para a parede, com a maior *nonchalance*:

— *Please give me one Charlie Marx and one Freddie Engels.*

— Charlie?!? Freddie?!?

Era um mundo novo de liberdade e irreverência que se abria diante dos meus olhos. No Brasil, falar em Karl Marx e em Friedrich Engels podia dar cadeia. Mesmo assim, inebriado pelos vapores da liberdade, comprei vários pôsteres de personagens queridos da política e das artes para levar para casa. E, com grande irresponsabilidade, presenteei Fernando Gabeira, meu admirado colega do *JB*, com um pôster de Trótski, sem imaginar que ele já estava vivendo uma vida dupla entre o jornal e a luta armada. Voltei achando que, exceto Londres, a Europa agora parecia mais antiga e careta. E o Brasil, mais atrasado e sufocante do que nunca.

*

Com o sucesso do júri musical de *Um instante, maestro*, Flávio Cavalcanti estreou outro programa semanal na TV Tupi: duas horas em horário nobre, com o mesmo júri escolhendo os melhores calouros da noite. Flávio repaginava o velho concurso de calouros, e a novidade, além do júri musical, era que os calouros seriam tratados como artistas, preparados, produzidos, maquiados, ensaiados e então seriam avaliados "tecnicamente" por críticos "de alto nível": não seriam humilhados, nem gongados, nem buzinados.

A grande chance prometia aos novos talentos, mais do que grandes prêmios, a oportunidade de começar a vida artística. Era uma alternativa bem-comportada de Flávio à selvageria do show de calouros de Abelardo "Chacrinha" Barbosa na TV Rio, onde os dotes musicais dos calouros importavam menos que suas deficiências, seus histrionismos e as oportunidades que ofereciam para intervenções hilariantes. Chacrinha se divertia com os que cantavam pior, explodia sacos de farinha na cabeça deles, buzinava-os implacavelmente.

O auditório delirava. O programa de Chacrinha tinha tal ritmo e calor que parecia um baile de Carnaval fumegante com uma alegria e uma irreverência raras na televisão — e em qualquer outro campo da vida brasileira. Eu adorava ver Chacrinha. Fazer *A grande chance*, ouvindo calouros durante duas horas e criticando-os ao vivo com "rigor" e "seriedade", era muito menos divertido, mas o público gostava. E o cachê era dobrado.

Contrariando todas as expectativas, eu estava vivendo da música. No jornal eu ganhava uma mixaria, mas adorava aquilo, até pagaria para trabalhar ali. Comecei a ter boas oportunidades em matérias assinadas para a página semanal "Carioca, quase sempre", que Carlos Leonam e Yllen Kerr mantinham no Caderno B. A primeira foi justamente uma entrevista com Chacrinha, tratado como uma estrela do *kitsch* carioca, um grande *entertainer* e um talentosíssimo palhaço eletrônico, e provocou acaloradas polêmicas internas. Chacrinha, apesar de seu imenso sucesso popular, era absolutamente ignorado no *JB*, onde não era mencionado sequer para ser criticado; era um personagem absolutamente estranho ao "bom gosto" do jornal e de seus leitores. Chacrinha era coisa de empregadas domésticas, de jornais de crime, de rádios populares. Era malicioso e desbocado, humilhava os calouros, apresentava-os misturados com bailarinas gostosas de biquíni, as "Chacretes", que rebolavam lubricamente suas bundas para as câmeras, sempre focalizadas de baixo para cima. Chacrinha não era assunto para o jornal mais sofisticado do Brasil.

*

Depois do sucesso de seu primeiro disco, Edu lançou mais dois na sequência, ambos ao vivo: um com Nara e o Tamba Trio e outro com

Sylvinha Telles. E começou a namorar a desejadíssima Norma Bengell, provocando ondas de inveja na turma e no Brasil inteiro. Quando estava pronto para começar os ensaios com Elis Regina e Baden Powell no Zum Zum, na nova produção de Aloysio de Oliveira, Edu recebeu uma proposta para uma turnê pela Alemanha. Como nunca tinha saído do Brasil, desistiu do show e aceitou voando a proposta: 25 shows em 28 dias, entremeados por longas viagens de ônibus, algumas de oito, nove horas, sem folga, ganhando uma mixaria. No final da turnê, exausto, foi para Paris e passou três meses no apartamento de uma amiga na Place Saint Michel. Só quando voltou ao Brasil foi que percebeu que tinha ficado para trás, perdido terreno: Chico era um sucesso cada vez maior, Simonal empolgava multidões, Vandré tinha legiões de fãs, Gilberto Gil também tinha crescido rapidamente na televisão e, no disco, Caetano Veloso era uma estrela do *Esta noite se improvisa*, e, surpresa das surpresas, Elis Regina estava namorando Ronaldo Bôscoli. Faltavam poucos dias para se encerrarem as inscrições para o festival da Record, e Edu não tinha nem uma música nova.

O Berimbau de Ouro

Num almoço com Chico num restaurante na praça Quinze, no centro da cidade, depois de cobrir para o JB a gravação de seu precoce depoimento histórico para o Museu da Imagem e do Som, ele me falou da música que tinha inscrito no festival da Record. Chico tinha 23 anos e parecia assustado com a "Chicomania": como unanimidade nacional, ele vivia sob intensas e cada vez maiores pressões e expectativas, de mais e melhores músicas, de atitudes e declarações mais fortes. Para alguém discreto e reservado como ele, era terrível ter sua intimidade devassada e todos os seus menores passos fotografados e descritos todos os dias nos jornais. Era um desconforto se apresentar na televisão, um tormento fazer shows ao vivo, nervoso, bebendo, com medo de esquecer as letras, desafinar, errar no violão. Ele não dizia, mas se incomodava com a sensação de que cada um queria um pedaço dele: a televisão, as gravadoras, a imprensa, amigos e inimigos. Mas Chico parecia esperançoso quando cantou baixinho "Roda viva", que falava em versos perfeitos e sofridos sobre tudo que ele, *superstar* relutante, estava vivendo. Era uma concorrente fortíssima:

> Tem dias que a gente se sente
> como quem partiu ou morreu,
> a vida estancou de repente
> ou foi o mundo então que cresceu

Dori e eu inscrevemos "O cantador", a primeira letra boa de verdade que escrevi na vida. A melodia de Dori era linda, uma toada moderna e sofisticada e, melhor ainda, tinha um poderoso refrão, como era indispensável para ir ao jogo dos festivais. E o melhor de tudo: Elis aceitou nosso convite e iria defender nossa música.

> Amanhece, preciso ir,
> meu caminho é sem volta e sem ninguém,
> eu vou pra onde a estrada levar,
> cantador, só sei cantar:
> eu canto a dor, canto a vida e a morte, canto
> o amor

Antes de ir para a Europa, Edu tinha ouvido a música de Dori, ainda sem letra. Tinha adorado, pedido para repetir várias vezes, cantava junto, não parava de elogiar. Tanto que Dori lhe perguntou se ele não queria fazer a letra. Edu queria, claro, mas achava que não devia: afinal, entre jovens compositores, as parcerias musicais tinham peso conjugal, e como éramos todos amigos não ficava bem ciscar em quintal alheio. Com lealdade, Edu decidiu que não faria, mas não conseguia tirar da cabeça os versos que tinha imaginado para o refrão:

> Quem me dera agora
> eu tivesse a viola pra cantar

Quando voltou de Paris, a poucos dias do encerramento das inscrições, Edu musicou esses mesmos versos e transformou-os no poderoso refrão de sua música. Construiu uma primeira parte em ritmo tenso e agalopado, com uma melodia vigorosa, e deu-a para o jovem poeta baiano José Carlos Capinam, já com o refrão pronto e com uma ideia de letra, baseada no ponteado do violão, principal característica da música. No dia seguinte, Capinam apareceu com a letra:

> Era um dia, era claro, quase meio,
> era um canto calado sem ponteio,
> violência, viola, violeiro,
> era a morte em redor, mundo inteiro

"Ponteio" era uma formidável concorrente. Ainda mais com o time musical que Edu chamou para defendê-la ao seu lado: o Quarteto Novo de Hermeto Paschoal, Theo de Barros, Airto Moreira e Heraldo do Monte, a jovem e bela cantora guerreira do Teatro de Arena, Marília Medalha, os afinados e animados vocalistas cariocas do Momento 4, Mauricio Maestro, David Tygel, Ricardo Villas e Zé Rodrix. Certamente estaria entre as primeiras.

Duas semanas antes do festival, no hotel Danúbio de São Paulo, encontrei Gilberto Gil e Nana Caymmi, recém-casados, e fui para o quarto deles tomar cerveja, bater papo e saber das novidades. Gil pegou o violão e me mostrou sua canção para o festival, uma música cinematográfica, com letra e melodia trabalhadas como um filme moderno e dinâmico, com sequências, planos, cortes, montagem: um crime passional no parque de diversões tratado com linguagem fragmentada e moderníssima. Fiquei chocado: de todas as concorrentes que eu conhecia, inclusive a nossa, "Domingo no parque" era a mais moderna, mais audaciosa, a de que eu mais gostava.

Caetano dividiu com Gal Costa um lindíssimo LP na Philips, que achava que eles ainda não mereciam LPs individuais e deu meio disco, seis faixas para cada um. Mas em nenhuma eles cantavam juntos. Dori produziu e fez alguns arranjos, Francis Hime, outros. Conhecemos, então, as novas músicas de Caetano, como "Avarandado" e "Remelexo", e Gal gravou gilbertianamente músicas lindas de Edu, Sidney Miller, Caetano e Gil. O disco não teve repercussão popular, mas entre nós foi um grande acontecimento de novidade e bom gosto. Para o povão e as torcidas da TV Record, Caetano começava a ficar conhecido e querido por sua memória e sua simpatia no *Esta noite se improvisa*. Uma tarde, no escritório de Guilherme Araújo em Copacabana, ele me falou, alegre e entusiasmado, sobre sua música para o festival: "Alegria, alegria", um bordão de Simonal nos auditórios. Mas a poderosa letra modernista de Caetano não falava em alegria em nenhum momento: era sobre liberdade.

> Caminhando contra o vento,
> sem lenço e sem documento,
> no sol de quase dezembro eu vou

Até Erasmo Carlos concorreu, com "Capoeirada", uma tentativa nacionalista totalmente fora de seu estilo, impiedosamente vaiada nas eliminatórias, em que o nível das músicas era extraordinário: nunca um festival tinha reunido tantas músicas tão boas. E um público tão feroz. Um belíssimo samba-canção de Johnny Alf, "Eu e a brisa", que se tornaria um grande clássico da MPB, foi vaiado e não chegou à final. Assim como uma bela e sombria canção de Gil e Nana, "Bom dia", cantada impecavelmente por ela com um quarteto de cordas e arrasada pelas vaias.

Nos bastidores, Wilson Simonal sabia que não tinha chance e se divertia com o nervosismo dos concorrentes sérios, aterrorizados com o clima de guerra. De conjunto safári, botas militares e boina, preparando-se para defender a marchinha "Belinha", de Toquinho e Vitor Martins, o "Simona" bebericava um uísque e explicava seu bizarro figurino ao microfone da repórter Cidinha Campos:

— É um modelo no estilo "guerrilheiro". — Fez uma pausa e uma expressão pilantra antes de completar: — Guerrilheiro Pierre Cardin, naturalmente.

Simonal entrou no palco vaiado, mas sorridente, mandando beijos para o público, que se divertiu com sua música inofensiva e com o ritmo de pilantragem do Som Três. Não ganhou nada, mas saiu aplaudido.

Com o sucesso de "Disparada", Geraldo Vandré tinha disparado para o sucesso e se tornado o mais popular e festejado representante da esquerda musical no Brasil. Com seus olhos verdes e suas letras inflamadas, era um ídolo dos estudantes paulistas e encarnava seus ideais revolucionários socialistas e nacionalistas. Àquele festival, Vandré levou "Ventania", cantando em versos épicos as aventuras de um caminhoneiro. O boiadeiro se motorizava, mas a música estava longe da qualidade e do impacto de "Disparada". Em um ano já soava antiga diante das novidades de Edu, Chico, Gil e Caetano. Para a apresentação, Vandré preparou uma grande produção, com vários participantes e a introdução da música tocada por várias buzinas de caminhão, em acordes. Foi em vão: nas eliminatórias, o público se dividiu entre vaias e aplausos, e já se viu que aquele caminhão tinha pouca areia e não ia a lugar nenhum. Restava aos fanáticos vandresistas vaiar todas as outras.

*

Na noite da grande final, o ar estava elétrico e os ânimos, exaltados. As torcidas gritavam sem parar, aplaudiam seus favoritos e vaiavam os adversários, num clima de final de campeonato: pelo menos metade das doze finalistas tinha chances reais de ser a vencedora. Bolões de apostas começaram a crescer.

Quando Caetano entrou no palco para cantar "Alegria, alegria" com os Beat Boys, uma banda de rock — e de argentinos —, foi uma gritaria infernal. Traição! Adesão! Oportunismo!, gritavam nacionalistas exaltados: Caetano estava trocando a "música brasileira" pela "música jovem". Mas ele não estava trocando: estava integrando. Sua música era só uma marcha leve e alegre, com uma letra caleidoscópica e libertária. Os três acordes da introdução gritados pelas guitarras eram quase tudo que tinha de rock. Mas eram mais do que suficientes. Somente a presença cabeluda e elétrica dos *rockers* argentinos já seria, para caracterizar a provocação. Quando ele começou a cantar, mais gente vaiava do que aplaudia, o que era injusto, mas de certa forma animador para os concorrentes, como eu. Eu jamais vaiaria um colega, mas no calor da competição não me incomodava muito que os outros vaiassem. Longe das melhores de Caetano, a música era simples. Tinha sua graça, mas sua força estava na letra e, principalmente, na atitude de Caetano, na potência e na simpatia de sua performance, que foram aos poucos ganhando o público e transformando vaias em aplausos. Esse ato de talento e de poder foi tão arrebatador que também comecei a aplaudir entusiasticamente o concorrente, quase contra a minha vontade. Era irresistível. Caetano saiu do palco consagrado, e a luta pelo Berimbau de Ouro ficava mais concorrida.

Chegamos à final entre as favoritas, credenciados por uma performance sensacional de Elis nas eliminatórias, dominando as tentativas de vaia com a potência de sua voz, impondo a beleza da música e saindo do palco sob aplausos consagradores. Já na noite final, com o ambiente muito mais carregado e agressivo, Elis se irritou com as vaias, se perturbou e, embora tenha cantado bem, não brilhou tanto quanto na eliminatória e abalou minha certeza de que estaríamos entre os primeiros. Mas o pior ainda estava para acontecer.

Antes mesmo de Sérgio Ricardo entrar para cantar seu samba "Beto bom de bola", o público começou a vaiar pesadamente. A música já tinha se classificado sob vaias nas eliminatórias, decididamente aquele público a detestava. E vaiava. Sérgio pedia para começar. Vaiavam mais alto. Alguns aplaudiam, o que atrapalhava ainda mais. Sérgio não conseguia ouvir a orquestra nem a própria voz. Começava a cantar, saía do tom, procurava a orquestra, parava. A vaia crescia, selvagem. Tentava começar de novo, indo aos trancos e barrancos, dramaticamente misturando sua voz trêmula à confusão sonora da orquestra. Os músicos pararam de tocar, e ele seguiu em um desesperador *a cappella* no meio de uma vaia ensurdecedora, tentando contar a história de um jogador de futebol explorado. Até que não aguentou mais: parou de cantar e, com os olhos fuzilando de fogo e lágrimas, arrebentou o violão contra o palco, no que se tornaria um número clássico de guitarristas de rock, como Jimi Hendrix e Pete Townshend.

— Seus animais! — gritou furioso no microfone e jogou o violão despedaçado no público, antecipando em uma década o que seria um dos atos rebeldes favoritos de bandas punk, como os Sex Pistols. Sérgio, nacionalista e socialista radical, não sabia que estava fazendo história. Do rock.

Assim que ele saiu do palco, o apresentador Blota Jr. anunciou que a música tinha sido desclassificada e chamou a próxima concorrente. Nos bastidores do circo romano, Edu, Marília, o Momento 4 e os músicos, ainda chocados com os dramáticos acontecimentos, foram empurrados para o palco enquanto o público ainda vaiava e parecia que o auditório ia explodir. Foram recebidos com aplausos ensurdecedores. O público estava aliviado e se sentia vitorioso na guerra contra "Beto bom de bola". Fizeram uma apresentação empolgante e saíram do palco ovacionados e aos gritos de "Já ganhou!".

Apoiado pelo MPB4, Chico fez uma sóbria e poderosa apresentação de "Roda viva" e também saiu ovacionado. O público tinha adorado, ele com certeza iria "pras cabeças".

Se, ouvida só com violão, a música de Gilberto Gil já era um espanto, imaginem com um sensacional arranjo de orquestra de Rogério Duprat à maneira dos que George Martin fazia para os Beatles, com berimbaus e atabaques se misturando aos sons elétricos de Arnaldo, Sérgio e Rita Lee, Os Mutantes, pela primeira vez diante do grande público, recebidos com vaias estrepitosas e aplausos estrondosos. Com toda a polêmica que havia incendiado, aquele arranjo, com aquela música e aquela letra, aqueles meninos cabeludos que tocavam muito bem, aquela ruivinha maravilhosa que balançava os cabelos de seda e tocava pratos, tudo conspirava a favor de "Domingo no parque". Aplaudi entusiasticamente e achei que Gil ganharia. E merecia: tinha dado um grande, audacioso passo adiante, tinha virado a mesa e criado uma nova beleza.

De smoking, Roberto Carlos enfrentou as vaias com altivez e simpatia, cantando com grande competência e discreta emoção o samba lento "Maria, Carnaval e cinzas", do paulista Luiz Carlos Paraná. Saiu do palco muito aplaudido e, para muitos, foi o melhor intérprete da noite, mas a música não tinha chance de vitória.

Quando foi anunciado o prêmio de melhor intérprete para Elis Regina, entendi que nossa música estava fora e fiz força para não chorar. Muita gente chorou quando foi anunciada a premiação: "Alegria, alegria" em quarto lugar, "Roda viva" em terceiro, "Domingo no parque" em segundo, e "Ponteio" foi a grande vencedora do Berimbau de Ouro de 1967, aplaudidíssima. Se Edu tivesse feito a letra para a música de Dori, certamente não estaria ali. Depois, perguntado por uma rádio sobre a sua preferida, Edu foi sincero e elegante: "O cantador".

Mas Gil e Caetano saíam do festival mais vitoriosos ainda. A música brasileira nunca mais seria a mesma depois daquela noite.

No dia seguinte, em São Paulo, um jornal popular de crimes noticiava a final do festival e o violão quebrado de Sérgio Ricardo em histórica manchete: "Violada no auditório".

Depois do vendaval

Passada a euforia inicial pela conquista do Berimbau de Ouro e chegado o alívio pelo fim das tensões, Edu Lobo fez o circuito triunfal dos musicais da Record, assinou novo contrato com Marcos Lázaro na capota de um carro na rua da Consolação, ouviu sua música maciçamente tocada pelas rádios e, aos 24 anos, estava consagrado. Mas se descobriu vazio e decepcionado: afinal, para que tanto esforço e tanta vontade de ganhar, tanto sofrimento e ansiedade? Edu acreditava, como outros românticos, no festival como uma competição de excelência musical, que não podia ser uma guerra de popularidade, com o público escolhendo as melhores, como nos programas de auditório. Depois das vaias, do medo, das humilhações, de tudo o que aconteceu, e depois da vitória, Edu começou a achar que os festivais estavam se tornando corridas de ratos, com gravadoras e emissoras e empresários apostando em seus "cavalos", estimulando a competitividade sem limites entre os compositores e gerando inveja, animosidade e ressentimento. Um circo romano para a diversão do povo, na falta de maiores liberdades políticas. Chocado e desiludido, Edu inscreveu no II Festival Internacional, no Rio, a música mais triste, complexa e chata que já tinha feito, uma parceria com Ruy Guerra, com o sugestivo título "Maré morta". Esperava ser vaiado, nem ligava, quase *queria* ser vaiado. Encomendou ao maestro Chiquinho de Moraes um arranjo de orquestra denso e sombrio: só a introdução da música tinha quase um minuto, e o povo já começava a vaiar antes que ele começasse a cantar. Edu sentia, estranhamente, uma espécie de conforto.

Em São Paulo, muito pelo contrário, Gilberto Gil, Caetano Veloso e Guilherme Araújo comemoravam: deflagrada por eles, por sua audácia e criatividade, por seu sentido de oportunidade, estava em curso uma revolução na música brasileira. Os prêmios interessavam menos: eles viam o festival como o evento e o momento ideais para a apresentação de sua nova maneira de fazer música brasileira. Depois dos Beatles e dos Rolling Stones, de Jimi Hendrix e Janis Joplin, o mundo musical não era mais o mesmo. Em Londres e na Califórnia, em Paris e em Nova York, o mundo pegava fogo, os jovens começavam uma revolução movida a sexo, drogas e rock and roll. A música brasileira, por melhor que fosse, não podia continuar a mesma. Nem o país, cada vez mais fechado ao exterior pela paranoia dos militares com suas ideias subversivas, que eram justamente o que mais interessava aos jovens rebeldes brasileiros. E a Caetano e Gil, que estavam subvertendo a música brasileira e fazendo um som elétrico e contemporâneo, popular e provocativo, que na falta de rótulo mais preciso foi chamado de "som universal".

Reconhecendo a importância e a vitalidade da Jovem Guarda e sua genuína identificação com a juventude, Caetano e Gil estabeleceram uma aliança com os ex-inimigos, que eram vistos e ouvidos pelas esquerdas musicais como "alienados e colonizados". Mesmo sendo um grande sucesso popular, à Jovem Guarda faltavam ainda o prestígio e o reconhecimento de artistas mais "culturais". Caetano e Gil valorizaram a Jovem Guarda e romperam com o que consideravam a ditadura do "bom gosto" de classe média, com a estética stalinista da "esquerda nacionalista", o isolamento internacional, o nacionalismo musical, o saudosismo bossa-novista. Caetano e Gil integraram a "música brasileira" e a "música jovem", deflagrando a mais furibunda polêmica musical nacional desde Noel Rosa e Wilson Batista.

Na televisão, fui ardoroso defensor de Gil, Caetano e do "som universal" contra a fúria conservadora, nacionalista e provinciana dos jurados de *Um instante, maestro*. Como o programa de Flávio Cavalcanti era o único júri musical da televisão, e a final do festival tinha sido tão polêmica, era grande a expectativa pelo que diriam aqueles que o público considerava "os especialistas".

No programa, alguns jurados lamentaram paternalmente o desvio oportunista de tão promissores talentos, enquanto outros os acusaram agressivamente de traidores e mistificadores, e daí para baixo; eu defendi a honestidade e a generosidade das intenções deles, celebrei entusiasticamente a novidade, a liberdade, as possibilidades. Votei publicamente em "Domingo no parque" como a melhor música. Mas também elogiei Edu, Chico e Sidney Miller. No calor dos debates, por um breve momento, me dei conta de estar ao mesmo tempo saindo de um festival, recém-julgado por um júri e pelo público, e estar ali julgando meus amigos e competidores diante das vaias e dos aplausos do auditório.

*

Uma tarde de sábado, estávamos vendo televisão na cobertura de Ronaldo, com Elis, Miele, Wanda Sá, Hugo Carvana, Paulo Garcez e outros amigos. Como fazíamos muitas vezes e achávamos divertidíssimo, escolhemos naquele dia o pior dentro do pior: a programação de sábado à tarde. E, entre as piores, nossa favorita era a TV Continental, de absoluta precariedade técnica e artística, paupérrima, onde os cenários desabavam, as luzes eram fracas e parcas, lâmpadas explodiam ao vivo, os atores esqueciam as falas. Mas, naquela tarde, tivemos uma surpresa: na tela da Continental, um grupo de jovens cantava e tocava músicas alegres, engraçadas e românticas. E havia neles um entusiasmo contagiante, uma simpatia e um talento que nos encantaram. A Ronaldo especialmente. O "Véio" se lembrava dele mesmo quando jovem, no início da bossa nova. Os garotos do Grupo Manifesto — Guto Graça Mello, Mariozinho Rocha, Gracinha Leporace, Fernando Leporace e outros — receberam ao vivo um telefonema que pensaram que fosse trote. Mas, quando aquela voz grave, potente, cristalina, repetiu seu nome ao telefone, era impossível ser uma imitação: Elis elogiou todo mundo, pediu para mandarem músicas para ela, para seguirem em frente. Depois Ronaldo falou, falamos todos, como fãs, entusiasmados com o frescor e a alegria da garotada. À noite, nunca se bebeu tanto no barzinho do Leme, onde o Grupo Manifesto se reunia.

Depois do que aconteceu no festival da Record, de todas as músicas sensacionais que apareceram, de toda a polêmica, o II Festival Internacional da Canção, promovido pela TV Globo no Rio de Janeiro, ficou bastante esvaziado. Mas, antes mesmo de começar, já tinha sua grande revelação, um jovem mineiro que tinha classificado as três músicas que o amigo Agostinho dos Santos inscrevera à sua revelia: Milton Nascimento, com "Travessia", "Maria, minha fé" e "Morro velho". O cara era um espanto. Magrelo, de cabelo curto, com uns olhões assustados e uma doçura de sorriso irresistível, Milton nos foi apresentado numa reunião no terraço do apartamento de Augusto Marzagão, o diretor do festival. Todo mundo ficou besta com as músicas, que eram de uma qualidade assombrosa. Além de tudo, ele tocava um violão soberbo e cantava espetacularmente com uma voz doce e potente: desde Elis, não se ouvia um cantor tão bom. Sua música não se parecia com a de Tom, Chico ou Caetano, Vandré ou Gilberto Gil, era muito original e pessoal: era mais próxima do que faziam Edu Lobo e Dori Caymmi, mas também John Coltrane e Miles Davis, com suas harmonizações complexas e seu fraseado sinuoso. O cara era um monstro. Mais um.

Mas Milton não ganhou o festival: "Travessia" ficou em segundo lugar, e a vitoriosa foi a favorita do público, "Margarida", do baiano Guttemberg Guarabyra, interpretada com grande alegria e entusiasmo por ele, Gracinha Leporace e o Grupo Manifesto. Gracinha era mesmo uma graça. Aos dezoito anos, afinadíssima, de cabelo curtinho e minivestido branco, fez todo o Maracanãzinho cantar com ela o refrão "apareceu a margarida, olê, olê, olá". Aparecia uma estrela. Sua imagem encheu as páginas dos jornais e das revistas, seu rosto estava em todas as emissoras de televisão, o Rio de Janeiro se apaixonou por ela. E como cantava bem! Edu ficou especialmente encantado, musical e pessoalmente. Como todo mundo. E partiu para cima. Sérgio Mendes também: quando chegou ao Brasil e ouviu e conheceu Gracinha, se apaixonou. Ela foi com ele de volta para a Califórnia, para ser uma das vocalistas do novo grupo que ele estava produzindo.

Para seu próprio espanto, Chico teve sua triste e melancólica "Carolina" premiada com o terceiro lugar. A música, ele contou, havia sido terminada literalmente nas coxas, num avião: ele não queria de jeito nenhum participar do festival, mas tinha feito um acordo com Walter Clark para inscrever uma música em troca de rescindir seu contrato com a TV Globo como apresentador do musical *Show em Shell maior*, ao lado de Norma Bengell. O primeiro programa foi um desastre. Chico sofreu como mestre de cerimônias, detestou tudo e não apareceu para fazer o segundo. Como o festival precisava desesperadamente de grandes nomes entre os concorrentes, e Chico era o maior deles, a unanimidade nacional, Walter perdoou a multa e achou que fez um bom negócio. Como homem de marketing, ele apostava que a "Chicolatria" era tal que o público adoraria a música, fosse qual fosse. E estava certo: Chico é que se enganara com as próprias possibilidades e subavaliara a própria popularidade. Era uma de suas músicas mais tristes e sombrias, uma das de que ele menos gostava, com uma melodia que estava longe de suas melhores. Mas, como sempre, uma letra sonora e lírica, capaz de estabelecer contato imediato com quem ouvisse, de despertar emoções coletivas. Era tristíssima a "Carolina" de Chico, sozinha em sua eterna janela para a vida, vendo o tempo passar com seus olhos fundos e tristes, que guardavam toda a dor deste mundo. Nem Chico entendia como ou por que gostavam tanto de "Carolina", nem por que detestavam. Augusto de Campos advertiu que, quando todos os chatos começam a gostar do que se faz, é hora de se preocupar. Uma versão de "Carolina" gravada por Agnaldo Rayol saiu num LP com as canções favoritas do general Costa e Silva, então presidente da República. Chico sofreu.

Foi uma questão de timing. Como apareceu logo depois da explosão de Gil e Caetano em São Paulo, "Carolina" e sua melancolia pareciam em tudo o contrário do que propunham os baianos com seu "som universal", sua alegria e sua irreverência, sua agressividade. Apesar de toda a pressão, Chico e os baianos continuaram amigos durante e após o vale-tudo do festival da Record, onde se abalaram várias amizades e a MPB começou a rachar.

Tempo quente

São Paulo estava fervendo. Depois do festival, com a mudança da correlação de forças e popularidades, a Record acabou com *O fino da bossa* e lançou o programa *Frente Ampla da Música Popular Brasileira*, dirigido por Solano Ribeiro, onde, a cada segunda-feira, se revezavam no comando Elis e Jair, Chico e Nara, Gil e Caetano e Geraldo Vandré. Cada programa tinha sua ideologia musical e sua equipe de criação, todos competiam contra todos — e todos juntos contra a Jovem Guarda, que resistia, revigorada pelo apoio dos baianos.

A tentativa de Solano de incluir Gil e Caetano em um programa da Jovem Guarda não funcionou: apesar de terem visões similares, para a audição (e para a audiência) eram muito diferentes os sons vanguardistas dos baianos e os dos jovem-guardistas. No palco, ninguém ficou à vontade, e o público percebeu. Mas, para Gil e Caetano, aquilo foi importante para marcar uma posição.

Um dos programas da *Frente Ampla*, comandado por Geraldo Vandré, teve um número surpreendente, que marcou a amplitude do *Frente*: ele cantava a guerreira "Aroeira" de punhos cerrados e o rosto crispado em desafio, e Lennie Dale, seu grande amigo, dançava:

> Madeira de dar em doido,
> vai descer até quebrar,
> é a volta do cipó de aroeira
> no lombo de quem mandou dar

Vandré cantava pelo "grande amanhã", pela hora da virada e da revanche. Todo de couro negro, estalando um chicote no chão e no ar, Lennie dançava à sua volta uma coreografia agressiva e sexy, que dava um estranho e imprevisto caráter sadomasoquista à canção política, o que achei hilariante.

*

Na cobertura do "Véio", ouvi pela primeira vez o disco que Sérgio Mendes tinha feito nos Estados Unidos com seu grupo Brazil 66. Era tão bom que até Ronaldo gostou. Duas sensacionais cantoras americanas cantando em português com um mínimo de sotaque, o que até dava um charme, e um grupo instrumental poderoso de músicos brasileiros, grandes arranjos, com o piano de Sérgio propondo uma jogada rítmica que integrava o samba-jazz com o pop americano e um grande repertório brasileiro. O disco estourou nos Estados Unidos, com os hits "Mas que nada" e "Chove chuva", de Jorge Ben, e uma versão de "Daytripper", dos Beatles, em ritmo brasileiro. Sérgio acertou a mão: criou uma sonoridade coletiva original, uma jogada rítmica própria, que fazia cada música soar como se tivesse sido feita para o Brazil 66.

Na verdade, as duas cantoras sensacionais eram uma só: Lani Hall, baixinha e magrinha, com muito charme e uma voz poderosa, cheia de ritmo e sentido harmônico, uma grande cantora. A outra era linda, uma gatona, a louraça americana Karen Philipp. Não cantava mal: Karen era afinada e tinha ritmo e, nos shows ao vivo, de microssaia, fazia uma grande dupla com Lani. Mas não era uma solista. Então, na maioria das faixas, as vozes eram de Lani, dobradas em estúdio. A de Karen entrava só para dar um sabor.

Sérgio virou um *superstar* nos Estados Unidos. No Brasil, agradou a gregos e baianos, jazzistas e sambistas. Era popular e sofisticado, e sobretudo tinha uma qualidade técnica de gravação impensável no Brasil. Mesmo os que o diziam americanizado e vendido ao Tio Sam reconheciam sua qualidade, o ritmo irresistível da banda, a qualidade do repertório, a potência das vozes e a gostosura musical das cantoras.

Quando voltou vitorioso ao Rio para se apresentar pela primeira vez com o Brazil 66, Sérgio me convidou para ser o mestre de cerimônias do seu show, que superlotou o Teatro Municipal numa tarde de domingo e terminou com uma ovação consagradora. Apesar do nervosismo, me senti honrado pela escolha: Sérgio formara o primeiro grupo brasileiro a invadir o pop americano, tinha prestígio e popularidade, era um orgulho nacional. Ser gravado por Sérgio Mendes e o Brazil 66 passou a ser meta prioritária de todos os jovens compositores, e ele levou várias de Edu, Dori e Jorge Ben.

*

No fim do ano de 1967, no início do verão carioca, Elis e Ronaldo se casaram na Capela Mayrink, que era mínima, um pequeno forno no meio da Floresta da Tijuca. Foi um caos, com fotógrafos, convidados e populares se atropelando, e Elis entrando na igreja de véu e grinalda e abrindo caminho no meio da massa. Foi quando a ouvi gritar, nervosa, porque alguém tinha pisado na cauda do seu vestido:

— Solta o meu rabo, porra!

Depois houve o casamento civil, na nova casa que Elis tinha comprado na avenida Niemeyer, onde eles já estavam morando. E brigando. A casa era toda branca, imensa, de estilo mediterrâneo, incrustada na montanha, de frente para o oceano Atlântico. Estava cheia de convidados e jornalistas, e meu pai e minha mãe estavam entre os padrinhos de Elis. O casal passou três dias em lua de mel em Petrópolis e voltou para o Rio no domingo, para o clássico Fluminense e Botafogo. Na semana seguinte, Miele e Ronaldo inauguraram uma boate em São Paulo, a Blow Up, na rua Augusta. Com um show de Elis.

Uma das maiores mudanças de Elis após seu encontro com Ronaldo estava na sua música: logo que começaram a namorar, ela chamou Roberto Menescal, parceiro do "Véio", e Luís Carlos Vinhas, bossa-novistas de primeira hora, para formar um grupo para acompanhá-la em temporada na boate Sucata, recém-aberta por Ricardo Amaral na Lagoa, com direção de Ronaldo. O repertório ficou mais leve, menos político, menos paulista, mais carioca. E, surpreendentemente, Elis cantou no show o que, para ela e seu público, seria impensável pouco tempo antes: duas músicas de Menescal e Bôscoli, "A volta" e "Carta ao mar". Porque Elis detestava bossa nova, gostava de jazz, samba e boleros. Tom Jobim era um caso à parte. Depois do festival do Rio, lançou um compacto com uma grande gravação da segunda colocada, "Travessia", que tinha adorado (já conhecia Milton, de quem tinha gravado "Canção do sal"). Do outro lado, "Manifesto", uma sátira engraçada de Guto Graça Mello e Mariozinho Rocha que misturava os desencontros do amor com os da política, dando grande impulso ao Grupo Manifesto. No seu primeiro LP dessa nova fase, Elis gravou duas de Edu, quatro de Tom Jobim, uma de Gil, uma de Chico, um medley de sambas homenageando a Mangueira, um clássico de Bororó e "De onde vens", uma letra minha que Dori musicou em vinte minutos e se tornou um sucesso romântico, um hit de fim de noite e de corações solitários:

> Só quem partiu pode voltar
> e eu voltei pra te contar
> dos caminhos onde andei
> [...]
> Dor de amor quando não passa
> é porque o amor valeu

Eu tinha 22 anos e não sabia bem o que havia escrito, nunca tinha experimentado aqueles sentimentos. Elis sabia muito bem o que estava cantando, e só aí entendi o que eu mesmo estava querendo dizer.

*

O triunfo internacional de Roberto Carlos no Festival de San Remo, com "Canzone per te", acabou com a Jovem Guarda.

Cantando a balada de Sergio Endrigo em um italiano impecável, Roberto levantou o auditório e o júri e conquistou uma vitória inédita para as nossas cores. E sons.

Roberto saiu consagrado do mais popular festival de música da Europa, a Copa do Mundo da música, virou uma estrela na Itália, ficou maior que o *Jovem Guarda* e *O fino da bossa*. Juntos.

No aeroporto de Congonhas, uma multidão de fãs esperava, gritando, pela chegada do grande vencedor de San Remo. Quando subiram a escada do avião para abraçar Roberto, o empresário Marcos Lázaro, Paulinho Machado de Carvalho e Erasmo sabiam que a Jovem Guarda estava com os dias — as tardes de domingo — contados.

No início, nada mudou: Roberto, vitorioso, fez o circuito dos musicais da emissora e voltou como um rei ao *Jovem Guarda*, em um programa histórico, com todo o auditório cantando:

> E tu, tu mi dirai
> che sei felice
> come non sei stata mai

Mas todo mundo percebeu que alguma coisa havia mudado.

Começava o reinado de Roberto Carlos, o artista mais popular do Brasil.

Aos poucos, ele foi saindo do *Jovem Guarda*, que se tornou apenas mais um de todos os programas em que se apresentava. O programa continuaria sem ele, comandado por Erasmo e Wanderléa.

Na última vez que Roberto se apresentou no *Jovem Guarda*, onde não aparecia havia semanas, Erasmo lançou um dos maiores sucessos musicais do ano, um clássico instantâneo: "Sentado à beira do caminho" foi a música de despedida, uma bela balada de abandono e de solidão, que era para o fim do *Jovem Guarda* o que "Quero que vá tudo pro inferno" tinha sido para o início:

> Preciso acabar logo com isso,
> preciso lembrar que eu existo, que eu existo, que eu existo

O Brasil inteiro cantou com Erasmo. Bráulio Pedroso dedicou praticamente um capítulo inteiro de sua novela *Beto Rockfeller*, da TV Tupi, o maior sucesso do momento na televisão, a cenas mudas com o protagonista, interpretado por Luis Gustavo, andando pelas ruas de São Paulo ao som de "Sentado à beira do caminho". Um "capítulo-clipe".

Erasmo e Wanderléa seguiram tocando a Jovem Guarda por mais alguns poucos meses, aos trancos e barrancos, sem Roberto e sem brigas, mas em clima de pesada melancolia. O clima só foi quebrado pela proposta dos dois Robertos, Carlos e Farias, para que Erasmo e Wanderléa participassem do novo filme de música e aventuras a ser rodado no Japão e em Israel: *Roberto Carlos e o diamante cor-de-rosa*.

De repente, na vertigem daqueles tempos tropicalistas, tudo ficou muito diferente. Com o auditório incendiado, a Record passou a gravar os programas no Teatro Paramount. Os musicais começaram a perder audiência, o calor das plateias já não era o mesmo. Contratos começaram a não ser renovados, artistas passaram a ser dispensados, o *Jovem Guarda* saía do ar.

Os musicais haviam saído de moda na televisão, começava a era das novelas. E as tardes de domingo tinham novos donos: Silvio Santos e suas "companheiras de trabalho", com seus calouros e variedades, no auditório da TV Globo de São Paulo.

Alvorada tropicalista

No final de 1967, depois de quase quatro anos de exílio em Paris, Samuel Wainer, o fundador do *Última Hora*, voltava ao Brasil para reassumir o jornal e fazer a oposição possível dentro do quadro político, que acreditava ser favorável. Veio da Europa animado e cheio de ideias novas, para uma completa reformulação do jornal. Uma delas era lançar uma coluna sobre o "poder jovem", escrita por um jovem, em linguagem jovem e irreverente, algo que não existia na imprensa brasileira. Seria diferente da coluna social "Jovem Guarda", que ele tinha lançado anos antes com Ricardo Amaral em São Paulo: seria cultural e política, rebelde, o alto-falante das novas gerações, a voz da juventude. Por indicação de Cacá Diegues, casado com sua ex-cunhada Nara Leão, Samuel me convidou para uma conversa na sua cobertura na praia de Ipanema. No fim do papo, me ofereceu uma coluna diária de meia página no novo *Última Hora*. Não consegui dormir.

Eu tinha 23 anos. Era um sonho ter uma coluna diária assinada num grande jornal de oposição e seria um privilégio trabalhar com uma lenda do jornalismo como Samuel, especialmente num momento de grande efervescência e vitalidade da juventude, da política e da cultura no Brasil. Além de tudo, eu me apaixonei por Samuel, seu carisma, seu charme, seu entusiasmo: tinha encontrado um novo guru. Pedi demissão a Alberto Dines e Carlos Lemos no *JB* e escolhi o nome para a coluna: "Roda viva", em homenagem a Chico.

Eu seria o porta-voz do Cinema Novo de Glauber Rocha, do novo teatro de José Celso Martinez Corrêa e do Grupo Oficina, do som universal de Gil e Caetano, da arte pop de Antônio Dias e Hélio Oiticica, de tudo que fosse novo e jovem no mundo, informando sobre o que faziam, diziam, vestiam e ouviam os jovens de Londres e Paris, de Nova York e da Califórnia.

Foi só semanas depois do início da coluna que Samuel soube que eu fazia parte do júri de Flávio Cavalcanti em *Um instante, maestro* e *A grande chance*. Samuel detestava o lacerdista Flávio, que era acusado de ter incentivado o empastelamento do *Última Hora* no golpe de 1964, mas não se incomodou: esculhambou Flávio com *nonchalance*, disse que eu era uma voz jovem no meio do passado e foi pragmático: a popularidade dos programas de TV ajudava na promoção da coluna. O convívio com Samuel era tão rico e fascinante, ele era de tal modo sedutor e entusiasmado que, muitas vezes, Tarso de Castro, Luiz Carlos Maciel e eu fechávamos nossas colunas no jornal, no centro da cidade, e íamos para o apartamento dele ou para alguma boate ou restaurante jantar e continuar a conversa. De lá, no meio da madrugada, voltávamos com Samuel à praça da Bandeira para ver o jornal sendo impresso, para o ler ainda cheirando a tinta. Quando a escritora Françoise Sagan, autora de *Bonjour tristesse*, visitou o Rio, Samuel fez uma festa para ela na sua cobertura e depois a levou, com vários convidados, para ver o jornal rodar.

Roda viva, tanto quanto a música de Chico, era uma referência à peça que José Celso Martinez Corrêa encenou no Teatro Princesa Isabel e causou grande polêmica. Chico escrevera *Roda viva* em menos de um mês em cinquenta páginas, contando em texto e músicas a trajetória de um ídolo popular — "Ben Silver", nascido Benedito Silva — devorado pela máquina do sucesso. Zé Celso usou o texto como pretexto para uma versão pessoal e extremamente agressiva de espetáculo em que o personagem de Chico se misturava com o autor e explodia sua imagem de unanimidade nacional, de cantor das moças nas janelas, de bom moço e poeta benquisto. Dessa vez, nenhuma senhora de respeito, nenhum general-presidente gostaria de ver a overdose de sexo, palavrões e violência que Zé Celso encenou no palco, com um imenso São Jorge e uma garrafa de Coca-Cola gigante como cenário, com jovens atores se esfregando lubricamente e sacudindo espectadores na plateia, arrancando-os de suas cadeiras, exigindo "participação" e respingando-os com sangue do fígado cru "arrancado" do herói em cena e comido por seus fãs. Em São Paulo, o elenco da peça foi espancado pelo Comando de Caça aos Comunistas.

Zé Celso era um dos meus ídolos desde que eu o conhecera no Teatro João Caetano, durante a temporada carioca de *O rei da vela*. Eu não gostava de teatro, achava chato, limitado, antigo: estava interessado em cinema, em artes de massa, industriais, modernas. Mas era tal a expectativa em torno da revolucionária montagem do *Rei da vela* e da polêmica que provocou em São Paulo que era impossível faltar à estreia carioca. Naquela noite descobri um novo mundo, uma maneira exuberante de interpretar e criticar o Brasil, fiquei fascinado pela grosseria e pela cafajestice dos atores, pela sexualidade debochada, pela cenografia *kitsch*, pela música que misturava ópera e marchinhas de Carnaval. Tudo formava um conjunto de elementos de mau gosto que criava intensa e arrebatadora beleza, em tudo oposta à arte apolínea de Tom Jobim e João Gilberto. Fiquei louco. O festival dionisíaco de Zé Celso era uma nova maneira de fazer oposição pela arte libertária, era um aprofundamento crítico, uma ambição de transformar não o Estado, mas o indivíduo. Passei a ir quase todas as noites: em algumas, assistia ao espetáculo inteiro, em outras, só ao primeiro ato (meu favorito). Ficava conversando com Zé Celso nos camarins, às vezes assistia ao segundo e ao terceiro. Fui ao João Caetano mais de vinte vezes, fiquei amigo de Renato Borghi, Ítala Nandi, Fernando Peixoto e do elenco inteiro. Para quem não gostava de teatro, aquilo era uma revolução pessoal: depois do *Rei da vela*, para mim era impossível ouvir a música brasileira da mesma maneira.

Com *Terra em transe*, o filme de Glauber Rocha, o impacto foi semelhante, em novidade e intensidade. Só que em preto e branco e em tela plana. Era outra forma de fazer política e cinema, com outra estética, mais brasileira, mais suja, mais contundente: um novo Cinema Novo. Ao contrário de *Deus e o diabo na terra do sol* e de *O dragão da maldade contra o santo guerreiro*, que foram vistos como alegorias sertanejas e distantes, *Terra em transe* era um drama político urbano e atual, poético e delirante, histórico e existencial, ambientado num imaginário Eldorado que revelava como nunca o Brasil real, do populismo e dos ditadores, das elites corruptas e vorazes e do povo ignorante e passivo, narrados em flashback pelo poeta agonizante, traído e decepcionado pelo seu líder político. E pelo povo.

Tanto quanto Beatles, Janis Joplin e Jimi Hendrix, *O rei da vela* e *Terra em transe* representaram, para Gil e Caetano, uma poderosa inspiração e base estética para a sua revolução musical. A montagem de Zé Celso se opunha radicalmente ao formalismo político do Teatro de Arena, o filme de Glauber explodia os folclorismos e paternalismos, a música de Gil e Caetano rompia com a estética populista da esquerda musical. Eram oposição à oposição. E contra a situação, mais do que nunca.

Depois do festival da Record, com o lançamento dos LPs de Gil e de Caetano, com suas entrevistas desafiadoras, suas apresentações anárquicas na TV, não havia mais nenhuma dúvida de que alguma coisa grande estava acontecendo, em sintonia com Glauber e Zé Celso e em rota de colisão com a música de Edu, Chico, Dori, Francis, Vandré e Milton. E até mesmo com a de Tom Jobim.

João Gilberto, não. Desde o primeiro momento, mesmo no entusiasmo iconoclasta da rebelião, Caetano sempre renovou sua devoção a João e, com argumentos que misturavam razão e afeto, sempre tentava, nas entrevistas, explicar sua música como algo a partir de João, não contra ele. Mas era difícil entender: aparentemente, não havia nada mais anti-João que a música barulhenta e eletrificada que eles propunham.

Preocupado com o que o mestre estaria achando de suas apresentações e rebolados, Caetano ouviu:

— Ah, eu acho linda essa alegria de vocês. Só que meu suingue é todo do pescoço pra cima.

A polêmica pegou fogo. Não eram só as guitarras, mas os arranjos de orquestra de Rogério Duprat e Júlio Medaglia, as participações d'Os Mutantes, as letras cinematográficas, fragmentadas, irreverentes, cheias de referências provocadoras ao universo pop brasileiro; as melodias que rompiam com os estilos estabelecidos e, embora trabalhadas dentro dos novos padrões do pop internacional, traziam mais para perto a tradição da música nordestina, revista e aumentada. De certa forma, era também uma restauração de valores musicais nacionais negados pela bossa nova e pelo samba-jazz, pela

MPB de Copacabana, reciclados e reinventados em um novo momento social e político: Luiz Gonzaga e Jimi Hendrix, os Beatles e Jackson do Pandeiro, chicletes e banana. Na emblemática "Tropicália", Caetano sintetizava intuitivamente o movimento, orientava o Carnaval, fazia "A banda" se encontrar com Carmen Miranda no Planalto Central enquanto os urubus passeavam entre os girassóis. A música foi batizada como "Tropicália" por sugestão de Luiz Carlos Barreto e pela amizade e pela admiração que uniam Caetano a Hélio Oiticica, criador da instalação *Tropicália*, que provocou furor no Museu de Arte Moderna: um barraco-labirinto a ser percorrido pelo espectador descalço, pisando em terra, areia, água, pedras e plástico enquanto passava por diversos ambientes estéticos, miseráveis e exuberantes, primitivos e modernos, carnavalescos e rigorosos, até a visão final de uma televisão ligada. Uma histórica "instalação", muito antes que o termo existisse. Tudo muito brasileiro, muito próximo da música de Caetano, do *Rei da vela* e de *Terra em transe*.

*

Em uma noite de verão, pouco antes do Carnaval de 1968, passei horas tomando chope e conversando com Glauber Rocha, Cacá Diegues, Gustavo Dahl e Luiz Carlos Barreto no Bar Alpino, em Ipanema. Entusiasmados com o Cinema Novo, o Teatro Oficina, os discos de Gil e Caetano, animados com o momento político e com aquele movimento artístico que não tinha sido articulado nem tinha nome, mas estava em pleno andamento, com tantas novidades e tanta potência, começamos a imaginar uma festança para celebrar o novo movimento. Uma espécie de batizado modernista, uma festa tropical, uma gozação com o nosso mau gosto, com a nossa cafajestice e a nossa sensualidade, com a nossa exuberância *kitsch*. Vários chopes depois, cansado de tanto rir, cheguei em casa e deixei para lá.

Mas, no dia seguinte, com a dramática falta de notícias que aflige os colunistas no verão carioca, acabei usando todo o espaço da coluna para contar, em forma de manifesto debochado, todas as besteiras que tínhamos imaginado no Alpino. Sob o título de "Cruzada tropicalista", irresponsavelmente enchi meia página de jornal celebrando o momento artístico com uma futura festa imaginária, onde os homens usariam terno branco, chapéu-panamá e sapatos bicolores e as mulheres, vestidos rodados verde-amarelos e turquesa, dançando entre pencas de abacaxis e bananas. O suposto "tropicalismo", linguagem comum das novas artes e movimentos, motivo da festa e do falso manifesto, era um bestialógico que misturava passadismo e cafonice para gozar os nacionalistas e os tradicionalistas: era absolutamente caótico, embora tivesse até seus momentos divertidos, ironizando o mau gosto nacional e tirando sarro do bom gosto intelectual.

A festa nunca aconteceu, mas a coluna teve grande repercussão e surpreendentemente foi levada a sério, recebendo comentários acalorados contra e a favor em outros jornais, no rádio e na televisão, que passaram a se referir ao movimento de Gil e Caetano como "tropicalismo". Caetano detestou o nome.

Assim como tinha sido com a bossa nova, no início ninguém sabia bem o que era o tropicalismo. Nem Caetano nem Gil, e muito menos eu, que, no entanto, falava disso todo dia na coluna do jornal e defendia ardorosamente o movimento nos programas de televisão. Eles representavam o moderno, o revolucionário, o internacional: o jovem.

O "Véio" e Elis concordavam sobre o tropicalismo: os dois o detestavam. E detonaram Gil e Caetano nos jornais, declararam guerra. Edu, Dori e Francis estavam chocados, não acreditavam no que ouviam. Para eles, que eram amigos dos baianos e os admiravam antes do tropicalismo, por suas melodias e harmonias sofisticadas, por sua poesia lírica e social elaborada, que se identificavam com eles na comum origem jobino-gilbertiana, aquilo era uma traição aos ideais comuns, era andar para trás. Músicos rigorosos, Edu, Dori e Francis não compreendiam a adesão tropicalista à Jovem Guarda e ao rock internacional, que consideravam submúsica. A eles não interessava a atitude política rebelde, o desejo de experimentar, a vontade de integrar o Brasil com os jovens do mundo e vice-versa, a irreverência a serviço da crítica. Para eles e muitos outros músicos maiores e menores, a música que Gil e Caetano estavam produzindo era pior — porque mais distante de Tom e João —, e nada justificava isso. Não era um avanço, mas um atraso. E mais: alguns se sentiam pessoalmente atingidos. Tempo quente no eixo Rio-São Paulo-Salvador.

Chico foi mais cool. Evitou o confronto pelos jornais e, ao mesmo tempo, foi poupado das críticas mais fortes do tropicalismo, que pegava mais pesado com Vandré e a "esquerda universitária" da MPB. Caetano tinha um fascínio irresistível por Chico e, como todo mundo, respeito por sua produção de grande poeta musical. Mas o confronto era inevitável. Nas esquinas e nos botecos, o oposto de Gil e Caetano, por menos que eles quisessem, era Chico. Os estudantes, unidos contra a ditadura, dividiam-se apaixonadamente entre Chico e Caetano, entre Vandré e Gil, entre o tropicalismo e a MPB.

Além do afeto pessoal e do prazer da companhia, a necessidade profissional de manter boas fontes de notícias com todos os protagonistas daquele momento me obrigou a malabarismos dialéticos para manter uma convivência harmônica com Chico, Edu, Gil, Caetano, Dori, Francis, Ronaldo e Elis ao mesmo tempo, evitando brigas e discussões acaloradas, conciliando, tentando harmonizar, procurando pontos em comum. Não gosto de ver amigos meus brigando entre si, procuro defendê-los uns dos outros e aproximá-los. Ao mesmo tempo, me fascinam a diferença, a diversidade, as possibilidades da liberdade criativa. E, principalmente, eu gostava de todos eles e não queria perder a amizade de ninguém. Fazia de tudo para não ter de escolher entre uns e outros, achava todos talentosíssimos e procurava me manter fiel a todos. Mas não ao leitor. Contrariando o espírito jornalístico, nunca cogitei perder um amigo por uma notícia, e talvez por isso mesmo eu tenha tido acesso direto e permanente a todos eles e feito de minha coluna a porta-voz de suas ideias e ações. E eu dava sempre primeiro as melhores — e piores — notícias de todos os lados do front cultural naquele fatídico 1968.

Chega de saudade

Os programas de televisão de Flávio Cavalcanti faziam cada vez mais sucesso, e *A Grande chance* e *Um instante, maestro* passaram a ter também versões semanais gravadas em São Paulo, na TV Tupi. O cachê dobrou de novo, começaram a aparecer convites para fazer apresentações em clubes fora do Rio, Flávio estava cada vez mais rico e mais feliz e eu, cada vez mais incomodado. Não com o sucesso e o dinheiro, que me deleitavam, nem com ser paparicado, ser reconhecido na rua, dar autógrafos, receber cartas de fãs, me divertir com garotas bonitas. O que me incomodava era a distância cada vez maior entre a popularidade do programa e a sofisticação cultural que explodia no tropicalismo, no Teatro Oficina e no Cinema Novo. Havia um abismo entre os auditórios de Flávio e as rodas de conversa no Antonio's, no Leblon, onde se reunia, em caráter permanente, a fina flor artística e intelectual do Rio e onde se debochava da cafonice de Flávio e de seu júri, de suas apelações, de seu populismo. O contraste entre o estilo libertário da coluna no *Última Hora*, seu esquerdismo modernista e o conservadorismo político, o lacerdismo de Flávio, revolucionário de primeira hora em 1964, tudo isso me inquietava cada vez mais, embora eu desfrutasse de total liberdade no programa para dizer o que quisesse. Ou pudesse. Mais que tudo, algo que me angustiava, que começava até a me dar uma certa vergonha, era o clima de "telecatch" que, estimulado por Flávio em nome do espetáculo, progressivamente tomava conta do júri. Flávio queria barulho e polêmica, queria que cada um fizesse seu papel: o durão, o ultraconservador, o simpático, o paternal, cabendo a mim o de jovem rebelde, função que desempenhava com naturalidade no início, mas para a qual passei a ter cada vez menos entusiasmo. Os programas começaram a ficar chatos e previsíveis, com a mesma graça daquelas lutas de vale-tudo combinadas. Alguns amigos me diziam para sair daquela cafonice, que não tinha nada a ver comigo; outros me diziam para ficar, porque, quanto mais careta, retrógrado e conservador fosse o júri, mais liberal, simpático e popular eu pareceria. Seria uma voz libertária falando para milhões de pessoas e contestando as velhas gerações conservadoras e repressivas. Mas talvez o que mais pesasse a favor de minha vontade de sair era ter que ouvir duas horas de calouros, duas vezes por semana.

Entre meus amigos do Antonio's estavam Walter Clark e J.B. de Oliveira Sobrinho, o Boni, que eu conhecia desde a TV Rio. Eles comandavam a ascensão vertiginosa da TV Globo e eram jovens, alegres e audaciosos, pareciam-se muito mais comigo do que com Flávio e a velha TV Tupi de Chateaubriand. Quando Boni me convidou para ir para a TV Globo, aceitei antes mesmo de perguntar o que faria e quanto ganharia. Indiquei Mariozinho Rocha para o meu lugar no júri e saí sem brigas, mas não só Flávio como muita gente me disse que eu que estava fazendo uma loucura.

Mas era a TV Globo que eu queria. Queria fazer parte da gangue de "Boni e Clark", como a imprensa os chamava, parodiando o filme *Bonnie e Clyde*.

Passei a apresentar, todas as noites, uma coluna no *Jornal de Verdade*, dirigido por Borjalo, uma espécie de revista de fim de noite da TV Globo, que tinha entre seus colunistas Otto Lara Resende, João Saldanha e Nelson Rodrigues. O melhor era sair para jantar com eles no Antonio's depois do programa. Também comecei a trabalhar como repórter especial nos grandes eventos musicais. Minha primeira cobertura foi a eliminatória paulista do III Festival Internacional da Canção, no auditório do Tuca, de microfone na mão, entrevistando ao vivo concorrentes, público e personalidades.

⋆

Ânimos exaltados na noite paulistana. Brigadas vandresistas e tropicalistas trocavam palavras de ordem e pontapés na porta do teatro,

TRA
A
NSUR
CONTR
A
REPRESS

levavam cartazes e faixas contra e a favor, como a inesquecível "Folclore é reação", para fustigar os nacionalistas.

Um ano depois de "Alegria, alegria" e "Domingo no parque", músicas com guitarras e influências inglesas não provocavam mais nenhum espanto naquele auditório: pelo contrário, representavam um tipo de música que muitos já tinham assimilado, de que já gostavam e que até esperavam de Gil e Caetano. O tropicalismo já não assustava ninguém. Afinal, que mal havia em usar guitarras na música brasileira? Por que não usar roupas coloridas, eles não eram artistas? Só não esperavam o que aconteceu: com roupas futuristas de plástico, Caetano e Os Mutantes entraram no palco para apresentar "É proibido proibir" sob vaias e aplausos.

Muitos ainda esperavam outra marcha de letra cinematográfica, como "Alegria, alegria", mesmo que fosse com guitarras, ou alguma coisa como a efervescente "Superbacana", ou até mesmo uma rumba em portunhol como "Soy loco por ti, América", feita por Gil e Capinam em homenagem a Che Guevara no dia da sua morte. Mas nunca uma "antimúsica" como aquela, com aquela introdução longa e provocativa gritada pelas guitarras d'Os Mutantes e pela zoeira intencional da orquestra de Rogério Duprat, com aquela letra fragmentada e metafórica terminando num refrão que apropriava o slogan dos estudantes franceses.

Os estudantes paulistas não gostaram. E vaiaram, até com certa moderação, pelo menos até a entrada em cena de um hippie americano, um louro loucaço, que chegou de repente no palco e berrou como doido algumas palavras ininteligíveis no microfone. Aí foi demais, o auditório estourou em fúria: "Fora! Fora!", "Bicha! Bicha!", o público vaiava e jogava tomates no palco. Mas Caetano e Os Mutantes conseguiram terminar de cantar, um pouco assustados mas felizes com o tumulto que haviam provocado e que era o principal objetivo da competição; competiam não para ganhar, mas para explodir o festival. Caetano sabia que sua música não era grande coisa e concentrou sua atenção na performance, decidido a transformá-la em um *happening*, contestando o "bom gosto" dos festivais e provocando a "esquerda musical", radicalizando o tropicalismo. Não estava ali para explicar, mas para confundir, como dizia o Chacrinha.

Dois dias depois, na outra eliminatória, Gil apresentou "Questão de ordem" com os Beat Boys, e o público vaiou estrepitosamente. Também não entendi nada. Perguntei e me disseram que aquilo era um "canto falado a Jimi Hendrix". Mas ninguém gostou: guitarras aos berros, um dos garotos da banda batendo com uma baqueta numa calota de automóvel, Gil de barba, bigode e cabelo *black power* gritando palavras em desordem. Não havia música, não havia ritmo, era só barulho. Nem o júri gostou, e a música acabou desclassificada, o que importava pouco para Gil: "Questão de ordem" colocava em pauta a estrutura do festival e seus critérios, e classificá-la seria tão insólito e ridículo quanto desclassificá-la.

Na noite da final paulista, que levaria as seis primeiras colocadas para as finais no Maracanãzinho, o auditório estava superlotado desde cedo. As torcidas se provocavam, e todo mundo sabia que seria uma noite quente.

E cheia de surpresas. Logo no início, uma guarânia apresentada só com um violão e feita inteira em dois acordes fez o auditório explodir. Geraldo Vandré ainda se lembrava das vaias que tinha levado com a sua superprodução de "Ventania" quando, momentos antes de entrar no palco, decidiu dispensar o elaborado arranjo de orquestra e os grupos de apoio e cantar só com o violão a sua "Pra não dizer que não falei das flores", valorizando sua letra política e provocativa e — em jogada de mestre — tornando-se diferente de todos os outros, com suas massas sonoras superproduzidas. O menos foi mais, o público delirou e cantou junto:

> Vem, vamos embora,
> que esperar não é saber,
> quem sabe faz a hora,
> não espera acontecer

Era uma chamada à insurreição, uma palavra de ordem, uma senha de combate. Pelo menos era assim que se sentiam todos aqueles jovens que cantavam com tanto vigor e tanta fé. Os tropicalistas minoritários vaiavam. O confronto estava claro: era entre Vandré e Caetano. E Vandré estava ganhando disparado.

Quando Caetano e Os Mutantes entraram, senti cheiro de pólvora. As vaias e os aplausos se dividiam, mas eram muito mais intensos do que na primeira eliminatória. No meio da música, na entrada em cena do hippie urrador, a vaia se tornou tão maciça e estrepitosa que Caetano e Os Mutantes tentavam cantar, mas não se ouviam. Choviam tomates e ovos no palco. Caetano parou de cantar e gritou, furioso, para a plateia:

— Mas é isso que é a juventude que diz que quer tomar o poder? Vocês têm coragem de aplaudir este ano uma música que vocês não teriam coragem de aplaudir no ano passado! Vocês são a mesma juventude que vai sempre, sempre, matar amanhã o velhote inimigo que morreu ontem! Vocês não estão entendendo nada, nada, absolutamente nada...

No meio das vaias ensurdecedoras, ouvia-se uma ou outra frase de Caetano:

— Eu quero dizer ao júri: me desclassifique... eu não tenho nada a ver com isso... Gilberto Gil está comigo (Gil entrou no palco, a vaia cresceu)... nós estamos aqui para acabar com o festival e com toda a imbecilidade que reina no Brasil... só entramos no festival pra isso... tivemos coragem de entrar em todas as estruturas e sair de todas... se vocês forem em política como são em estética, então estamos feitos! Me desclassifiquem junto com Gil... o júri é muito simpático, mas é incompetente. Deus está solto!

No Rio, Augusto Marzagão, diretor do festival, pediu a Caetano que mantivesse a música, mas anunciou que não permitiria a presença do hippie urrador. Caetano respondeu que não haveria hippie nem urros nem nada: não haveria música, ele mantinha sua decisão de retirar "É proibido proibir" das finais no Maracanãzinho. Os Mutantes adoraram: com a saída de Caetano, abria-se mais uma vaga entre as finalistas para a sétima classificada em São Paulo, "Caminhante noturno", que eles tinham defendido brilhantemente, apoiados por um espetacular arranjo de Rogério Duprat, com Sérgio vestido de urso, Arnaldo, de gorila, e Rita — deslumbrante —, de noiva. A música era tão boa, e Sérgio, Arnaldo e Rita, tão alegres e competentes que as vaias que se misturaram a seus fartos aplausos não eram raivosas, como aquelas contra Caetano, mas pareciam brincadeira, coisa de estudantes.

O pior ainda estava por vir.

Chico se manteve desde o início o mais longe possível das polêmicas sobre o tropicalismo e, fora uma ou outra ironia aqui e ali entre amigos, como era de seu estilo, continuou mantendo relações cordiais com Gil e principalmente com Caetano, evitando ao máximo o papel que os estudantes lhe queriam impor, de paladino da música brasileira, antibaianos, grande opositor. Participou brilhantemente da Bienal do Samba, criada pela Record como um festival sem guitarras, exclusivo da "música brasileira", com a ensolarada "Bom tempo", ficando em segundo lugar. Ao contrário da maioria de suas músicas, principalmente as melhores, que quase sempre expressam uma difusa melancolia, aquela era um samba alegre e esperançoso:

Um marinheiro me contou
que a boa brisa lhe soprou
que vem aí bom tempo
o pescador me confirmou
que o passarinho lhe cantou
que vem aí bom tempo...

No refrão — em ritmo de maxixe —, Chico levantava o auditório e celebrava sua paixão pelo Fluminense. O "Jovem Flu" enlouquecia quando ele cantava:

Satisfeito, a alegria batendo no peito,
o radinho contando direito
a vitória do meu tricolor...

A esquerda musical detestou, a música foi considerada alienada e irresponsável. A que ganhou foi "Lapinha", um samba baiano de Baden Powell com letra de Paulo César Pinheiro que contava a história de um lendário capoeirista, cantado arrebatadoramente por Elis Regina. Tricolor doente, Ronaldo torceu para "Bom tempo", contra Elis.

*

Na passeata dos 100 mil, Chico e eu estávamos no mesmo grupo, com Jards Macalé, Edu Lobo, Zé Rodrix, Mauricio Maestro e outros, e nosso ponto de encontro era a escadaria da Biblioteca Nacional, na Cinelândia. Chegamos quase juntos, olhando para os lados, disfarçando, dando bandeira. Como ainda faltava bastante tempo até a hora marcada para a passeata, decidiu-se por unanimidade ir ao Bar Luiz, na rua da Carioca, tomar um chope para aliviar a tensão. Voltamos ao ponto a tempo, porém mais tensos ainda: eu estava com medo de apanhar da polícia, de levar um tiro, de ser preso. Quando a passeata explodiu e tomou as ruas, meu coração subiu até a garganta, como num jogo do Brasil em final de Copa, em que éramos a torcida e os jogadores ao mesmo tempo. Percorremos a avenida Rio Branco de braços dados, todos juntos, tropicalistas e emepebistas, cantando e gritando slogans. Das janelas, jogavam papel picado e aplaudiam, a cidade era nossa. Na Candelária, nos sentamos no asfalto com Vinicius de Moraes, Tônia Carrero e várias jovens *socialites* cariocas para ouvir Vladimir Palmeira, o líder dos estudantes. Deslizando etérea entre a multidão, com sua pele alvíssima e sua beleza aristocrática, sentou-se ao nosso lado Clarice Lispector, que dedicou a Chico longos e lânguidos olhares amorosos e doces palavras, enquanto Vladimir gritava palavras de ordem pendurado num poste.

Da passeata, fui direto para o jornal para escrever a coluna, que foi toda dedicada ao evento, como quase o jornal inteiro. Na redação, Samuel, eufórico, vivia seus grandes dias, nos estimulando para a criação de uma edição histórica. Montamos duas páginas só com fotos dos grandes personagens da passeata, e todas as legendas eram trechos de letras de música de oposição. Mais duas páginas só com frases das personalidades que participaram. Mais charges, desenhos, comentários. Da redação, fomos para a casa de Samuel comemorar e, naturalmente, voltamos com ele à praça da Bandeira para ver o jornal rodar.

Com *Roda viva*, a peça dirigida por Zé Celso, explodiu a imagem de Chico como unanimidade nacional. Com "Bom tempo", ele irritou a militância esquerdista. Preocupado com sua evolução musical, foi estudar piano com Wilma Graça. Cresceu muito como músico e fez duas de suas melhores canções: a modinha "Até pensei" e o samba "Ela desatinou". E o mais importante: começou uma amizade e uma parceria com Tom Jobim destinada à história da música brasileira. Juntos, fizeram a obra-prima "Retrato em branco e preto", que provocou uma comoção nas rodas musicais, a bela e melancólica "Pois é" e a lindíssima "Sabiá", uma canção camerística de Tom com uma dolorida letra de Chico sobre as amarguras do exílio e os sonhos de voltar, uma refinada canção política. Com "Sabiá", cantada pela dupla de baianinhas Cynara e Cybele, Chico e Tom chegaram à final do Festival da Canção no Maracanãzinho.

Contrariando o público e recebendo pressões civis, militares e eclesiásticas, o júri da TV Globo deu-lhes o primeiro lugar, e eles derrotaram a canção guerreira de Vandré — e a vontade popular. Com "Sabiá", Tom recebeu a maior, mais injusta e insensata vaia da história da música brasileira. Chico estava em Veneza e escapou. Naquele palco diante de nós, nosso mestre e compositor maior e mais querido era enterrado vivo por uma vaia selvagem, furiosa e absurda. Fiquei indignado. Chorei de raiva. E de vergonha.

Depois, quase chorei de novo quando Tom contou, no Antonio's, como tinha saído tonto do Maracanãzinho e voltado sozinho para casa, dirigindo debaixo de chuva, atravessando um interminável túnel Rebouças deserto, cortando o silêncio cercado de vaias por todos os lados. O maior compositor do Brasil, o mais conhecido, amado e respeitado do mundo.

A selvageria dos festivais tinha ido longe demais. "O circo acabou", pensei.

Mas o pior ainda não tinha chegado.

Durante o festival, como um contraponto, Gil, Caetano e Os Mutantes fizeram uma temporada na boate Sucata, de Ricardo Amaral. Polêmica, escândalo, vaias e aplausos entusiasmados, bate-bocas acalorados na imprensa, casas abarrotadas: todo mundo queria ver o que eles estavam fazendo. Até Elis, que assistiu discretamente e, discretamente, detestou.

Assisti várias vezes, nas cadeiras, de pé ou sentado no chão: era uma explosão de novidade e agressividade, com bandeiras de Hélio Oiticica retratando o bandido "Cara de cavalo" morto pela polícia, com o texto "Seja marginal, seja herói", e outras dizendo "Yes, nós temos bananas". No início do show, Caetano explicava, cantando, o que João Gilberto tinha a ver com tudo aquilo, numa neobossa nova inspirada em "Fotografia", de Tom Jobim:

> Eu, você, nós dois,
> já temos um passado, meu amor,
> um violão guardado, aquela flor,
> e outras mumunhas mais
> [...]
> Eu, você, depois,
> Quarta-feira de Cinzas no país
> e as notas dissonantes se integraram
> ao som dos imbecis

E concluía magistralmente:

> Eu, você, João, girando na vitrola sem parar,
> e eu fico comovido de lembrar
> o tempo e o som
> ah, como era bom,
> mas chega de saudade, a realidade
> é que aprendemos com João
> pra sempre ser desafinado

O show terminava com "É proibido proibir". Com o hippie americano urrando no microfone. Mas acabou proibido: um promotor apareceu, acompanhado de um delegado, exigindo a retirada das bandeiras do "Cara de cavalo", e pior, exigindo que Caetano assinasse um documento se comprometendo a não falar mais durante o show. Indignado, Caetano se recusou, e o show acabou ali.

No dia seguinte, ele me dizia e eu publicava na coluna: "O importante é não abrir concessões à repressão, e assim vou continuar agindo, sem pensar onde possa parar, eu ou a minha carreira. Nós somos a revolução encarnada".

*

No fim do ano, depois de tudo que tinha acontecido no Rio e em São Paulo, o festival da Record de 1968 não despertou as mesmas paixões, e a grande final foi morna. A vencedora foi a irônica "São, São Paulo, meu amor", do tropicalista Tom Zé, apresentada por ele e pelos Mutantes. Rita, Sérgio e Arnaldo também brilharam com "2001", uma hilariante sátira sertanejo-espacial em parceria com Tom Zé que ficou em quarto lugar. Mas o maior impacto do festival foi a música classificada em terceiro pelo júri, "Divino maravilhoso", de Gil e Caetano, cantada sensacionalmente por Gal Costa, acompanhada por uma banda de rock, com gritos e guitarras, cheia de brilhos e transparências, numa radical transformação da ex-Gracinha gilbertiana em uma explosão jopliniana.

Divino maravilhoso era também o nome do programa que Gil e Caetano comandaram fugazmente na TV Tupi, onde radicalizaram ainda mais as propostas anárquicas do tropicalismo e provocaram indistintamente a esquerda e a direita. Num dos programas, Caetano, dentro de uma jaula, arrebentava as grades e cantava "Um leão está solto nas ruas", um sucesso de Roberto Carlos. Em outro, Gil performava Jesus Cristo numa versão tropicalista da *Última ceia*, com os apóstolos cantando e comendo e jogando bananas e abacaxis para o público, uma espécie de Evangelho segundo o Chacrinha.

No início de dezembro, o pior aconteceu: foi decretado o AI-5. Censura total, repressão pesada, cassações e prisões: terror. No dia seguinte, perplexo e apavorado como toda a redação, fui estimulado por Samuel a escrever uma coluna sobre Bob Dylan, o rebelde, o Chico Buarque americano. Escrevi apaixonadamente. No outro dia, ele sugeriu Melina Mercouri, uma artista que lutava pela liberdade contra a ditadura dos coronéis na Grécia. Depois, Joan Baez e os direitos civis. Três rebeldes internacionais depois, a coluna saiu pela última vez, não como "Roda viva", mas com o título de "Chão de estrelas", da antiga canção de Sílvio Caldas e Orestes Barbosa, uma última gargalhada tropicalista.

> Minha vida era um palco iluminado
> eu vivia vestido de dourado
> palhaço das perdidas ilusões...

A coluna foi suspensa por tempo indeterminado. No último *Divino maravilhoso*, que foi ao ar na antevéspera de Natal, Caetano cantava "Boas festas", de Assis Valente, com um revólver apontado para a cabeça:

> Já faz tempo que eu pedi
> e o meu Papai Noel não vem
> Com certeza já morreu
> ou então felicidade
> é brinquedo que não tem

Logo depois do Natal, Gil e Caetano foram presos.

No olho do furacão

Poucos dias antes da prisão de Gil e Caetano, Chico Buarque acordou às sete da manhã com a polícia em casa e foi levado ao Ministério do Exército, onde passou o dia depondo sobre sua peça, suas músicas e suas ideias. Recebeu ordens de não sair da cidade e teve que pedir uma autorização especial para poder viajar no início de janeiro para se apresentar no Festival do Mercado Internacional do Disco e Edições Musicais (Midem), em Cannes, com Marieta grávida de seis meses. De lá, foi esperançoso para a Itália, onde a gravação de "A banda" com a popularíssima Mina tinha estourado e tornado seu nome conhecido. Em vão: o lançamento italiano de seus sucessos brasileiros reunidos em um disco teve boas críticas, mas foi ignorado pelo público. Outro disco, com as versões de suas letras em italiano feitas por Sergio Bardotti e com arranjos de Ennio Morricone, também fracassou. Gil e Caetano continuavam presos no Rio de Janeiro. Muitos outros amigos estavam presos ou desaparecidos. As notícias do Brasil eram aterrorizantes. Convencidos por Vinicius, que estava em Roma, Chico e Marieta decidiram ficar na Itália, onde nasceu sua primeira filha, Sílvia.

No calorão de janeiro de 1969, na varanda do Antonio's, eu pensava em Caetano preso enquanto o rádio tocava seu frevo rápido e alegre, esfuziante, chamado "Atrás do trio elétrico", que todo mundo tinha adorado, d'Os Mutantes a Edu Lobo. Uma unanimidade. Era um novo Carnaval, aquele Carnaval que tínhamos sonhado na cobertura de Vinicius no dia daquela foto. A música era um sucesso, alegrava o Brasil, mas Caetano estava preso. E ninguém sequer sabia disso: os jornais, sob a Censura, não davam nada, não se podia falar no assunto, as redações estavam cheias de informantes do SNI e do Dops. A coisa estava feia.

Ouvindo "Atrás do trio elétrico", me lembrei de uma noite naquele mesmo Antonio's, logo no início do tropicalismo e da polêmica com as guitarras "estrangeiras", quando Caetano me surpreendeu com a história de que existia na Bahia, desde os anos 1950, uma forma muito popular de música de Carnaval, tocada pelas ruas em cima de um caminhão, por uma guitarra e um cavaquinho, chamados de "paus elétricos", que, junto com a percussão, formavam o "trio elétrico". Achei muita graça do nome e de toda a história e, embora nunca tivesse ouvido um trio elétrico, entendi que esses vanguardistas da folia tocavam com seus instrumentos estridentes os grandes sucessos do ano — nacionais e internacionais — em ritmo de frevo rápido, carnavalizavam tudo, faziam pura antropofagia cultural. E o povo dançava e cantava em volta, com alegria e naturalidade.

E, no Rio e em São Paulo, o pessoal tinha se espantado com umas guitarrinhas de nada, divertia-se Caetano.

*

Naquele verão, fui à Bahia pela primeira vez. Vi um saveiro de verdade, vários. Fascinado, vi os personagens de Caymmi e Jorge Amado andando pelas ruas, conheci amigos de Glauber Rocha. Da janela do hotel da Barra, via passar o trio elétrico de Dodô e Osmar, tocando "Atrás do trio elétrico", e pensava em Caetano. Fui convidado a participar do programa do pianista Carlos Lacerda, "o governador do teclado", na TV Bahia, e fiz ao vivo uma ardente defesa do tropicalismo. No entusiasmo e na emoção, acabei dizendo o que não podia, mas devia: que, enquanto o Brasil inteiro cantava e se alegrava com sua música, Caetano estava sozinho e triste, preso, no Rio de Janeiro. Foi uma comoção. Pouca gente na Bahia sabia que Caetano estava preso. Assim que o programa terminou, Carlos Lacerda me colocou no telefone para falar com dona Canô, mãe de Caetano, que estava emocionadíssima, como eu. Conheci seus irmãos Roberto e Rodrigo, fui a Santo Amaro da Purificação, me considerei da família. Passei o Carnaval na Bahia, atrás do trio elétrico.

No Rio, depois do Carnaval, fiquei sabendo que Caetano e Gil haviam sido libertados, mas estavam confinados na Bahia, tinham que se apresentar na Região Militar todos os dias, não podiam trabalhar nem dar declarações, não podiam nada. Estavam com os cabelos curtos, Caetano muito triste, Gil muito mais magro, sem barba, de cara limpa e aspecto mais sereno: tinha se tornado macrobiótico na prisão, onde achava que ficaria para sempre. Libertado de surpresa depois do Carnaval, a caminho do aeroporto, percorrendo o centro da cidade vazio, ainda com os restos da decoração carnavalesca, Gil começou a fazer seu grande samba de alegria. E de despedida:

> O Rio de Janeiro continua lindo,
> o Rio de Janeiro continua sendo
> o Rio de Janeiro, fevereiro e março,
> alô, alô, Realengo, aquele abraço,
> alô, torcida do Flamengo, aquele abraço
> [...]
> Alô, alô, seu Chacrinha, velho guerreiro,
> alô, alô, Terezinha, Rio de Janeiro

*

O ano de 1968 foi terrível para Gil, Caetano e Chico, mas para Wilson Simonal e sua pilantragem foi triunfal. Um hit atrás do outro, cada vez maiores. Mais que um cantor, Simonal se afirmava como um *entertainer*, que divertia a plateia e a fazia cantar com ele, que contava piadas entre uma música e outra. Do início ao fim dos shows, o público cantava com ele seus sucessos populares, obedecendo alegremente a seus comandos. Quanto mais o público participava cantando, mais aplaudido era o show no final. E Simonal concluía que o público gostava de aplaudir a si mesmo, sua própria performance. E que muita gente estava ali pagando não apenas para ouvir, mas principalmente para cantar.

— Vamos lá, alegria! Alegria! Todos comigo, aqui na mão do maestro! Metade do auditório faz ta-ta-ta-ta e metade faz to-to-to-to, todos comigo, 1-2-3! — Simonal comandava. E o público obedecia, feliz, nos teatros superlotados.

"Em casa de saci uma calça dá pra dois" era uma de suas máximas favoritas. E o público explodia de rir. "É tamanco sem couro: pau puro!" era outra. "Malandro é o gato, que não vai à feira e come peixe; malandro é o sapo, que não tem bunda e senta", dizia ele, cheio de suingue e malandragem, e o público ria e ele emendava com mais um hit. Como a nova — e sensacional — de Jorge Ben, "País tropical".

> Moro num país tropical,
> abençoado por Deus
> e bonito por natureza
> Em fevereiro tem Carnaval,
> eu tenho um fusca e um violão
> sou Flamengo e tenho uma nega chamada Tereza

O Brasil cantou com Simonal. A música de Jorge agradava a gregos e baianos, com um poderoso arranjo de César Mariano do tipo "metais em brasa, com molho", o irresistível balanço dançante do Som Três e uma grande performance de Simonal. Mesmo assim, provocou polêmica: no momento mais feroz da ditadura, em pleno terror, com tantas prisões e torturas, sob a mais truculenta censura, não se podia nem se devia cantar o Brasil dos militares daquele jeito, com aquele amor ufanista, como os sambas-exaltação de Ary Barroso (entre os quais "Aquarela do Brasil") associados ao Estado Novo getulista. O país estava pegando fogo, não havia mais meio-termo: quem não estava contra... estava a favor. Jorge Ben, como sempre, ficou na dele: depois de uma fase de transição entre a MPB e a "música jovem" e vice-versa, depois de se eletrificar e dar peso sonoro de rock aos seus sambas, antecipando algumas das principais propostas musicais do tropicalismo, Jorge solidificou seu estilo e detonou uma saraivada de hits como "Que pena", "Zazueira", "Cadê Tereza", "Que maravilha" (com Toquinho) e — o maior de todos — "País tropical".

Os tropicalistas adoravam Jorge Ben, que tinha sido banido da MPB por tocar guitarra e cantar no *Jovem Guarda*, porque ele fazia o que eles queriam fazer em termos de ritmo, de síntese, de liberdade. E mais: valorizavam as letras de Jorge, desprezadas como pueris e primitivas pela MPB universitária e literária, mas celebradas pelos baianos pela sonoridade de suas palavras, pelo ritmo de suas sílabas e rimas, pela liberdade e pela originalidade de suas abordagens do cotidiano. As letras de Jorge não eram literárias, eram musicais. Suas palavras eram puro som, diziam o que soavam. Sua música ia além do samba e do rock. Nada mais tropicalista.

Depois do AI-5, minha coluna havia acabado, e Samuel me propôs fazer uma página por semana, com muitas fotos e ilustrações. E textos mais leves, mais internacionais. Porque a coisa estava feia. Prometendo a Samuel uma série de reportagens sobre a explosão da juventude americana, voei para Nova York. Assim que cheguei, telefonei para Sérgio Mendes na Califórnia, e ele me convidou para acompanhar sua turnê pelos Estados Unidos com o Brazil 66. Mandou para mim uma passagem de avião de primeira classe, para ir encontrá-los em El Paso, no Texas, de onde seguiria com eles por mais dez cidades, a bordo de um avião fretado.

Do frio de final do outono em Nova York, cheguei eufórico à canícula texana e fui recebido no aeroporto por Sérgio e Flávio Ramos, ex-dono do Au Bon Gourmet, no Rio, que se tornara seu secretário pessoal nos Estados Unidos. Sérgio era um grande sucesso, vendia milhões de discos, tocava no rádio, aparecia na televisão, dava entrevistas nos jornais, se apresentava em ginásios abarrotados.

Mesmo sabendo de tudo isso, levei um susto à noite, quando entrei num enorme ginásio superlotado de jovens para ouvir Sérgio Mendes e o Brazil 66. A banda de abertura era o Bossa Rio, produzido e empresariado por Sérgio, com músicos brasileiros e Pery Ribeiro e Gracinha Leporace nos vocais, cantando em português e em inglês. Depois, um comediante americano sem graça, que contava quinze minutos de piadas antes do show principal. O público vibrava com os hits de Sérgio, com o charme e as vozes de suas cantoras. Entendia aquela linguagem musical que parecia ao mesmo tempo exótica e familiar, popular e sofisticada, jazzística e tropical. Ao final, uma *standing ovation* de 15 mil jovens texanos, fascinados com a alegria, a fluência e o ritmo do niteroiense Sérgio e de seu pessoal, grandes músicos como o baterista Dom Um Romão, o baixista Tião Neto e o percussionista Rubens Bassini, alvo de inveja geral porque namorava Karen, a louraça.

Na manhã seguinte, partimos para Amarillo, a duas horas de voo, mas ainda no Texas, a bordo do Viscount de sessenta lugares fretado para a turnê triunfal. No avião, igual àqueles que faziam a ponte aérea Rio-São Paulo e apelidado por Sérgio de "Rodolfo", viajavam o Brazil 66, o Bossa Rio, o comediante americano, o pessoal da produção e o convidado. Uma festa nos ares. Com tanto sucesso e conforto, o bom humor era geral, mesmo de manhã. Sérgio se divertia com nomes esquisitos de cidades americanas — como Tampa, na Flórida, e Mesa, na Califórnia — e inventava outros, pronunciados com sotaque radiofônico americano, como "Pentello, Texas", ou "Cancro, Arizona", às gargalhadas. O percussionista Laudir de Oliveira, que tinha se formado nos tambores do candomblé da periferia carioca, se maravilhava com as possibilidades das múltiplas encruzilhadas de Los Angeles e garantia que um ebó bem-feito, com um cabritinho em cada uma daquelas seis pistas sobrepostas, era tiro e queda:

— ... dá pra derrubar até o Nixon — concluía premonitoriamente.

Em Amarillo, a mesma coisa: ginásio abarrotado, show espetacular, palmas e gritos. Com uma diferença: no final do show, ainda que aplaudindo entusiasticamente, o público continuava sentado. Em frente ao piano, Sérgio agradecia os aplausos e, de braços abertos, se curvava e dizia sorridente para o público:

— Levanta, putada! Levanta, putada!

Até que eles levantaram. No dia seguinte voamos para Sacramento, capital da Califórnia, para um grande show no ginásio da universidade.

À noite, antes do show, passeando pela plateia com alguns músicos, encontramos na primeira fila uma fã ardorosa, que tinha os discos, tinha estado em outros shows e era simpaticíssima, louca por música brasileira. E linda: uma gata californiana morena, que imediatamente acendeu a cobiça dos rapazes e deflagrou intensa disputa por suas atenções. Simpática com todos, cheia de amor para dar, ela estava maravilhada por conhecer os brasileiros que faziam aquela música maravilhosa, e os brasileiros, loucos por ela. Mas, infelizmente para alguns, o dever os chamava ao palco. Quando o show começou, sem concorrência e sentado ao lado da gata na primeira fila, pude lhe falar detalhadamente sobre cada grupo, cada música, as peculiaridades e simpatias da alma brasileira, o caráter alegre e festivo, até mesmo sensual, da nossa gente, a qualidade e a variedade de nossa música, de nossa fauna e nossa flora, e no final do show estávamos íntimos. Levei-a ao camarim, apresentei-a a Sérgio e a todo mundo e saí triunfante com a morenaça, sob intensa vaia dos vários pretendentes frustrados.

Na manhã seguinte, quando cheguei ao hotel, encontrei o pessoal tomando *breakfast* e ouvi de novo acusações de golpe baixo e a renovação de pragas rogadas na noite anterior. Subi para o quarto feliz, ainda saboreando a noite passada na casa da moça, mas já me sentindo meio culpado: ela era casada, o marido estava no Vietnã.

Dois dias depois, já em Los Angeles, onde passaríamos três dias antes de seguir para Seattle, não consegui fazer xixi de manhã. Senti uma dor fortíssima, uma ardência terrível, um intumescimento, não havia dúvida: gonorreia. Telefonei para Sérgio, que riu muito de minha desgraça, me indicou um médico e disse que Flávio me acompanharia. E certamente começou a telefonar para o pessoal para contar a novidade.

O médico me obrigou a telefonar para a moça em Sacramento para comunicar a infausta ocorrência. Enquanto eu sofria tomando uma injeção de dose cavalar de penicilina, Flávio ria e eu pensava em como iria encarar a turma: à noite, Sérgio me ofereceria um jantar no Martoni, no Sunset Boulevard, para comemorar meus 24 anos.

Grande sucesso popular nos Estados Unidos, na Europa e no Japão, Sérgio Mendes voltou ao Brasil triunfante para colher seus louros entre os patrícios. Não mais no Teatro Municipal, mas no Maracanãzinho, em um grande espetáculo promovido pela Shell e transmitido ao vivo pela TV Globo, o pontapé inicial da sua megacampanha promocional como patrocinadora da transmissão dos jogos da Seleção Brasileira na próxima Copa do Mundo.

Havia um ano a Shell já vinha investindo maciçamente na associação de sua imagem à simpatia e à popularidade de Wilson Simonal, em diversos shows, eventos, promoções, comerciais e programas de

TV. Agora, a um ano da Copa do Mundo do México, dobrava a parada e apostava tudo em seu contratado. E Simonal não decepcionou, muito pelo contrário: no Maracanãzinho, onde era esperado que somente fizesse as honras da casa e um showzinho de aquecimento da plateia para Sérgio Mendes, esquentou tanto o público que criou um imenso problema: não conseguia sair do palco. Depois de uma histórica performance, a maior de sua vida, Simonal tinha levado 20 mil pessoas ao delírio, cantando com ele, obedecendo alegremente a todos os seus comandos, se comportando como disciplinados coros de colégio, rindo de suas piadas, exigindo furiosamente que ele continuasse, continuasse sempre, mais-um! mais-um! mais-um! Simonal não conseguia (nem podia, nem queria) sair do palco, Sérgio Mendes ficava cada vez mais nervoso nos bastidores. Àquela altura, na histeria em que estava, o público nem se lembrava mais de Sérgio: queria cantar com Simonal, queria ser regido por Simonal. Nos bastidores, os patrocinadores comemoravam. Simonal era mesmo o "algo a mais", tema da campanha da Shell.

Depois de voltar à cena diversas vezes, finalmente Simonal não aguentou e desabou no camarim, em uma crise de choro, taquicardia e falta de ar. Começou a gritar por sua mãe e desmaiou. Enquanto corriam em busca de um médico, Sérgio Mendes entrava no palco com sua força máxima, seus músicos fabulosos, suas gatas com roupas ainda mais sexy, seu som internacional, seus hits planetários. Mas o público gritava furiosamente por Simonal! Simonal! Simonal!

Quando Sérgio tocava sua versão de "Sá Marina", com Lani e Karen cantando em português, na segunda parte, de surpresa, Simonal voltou à cena, cantando com elas e provocando uma das maiores ovações da história do ginásio. Naquela noite, Simonal foi o Sérgio Mendes brasileiro.

Novas alianças

Numa festa em Ipanema, reencontrei aquele francês simpático de cabelos cacheados que frequentava as reuniões de bossa nova na casa de meus pais. André Midani tinha passado cinco anos no México dirigindo a gravadora Capitol e estava de volta ao Brasil, agora como presidente da Philips. Estava surpreso e entusiasmado com a potência e a vitalidade da música brasileira, com o tropicalismo, queria conhecer as novas gerações de cantores e compositores, queria criar estrelas.

Fui almoçar com ele no Museu de Arte Moderna. André queria se informar sobre o panorama atual da música e da cultura brasileira, sobre pessoas e nomes, sobre novas ideias e movimentos. Conversamos umas três horas sobre tudo: a efervescência do momento, música e política, arte e comportamento. Recém-chegado, André testemunhou eletrizado todo o drama de "É proibido proibir" e apoiou seus artistas Gil e Caetano. E foi além: lançou em um compacto o histórico e furioso discurso de Caetano aos estudantes.

— Essa é a juventude que diz que quer tomar o poder? Se vocês forem em política como são em estética, estamos feitos.

Até Nelson Rodrigues, que se intitulava "o reacionário", saiu em defesa de Caetano:

"A vaia selvagem com que o receberam já me deu uma certa náusea de ser brasileiro. Dirão os idiotas da objetividade que ele estava de salto alto, plumas, peruca, batom etc. etc. Era um artis-

ta. De peruca ou não, era um artista. De plumas, mas artista. De salto alto, mas artista. E foi uma monstruosa vaia [...] Era um concorrente que vinha ali, cantar; simplesmente cantar. Mas os jovens centauros não deixaram."

André estava chegando ao Brasil em plena fervura. E era isso que mais o entusiasmava. No fim do almoço, ele me convidou para ser produtor da Philips, a gravadora de Gil e Caetano, de Elis e Jair, de Edu e Nara, de Chico e Bethânia, de Gal e d'Os Mutantes.

Aquilo veio em boa hora. Depois de três meses penosos, a coluna semanal no *Última Hora* tinha acabado. Samuel estava assustado. Eu, mais ainda. O arrocho político se somou a uma crise econômica, mais uma, do jornal, que entrou em parafuso, com os anunciantes sumindo, salários atrasados e Samuel procurando desesperadamente por compradores enquanto havia o que vender.

André me convidou para fazer uma coisa que eu nunca havia feito, que conhecia de longe, do outro lado do balcão, como crítico e jornalista, como compositor: produzir discos. Criar com o artista um conceito para o trabalho, escolher com ele um repertório, músicos, discutir arranjos e ritmos, dirigir as gravações, supervisionar a mixagem, a capa, ajudar no marketing e na promoção, me colocar a serviço do artista. E dos interesses da gravadora. Eu estava pronto para começar. Minha primeira produção seria o disco da jovem cantora e compositora Joyce, bonita e talentosa, que eu tinha conhecido na cobertura do "Véio" Bôscoli.

Joyce tinha provocado um escândalo no Festival da Canção ao se classificar para as finais com uma música que começava com "Já me disseram que meu homem não me ama". Absurdo. Uma garota de vinte anos não podia falar isso. Rosnavam: "coisa de puta, de mulher de cabaré". Joyce, que nasceu feminista e compositora de talento, se divertiu com a caretice de 1968.

Além de seus jovens amigos, discípulos e colaboradores, Samuel, que estava divorciado de Danuza Leão, apreciava a companhia de mulheres bonitas de várias gerações, que encantava e seduzia com seu charme e cavalheirismo. Uma noite, na Sucata, nós dois, sentados numa mesa da pista, nos encantamos por uma jovem *socialite* que dançava sedutoramente à nossa frente. Ela dançava, nós sorríamos e ela retribuía. Samuel me cochichou que a disputa pela jovem seria como uma metafórica luta de boxe em que um dos lutadores só sabe ganhar por nocaute (eu) e o outro só consegue ganhar por pontos (ele, o veterano Raposa Prateada, como o chamávamos entre nós). Vários rounds e drinques e charmes depois, a disputa terminou empatada: Regina Rosemburgo foi para casa sozinha.

Na casa de Samuel, dias depois, conheci outra jovem amiga dele e fiquei fascinado com a beleza de seu rosto anguloso, seu corpo forte, sua voz grave e rouca e seu riso luminoso. Mônica Silveira era uma moça da alta sociedade carioca, educada na Suíça, personagem das colunas sociais, quatro anos mais velha que eu. Fiquei louco. Mas, antes de enlouquecer completamente, procurei descobrir se havia alguma coisa entre ela e Samuel, porque o clima, pelo menos da parte dele, era meio dúbio. Ela me disse que eram amigos, que tinham saído juntos algumas vezes. Samuel, apesar de todo o seu espírito liberal, não parecia estar gostando muito dos nossos papos e risos na varanda. Convidei Mônica para ir comigo no dia seguinte visitar Sérgio Mendes, que tinha alugado uma cobertura na Vieira Souto e daria um almoço com música para os amigos. Nocaute: dois dias depois estávamos namorando e, seis meses depois, nos casamos.

Ronaldo e Elis foram meus padrinhos, e na véspera nos ofereceram uma festança na sua casa da Niemeyer, em black tie. No casamento, na capela da reitoria da Universidade do Brasil, Dom Helder Câmara, amigo de meus pais, foi o celebrante. A igreja abarrotada suspirou quando a música começou: acompanhada por um quarteto de cordas regido por Luiz Eça, Joyce solfejou a "Ária da quarta corda", de Bach, e em seguida Elis cantou, sem microfone e sem letra, "O cantador". Não foi só minha mãe que chorou.

Na festa, no apartamento de meus pais, chegada a hora de cortar o bolo, todo mundo em volta da mesa começou a pedir em coro a Vinicius para dizer alguma coisa, ele, que era especialista. Em casamentos e em dizer coisas. O poeta, já de "pé queimado", ria e se fingia de difícil.

— Fala! Fala! Fala! — pediam os noivos, pedia a festa.

Vinicius levantou a taça e falou, com voz poética:

— Que não seja imortal, posto que é chama... mas que seja infinito... — Fez uma pausa dramática. — ... enquanto duro!

As gargalhadas explodiram. Tocou-se e cantou-se e comeu-se e bebeu-se até o dia clarear, quando partimos em lua de mel para Lisboa, onde encontramos Caetano, Gil e Guilherme Araújo, que passavam uma temporada na cidade a caminho do exílio em Londres. Eles tinham ficado dois meses presos no Rio e, depois de breve liberdade condicional na Bahia e de um apoteótico show de despedida no Teatro Castro Alves, foram mandados embora: seriam presos se voltassem.

Era a primeira vez que eu os encontrava desde o fatídico show na Sucata. Gil me pareceu muito bem, mais leve, alegre e animado. Caetano, nem tanto, parecia mais tristonho, meio murcho. Guilherme estava animadíssimo, chamando todo mundo de "meu querido" e fazendo planos. Era divertido ver a reação dos portugueses, em plenas trevas salazaristas, diante das calças estampadas de Caetano descendo o Bairro Alto.

— Florzinha! Florzinha! — gritavam os gajos. Caetano ria.

De Lisboa, Mônica e eu fomos de avião para o Marrocos. De Rabat, cruzamos o deserto à noite num apavorante ônibus cheio de árabes até Tanger, onde atravessamos de barco para a Espanha; de lá fomos para Paris e depois Londres, onde reencontramos Gil e Caetano, já instalados com Sandra e Dedé em Chelsea. E também Hélio Oiticica, que tinha acabado de fazer uma mostra de suas instalações na Whitechapel Gallery, com extraordinária repercussão crítica. Certa noite, Caetano me falou por horas seguidas, com grande admiração e emoção, de um dos seus personagens favoritos: Jorge Ben. Sua mitologia, sua linguagem, sua originalidade.

Dias depois, Mônica e eu desembarcamos no Brasil vestidos exatamente iguais, com idênticos conjuntos de calça e camisa e jaqueta, provocando olhares, espanto e riso: era a moda unissex que começava. A explosão de sons e cores da *swinging London* era uma revolução de jovens, de novas roupas e atitudes, de uma nova política — de mais liberdade e independência, afrontando cada vez mais as regras do establishment. E o Brasil ficava cada vez mais fechado e sufocante.

*

Como tinha vivido e trabalhado no México, terra dos boleros e das novelas, André Midani viu na popularidade das novelas da TV Globo uma ótima oportunidade para aplicar um bem-sucedido projeto mexicano: discos com suas trilhas sonoras.

Até então, na TV Globo, as novelas eram sonorizadas com gravações já existentes, geralmente trilhas de filmes americanos, quase sempre instrumentais, com uma ou outra música cantada. A ideia de André era produzir trilhas criadas especialmente para as novelas, pelos melhores compositores, gravadas pelos cantores mais populares, que eram quase todos do elenco da Philips. A gravadora pagaria todos os custos e daria à Globo uma participação nas vendas. Foi a proposta que levei a Boni e Walter Clark, depois de vender a ideia para Daniel Filho, diretor das novelas, que era meu amigo, adorava música e ficou entusiasmadíssimo com o projeto. André foi até lá e fechou o contrato: era um ótimo negócio para todo mundo, embora, diz a lenda, os royalties da TV Globo fossem de apenas 3% das vendas.

Do pessoal da Globo, Daniel Filho, como diretor da novela, era o mais empolgado com o projeto. Grande fã de cinema americano, alucinado por musicais, Daniel conhecia muitas trilhas sonoras e sabia da importância da música para enfeitar e modernizar a novela. *Véu de noiva*, escrita por Janete Clair, quebrava o modelo novelão de época, com os sheiks, toureiros e ciganos da cubana Glória Magadan, que mandava na Globo pela popularidade de suas novelas. Nomeado por Boni, Daniel queria modernizar e melhorar as novelas da emissora. Não que a novela de Janete fosse muito diferente, quanto a personagens, situações e conflitos clássicos, das novelas anteriores, mas *Véu de noiva*, com Regina Duarte e Cláudio Marzo nos papéis principais, se passava no tempo atual, com personagens contemporâneos: ele interpretava um piloto de Fórmula 1, no vácuo do campeonato mundial de Emerson Fittipaldi.

Conversei muito com Daniel sobre a história. Ele me deu um briefing dos personagens, falava que tipo de música imaginava para eles, citava exemplos americanos, falava dos pares românticos, dos "temas de amor" indispensáveis. Eu me pendurei no telefone encomendando músicas, ouvindo dezenas de fitas, explicando para os compositores de que tipo de canção precisava, orientando sobre as letras de acordo com o perfil dos personagens, escolhendo intérpretes, gravando no estúdio, produzindo uma trilha sonora de verdade.

Encomendei aos irmãos Marcos e Paulo Sérgio Valle, que eram dinâmicos e esportivos, um tema de abertura sobre imagens vertiginosas de corridas de Fórmula 1. Era só instrumental, com um grande arranjo de orquestra, e Daniel foi à loucura: parecia um filme! Depois fiquei sabendo que Vinicius e Chico tinham feito uma letra para uma velha canção do violonista Garoto e que Angela Maria tinha gravado. Uma das minhas promessas era que todas as músicas seriam inéditas. E o disco de "Gente humilde" ainda não tinha saído. Daniel adorou. Era romântica e sentimental, ideal para ser fundo sonoro de todas as ações do "núcleo pobre" da novela. Para os jovens e ricos, para o par romântico, Antonio Adolfo e Tibério Gaspar produziram "Teletema", inspirada no tema de Francis Lai para o filme *Um homem e uma mulher*.

Precisávamos também de uma bela canção para a personagem Lúcia, interpretada por Betty Faria, e estava difícil. Foi quando ouvi na Philips a recém-chegada gravação que Caetano tinha feito de "Irene" na Bahia, antes de partir para o exílio. Era sofrida e lindíssima, só com Gil o acompanhando no violão, gravada num estudiozinho baiano. Depois, Rogério Duprat acrescentou baixo, bateria e pequenas intervenções de orquestra em São Paulo. A música era tão boa que não foi difícil convencer Daniel a pedir para Janete Clair trocar o nome do personagem de Betty para "Irene".

> Eu quero ir, minha gente,
> eu não sou daqui,
> eu não tenho nada,
> quero ver Irene rir,
> quero ver Irene dar sua risada

Janete topou, e a música virou um sucesso. Assim como "Gente humilde", "Teletema" foi um dos maiores hits do ano. O LP de *Véu de noiva* vendeu mais de 100 mil cópias em poucos meses, lançou um novo produto, abriu uma poderosa frente de exposição para a música brasileira. Todo mundo queria fazer e cantar música para novela.

Além da qualidade das músicas, o importante era a integração dos temas com os personagens, em diversas versões diferentes de cada canção (triste, alegre, tensa), conforme as situações. Muito do sucesso da trilha e da novela se deve à utilização intensa que Daniel fazia da música como recurso dramático, para ilustrar sonhos e memórias, para sugerir situações, para fazer clima, encher linguiça, fazer o povo rir e chorar.

E para vender discos, acrescentaria André. Não só as músicas tocavam abundantemente na novela como a Globo, como parte do contrato, ainda veiculava maciçamente comerciais do LP, que foi um dos mais vendidos do ano e abriu um novo caminho: para o disco e para as novelas. E para a TV Globo. Depois do sucesso das trilhas de *Verão vermelho* (com abertura cantada por Elis Regina), *Irmãos coragem*, *Pigmaleão 70* e *Assim na terra como no céu*, terminado o contrato de um ano com a Philips, a TV Globo fez as contas e teve uma ideia: ter sua própria gravadora.

Boni me deu a notícia e determinou que eu continuaria produzindo as trilhas das novelas, só que agora para a Som Livre.

Criei coragem, agradeci e expliquei que tinha um contrato com a Philips, que devia lealdade a André e que não poderia aceitar. Claro que ele não gostou. Como eu também era contratado da TV Globo e também lhe devia lealdade, esperei que ele berrasse uma de suas frases favoritas:

— Tá na rrrrrua, seu merda!

Mas ele respeitou minha decisão. E procurou outro produtor.

O problema da Som Livre era que ela não tinha artistas: todos eram contratados das outras gravadoras, a maioria absoluta da Philips, e ninguém emprestava ninguém. Eles teriam de inventar intérpretes para as músicas que os mesmos compositores que vinham fazendo as trilhas comporiam. Mas, além das músicas e do marketing, uma das forças das trilhas eram a qualidade e a popularidade dos intérpretes, o primeiríssimo time da MPB. E isso só a Philips tinha.

Mas talvez minha principal razão para não sair da Philips e ir para a Som Livre fosse Elis Regina. Depois do sucesso dos discos de novela, André sugeriu, Elis gostou e o marido Ronaldo aprovou: eu seria o novo produtor dela.

O que mais poderia sonhar um produtor com menos de um ano de estrada? Trabalharia com a melhor, a maior, a minha mais querida voz.

Dupla do barulho

Depois das vaias e dos tumultos de 1968, os grandes compositores decidiram não participar mais, e a era dos festivais começou a acabar em 1969, com a vitória da valsinha "Cantiga por Luciana", de Edmundo Souto e Paulinho Tapajós, no Rio de Janeiro, e da sufocante "Sinal fechado", de Paulinho da Viola, em São Paulo, onde as guitarras elétricas tinham sido proibidas. Não havia mais vontade de competir, havia muito medo e uma censura implacável. Depois de tudo que tinha acontecido, tão intensamente, o público também estava cansado e a fórmula estava se esgotando. Caetano e Gil estavam em Londres, Chico em Roma, Vandré em Paris, Edu em Los Angeles, Tom e João em Nova York.

Uma das poucas músicas interessantes dos últimos festivais foi "Charles anjo 45", de Jorge Ben, na qual ele desenvolvia um estilo de canto falado, ou de fala cantada, ainda mais radical e balançada, com uma letra sonora e polêmica sobre um "Robin Hood dos morros", que antecipava o reinado dos traficantes nas favelas cariocas. A música foi inscrita no festival pela Philips, sua gravadora, sem que Jorge soubesse. Gravada por Caetano numa fita, foi enviada à comissão de seleção e surpreendentemente liberada pela censura. Cantada no festival por Jorge e vaiada pelo público, foi depois lançada na versão original de Caetano, com um arranjo de cordas de Rogério Duprat, e acabou se tornando um sucesso, mantendo o nome de Caetano vivo e forte no Brasil.

Oba oba Charles,
como é que é *my friend* Charles,
como vão as coisas Charles,
Charles, anjo 45,
protetor dos fracos e dos oprimidos,
Robin Hood dos morros,
rei da malandragem...

Elis participou — pelo segundo ano seguido — do festival do Midem, em Cannes, a grande vitrine europeia do disco, onde eram fechados os contratos de distribuição internacional e as turnês europeias. Cantou três músicas de Edu Lobo: "Corrida de jangada", "Memórias de Marta Saré" e "Casa Forte". Pôs o auditório abaixo. Foi recebida como uma grande estrela: no ano anterior tinha realizado a façanha de duas temporadas de sucesso no Olympia de Paris, um templo do show business internacional.

Pouco depois voltou a Londres, onde gravou em dois dias, direto com a orquestra, cantando ao vivo, um LP com arranjos do maestro inglês Peter Knight. Seis músicas em português e seis em inglês, entre elas versões de músicas de Tom Jobim, Edu Lobo e Roberto Menescal. Elis não falava inglês, mas tinha um ouvido tão apurado que lhe permitiu cantar "Watch What Happens", de Michel Legrand, e "A Time for Love", de Johnny Mandel, com um levíssimo sotaque que acrescentava charme à sua dicção perfeita e à sua intensa musicalidade. Antes já tinha gravado em francês impecável, que também não falava, outra música de Legrand, "Récit de Cassard", de *Les Parapluies de Cherbourg*, e uma versão francesa de "Noite dos Mascara-

dos" em dueto com o ator Pierre Barouh. Um mês depois do disco inglês, gravou um LP na Suécia com o gaitista — e jazzista respeitado internacionalmente — Toots Thielemans. Mas nenhum dos discos foi lançado no Brasil.

A violência e a brutalidade da prisão e do exílio de Gil e Caetano tinham virado completamente o jogo dentro da música brasileira. Mesmo os que combatiam mais radicalmente o tropicalismo se solidarizaram com eles. Muitos até se sentiram culpados, todos se sentiram ameaçados, as polêmicas musicais tiveram uma trégua, mais que nunca a ditadura era o inimigo comum. Elis não pensava nem sentia diferente. Ex-grande opositora do tropicalismo, ela reatou relações musicais com Gil e Caetano no show que fez ao lado de Miele no Teatro da Praia, cantando "Irene" e "Aquele abraço".

Aos 24 anos, grávida de seu primeiro filho, Elis queria mudar, precisava mudar, mas não sabia ainda como nem o quê. Começamos a conversar sobre o novo disco. A primeira providência, de comum acordo, foi ligar para Londres e pedir a Gil e Caetano que fizessem músicas especiais para ela. Alguns dias depois, nervosos e excitados, recebíamos as fitas com um grande samba de Gil, "Fechado pra balanço", e uma espécie de marcha, uma música de ritmo estranho, de Caetano, com uma letra perturbadora em sua ambiguidade:

> Não tenha medo, não
> tenha medo não,
> nada é pior do que tudo
> [...]
> Nada é pior do que tudo
> que você já tem
> no seu coração
> mudo

Elis entendeu o recado. Os recados, porque Gil também dava o seu:

> Tô fechado pra balanço,
> meu saldo deve ser bom
> [...]

Viver não me custa nada,
viver só me custa a vida,
a minha vida contada

Outro assunto dominante em nossas conversas era uma reavaliação de Roberto Carlos e Erasmo como compositores. De arqui-inimiga da Jovem Guarda, Elis passou a ser uma grande intérprete da dupla, fazendo de sua explosiva versão de "Se você pensa" um dos grandes sucessos de seu show no Teatro da Praia. Era a primeira vez que ela cantava Roberto e Erasmo.

Se você pensa que vai fazer de mim,
o que faz com todo mundo que te ama,
acho bom saber que pra ficar comigo
vai ter que mudar
Daqui pra frente
tudo vai ser diferente...

Mas Gal também tinha gravado "Se você pensa", maravilhosamente bem, com guitarras e metais, superagressiva, e Elis preferiu gravar "As curvas da estrada de Santos" em seu novo disco. Encomendamos a Erlon Chaves um arranjo de big band americana, com metais suingados e estridentes, base pesada de blues, e Elis registrou uma das maiores interpretações de sua carreira, acrescentando força e dramaticidade à música, levando sua voz ao limite, quebrando o limite, terminando com a voz quebrada, rasgada, como uma blueswoman desesperada, como uma negra americana. Como sempre, ela passava uma ou duas vezes e então gravava direto, dava tudo, como se fosse a última chance. E, se alguma coisa não ia bem, preferia gravar tudo de novo a tentar fazer remendos e consertos. No estúdio, mesmo os músicos, mesmo os técnicos experimentados, até a moça do café, todo mundo ficou mudo durante muito tempo depois que Elis acabou de cantar, enquanto ainda ecoavam os metais. Naquele mesmo estúdio, todo mundo explodiria de alegria poucos dias depois, com o dueto de Elis e um novo parceiro: Tim Maia.

Uma tarde, na Philips, alguns produtores mostravam suas novidades, procuravam músicas, trocavam ideias. Parecia uma tarde como as outras, meio trabalho e meio festa, mas, depois que Jairo Pires tocou a fita de seu novo artista, a sala explodiu como num gol do Brasil. Eram duas músicas, um soul romântico, com vocais elaboradíssimos, e um divertido funk de macumba, com letra toda em inglês, riffs de metais à Motown, frases curtas e muitos gritos celebrando uma popular entidade da umbanda carioca, a "Cabocla Jurema".

"Joo-rey-mah! Joo-rey-mah!", cantava Tim Maia em inglês.

E a sala delirava, se enchia de gente vinda de outros departamentos, da promoção, da imprensa, do comercial e até da contabilidade.

A outra música, "Primavera", era um lindíssimo soul romântico de um cara chamado Genival Cassiano, com harmonias e vocais elaboradíssimos que faziam dele uma espécie de João Gilberto do soul. Os vocais harmônicos e dissonantes dos Diagonais formavam uma nuvem sonora de onde emergia, como um sol, a voz grave e vibrante, puro veludo, de Tim Maia.

Assim que chegou às rádios e ganhou as ruas, e antes mesmo de sair daquela sala, "Primavera" era um hit instantâneo. Todo mundo perguntava a Jairo Pires: quem era, o que fazia, onde vivia aquele monstro?

Aquilo era novidade absoluta. Até então, a música brasileira se dividia entre a MPB nacionalista, o tropicalismo e o rock internacional. Tudo muito branco e muito inglês. Tim Maia virava o jogo, introduzia a moderna música negra americana no pop nacional, aproximava o funk do baião, trazia o soul para perto da bossa nova, abria várias portas e janelas para novas formas musicais, que não eram tropicalistas, nem emepebistas nem rock and roll: eram negras e brasileiríssimas. Eram Tim Maia.

Levei a fita para Elis, e ela também ficou besta com o que escutou. Ouvimos dezenas de vezes, puro êxtase. Para ela, uma cantora, mais do que tudo a impressionavam o timbre, o ritmo, o fraseado, a precisão, os vastos recursos daquela voz grave e imensa. Havia muito tempo que ela não ouvia nada parecido, nem tão bom. E repetia entusiasmadamente, bem ao seu estilo:

— Puta que pariu! Que cantor!

Marquei um encontro com Tim na Philips. Além de ser completamente seduzido por sua simpatia e seu humor, fiquei feliz de saber que ele tinha outras músicas, boas, ótimas. Disse para ele aparecer na gravação de Elis, que ela queria conhecê-lo e ouvir as músicas. E ele apareceu.

No estúdio, assim que Tim cantou "These Are The Songs", Elis e eu dissemos em uníssono: "É esta!". A primeira parte era em inglês, um soul romântico, bem negro, bem americano. A segunda parte era uma bossa novazinha, bem ingênua e bem brasileira. O conjunto era meio estranho, muito estranho, mas funcionava. Elis ficou fascinada com Tim. Convidou-o para gravar com ela, e ele topou no ato. Chamamos os músicos; a música era fácil de aprender, montou-se uma base de arranjo e, com Tim tocando o violão-base, gravou-se o playback.

Tim, malandramente, fez questão de cantar primeiro a parte boa, em inglês, que lhe possibilitava frases musicais e efeitos vocais sensacionais. A Elis coube a segunda, que era um sambinha meio quadradinho, que não dava espaço para grandes voos. Depois trocaram. E ela mostrou o poder de sua voz. Mas quando os dois cantavam juntos era que a coisa pegava fogo. Mais que um dueto, a gravação virou um duelo, com Tim e Elis usando todas as suas armas e forças para fazer mais, mais forte, mais bonito. O estúdio tremia de empolgação. Elis tinha encontrado um cantor à sua altura e, metaforicamente, do seu peso. No final da música, os dois improvisaram por quase dois minutos, e foi tão bom que decidimos deixar tudo na edição final. Todo mundo que ouviu teve certeza de que aquele era e seria um dos grandes duetos da música brasileira. E de que Tim Maia faria história.

O filho de Elis e Ronaldo, João Marcelo, nasceu durante a Copa, e o novo disco deles estourou, puxado por um sambão de Baden Powell e Paulo César Pinheiro, "Vou deitar e rolar" (também conhecido como "Quaquaraquaquá"), que Elis cantava às gargalhadas. A música fazia parte de uma nova safra que Baden, saindo de um turbulento caso de amor, chamava de "trator na margarida". As canções do novo disco tinham o espírito revanchista e vingativo de Lupicínio Rodrigues e Herivelto Martins, mas, ao contrário da tradição amarga do samba-canção, eram sambas alegres, para cima e para fora, sarcásticos e debochados.

Ronaldo achava que Elis estava cantando para ele:

Não venha querer se consolar
que agora não dá mais pé
nem nunca mais vai dar
[...]
Quaquaraquaquá, quem riu
quaquaraquaquá, fui eu

Ronaldo e Elis brigavam intensa e incessantemente, com ou sem motivo, sem se importar com quem estivesse por perto ou onde estivessem. Uma noite, na boate Flag, com ciúmes de Ronaldo, Elis correu risco de vida ao jogar um balde de gelo em cima de Maysa, que era muito maior, mais forte e tão feroz quanto ela. Ronaldo adorou.

Elis vivia um momento de transição musical, que havia começado com o novo disco, e, além de suas turbulentas relações conjugais, começava a ter sérias divergências artísticas com Ronaldo — um campo no qual, ainda que por contraste, tinham conseguido se harmonizar e crescer, juntos e separados. Agora Elis queria, precisava ir para a frente, e Ronaldo ia ficando cada vez mais conservador. Ela tinha 24 anos e ele, 41; ela queria experimentar e mudar, ele queria que ela se estabelecesse e se comportasse como uma grande estrela.

Ouro e chumbo

A carreira internacional de Elis ia de vento em popa, mas no Brasil as coisas estavam mais difíceis para ela. E para todo mundo — menos para Wilson Simonal e Roberto Carlos.

Roberto reinava absoluto. Seu filme *Roberto Carlos e o diamante cor-de-rosa* foi um grande sucesso; em parceria com Erasmo, emplacava um hit atrás do outro: o Brasil cantava "As curvas da estrada de Santos", a romântica "Eu disse adeus" e até a paródica e nostálgica "Oh meu imenso amor". Mas sua melhor criação, de maior impacto até então, foi "Sua estupidez", também gravada por Gal Costa, que sintetizava a agressividade e os desencontros do momento:

> Sua estupidez não lhe deixa ver
> que eu te amo…

Outro sucesso de Roberto — o sensacional funk "Não vou ficar" — foi saudado até por seus críticos mais duros como uma notável evolução musical. Com metais agressivos pontuando a música e vocais de resposta, à maneira da Motown, Roberto cantava agressivamente, gritava com grande ritmo e precisão, dava um passo adiante e consagrava um novo e poderoso compositor: Tim Maia.

> Há muito tempo eu vivi calado
> mas agora eu resolvi falar
> Chegou a hora, tem que ser agora,
> com você não posso mais ficar…

Já Simonal fazia turnês vitoriosas por toda a América Latina e Europa, viajava triunfalmente por todo o Brasil. Vendia discos como nunca, e seus shows enchiam ginásios, estádios e feiras de moda e de gado. Em 1970, partiu até para o México com a Seleção Brasileira de Pelé, Tostão, Rivelino e Jairzinho, para fazer shows nos melhores night clubs da Cidade do México e de Guadalajara, apoiando a seleção e divulgando a música brasileira, patrocinado pela Shell.

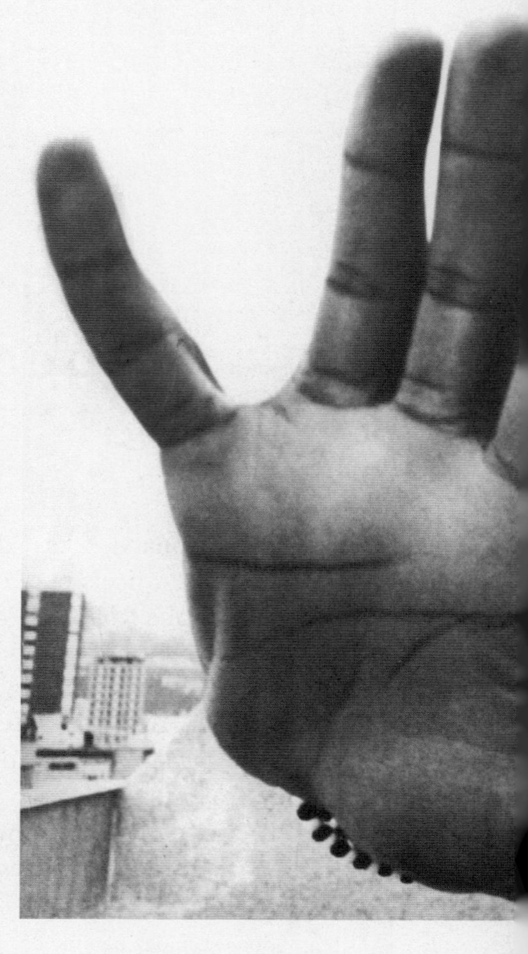

No México, Simonal era tão popular quanto a Seleção. Seus sucessos, alguns já em espanhol, tocavam no rádio o dia inteiro. Enquanto o time de Pelé brilhava nos gramados, Simonal iluminava as noites de Guadalajara, com seus shows superlotados no imenso e luxuoso Camino Real. Nas ruas, dava autógrafos como um Pelé. Fez um show especial para os jogadores na concentração, visitava frequentemente os craques reclusos para diverti-los e animá-los. Com o Brasil tricampeão, explodiu de alegria o oprimido coração nacional. Simonal voltou consagrado, oficializado como “pé-quente”. Um dos sucessos do ano foi sua gravação de um samba de Milton Nascimento e Fernando Brant para o filme *Tostão, a fera de ouro*:

> Brasil está vazio na tarde de domingo, né?
> Olha o sambão, aqui é o país do futebol…

*

O Festival Universitário do Rio revelou uma nova safra de compositores talentosos, entre os quais Ivan Lins, Luiz Gonzaga Junior e Aldir Blanc. Em 1969, Gonzaguinha venceu com a complexa "O trem" sob vaias. Em 1970, no Festival Internacional da Canção, já decadente, eles competiram na primeira divisão, desfalcada de seus principais nomes. Gonzaguinha ficou em quarto, com "Um abraço terno em você, viu, mãe?", e Ivan, em segundo, com "O amor é o meu país". O grande vencedor foi Tony Tornado, um negro de dois metros de altura, que levantou o Maracanãzinho cantando "BR-3", uma vigorosa balada soul de Antonio Adolfo e Tibério Gaspar. Tony era forte e bonito, dançava como um James Brown, cantava com voz rouca e fraseado soul como um negro americano; com as cantoras afinadíssimas do Trio Esperança nos backing vocals e os metais de resposta *à la* Motown, "BR-3" foi um sucesso absoluto.

Fui jurado do festival e não votei em "BR-3" para primeiro lugar, preferi "Eu também quero mocotó", um gospel maluco de Jorge Ben, um deboche festivo dentro da suposta seriedade do festival, com Erlon Chaves — que não era cantor — cantando acompanhado de farta percussão de samba e um coro gospel de quarenta negros, como nas igrejas americanas, com suas batas vermelhas, que evoluíam pelo palco, respondendo às frases absurdas e de duplo sentido de Erlon:

> Sabe por que eu sou forte e sou macho?
> É porque eu como mocotó.
> Eu cheguei e tô chegando,
> tô com fome, sou pobre coitado,
> me ajudem por favor,
> botem mocotó no meu prato

E o coro respondia:

> Eu quero mocotó, eu quero mocotó, eu quero mocotó.

A música não era quase nada, era mais uma brincadeira alegre e debochada. Erlon não era cantor, mas era um maestro e arranjador de muito talento, um paulista cheio de malandragens e pilantragens cariocas, muito próximo do estilo de Simonal, de quem era amicíssimo. Mas toda a produção, com o coro gospel e a percussão de samba, foi muito divertida, um show que levantou e fez rir o público. Os amigos Rita Lee e Luiz Carlos Maciel, que se tornara o papa da contracultura com sua coluna "Underground" no *Pasquim*, também eram jurados. E também queriam mocotó. Formamos uma "frente mocotista", mas não deu: os outros jurados, críticos e musicólogos mais conservadores, ainda acreditavam em procurar um equilíbrio entre a "boa música", a "boa letra" e a receptividade popular, embora a essa altura ninguém soubesse mais o que era "boa música". A música nova que estava surgindo exigia novos critérios. O festival havia muito tempo já não era uma competição de excelência musical, mas uma vitrine de ideias, uma janela de liberdade dentro do clima opressivo, uma oportunidade para os novos talentos e as novas linguagens. E, sobretudo, não era para ser levado a sério. A música popular era muito mais do que apenas música e letra. Era um dos raros espaços que tinham restado para expressar, ainda que metaforicamente, oposição ao regime e um mínimo de esperança em mudanças. Cantar nunca tinha sido tão necessário nem tão perigoso no Brasil.

Mas Erlon exagerou. Entusiasmado com sua apresentação triunfal na eliminatória, na noite da grande final, sem que a produção do festival soubesse, resolveu apimentar o número. No meio da música, com o povo delirando e acompanhando com palmas, aos gritos, entram de surpresa no palco duas louras com biquínis mínimos e botas de salto alto, e fazem uma coreografia erótica de alta vulgaridade com Erlon, se esfregam nele, se ajoelham entre suas pernas, rebolam para ele. O público se choca, pasma, para de aplaudir, silencia, ensaia uma vaia. Erlon sai do palco assustado e derrotado, e é levado a uma delegacia policial, processado por atentado ao pudor.

Uns o consideravam uma vítima do racismo e do ressentimento; outros achavam que ele merecia pagar por sua cafajestice e seu mau gosto. Mas todos o invejavam: sua namorada era a belíssima ex-Miss Brasil Vera Fischer, uma loura do barulho.

⋆

Logo depois da campanha vitoriosa no México, Simonal fez uma visita surpresa aos escritórios da Simonal Produções, em Copacabana, onde treze pessoas, entre produtores, assistentes, secretárias, boys e contadores, trabalhavam para ele. Para ele e seus sócios, seus muitos sócios em vários negócios, envolvendo diversos e às vezes conflitantes interesses de agências, patrocinadores e empresários. Simonal ganhava muito dinheiro, e muita gente ganhava muito dinheiro com ele.

Mas, quando se sentou com o contador para ver o resultado de tanto sucesso e tanto dinheiro, Simonal ficou sabendo que as despesas e comissões eram enormes, que as multas e os impostos eram altíssimos, que pesados investimentos tinham sido feitos sem retorno e que não havia mais dinheiro nenhum. Simonal ficou louco.

Imediatamente brigou com todos os sócios, despediu todo o escritório, cancelou todos os shows e demitiu a banda inteira. Em vez de falar com um advogado, fazer uma auditoria e abrir um processo, confiando em sua popularidade e sua malandragem, chamou um amigo policial para "dar um aperto" no contador e saber onde tinha ido parar o dinheiro.

Mas a manobra deu errado: ajudado pelos sócios que Simonal acusava, quem deu queixa foi o contador, e foi aberto um processo contra Simonal, por sequestro, agressão e coação. O caso foi para os jornais, as notícias eram estarrecedoras. Diziam que Simonal tinha amigos policiais e, pior, no Dops, o órgão central de repressão política; que Simonal havia sequestrado o contador e tinha uma carteira da polícia, que era dedo-duro. O escândalo explodiu, cresceu, ganhou versões e interpretações, pegou fogo.

No clima de paranoia geral, numa hora em que, mesmo sob tortura, muitos não entregavam seus companheiros, a delação era o pior crime. E diziam que Simonal era dedo-duro. Era o que de pior poderia lhe acontecer. Simonal tinha adversários poderosos, a antipatia de boa parte da imprensa e da esquerda, que o julgavam um instrumento da ditadura, um símbolo do Brasil do ufanismo militar. Na melhor das hipóteses, era considerado um alienado, um "inocente útil". Nesse tempo de guerra, só ser acusado de dedo-duro, mesmo sem provas, já era o suficiente para destruir qualquer reputação. A acusação em si era tão grave que já era uma condenação: todos os desmentidos seriam insuficientes e inúteis.

Se era ou não, nunca se soube ao certo. Mas, por todos os motivos, não fazia o menor sentido ser um informante. Simonal era uma estrela, uma figura pública, não tinha exatamente o perfil de alguém que fosse espionar e entregar seus colegas. Não tinha nenhum acesso nem merecia qualquer confiança — muito pelo contrário — dos grupos musicais mais sérios e politizados. Não entendia nada de política nem de conspiração, só de pilantragem, louras e carrões. E tinha péssimas amizades: à sua volta circulavam aproveitadores e malandros, perfeitos exemplares do recém-cunhado termo "aspone", assessor de porra nenhuma. Simonal tinha vários.

E pior, quanto mais sucesso fazia, mais arrogante se tornava, mais vaidoso, mais autossuficiente, e mais gente tinha à sua volta. No palco era divertidíssimo, o público o adorava, mas na vida real cada vez mais gente o detestava pelas costas.

E certamente cada vez mais o invejavam: sua voz, seu sucesso, seu dinheiro, suas louras e seus carrões.

E pior ainda: Simonal era negro, o primeiro negro brasileiro a "chegar lá", ao ponto mais alto do show business, a vender milhões de discos, a cantar para milhões de pessoas. E isso também alimentava um intenso e corrosivo ressentimento nos terrenos pantanosos do racismo à brasileira.

Simonal estava sozinho e sem dinheiro.

Sem trabalho, condenado como dedo-duro sem processo, processado por sequestro. Estava liquidado.

Viajandão

Por mais duro, distante e dolorido que fosse, o exílio de Gil e Caetano os aproximou do grande público brasileiro — de quem a radicalização do tropicalismo os tinha afastado. Todo mundo passou a gravar músicas de Gil e Caetano no Brasil. Até Roberto Carlos, o rei indiscutível, que não gravava ninguém de fora de sua área, gravou "Como dois e dois", estupenda canção que Caetano tinha feito especialmente para ele. E mais: retribuiu com a comovente "Debaixo dos caracóis", estrondoso sucesso nacional, contribuindo muito para abrir o caminho da volta para Caetano. Em Londres, Caetano vivia o exílio de maneira melancólica, incomodado com o frio e a saudade, produzindo músicas mais densas e introspectivas, ansioso por voltar. Gil parecia muito mais adaptado e animado, mergulhado naquela vida pop com que sonhávamos, indo a concertos de Jimi Hendrix e ao Festival da Ilha de Wight, totalmente integrado e produtivo. Gil convivia com músicos ingleses, tocava guitarra, fumava maconha e cantava:

> O sonho acabou,
> quem não dormiu no *sleeping bag*
> nem sequer sonhou...

Na Itália, Chico comeu a pizza que o diabo amassou. Seus discos não aconteceram, e os shows eram poucos e mal pagos. Pelo

menos teve a companhia e o violão do velho amigo Toquinho, que foi para lá assim que Chico chamou, acenando com uma temporada de shows… que não aconteceram. Até em festa de casamento eles cantaram. Chegaram ao ponto máximo — ou mínimo — de uma turnê de 45 dias pela Itália do tipo uma cidade por dia, fazendo a abertura do show da já veteraníssima Josephine Baker. Eles, uma cantora canadense e um grupo de rock, que viajavam de ônibus: a diva ia de Mercedes. Depois que nasceu a primeira filha, a vida ficou ainda mais difícil para Chico e Marieta, que se mudaram para um apartamento menor na Piazzale Flaminio. A salvação eram os parcos direitos autorais de suas músicas, o que sobrava da ladroeira de editores, e os magros royalties da venda de seus discos no Brasil. As prestações da cobertura que tinha comprado na Lagoa estavam atrasadas, as perspectivas na Itália eram sombrias e o frio, intenso. A coisa estava feia quando Chico recebeu — pelo produtor Manoel Barenbein — uma proposta de André Midani para sair da RGE, que estava desinteressada dele depois do fracasso italiano, e ir integrar a "seleção brasileira" da Philips. E o melhor de tudo: com um adiantamento de 21 mil dólares.

Manoel Barenbein voou para Roma com o contrato e só voltou para o Brasil com uma fita de Chico cantando as músicas do disco. Algumas ele tinha prontas, mas ainda teve que fazer várias a toque de caixa, com Manoel bufando no seu cangote dia e noite. Algumas eram extraordinárias, como os samba-blues "Samba e amor" e "Pois é", com Tom Jobim, e outras nem tanto, como "Essa moça tá diferente", que soava queixosa e meio passadista. Com as músicas gravadas por Chico se acompanhando ao violão, Manoel encomendou os arranjos, gravou os playbacks com a orquestra no Rio e retornou para Roma, onde Chico gravou a voz no estúdio.

Mas Chico só pensava em voltar. André Midani, que ainda não o conhecia pessoalmente, lhe disse pelo telefone que as coisas no Brasil estavam melhorando, e Chico, que estava louco para acreditar, acreditou. Para André, o que interessava era ter o seu artista no Brasil, trabalhando seu disco. E, apesar de tudo, ele não acreditava que Chico pudesse ser preso: seria um escândalo internacional.

Por via das dúvidas, aconselhado por Vinicius, Chico decidiu voltar, em março de 1970, "fazendo barulho": lançando um disco, fazendo uma temporada na boate Sucata e gravando um especial para a TV Globo.

E assim foi: com a Globo e a imprensa à sua espera no aeroporto, com as notícias do disco, do show e do especial, Chico, Marieta e Silvinha chegaram em paz. Naquele tempo, entrar ou sair do Brasil era sempre um suspense: entregava-se o passaporte à Polícia Federal, que vasculhava livros e fichas durante intermináveis minutos, invisível atrás de cabines fechadas. Podia-se sair dali direto para a cadeia sem maiores explicações.

Trabalhei como produtor musical do especial de Chico na Globo, dirigido por João Loredo, que não era especializado em musicais, mas em programas humorísticos, e produzido por um assistente de Boni, um querido amigo, um adorável doidão chamado Clemente Neto, a quem chamávamos de "Demente Neto" e ele fingia que se zangava e corrigia:

— Doutor Demente Neto, doutor!

Não podia mesmo ter dado muito certo. As novas músicas de Chico não eram muito populares e, compreensivelmente, eram bem tristonhas; e as antigas já eram muito conhecidas. Teve até um incrível número em que a grande Claudette Soares saía de dentro de uma rosa cantando "Olê Olá", mas, apesar de tudo, o programa agradou às legiões de fãs saudosos de Chico. Para ele, serviu para marcar presença e lançar seu disco, para de alguma forma protegê-lo de alguma truculência maior. De certa maneira, a segurança de Chico dependia bastante de sua popularidade e seu prestígio. Quanto maiores fossem, mais difícil seria silenciá-lo ou prendê-lo — como tinham feito com muitos de seus amigos.

*

Tim Maia estourou no Brasil inteiro com "Primavera", e o dueto com Elis fez dele a nova sensação no meio musical. Começou a gravar seu primeiro LP, e eu, como produtor das trilhas sonoras das novelas da Globo, procurei-o no estúdio para ver o que ele tinha para mostrar. Uma de suas canções, a romântica "Azul da cor do mar", servia para qualquer novela, era o sonho de um produtor: um "tema de amor" perfeito para qualquer casal, com tudo para ser um grande sucesso, como foi. A novela *Verão vermelho* se passava na Bahia e precisava de um tema nordestino. Tim compusera uma música muito boa, um baião-soul, que já tinha uma letra que falava de coisas muito diferentes da novela, mas não foi difícil convencê-lo a fazer outros versos, no espírito de *Verão vermelho*. No dia seguinte ele apareceu com "Padre Cícero", a velha música com uma nova letra. E gravou-a espetacularmente, unindo a Motown ao sertão, misturando James Brown com Luiz Gonzaga, inventando um novo gênero. No final da música, entre gritos e improvisos, ele berrava, cheio de suingue:

— Father Cícer! Fa-ther Cí-cer! Father Cícer!

Foi um dos grandes sucessos da novela. Assim como seu primeiro LP, que se tornou um dos mais tocados, vendidos e elogiados do ano. Roqueiros e emepebistas, baianos e sambistas, tinham que aturar: o homem era um monstro, público e crítica concordavam. Ninguém cantava melhor que ele nem tinha aquela voz e aquele suingue. Poucos tinham aquela capacidade de montar todo um arranjo de orquestra, com riffs de metais e quebradas de ritmo, sem saber uma nota sequer de música, dizendo "de boca" o que o maestro tinha que escrever. Poucas fusões musicais foram tão naturais e eficientes como a sua Motown do sertão, poucos tinham aquela capacidade de fazer dançar e de inspirar romances. Entre outros talentos, Tim parecia saber os segredos do sucesso, como agradar a alma popular, como fazer uma música brasileira internacional, unindo seu fraseado e seus arranjos muito sofisticados com suas músicas e letras muito populares.

Tim foi a Londres e se esbaldou. Fumou, cheirou, bebeu, viajou de ácido, ouviu música, brigou com a mulher — tudo em grande quantidade — e voltou para o Brasil com duzentas doses de LSD para distribuir aos amigos. Assim que chegou, foi à Philips, que ele chamava de "Flips", onde visitou diversos departamentos, começando pelos que considerava mais caretas, como a contabilidade e o jurídico, onde cumprimentava o titular e repetia o mesmo discurso, com voz pausada e amistosa:

— Isso aqui é um LSD: vai abrir sua cabeça, melhorar a sua vida, fazer de você uma pessoa feliz. É muito simples: não tem contraindicações, não provoca dependência e só faz bem. Toma-se assim.

Jogava um ácido na boca e deixava outro na mesa do funcionário atônito. Como era um dos maiores vendedores de discos da companhia, todo mundo achava graça. No departamento de produção e de imprensa, os presentes fizeram sucesso. Até André Midani, o presidente, recebeu o seu. E Tim voltou para casa viajandão, dirigindo seu jipe e certo de que tinha salvado a alma da "Flips".

Depois de oito anos nos Estados Unidos e no México, João Gilberto voltou ao Rio de Janeiro, contratado por Ricardo Amaral, para fazer um show numa cervejaria recém-inaugurada em Botafogo, o Canecão. E daria, pela primeira vez na vida, uma entrevista para a televisão. Como repórter da Globo e com o melhor cinegrafista da casa, Roberto Padula, cheguei à cobertura de Amaral, no Leblon, no meio da tarde. João já estava lá, animado e sorridente, feliz em reencontrar a beleza do Rio.

No terraço, na linda luz da tarde carioca, conversamos por dez minutos diante da câmera de Padula e dos sorrisos de Amaral. Sobre música, naturalmente. João respondia com simpatia, porém com pouco mais que monossílabos. Mas não importava: era o suficiente para mostrar ao Brasil que o mito falava.

Com o coração aos pulos, voltei correndo para a TV Globo para revelar e editar o material na moviola, a tempo de entrar no *Jornal Nacional*. Roendo as unhas, esperei na porta do laboratório, ansioso para ver o filme ainda úmido da revelação.

Quando o laboratorista me entregou a lata e disse, pesaroso, que, por um defeito na câmera, o material estava inutilizado, pensei que ele estivesse brincando. Mas era verdade: no filme inteiro, não havia nenhuma imagem impressa e nenhum som gravado.

João se divertiu muito quando lhe contei a história e, no dia seguinte, passou a tarde e a noite no Canecão, testando o som. A cervejaria era pouco mais que um galpão de concreto e zinco, com péssima acústica e um sistema de som precário, que reverberava por toda a casa. De madrugada, João desistiu. Cancelou o show e voou de volta para Nova York.

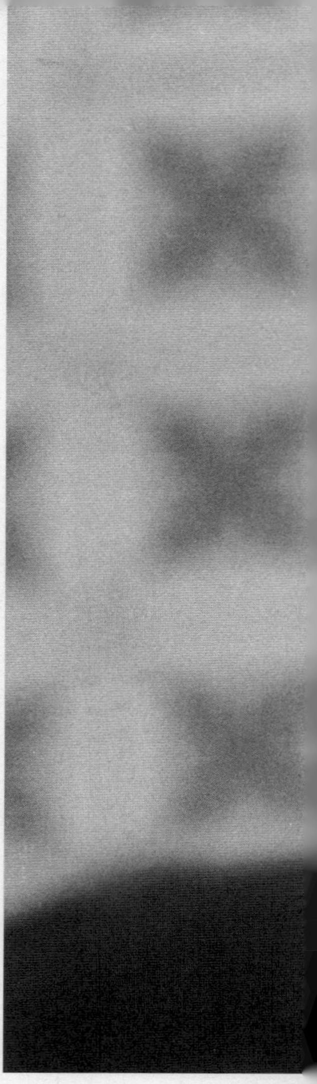

Apesar de tudo

O trabalho com Elis na produção do disco, surpreendentemente, transcorreu na mais absoluta paz e harmonia. E mais: ela se entregou com entusiasmo e confiança, com prazer e alegria. Em nenhum momento, nem uma vez, respondeu a qualquer sugestão com rispidez, com palavrões e gritos — como era seu estilo com Ronaldo e com quase todo mundo com quem trabalhava. Aceitava muitas ideias, recusava outras com delicadeza e tranquilidade. Perguntava muito, queria saber as novidades, o que estavam fazendo os jovens americanos e ingleses, o que havia de novo no Brasil. Desde o primeiro momento deixei claro que meu objetivo não era dirigi-la, mas ajudá-la a escolher o que fosse melhor para ela naquele momento, oferecer opções e alternativas. Ela queria mudar, precisava mudar, mas não faria — como nunca fez — uma mudança radical, e sim um avanço calculado, um disco de transição. Com sambas de Baden Powell e Jorge Ben, como sempre, e com Roberto, Erasmo, Gil, Caetano e Tim Maia como novidade.

Deu certo: o samba de Baden estourou nas rádios populares, e as novidades reaproximaram Elis do público mais jovem e inquieto, que começava a migrar em massa para Gal Costa, a nova musa do underground, que tinha uma postura roqueira e sensual e cantava

um repertório mais jovem e audacioso. Com Gil e Caetano no exílio, era Gal quem carregava a chama do tropicalismo. Começava-se até a discutir quem era melhor, mas, decididamente, Gal era considerada mais moderna que Elis.

Elis tinha 25 anos, uma exuberância e uma potência vocais, um estilo explosivo de cantar para fora, muito mais adequados aos rocks e blues e às outras modernidades que Gal cantava, com sua voz suave e intimista, sua origem gilbertiana, suas sutilezas minimalistas. Mas era Gal quem gritava, quem botava para fora, quem cantava mais alto para os ouvidos mais jovens. Elis estava preocupada.

Uma tarde, na Philips, encontrei Ivan Lins. Perguntei sobre as novidades, ele se sentou ao piano e tocou um samba sensacional, balançado e percussivo. Gravei e levei correndo para Elis, que imediatamente percebeu o tamanho da encrenca. Chamamos os músicos e agendamos com o estúdio. Lançado em compacto, "Madalena" foi um dos maiores sucessos populares do ano, um dos maiores da carreira dela. Elis se sentia jovem e moderna, podia — e queria — ir adiante. Ronaldo não estava gostando muito das mudanças, fazia piadas com a ânsia de modernidade de Elis, mas o sucesso dos discos contrariava seus argumentos.

*

Quando os advogados da Philips mandaram aquela música para a aprovação da Censura Federal, mesmo que tivessem tomado os ácidos de Tim não teriam a menor expectativa de liberação. Mas o censor cochilou, ou era muito burro, ou não notou que a música era de Chico Buarque. E "Apesar de você" foi liberada e gravada imediatamente. Assim que as rádios começaram a tocar, tornou-se um sucesso instantâneo. O disco começou a vender como "A banda" vendera. Ninguém acreditava no que ouvia: um samba extrovertido, guerreiro, alegre, dizendo o que tanta gente queria dizer e ouvir. Era um recado à ditadura, corajoso, abusado, contundente, num grande samba que lavou a nossa alma:

Apesar de você
amanhã há de ser
outro dia
Eu pergunto a você
onde vai se esconder
da enorme euforia,
como vai proibir
quando o galo insistir
em cantar
[...]
você vai pagar
e é dobrado
cada lágrima rolada
nesse meu penar

Em poucos dias o Brasil inteiro estava cantando "Apesar de você", como um hino da resistência, como um desafio e uma esperança, a primeira que experimentávamos desde o AI-5. Mas a alegria durou pouco: os militares não eram burros como o censor. Logo perceberam o tamanho da encrenca e tomaram providências: a música foi sumariamente interditada e os discos, confiscados. Mas já era tarde: mais de 100 mil exemplares já tinham sido vendidos, e, mesmo que a música não tocasse mais no rádio, todo mundo já tinha aprendido e cantava, cada vez mais, com mais força, em qualquer lugar, a qualquer pretexto.

Pela segunda vez, André Midani viu a fábrica de discos da Philips, no Alto da Boa Vista, cercada por tropas do Exército. A primeira tinha sido quando "Je t'aime moi non plus", um dueto erótico de Serge Gainsbourg e Jane Birkin, foi proibida pela Censura e André, recém-chegado ao Brasil, achou que poderia empurrar com a barriga e ir enrolando enquanto o disco vendia. Os discos foram recolhidos, ele levou uma descompostura de um coronel furibundo e quase foi preso. Com "Apesar de você" não foi muito diferente: com a habitual truculência, a fábrica foi invadida e todos os discos com a música de Chico foram apreendidos e destruídos. Menos a matriz... "Apesar de você" era a proibição mais pública do Brasil, o que a fazia ainda mais popular.

Chico, mais uma vez, foi chamado a dar explicações e, cínica e deslavadamente, disse a seu interrogador que o samba era para uma mulher muito mandona e muito autoritária. E era impossível provar que não fosse. Gol de placa da guerrilha cultural.

Com a vitória brasileira na Copa do Mundo e o boom econômico, que beneficiava a classe média, o governo militar promoveu uma agressiva campanha nacionalista — "Brasil, ame-o ou deixe-o" — e apertou a repressão. As rádios tocavam o dia inteiro "Pra frente, Brasil" e "Eu te amo, meu Brasil", uma marchinha ufanista e oportunista dos jovem-guardistas Dom e Ravel, que foram execrados e banidos pelo mundo musical brasileiro por alta traição. "Apesar de você" era a nossa resposta.

*

Dois meses depois da Copa nasceu minha primeira filha, Joana. Assim que ela e Mônica voltaram para casa, fui para São Paulo trabalhar para a TV Globo numa eliminatória do festival. No dia seguinte, fui chamado de volta às pressas e encontrei um quadro sinistro: Mônica estava internada em estado gravíssimo; tinha tétano, contraído na sala de parto da Beneficência Portuguesa, e poucas esperanças de se salvar.

O caso era desesperador: o tétano é uma infecção muito agressiva, que ataca o sistema nervoso, provocando contrações musculares violentíssimas, capazes de quebrar ossos e provocar paradas respiratórias e cardíacas. Praticamente extinta nos Estados Unidos e na Europa, a doença não tivera progresso nos tratamentos: além de doses maciças de antibióticos, era preciso manter o paciente sedado em uma espécie de coma induzido, em total imobilidade, silêncio e escuridão absolutos. O mais leve estímulo sonoro ou luminoso podia desencadear uma onda de contrações musculares e todas as suas terríveis consequências.

Os médicos que mais entendiam do assunto trabalhavam num pequeno e modestíssimo hospital de doenças tropicais, na vizinhança da zona de meretrício do Mangue, onde Mônica poderia ser mais bem tratada.

Durante dois meses, eu, minha família e a dela, e muitos amigos, nos revezamos dia e noite na porta do hospital. Não havia quartos para acompanhantes nem salas de espera, e as tênues chances de Mônica se salvar dependiam de seu completo isolamento e da dedicação e da competência dos médicos. Da vontade de Deus. Minha vida virou do avesso. Passava as noites no carro, na porta do hospital. Várias vezes fui chamado por meu pai e pelos médicos para me dizer que me preparasse para o pior. Mônica enfrentou paradas cardíacas e respiratórias, quase morreu várias vezes, mas sobreviveu. Quase três meses depois, voltou para casa, onde foi recebida com uma grande festa surpresa por seus incontáveis amigos, entre eles Vinicius, Otto Lara Resende, Walter Clark, Ronaldo e Elis.

Nem bem Mônica tinha voltado para casa, no início da noite de um sábado, fui surpreendido por visitantes ríspidos e mal-encarados. Quatro policiais, à paisana e fortemente armados, me dizendo que eu estava preso à disposição do I Exército. E nada mais foi dito, por mais que eu tentasse perguntar. Falei que não tinha nada a esconder, que não fazia parte de nenhum grupo, que as minhas opiniões eram as que eu dava no jornal e na televisão — e que isso não era crime. Que minha mulher estava recém-saída do hospital e tínhamos uma filha recém-nascida. Nada. Pedi para dar um telefonema. Meu pai, advogado, estava fora da cidade, e liguei para meu avô, que não só era ministro do Supremo Tribunal Federal como, por graça divina, morava no mesmo prédio, quatro andares acima: se morasse um pouco mais longe, ninguém saberia sequer para onde eu tinha sido levado. Foi a minha sorte: o velho Motta pegou um táxi e seguiu os carros que me levaram até o Dops, na rua da Relação. Lá, fiquei trancado em uma sala por horas, enquanto meu avô parlamentava com o general França, que era o secretário de Segurança. No meio da madrugada ele entrou na sala com um policial que disse que podíamos ir para casa, que, devido à situação de minha mulher e minha filha, eu estava liberado e seria chamado num outro dia para prestar depoimento, mas que não poderia sair da cidade.

Nos dias seguintes, o pessoal do *Pasquim* começou a ser preso, entre eles vários amigos próximos, como Ziraldo, Sérgio Cabral e Paulo Francis. Embora só colaborasse no *Pasquim* muito de vez em quando, comecei a achar que minha prisão tinha alguma coisa a ver com eles. Talvez eu fizesse parte do mesmo "arrastão". Foram todos presos, menos Tarso de Castro, que era o diretor. Caçado pela polícia, onde Tarso foi se esconder? Num dos lugares menos recomendáveis: a minha casa. Lá ficou por dois dias — com meu pai furioso com a nossa irresponsabilidade. Mas o cerco apertou, e, quando a polícia prendeu a mulher dele, Bárbara Oppenheimer, Tarso achou melhor se entregar.

Apavorado, não saí da cidade por um bom tempo, aguardando a qualquer momento o temido telefonema me chamando para depor — que acabou nunca acontecendo. Nunca fiquei sabendo por que fui preso.

Entre o céu e o inferno

Elis e eu começamos a trabalhar com grande entusiasmo no novo disco. Estimulados pelo sucesso do LP *Em pleno verão* e do compacto de "Madalena", mergulhamos num mar de músicas e de ideias. Cada vez mais próximos, nos entendíamos cada vez melhor, estávamos juntos tentando fazer o mais bonito, procurando os novos compositores, ouvindo as novidades internacionais, nos sintonizando com a juventude e os sonhos de nossa geração. O "Véio", cada vez mais distante, rabugento e conservador, passava a maior parte do tempo em São Paulo, trabalhando na TV Record e na Blow Up, uma boate que tinha aberto com Miele na rua Augusta. Mesmo assim, nunca ele e Elis brigaram tanto.

Numa noite quente de início de verão, fui visitar Elis na sua casa branca da avenida Niemeyer, com Joyce e o namorado dela. Eu a tinha convidado para mostrar suas novas músicas para Elis, que gravara "Copacabana velha de guerra" (dela e de Sergio Flaksman) no disco anterior e estava procurando novidades para o próximo.

Novidade mesmo era a mescalina que Tim Maia tinha me dado. Segundo ele, era a mesma coisa que LSD, só que orgânico, natural, mais leve. Ronaldo estava em São Paulo e estávamos no terraço marroquino que ocupava todo o teto da casa da Niemeyer, de frente para o mar. Dividimos a mescalina em quatro, tomamos e ficamos nas espreguiçadeiras, ouvindo música e olhando as estrelas da noite carioca. De repente tudo ficou diferente: a música, as vozes, o vento, os cheiros e os ruídos da noite, nossos rostos e corpos. Tudo parecia mais leve, mais claro, mais sensível. Falamos bobagens, fizemos planos absurdos e rimos muito dentro de um tempo que parecia suspenso, envolvidos por uma sensação de segurança e aconchego, de amor e de fraternidade, como era esperado nas viagens lisérgicas em busca de uma "nova consciência". No fim da madrugada, começou a esfriar, então nos juntamos todos em duas espreguiçadeiras e nos cobrimos com uma manta. Pouco antes de o dia nascer, Joyce e o namorado foram embora. Elis e eu ficamos abraçados debaixo da manta e começamos a nos beijar.

Com o dia amanhecendo, voltando para casa, minha cabeça e meu coração pareciam que iam explodir ao mesmo tempo. De alegria e de pavor. Completamente apaixonado por Elis e carregando uma culpa monstruosa, dirigi pelas curvas da avenida Niemeyer sem saber se ria ou se chorava, pensando em Ronaldo e em Mônica, nos nossos filhos João e Joana, no turbilhão de desejo em que tínhamos nos envolvido, e me perguntava se tudo havia mesmo acontecido ou se teria sido só um sonho, ou um pesadelo. Ou uma viagem de mescalina que ainda não tinha acabado. Fiquei horas vagando sozinho pela casa. Mônica e Joana estavam em Cabo Frio, e eu não conseguia parar de pensar em Elis e em todas as consequências daquilo. E o pior: não sabia sequer o que ela pensava e queria. E se tudo para ela não tivesse passado de uma explosão de carências numa viagem lisérgica, que tinha terminado ali? Ou será que era mesmo para valer, que alguma coisa verdadeira tinha mesmo começado, por mais surpreendente e apavorante que fosse? Só quando Elis telefonou, à tarde, fiquei sabendo que, de fato, minha vida não seria mais a mesma. Como eu queria — e temia —, tudo o que tínhamos dito e feito estava valendo, sim!

Passei a viver entre o céu e o inferno, às vezes simultaneamente, fazendo o possível para não encontrar Ronaldo e o impossível para que Mônica não desconfiasse de nada. Sem despertar muitas suspeitas, podia estar sempre com Elis, porque estava produzindo seu novo disco e porque também seria um dos produtores do novo musical da Globo, *Som Livre Exportação*, que ela apresentaria com Ivan Lins. Eu me sentia um canalha vocacional de Nelson Rodrigues. E o homem mais feliz do mundo.

O *Som Livre* tinha participação fixa d'Os Mutantes e das revelações do Movimento Artístico Universitário (MAU): Gonzaguinha, César Costa Filho, Aldir Blanc e Ivan Lins, além de convidados especiais. Alguns especialíssimos, como Caetano Veloso, que recebeu uma autorização especial do governo para participar do programa e passar uns poucos dias na Bahia, onde fui entrevistá-lo para a Globo e matar as saudades. A entrevista foi meio frustrante: quase tudo que eu gostaria de perguntar, ele não poderia responder. Mas na gravação do programa, no Rio, ele surpreendeu o auditório jovem e roqueiro, que esperava dele algo elétrico, pesado, mais próximo d'Os Mutantes do que de Elis e Ivan Lins. Ao contrário, sem gritos nem guitarras, apenas se acompanhando ao violão, Caetano cantou, radicalmente gilbertiano, um antigo e belíssimo samba de Synval Silva, gravado por Carmen Miranda. Um clássico da música brasileira, uma obra-prima popular que quase ninguém naquele auditório conhecia. Chamava "Adeus batucada". Foi um espanto:

> Adeus, adeus,
> meu pandeiro de samba,
> tamborim de bamba
> já é de madrugada
> vou me embora chorando
> com meu coração sorrindo…

E voltou para o exílio.

*

Eu estava sempre com Elis, nos ensaios, gravações e viagens com o *Som Livre Exportação* para Belo Horizonte, Brasília e outras capitais. No Rio, de manhã cedo, nos encontrávamos secretamente no apartamento de um casal amigo, André Midani e Márcia Mendes, a mais bonita e popular apresentadora da Globo, minha colega no *Jornal Hoje*. Ou então à tarde, na casa de Rogério, irmão de Elis, que detestava Ronaldo e nos protegia e dava cobertura.

Mas resisti muito pouco tempo à vida dupla e, soterrado de culpa, achei que resolveria metade do problema me separando de

Mônica e saindo do apartamento, que deixei para ela e Joana com tudo que tinha dentro. Fui morar na Lagoa, na cobertura do amigo Tato Taborda, um dos editores do *Última Hora*, onde já moravam duas outras amigas, Sonia Dias e Marta Costa Ribeiro, também recém-separadas. O apartamento era um imenso duplex de cinco quartos, onde Tato vivia com a mulher, a jornalista Elizabeth Carvalho, e um filho adolescente, e se transformou em uma espécie de comunidade de divorciados. Nos fins de semana o apartamento se enchia de amigos: as viagens de ácido coletivas eram frequentes, baseados rolavam permanentemente, Cat Stevens cantava horas seguidas no toca-discos, garças revoavam na Lagoa.

Elis começou a fazer análise com Hélio Pellegrino. Queixava-se cada vez mais de Ronaldo, dizia que ia se separar e, embora eu não perguntasse, várias vezes me disse que já tinha falado com o advogado Haroldo Lins e Silva para tratar do divórcio. Mas nada mudava, tudo continuava secreto e cada vez mais perigoso. Cada vez mais envolvido, eu sofria não só de culpa, mas de ciúmes de Ronaldo.

Em abril foi lançado o LP *Ela*, que gravamos durante o verão. Além da bela e sombria canção de César Costa Filho e Aldir Blanc que dava título ao disco e de uma música nova e agressiva de Erasmo e Roberto, "Mundo deserto", Elis gravou os Beatles pela primeira vez — "Golden Slumbers" —, numa de suas grandes performances em disco. E duas de Caetano, o fado "Os argonautas" e uma regravação audaciosa, "Cinema Olympia", já gravada por Gal Costa espetacularmente e aclamada pela crítica e pelo público. Elis demorou bastante para aceitar o desafio, mas, quando entrou no estúdio, produziu uma interpretação vibrante, rasgada, roqueira. Pena que o arranjo de Erlon Chaves, gravado depois sobre a base, fosse totalmente equivocado (tinha até violinos em *pizzicatto*!), e nem ela nem seu produtor, talvez ocupados em namorar, se deram conta. Os timbres e as frases musicais eram antigos, jazzísticos, em total desconexão com a modernidade roqueira da música, e, sem querer, ou por querer demais, Elis acabou fazendo apenas um cover pobre do sucesso de Gal. Dois sambas de Baden Powell e Paulo César Pinheiro, ainda na linha "trator na margarida", muito adequados ao momento de guerra conjugal de Elis, garantiram o sucesso no rádio: "Aviso aos navegantes" e "Falei e disse". Mas a canção mais polêmica era dos louríssimos irmãos Valle, "Black is Beautiful", uma estupenda balada soul de Marcos com uma letra provocativa e talvez um pouco excessiva de Paulo Sérgio. Elis soltava a voz em vibrato, como uma negra americana:

> Eu quero um homem de cor,
> um deus negro do Congo ou daqui
> [...]
> Black is beautiful, black is beautiful,
> black beauty is so peaceful,
> I want a black, a beautiful

No seu conceito básico e na abertura de seu repertório, o disco era muito parecido com o anterior e, embora fosse bom, não teve tanto sucesso. Elis sabia da qualidade e estava feliz.

Eu também. Mas foi por pouco tempo. Durante aqueles poucos meses em que estivemos tão juntos, nunca houve qualquer briga ou bate-boca entre nós, por qualquer motivo, pessoal ou artístico. Conhecendo Elis e seu estilo, eu pensava às vezes em um milagre de amor. E em um encontro de interesses: eu estava mergulhado e ligado no movimento jovem internacional, nas profundas transformações por que passava a música do mundo, ansiava obsessivamente por ir adiante, quebrar barreiras, abrir portas e janelas na cabeça e no coração oprimidos pela repressão política. Ela queria aprender, queria ir junto com sua geração para um lugar que não conhecia, queria ampliar seus limites, abrir seus horizontes, seu coração e sua voz.

Estava ficando cada vez mais difícil manter o romance em segredo. Eu tinha certeza de que Ronaldo já sabia. E foi mais difícil ainda quando me falaram da reação dele ao saber dos boatos. O "Véio" fuzilou de bate-pronto, no seu melhor estilo:

— Finalmente Elis encontrou alguém à sua altura.

Touché. Mesmo incendiado de raiva e de ciúmes dele, do alto de meu 1,67 metro, explodi numa gargalhada. Mas a alegria durou pouco.

Numa manhã cinzenta de outubro, depois de passar a noite com Elis, deixei-a em casa e fui trabalhar. Tínhamos planejado uma viagem "secreta" para Londres, o paraíso da liberdade e da modernidade de nossa geração. Na hora do almoço, Elis telefonou. Dura, seca, formal, com a voz mais grave do que nunca, estranhíssima. Disse que Ronaldo estava internado em uma clínica com depressão nervosa, que ela estava ao lado dele e, indignada, me responsabilizou pelos boatos absurdos de que estaríamos tendo um caso e me passou uma descompostura pelo atrevimento, reiterando de todas as formas e com todas as letras que não havia nem nunca houvera nada entre nós. E desligou.

Perplexo, imaginei que poderia ser uma cena teatral, recitada sob pressão. Mas não: era verdade, era a sua escolha. Desesperado, tentei de todas as formas falar com ela, mandei recados por Rogério, pela mãe dela, dona Ercy, por amigos em comum. Cheguei até a devolver por Rogério todas as cartas que ela havia me escrito, numa patética manobra para tentar sensibilizar sua memória afetiva. Em vão. Duas semanas depois, lendo e relendo as cópias em xerox das cartas de Elis, fui para Londres sozinho e passei meu aniversário de 27 anos viajando de ácido com uma turma de doidões em Portobello Road.

Loucuras de verão

Desde Woodstock os jovens brasileiros tinham passado a ter um sonho obsessivo: seu próprio Woodstock, a fantasia de uma república independente de música e liberdade, a céu aberto, sem polícia e sem ladrões, sem pais nem professores, em total harmonia e comunhão, todo mundo doidão. No Brasil da ditadura, isso era impensável. E por isso mesmo era um de nossos sonhos mais queridos e constantes. Para a paranoia militar, juntar algumas dezenas de pessoas, principalmente jovens, em qualquer lugar e a qualquer pretexto, era uma abertura à subversão/oportunidade de contestação/tentativa de conspiração. Para realizar um evento musical ao ar livre, era indispensável cumprir incontáveis exigências burocráticas, tirar licenças e alvarás do estado, do município, da Polícia, dos Bombeiros e da Censura Federal, que só autorizava o espetáculo depois de checar uma relação individual de todos os músicos que se apresentariam, com todos os seus documentos e todas as letras completas de todas as músicas que seriam apresentadas com as respectivas liberações.

No final de 1971, depois de enfrentar a via-crúcis burocrática junto com Carlos Alberto Sion, fizemos o I Concerto Pirata no Estádio de Remo da Lagoa, reunindo oitocentos jovens numa noite de sábado para ouvir e dançar rock com bandas novas. Foi lindo: o palco iluminado parecia uma nave espacial brilhando na noite carioca, com a deslumbrante paisagem da Lagoa ao fundo. Esperávamos muito mais gente, muita gente não pagou entrada, o aluguel dos equipamentos de som e iluminação era caríssimo, não tínhamos nenhum patrocínio e comemoramos a vitória contabilizando um baita prejuízo. Mas, pelo menos, vivemos uma fugaz sensação de liberdade; por algumas horas nos sentimos mais perto dos jovens do mundo.

Na segunda-feira, porém, tudo voltou ao normal na Aquarius Produções Artísticas, firma que eu tinha aberto em sociedade com André Midani e os irmãos Marcos e Paulo Sérgio Valle, para produzir jingles, shows e eventos musicais. Contas a pagar, trabalhos a fazer, clientes a visitar. Embora produzíssemos muito, ganhávamos pouco: as agências só pagavam pelos jingles aprovados, e, como tínhamos

que pagar todas as despesas de músicos e estúdio, o prejuízo com um jingle recusado comia o lucro de dois aprovados: era um péssimo negócio. No fim do ano, uma boa notícia: Boni e Magaldi nos encomendaram uma música de Natal, a ser cantada por todo o elenco da TV Globo, como mensagem de boas festas da emissora. Marcos criou uma melodia que achamos linda, parecia Burt Bacharach, e Paulo Sérgio e eu fizemos a letra de acordo com o briefing que eles nos deram. Boni e Magaldi adoraram a música e acharam que a letra não era lá grande coisa, mas funcionava, expressava muito bem a mensagem de esperança e fraternidade que queriam passar. Aprova-

da a música, chamamos o MPB4 e o Quarteto em Cy e gravamos com eles, dobrando e quadruplicando as vozes no estúdio, para produzir a massa vocal das sessenta pessoas — o elenco estelar da TV Globo — que "cantariam" na gravação no Teatro Fênix.

No dia da gravação, animadíssimo, levei uma ducha gelada: minha amiga Dina Sfat estava furiosa com a música que teria que "cantar" e me chamou de lado para uma amistosa, mas dura, cobrança: como tínhamos feito aquilo? Era uma vergonha: aquela música servia aos objetivos da propaganda da ditadura, com a cumplicidade da TV Globo. Fiquei chocado: mesmo em minhas piores paranoias, eu nunca havia imaginado nada parecido. Reconheci que a letra realmente passeava entre o sentimentalismo e um delirante otimismo, mas Dina admitiu que seria muito difícil escapar desses clichês natalinos, e concordamos que seria impossível fazer uma música de Natal de oposição. Depois, Dina e as estrelas da Globo — Tarcísio Meira e Glória Menezes, Francisco Cuoco, Marília Pêra, Regina Duarte, Cláudio Marzo, Leila Diniz, Chico Anísio, Cid Moreira, Paulo José, Lima Duarte, Paulo Gracindo e grande elenco — cantaram animadamente:

> Hoje é um novo dia
> de um novo tempo
> que começou...

Veiculada maciçamente, a campanha da Globo foi um sucesso nacional fulminante, e o nosso jingle se transformou na música mais tocada e cantada do fim de ano: em todas as festas, em todas as churrascarias, em todas as casas, em vez de "Jingle Bells", cantava-se "Um novo tempo", e eu não sabia se sentia orgulho ou vergonha.

> Hoje a festa é sua,
> hoje a festa é nossa,
> é de quem quiser,
> é de quem vier

*

Em janeiro de 1972, a Aquarius viveu seu melhor momento: acertamos com o empresário Guilherme Araújo em Londres e fomos os produtores dos shows que marcaram a volta de Gil e Caetano do exílio, no Teatro João Caetano e no Teatro Municipal, gravados ao vivo pela TV Globo. Eles chegaram discretamente e foram recebidos festivamente, como heróis. Vieram com seus novos discos gravados em Londres, suas músicas em inglês, seus cabelos imensos, suas novas bandas (a de Caetano, liderada por Jards Macalé) e suas novas músicas. E até seu próprio equipamento de som, pilotado pelo inglês Maurice Hughes. Os shows foram triunfais, com Caetano dando ênfase a melodias elaboradas e a um intimismo gilbertiano; com Gil apresentando arranjos vigorosos, cheios de jazz e funk, e lançando seu rock "Back in Bahia" e a sensacional "Expresso 2222". No final, em vez de uma apoteose roqueira, como tantos esperavam deles, vindos de onde vinham, os dois surpreenderam cantando juntos um samba de roda do velho baiano Riachão, que soou como um comentário irônico, uma forma tropicalista de expressar suas novas posições, com um pé na tradição e outro no futuro.

> Xô, chuá, cada macaco no seu galho
> xô, chuá, eu não me canso de falar...

E fecharam com um surpreendente e antigo sucesso das irmãs Aurora e Carmen Miranda, rebolando alegre e provocativamente no palco:

> Nós somos as cantoras do rádio,
> levamos a vida a cantar,
> de noite embalamos teu sono,
> de manhã nós vamos te acordar...

Na plateia, Cacá Diegues adorou, mas sentiu um frio na barriga: era exatamente a música que ele tinha pescado no fundo do baú para ser o tema principal, o *gran finale* do seu filme *Quando o Carnaval chegar*, que começaria a rodar em poucos dias com Chico Buarque, Nara Leão, Maria Bethânia e Hugo Carvana nos papéis principais.

*

Às vésperas do Carnaval, encontrei Marília Pêra num corredor da TV Globo, me apresentei, conversamos um pouquinho e convidei-a para ir passar o Carnaval na Bahia comigo. Ela riu e disse que já tinha compromisso: era o destaque da escola de samba Império Serrano, que apresentaria o enredo "Alô, alô, taí Carmen Miranda", em que Marília encarnaria a própria.

Fui sozinho para a Bahia, mas não fiquei sozinho um minuto. Tomei cerveja com Caetano e Bethânia e seus irmãos na praça Castro Alves, dancei atrás do trio elétrico, mergulhei nas águas verdes do porto da Barra e acabei na praia de Arembepe, transformada em uma colônia hippie, para onde tinham se mudado temporariamente muitos amigos. Lá, morando em cabanas de pescadores, entre o mar azul e a lagoa verde, em uma paisagem idílica e selvagem, jovens rebeldes fugidos da cidade viviam com simplicidade e liberdade, comendo frutas e peixe frito, tocando violão, namorando, fumando maconha, viajando de ácido e conversando, conversando muito, enquanto o tempo parecia não passar. Foi o "verão do desbunde", que para mim durou três dias: tinha filha para criar, tinha trabalho na Philips, na Aquarius e na Globo, onde apresentava um programinha de cinco minutos todos os dias, antes da novela das sete, com as novidades musicais nacionais e internacionais. Chamava-se *Papo firme* e tinha como tema de abertura "Domingo no parque", de Gilberto Gil.

Da Bahia, vi Marília na televisão, de Carmen Miranda, cantando e dançando com infinita graça à frente da escola de samba no Rio e levando-a à surpreendente vitória. Aos 28 anos, loura platinada, de olhos e boca enormes e um talento efervescente, ela era a atriz do momento, produtora e estrela do maior sucesso teatral do ano: a revista *A vida escrachada de Joana Martini e Baby Stompanato*, de Bráulio Pedroso, com músicas de Roberto e Erasmo. Era onde eu a vira pela primeira vez, maravilhado, no Teatro Ipanema. Ao mesmo tempo, Marília estourou na televisão como a Shirley Sexy da novela *O cafona*, também de Bráulio, ao lado de Francisco Cuoco. Depois do Carnaval, já de cabelos curtos e escuros, ela estreava no tradicional *night club* Night and Day um musical sobre Carmen Miranda, *A pequena notável*, que fui correndo assistir. Fiquei completamente apaixonado.

Por Marília e pela Carmen que ela vivia. Fui cumprimentá-la no camarim, saímos para jantar, voltei na noite seguinte, e na outra e na outra. Logo estávamos namorando.

Marília era fã de Elis e me contou que as duas, muitos anos antes, no início de suas carreiras, tinham disputado o mesmo pequeno papel na montagem carioca do musical americano *Como vencer na vida sem fazer força*. Embora no teste de canto Elis tivesse arrasado, nos testes de dança e interpretação Marília acabou ganhando o papel. Também me falou com alegria de uma participação especial que tinha feito recentemente no programa de Elis na TV Globo, onde protagonizaram duas vedetes de teatro de revista, com maiôs de paetês, plumas na cabeça, meias arrastão e saltos altíssimos. Com imensos cílios postiços e figurinos idênticos, as duas brincavam de rivais, uma atropelando a outra, disputando os espaços, dançando e cantando "Sucesso aqui vou eu", um divertidíssimo pastiche de canção da Broadway criado por Rita Lee e Arnaldo Baptista para o *fashion show Blow Up*, da Rhodia.

Fui com Marília à estreia do show de Elis no Teatro da Praia. Com a plateia invadida por uma multidão de convidados, sobrou só um lugar na primeira fila, onde me sentei feliz, com Marília no meu colo, e dali assistimos ao show e aplaudimos intensamente.

No dia seguinte, recebi um telefonema do cabeleireiro Oldy, grande amigo de Elis, me dizendo que ela queria muito falar comigo, queria conversar, esclarecer umas coisas. Apareceu de madrugada na casa dos meus pais, onde eu passava uns dias, se desculpou muito pelo rompimento abrupto e me disse que estava se separando definitivamente de Ronaldo. Mas nada era mais como antes. Marília não era um desafio nem uma vingança, era uma escolha.

No outro dia, Marília foi surpreendida por um telefonema de Elis, seca e agressiva, fazendo perguntas e cobrando direitos sobre a minha modesta pessoa. Quando encontrei Marília à tarde, ela foi logo dizendo que estava tudo acabado, que não queria confusão com Elis, que me dispensava, abria mão, e me aconselhou a voltar para Elis. Não voltei. No dia seguinte, Elis ligou de novo, ainda mais agressiva, e as duas acabaram brigando. Continuei com Marília, mas Elis virou um assunto tabu entre nós.

Juntos e ao vivo

Entusiasmado com o sucesso de "Apesar de você", Chico mergulhou no trabalho e produziu uma série de músicas extraordinárias, com melodias densas e elaboradas e versos virtuosísticos. A matemática "Construção", a indignada "Deus lhe pague" e a sufocante "Cotidiano" deslumbraram a crítica e empolgaram o público. Eram canções políticas, líricas, épicas, tudo ao mesmo tempo, e mostravam que as dificuldades não o abatiam, mas até o estimulavam. Chico vivia seu melhor momento criativo e se transformou, contra a vontade, num herói da resistência. Mas ainda era visto, ouvido e discutido como oposto a Caetano, que os admiradores de Chico acusavam de individualismo internacionalizado, de fazer o jogo da direita. Já os fãs radicais de Caetano consideravam Chico um tradicionalista e populista, um atraso para a revolução socialista libertária. O dois se incomodavam com as divisões, que consideravam injustas e estúpidas.

A melhor maneira de acabar com as polêmicas foi a mais bonita, uma que eles encontraram sob o sol de verão na Bahia: um show dos dois no Teatro Castro Alves, para ser gravado e transformado no disco *Chico e Caetano: juntos e ao vivo*. Um cantando músicas do outro, os dois cantando juntos. Show e disco tiveram extraordinário impacto e sucesso, e o encontro foi uma das melhores notícias que o Brasil recebeu num ano de poucas e boas, de escalada da luta armada e da repressão, da tortura e da intolerância. Para mim, a questão de "um ou outro", por todos os motivos, artísticos, políticos e afetivos, nun-

ca existiu. Sempre os considerei complementares e indispensáveis. O encontro histórico teve especial repercussão entre os fãs radicais de Chico e de Caetano nas esquerdas brasileiras, nos muitos grupos e tendências em que se dividiam. *Juntos e ao vivo* era, além de um extraordinário encontro de dois grandes artistas muito diferentes, uma metáfora de união e de tolerância, da harmonia por contraste.

Já com a TV Globo, e especialmente com seu poderoso diretor de programação, a coisa estava feia: Chico e Boni frequentavam, em mesas separadas, o Antonio's, onde se reuniam os artistas e intelectuais, a *intelligentsia* carioca (e também alguma *burritsia* rica). Numa mesa, podiam-se encontrar Vinicius de Morais, Tom Jobim, Rubem Braga e Paulo Mendes Campos contando histórias. Em outra, Otto Lara Resende, Walter Clark e Nelson Rodrigues às gargalhadas com Hélio Pellegrino. Na varanda, o Chacrinha com algumas chacretes comemorando alguma coisa. No bar, Glauber Rocha discursando para Arnaldo Jabor, Cacá Diegues e belas atrizes do Cinema Novo. Numa mesa de fundo, Paulo Francis e Millôr Fernandes debatendo acaloradamente, talvez em inglês. E Tônia Carrero, Fernanda Montenegro, Marina Colasanti, mulheres inteligentes em toda a área.

No Antonio's misturavam-se esquerdistas de diversos matizes, governistas, liberais, até mesmo um ou outro militar reformado e, certamente, informantes do SNI. Frequentemente os ânimos se exaltavam, mas raramente explodiam brigas, mesmo quando se bebia muito, o que acontecia quase sempre. As relações de Chico com a TV Globo tinham azedado de vez no festival de 1971, quando ele e um grupo de compositores famosos retiraram suas músicas em protesto contra a Censura e o festival foi um fracasso absoluto. Houve muito bate-boca, o pessoal da TV Globo ficou furioso e Chico passou a ser *persona non grata*, ou pior, não existente: era proibido, em qualquer programa, sob qualquer pretexto, mencionar seu nome, mesmo que fosse para falar mal. Cantar, nem pensar.

As hostilidades entre Chico e Boni explodiram quando o espanhol Manolo, dono da casa, encheu as paredes do Antonio's com grandes retratos de frequentadores ilustres, entre eles os próprios Boni e Chico. Os pôsteres faziam parte da nova decoração, projetada por Mário Monteiro, cenógrafo da Globo, e paga por Walter Clark, Boni e outros diretores globais.

Chico entrou no Antonio's e levou um susto: detestou a nova decoração e ficou furioso com o pôster sorridente de Boni ao lado do seu. Indignado, arrancou o retrato da parede, entre gritos e aplausos. Atrás do balcão, Manolo, uma doce criatura, entrava em pânico. Afinal, ele adorava o "Seu Francisco", um de seus clientes mais ilustres e festejados (o menu tinha até um "frango à Chico Buarque"), mas também amava o "Seu Boni", que era tão generoso e entendia tanto de vinhos e de cozinha, e ainda por cima tinha dado de presente a nova decoração — que Manolo achava linda.

No dia seguinte, quando Boni apareceu, o próprio Manolo, constrangidíssimo, lhe deu a infausta notícia. De que ele já sabia. Contrariando as expectativas, Boni, conhecido por suas explosões de temperamento e memorandos devastadores, ficou cool. Mas tirou o pôster de Chico da parede.

Alguns dias depois, após inúmeras interferências de amigos em comum, Boni encerrou o assunto e mandou recolocar o pôster de Chico. Mas, mesmo se quisesse, Chico não poderia retribuir: em sua fúria, tinha arrancado o retrato de Boni da parede, levado para a calçada, pisoteado e depois, a caminho de casa, jogado na Lagoa.

*

No fim do verão de 1972, Elis se separou mesmo de Ronaldo, num divórcio tão previsível quanto tempestuoso. Desde que rompera comigo, no dramático telefonema ao lado de Ronaldo na clínica, eu tinha automaticamente deixado de ser seu produtor. E por sorte, ou pela amizade de André Midani, escapei de ser despedido da Philips por mau comportamento, como gostariam Elis e Ronaldo. Como eu não produzia mais as trilhas de novelas, sem Elis, minha carreira de produtor sofria rude golpe. Roberto Menescal voltou a produzir os discos dela, agora com a direção musical e o piano de César Camargo Mariano e uma banda totalmente diferente, talvez melhor, com um grande repertório, que lançava "Águas de março", de Tom Jobim, o sucesso "Casa no campo", um "rock rural" de Tavito e Zé Rodrix, e "Nada será como antes", de Milton e Ronaldo Bastos, a única música do "nosso" tempo que tinha sobrevivido àquela nova fase:

Eu já estou com o pé nessa estrada
qualquer dia a gente se vê
sei que nada será como antes,
amanhã...

Um grande disco, mais equilibrado e sem aventuras, com um repertório de alto nível e uma Elis mais discreta e precisa. No disco inteiro ela se apresentava mais técnica e contida, mas, em uma música, explodia de emoção como nunca e se derramava, chorava e soluçava as palavras de "Atrás da porta", uma de suas maiores performances em disco.

Quando Elis conheceu a música, levada por Menescal, a melodia de Francis Hime tinha só a primeira parte da letra de Chico Buarque. Elis e César ficaram apaixonados por ela, e a gravação foi marcada para dali a três dias. Nesse meio-tempo, Menescal e Francis tentariam colocar uma pressão em Chico para terminar a letra. À noite, separada de Ronaldo, sozinha na casa branca da Niemeyer, Elis resolveu fazer uma sessão de cinema, convidando alguns amigos, entre eles César, para ver *Morangos silvestres*, de Bergman, um clássico-cabeça da época. Mal o filme começou, César recebeu um bilhete de Elis, foi ao banheiro ler e se espantou: era um "torpedo" amoroso. Atônito, César leu e releu, acreditou e surtou: completamente fascinado por Elis, aquilo era tudo que ele secretamente desejava. E temia. Então, sumiu. Não foi encontrado nos dois dias seguintes em lugar nenhum, os amigos se preocuparam. Mas, no dia e na hora da gravação, duas da tarde, César estava no estúdio. Menescal ficou aliviado e Elis sorriu, sedutora. César dispensou os músicos, pediu para todo mundo sair, para colocarem o piano no meio do estúdio, baixarem as luzes e deixarem só ele e Elis, para a gravação do piano e da voz-guia de "Atrás da porta".

Extravasando seus sentimentos, misturando as dores da separação com as esperanças de um novo amor, Elis cantou, mesmo sem a segunda parte da letra, com extraordinária emoção, com a voz tremendo e intensa musicalidade. Na técnica, quando ela terminou, estavam todos mudos. Elis chorava, abraçada por César. Juntos, César e Menescal foram levar a fita para Chico, que ouviu, chorou e terminou a letra ali mesmo, no ato.

Dei pra maldizer o nosso lar,
pra sujar teu nome, te humilhar
e me entregar a qualquer preço
te adorando pelo avesso
pra mostrar que ainda sou tua...

Assim, Elis Regina cantou a versão definitiva de uma das mais poderosas e dilacerantes letras de amor e ódio da música brasileira, produziu uma gravação antológica e emocionou o Brasil com sua arte. E ganhou um novo namorado, com quem esperava crescer na música e na vida.

O professor

Na TV Globo, além de ser um dos repórteres do *Jornal Hoje*, cobrindo a área de arte e cultura, passei a ser o primeiro VJ da televisão brasileira, apresentando o *Sábado Som*, onde foram vistos pela primeira vez grupos como o Pink Floyd e o Black Sabbath. Não eram videoclipes, mas filmagens de concertos americanos e ingleses que eu implorava para que Boni comprasse, selecionava os números e comentava. Antes, na televisão, não existiam programas de rock internacional, e o *Sábado Som* se tornou um must entre adolescentes como Renato Russo, Cazuza e Lulu Santos, que não perdiam um. No fim do ano, quando saí de férias, pedi a um querido amigo e colega na TV Globo (que conhecia muito mais rock do que eu) para me substituir no *Sábado Som*: Big Boy, o maior DJ da história do rádio brasileiro, que já apresentava música internacional no *Jornal Hoje*.

Tímido e tenso, gorducho e sorridente, Newton Duarte se transformava diante do microfone: sua voz metálica metralhava palavras em ritmo vertiginoso e espantosa precisão, criava gírias e novas expressões, apresentava aos jovens cariocas as últimas novidades do rock internacional, em discos contrabandeados por comissários amigos. Coadjuvado por "Doktor Sylvana", seu técnico de som e criador de sensacionais efeitos sonoros, Big Boy explodia os rádios nas tardes cariocas, era o maior sucesso da cidade. Embora tecnicamente careta na vida real, Big Boy falava tantas loucuras e num ritmo tão alucinante que era ouvido como o doidão de todos os doidões. No início, ele ainda viveu uma vida dupla: de manhã era o sisudo e tímido professor Newton, que ensinava Geografia no Colégio de Aplicação da Lagoa, e à tarde se transformava no enlouquecido Big Boy no microfone da Rádio Mundial.

Certa manhã, professor Newton entrou na sala, de paletó e gravata e, como sempre, com uma pesadíssima pasta, que jamais abria. Entre os alunos crescia a curiosidade por seu volumoso conteúdo, e alguns deles, ouvintes e fãs de Big Boy, já começavam a notar estranhas semelhanças entre a voz e o jeito rápido de falar, o ritmo, a dicção perfeita, do mestre chatíssimo e do querido DJ. Até que, naquela manhã, no meio de uma tediosa dissertação sobre a bacia Amazônica, o professor Newton parou de repente e começou a falar como Big Boy, com seu grito de guerra "Hello, crazy people!", no seu ritmo, com suas gírias. Os alunos deliravam, jogavam livros e cadernos para o alto e gritavam: "É Big Boy! É Big Boy! É Big Boy!".

Arrancando a gravata e tirando o paletó, professor Newton abriu sua famosa pasta e começou a jogar discos, discos e mais discos para os alunos, "Discos para todos!", gritava e gargalhava histericamente, falando vertiginosamente uma torrente de loucuras e proclamando que sua verdadeira identidade era Big Boy, que o professor Newton estava morto. A porta se abriu, e ele foi interrompido pelo diretor furioso. Pediu demissão no ato e saiu ovacionado pelos alunos.

Big Boy teve breve e fulgurante carreira, se transformou em uma lenda do rádio, fez muitos amigos, influenciou milhares de pessoas e morreu aos 33 anos, sozinho em um quarto de hotel em São Paulo, sufocado por um ataque de asma. Não conseguiu alcançar a bombinha salvadora.

Pirados, "friques" e doidões

"Fala, amizade!" era a saudação obrigatória dos hippies brasileiros.

Era preciso ter muita vontade e alguma coragem para ser hippie numa ditadura militar boçal e truculenta. Visados pela polícia, muitos foram confundidos com militantes da resistência armada, presos e torturados por engano.

Duro também era aguentar a concorrência dos hippies argentinos, que igualmente fugiam da repressão deles e chegavam aos milhares. Na praia, nas ruas de Ipanema, na porta de qualquer show, lá estavam eles, numa boa, pedindo:

— Tiene un crucero aí, *amissádgi*? Un cigarillo?

O verão de 1972 foi o apogeu do desbunde brasileiro. Massacrados pela repressão política e pelo autoritarismo violento, os jovens, muitos deles, sem apetite para a luta armada, optaram pelo rompimento total com a sociedade. Viraram hippies pacifistas radicais e caíram de boca no ácido e na maconha. Viviam em comunidades, faziam música e artesanato, seguiam uma dieta macrobiótica e tentavam abolir o dinheiro, o casamento, a família, o Congresso, as forças armadas, a polícia e os bandidos, tudo de uma vez só e numa boa. Muitos encontraram a felicidade, ainda que fugaz, vivendo com amigos numa "nova família", convivendo e se divertindo como irmãos.

Os mais famosos e talentosos hippies do Rio de Janeiro, os mais radicais e divertidos, eram os Novos Baianos. Conheci Moraes Moreira, Paulinho Boca de Cantor e Luiz Galvão no Rio, um ano antes,

quando eles me fizeram uma visita para me mostrar ao vivo as suas músicas, na esperança de um contrato com a Philips, onde eu era produtor. As músicas eram sensacionais, eles cantavam e tocavam com grande alegria, e havia ainda Baby Consuelo, uma divertidíssima crooner roqueira, e dois soberbos instrumentistas ainda adolescentes, os irmãos Pepeu e Jorginho Gomes, guitarrista e baterista dos Leif's — que tinham acompanhado Gil e Caetano no show de despedida do Brasil. Fiquei doido com o som deles, com as letras muito loucas de Galvão, com o bom humor e a rebeldia, com o suingue e a malandragem. Levei uma fita para a reunião da Philips. Todo mundo gostou, mas, quando os chamei para assinar um contrato, eles já tinham assinado com João Araújo, diretor da RGE, onde gravaram seu primeiro disco.

"Ferro na boneca" era o carro-chefe do disco, baseado na expressão popularizada pelo radialista futebolístico baiano França Teixeira. Um rock animado, malandro, tropical. Mas não era tropicalista, era já uma outra coisa:

> Não, não é uma estrada,
> é uma viagem,
> tão, tão viva quanto a morte,
> não tem sul nem norte,
> nem passagem...

"Ferro na boneca" foi um sucesso no meio musical, entre os pirados, friques (como os baianos chamavam os "*freaks*") e doidões do Rio, de São Paulo e de Salvador, mas não aconteceu comercialmente, vendeu pouco e a gravadora não quis fazer o segundo. E como seu protetor João Araújo tinha saído da RGE para ir para a recém-fundada Som Livre, ficaram ao relento. Levei-os para a Philips e André Midani aceitou experimentar, mas pediu que, antes do LP, fizéssemos um compacto duplo, com quatro faixas: *Os Novos Baianos no final do juízo*.

Foi um desastre completo. Embora as músicas fossem boas (especialmente "Dê um rolê") e os músicos fossem ótimos, eles estavam ainda mais roqueiros e pesados que no primeiro disco, tocando mais alto e mais distorcido, e foi impossível gravar o que eles tocavam com fidelidade. No pequeno estúdio de quatro canais da Philips, no andar de cima do Cineac Trianon, eles tocaram como se estivessem em Londres. E, como no Brasil ainda não se sabia gravar rock, especialmente mais pesado, a gravação ficou péssima, a mixagem, uma porcaria, os sons empastelados, uma lambança sonora produzida por minha incompetência técnica, só superada pela do engenheiro de som. Mas as gravações foram divertidíssimas, quilos de maconha foram consumidos, houve sempre grande alegria e ótima música. Só que o que a gente ouvia não era o que ficava gravado. O disco fracassou completamente, e durante algum tempo eles ficaram chateados comigo. Galvão, paranoico e conspiratório, dizia que eu tinha "sabotado" o disco, o que era um absurdo: eu podia ser, ou estar, meio louco, mas não era burro. Depois eles compreenderam que aquilo tinha sido incompetência e inexperiência minhas, somadas à ansiedade e à ignorância técnica deles. Deu no que deu. O LP nunca aconteceu, e eles ficaram novamente no desvio.

Os Novos Baianos moravam em comunidade num amplo apartamento em Botafogo, com suas guitarras, baterias, almas e bagagens. Nas salas eles armaram tendas de panos coloridos e cada um tinha a sua "casa", de que cuidava e onde recebia seus amigos, namorava, ficava sozinho. Elétricos, lisérgicos, cannábicos e talentosíssimos, os Novos Baianos faziam música dia e noite, tinham incontáveis amigos e a geladeira sempre cheia — e sempre vazia. Uma noite eles receberam uma visita surpreendente, mas muito esperada. Mas antes levaram um susto: o baixista Dadi, de dezenove anos, foi abrir a porta e, quando viu aquele senhor de paletó e óculos, muito sério, virou para dentro e avisou:

— Ih, pessoal, sujou: acho que é cana.

Mas não era: João Gilberto foi recebido como um messias no apartamento-comunidade de Botafogo.

Conterrâneo de Galvão, de Juazeiro, João tinha finalmente aceitado o insistente convite. Naquela noite, de surpresa, ele foi. E se esbaldou.

Quem achava que conhecia João, seu minimalismo e sua sutileza, imaginou que era mentira ou, no mínimo, absolutamente improvável que ele tivesse se encontrado, ainda que brevemente, com um bando de roqueiros elétricos e barulhentos: era tudo que João abominava, pensavam eles.

Que os Novos Baianos estivessem interessados em conhecer João Gilberto era compreensível: Galvão era seu fã, ou melhor, devoto, desde Juazeiro, e tinha estado no apartamento de João no Leblon, em êxtase místico. Paulinho Boca de Cantor, Baby Consuelo e Moraes Moreira estavam loucos para conhecê-lo. Mas uma das grandes perguntas não respondidas da música brasileira — que mudou seus rumos — ainda é:

O que João Gilberto foi fazer no apartamento dos Novos Baianos?

E, no entanto, lá estava ele, cantando alegremente, quem-quem, seduzindo os roqueiros rebeldes e elétricos com seu charme sertanejo e sua disciplina libertária, com sua arte rigorosa e acústica, feita de música e de silêncios. O culto a Jimi Hendrix sofreu forte abalo na comunidade de Botafogo naquela noite.

Algumas visitas depois, com todos em volta de João e seu violão, ouvindo fascinados uma história viva da música brasileira, bandolins e cavaquinhos começaram a dividir espaço com as guitarras. Jacob do Bandolim e Waldir Azevedo dividiam o toca-discos com Jimi Hendrix e Janis Joplin. Era uma revolução dentro da revolução, uma síntese pra lá de dialética.

Quando se mudaram para um sonhado sítio (com campo de futebol) em Jacarepaguá, graças a um contrato com a Som Livre, para onde os levou o amigo João Araújo, eles estavam prontos para desenvolver seu novo som. A música dos Novos Baianos integrava os ritmos e as sonoridades acústicas nacionais com as estridências e as distorções das guitarras planetárias — um heavy samba que misturava os mestres brasileiros com os sons internacionais e resultou num dos melhores discos da história do pop nacional: *Acabou chorare*.

Clássicos instantâneos, como "Preta pretinha" e "Besta é tu", eram obrigatórios em qualquer roda em que houvesse um violão. Os desbundados, os doidões pós-tropicalistas viraram estrelas, se tornaram presença constante nos *happenings* televisivos do Chacrinha; identificados com a atmosfera anárquica e carnavalesca do Velho Palhaço, venderam milhares de discos, mostraram a todo o Brasil sua música e seu estilo de vida. Mais que uma banda, uma família ou uma tribo, eles eram os "Novos Baianos Futebol Clube", virando o jogo da MPB e dando uma goleada musical, um show de bola.

★

Apesar do fracasso retumbante do festival do ano anterior, quando os principais compositores retiraram suas músicas, a TV Globo insistiu e, junto com as gravadoras, abriu o festival de 1972 para revelar novos talentos.

E revelou um, grande.

O Maracanãzinho delirou com aquele magrelo topetudo que tocava sua guitarra e dançava como Elvis Presley, depois xaxava como Luiz Gonzaga e, com sua música, fazia uma crítica debochada e inteligente ao confronto musical entre o rock e a música brasileira. Na primeira parte, toda em inglês, Raul Seixas cantava rock; na segunda virava baião, e era tudo a mesma coisa:

Let me sing, let me swing,
let me sing my blues and go
Tenho quarenta e oito quilo certo
quarenta e oito quilo de baião
não vou cantar como a cigarra canta
mas desse meu canto eu não lhe abro mão:
Let me sing, let me sing…

Raul era baiano, mas fazia questão de dizer que não era nem dos novos, nem dos velhos — no caso, Caetano e Gil, que tinham 30 anos. Fundador e carteira número 1 do Elvis Presley Fã Clube de Salvador, Raul detestava João Gilberto e achava uma chatice o que faziam Gil e Caetano. Claro: ele era o líder e crooner da banda "Raulzito e os Panteras", que animava os bailes jovens de Salvador no fim dos anos 1960. Mas a Bahia não era muito roqueira, e ele veio para o Rio e começou a fazer músicas e a produzir discos de estrelas da Jovem Guarda, como Jerry Adriani e Renato e seus Blue Caps, na CBS. Sempre como "Raulzito". Só virou Raul Seixas no Festival da Canção, quando o conheci nos camarins e logo gostei dele, de seu humor e seu jeito irreverente.

Inteligente e irônico, Raul era atrevido e desconfiado, anárquico e articulado, e engraçadíssimo. Com sua experiência com artistas populares e seu espírito rebelde e inovador, Raul, pós-tropicalista, somava a tradição ao futuro. Quando gravou seu primeiro LP, com músicas sensacionais como "Al Capone" e "Mosca na sopa", lançou também um talentoso letrista, de alma roqueira e língua afiada: Paulo Coelho.

> Hei, Al Capone, vê se te orienta,
> já sabem do teu furo, nego, no imposto de renda
> [...]
> Hei, Júlio César, vê se não vai ao Senado!
> Já sabem do teu plano para controlar o Estado,
> Hei, Lampião, dá no pé, desapareça!
> Pois eles vão à feira exibir tua cabeça...

Paulo conheceu Raul quando editava com um amigo uma revista hippie underground, a *2001*, e num fim de tarde recebeu a visita de um de seus raros leitores. De cabelos curtos, terno e gravata e óculos de grau, Raul se apresentou como um produtor da gravadora CBS, apaixonado por discos voadores. O artigo que o tinha interessado e levado à "redação" em busca de mais informações era assinado por Augusto Figueiredo, que não existia, era um dos inúmeros pseudônimos que Paulo e seu amigo usavam para a infinidade de "colaboradores" da revista. Em seu augusto nome, Paulo deu novas informações a um tímido e interessado Raul, que se entusiasmou e acabou convidando-o para jantar em sua casa para continuar a conversa. Com fome, Paulo aceitou. Mas estava menos interessado em discos voadores que nos discos da CBS, de quem esperava conseguir um anúncio para sua revista por intermédio de Raul.

Raul tinha 25 anos e morava num apartamento pequeno e bem arrumadinho em Copacabana, que, para os padrões hippies de Paulo, era luxuoso. Era casado com Edith, uma americana filha de um pastor protestante, seu professor de inglês na Bahia. Na CBS, Raul produzia discos de artistas populares, trabalhava duro, ganhava dinheiro, tinha carteira assinada. Depois do jantar, Raul levou Paulo ao seu "estúdio", o quartinho dos fundos, e cantou com o violão algumas de suas músicas, entre elas "Mosca na sopa" e "Let me sing". Completamente alheio ao mundo da música, Paulo não se impressionou. Só uma delas chamou sua atenção, uma balada romântica que dizia "o teu sorriso me acordou mais do que mil manhãs". Paulo adorou, pediu para Raul repetir várias vezes. Mas Raul, que via Paulo como um intelectual e um místico, dizia que não sabia fazer letras e convidou-o para ser seu parceiro. Paulo, que via Raul como um próspero profissional, ficou animado, mas não aceitou porque também não sabia. Raul insistiu, Paulo ficou de tentar.

Alguns dias depois, Raul recebeu uma "letra" de Paulo para musicar: um longo e assimétrico bestialógico hippie, absolutamente imprestável. Mas Raul insistiu, pediu outra, mais curta e mais ritmada, mais sonora. Sugeriu que se encontrassem e fizessem juntos, música e letra. E fizeram "Al Capone". E depois "Rockixe", uma tentativa de misturar rock com maxixe, na sequência do que Raul já tinha feito com o candomblé em "Mosca na sopa". Com Paulo, Raul se iniciava no mundo esotérico e no misticismo; com Raul, Paulo aprendia a fazer letras de música e entrava de cabeça no show business. Uma dupla do barulho.

Separado da filha do pastor, Raul casou-se com outra americana, Gloria Vaquer, irmã de seu guitarrista, deixou crescer a barba e o cabelo e mudou-se para um apartamento no Jardim de Alá, onde nasceu sua filha Scarlet. Lá fui visitá-lo muitas vezes, me diverti muito com suas histórias, suas mentiras, sua maledicência, sua megalomania, cheias de humor e autoironia. Com alma de farsante e fervilhante criatividade, Raul fazia músicas e planos a granel, teorizava com Paulo as bases de uma "Sociedade Alternativa", uma radicalização hippie, mais politizada e mais libertária, que em plena e feroz ditadura tinha como lema "Faze o que tu queres, há de ser tudo da Lei". No apartamento do Jardim de Alá, muitas vezes eu ficava tão fascinado pelo talento e pelas performances de Raul que o elogiava com entusiasmo de corpo presente. Ele ficava encabulado e parecia se sentir meio incomodado, meio constrangido por ser levado a sério, e aí gostava de repetir:

— Olha aqui, Nelsóvisky, eu não sou um cantor nem um compositor, eu sou um ator fazendo esses papéis.

Dava uma pausa e completava, com sotaque baiano:

— Eu sou é um magro abusado.

Além disso, era uma metamorfose ambulante, como cantava em uma de suas primeiras e melhores músicas:

Eu quero dizer agora o oposto do que eu disse antes
Eu prefiro ser essa metamorfose ambulante
do que ter aquela velha opinião formada sobre tudo…

*

No final de 1972, a Philips era a TV Globo (ou a velha Record dos musicais) das gravadoras. Nosso anúncio de fim de ano, imenso nos jornais e revistas, foi afrontoso à concorrência: todos os nossos artistas reunidos numa foto e a frase provocativa:

"Só nos falta o Roberto."

Era (quase) verdade: todos os grandes, menos "Ele", que era da CBS (e Milton Nascimento, que era da Odeon e a quem André fingiu desprezar), eram da Philips: Elis, Nara, Caetano, Gil, Gal, Os Mutantes, Chico, Vinicius, Erasmo, Jorge Ben, Tim Maia, Raul Seixas, Maria Bethânia, Ivan Lins e outros que formavam a "seleção brasileira da música" (no caso, desfalcada de Pelé). Embora Pelé, o próprio, até ele, tivesse gravado na Philips um compacto duplo com Elis Regina, que passou longe do gol. Em dois anos, André Midani e seus "mininos", como ele os chamava com seu sotaque francês, fizeram da Philips a maior gravadora do Brasil.

Mas André queria mais, além do Roberto: queria descobrir a fórmula do sucesso, como um alquimista do disco, queria descobrir os mecanismos e os fatores que determinavam o sucesso e o fracasso de um artista e de suas músicas. Ele, que havia contratado todos os melhores, queria descobrir o que eles tinham em comum, o que os fazia queridos do público, por que faziam tanto sucesso.

Em conversas com o amigo Paulo Alberto Monteiro de Barros, que tinha voltado do exílio no Chile e assinava como Artur da Távola uma coluna sobre televisão no *Última Hora*, André ficou interessadíssimo pelas leituras semióticas e teorias junguianas do "inconsciente coletivo", que Paulo Alberto estudava apaixonadamente. Era a peça que faltava: André começava a montar seu laboratório de pesquisa alquímico-musical para descobrir como se transformava vinil em ouro.

Em grande sigilo, além de Paulo Alberto, convidou os jornalistas Zuenir Ventura e João Luiz Albuquerque, o escritor Rubem

Fonseca, a jornalista Dorrit Harazim e o analista e pesquisador de mercado Homero Icaza Sánchez, conhecido como o *brujo* das pesquisas de audiência e da estratégia de programação vitoriosa da TV Globo, que não "entendiam" nada de música — mas entendiam de gente —, e juntou-os comigo e com o principal produtor da Philips, Armando Pittigliani, descobridor de Elis Regina e Jorge Ben, num eclético "grupo de trabalho".

O assunto, por todos os motivos, era top secret: as reuniões seriam fora da Philips, na calada da tarde, numa suíte de hotel no Leme, e durariam três horas: a cada semana um artista da Philips seria entrevistado por nós, contaria "tudo" da sua vida, e na reunião seguinte nós analisaríamos e debateríamos as informações, procurando identificar as relações entre a personalidade, o caráter, as forças e as fragilidades do artista — além das músicas que fazia e dos assuntos que escolhia — e o gosto popular. A ideia era encontrar os pontos em comum entre todos aqueles artistas, tão diferentes, com origens e histórias pessoais tão diversas, e o sucesso que faziam: a pedra filosofal da indústria do disco.

Claro que não encontramos "a fórmula do sucesso", mas foram tempos divertidíssimos, em ótima companhia. Ouvindo em "confissões" exclusivas os maiores artistas da música brasileira, batendo papo com gente inteligente e informada, trocando ideias e aprendendo: sobre a música, o mercado e a natureza humana. E a sua imprevisibilidade. Mesmo com toda a ajuda da legendária dra. Nise da Silveira, grande autoridade junguiana, especialista em "inconsciente coletivo", com quem nos reunimos algumas vezes, não se chegou a nenhuma conclusão. Parecia coisa de maluco, mas, como o futuro alquimista de Paulo Coelho, André encontrou um tesouro em sua própria busca. Como nenhum outro homem de disco no Brasil, ele passou a dispor de tantas informações e análises sobre os artistas, suas músicas e o mercado musical que tornou ainda mais eficiente seu já avassalador marketing, consolidando a Philips como a número 1 do país.

Numa das reuniões do "grupo de trabalho", Raul Seixas e seu parceiro Paulo Coelho, os dois de barba e óculos escuros, vestindo uma espécie de farda militar cáqui, com botas até os joelhos, deram um inesquecível show de talento e farsa, de audácia e competência.

A entrevista deles seria diferente, porque, antes de começarem a falar sobre suas vidas, Paulo e Raul queriam fazer uma apresentação de suas ideias e seus planos. Diante do quadro-negro, como um professor, com absoluta fluência e segurança, aparentando total familiaridade com o tema e até com uma certa *nonchalance*, Paulo explicou em alguns minutos, usando mitos egípcios e persas (que ia escrevendo no quadro-negro), a origem do mundo e da humanidade. E a existência de Deus, naturalmente. Era só o começo. O grupo ficou besta diante de uma farsa tão divertida e competente, de uma dupla de tanto talento, tão rock and roll.

> Eu sou astrólogo, eu sou astrólogo,
> vocês precisam acreditar em mim,
> eu sou astrólogo, eu sou astrólogo,
> e conheço a história do princípio ao fim

Era como eles cantavam, com sinceridade, em "Al Capone".

Raul e Paulo, estourando um sucesso atrás do outro, atingindo o Brasil de A a Z, ídolos de pirados, friques e doidões do Oiapoque ao Chuí, estavam mergulhados em seu maior projeto: a "Sociedade Alternativa". Fizeram até um hino, um hino rock, um grito de guerra, que o público cantava com entusiasmo nos shows. Era um manifesto anárquico e libertário, alegre e divertido, absolutamente subversivo por qualquer critério. Nos shows, o público gritava, de punhos cerrados:

— Viva! Viva! Viva a Sociedade Alternativa!

E Raul respondia:

— Faze o que tu queres, que é tudo da Lei.

O problema era que Raul e Paulo queriam materializar a "Sociedade Alternativa", comprar um grande terreno no interior, construir a "Cidade das Estrelas", organizar uma comunidade com regras e estatutos baseados na doutrina satânica de Aleister Crowley, fazer um jornalzinho, promover shows e reuniões: a sociedade, de alternativa, virava civil, com CGC (o antigo CNPJ) e tudo. E colocava a dupla no radar da paranoia militar.

As tardes na Philips continuavam animadas. No estúdio, recebemos uma visita especial: diversos executivos da matriz holandesa que faziam uma visita à filial brasileira, para ver de perto o que eles vinham considerando um fenômeno de sucesso e lucratividade. Tim Maia, que estava gravando, saiu discretamente para fumar um baseado no seu "garrastazu", que era como ele chamava um esconderijo, um mocó, um lugar secreto, dizendo com grande lógica que era a palavra mais insuspeita que existia, a que menos despertava atenção. Claro: era o nome do ditador-presidente, general Emílio Garrastazu Médici. O "garrastazu" de Tim era uma salinha escura, úmida e de difícil acesso, cheia de canos e bombas, onde ele fumou tranquilamente seu baseado, sem nem desconfiar que estava na central do ar-condicionado: não só o estúdio como o andar inteiro foram invadidos por um cheiro de maconha como nem nas ruas de Amsterdã se sentia. Meio constrangidos, os diretores brasileiros explicaram aos holandeses que Tim, além de muito peculiar, era o maior vendedor de discos da companhia — e eles acharam tudo muito divertido.

Mas Tim estava preocupado: havia comprado um terreno no alto do Sacopã, com uma bela vista para a Lagoa, e construído uma casa destinada a ser a sede de sua gravadora Seroma (Sebastião Rodrigues Maia). Deu tudo certo. O único problema era que Tim havia construído a casa não no seu terreno, mas no do vizinho, que entrou imediatamente com uma inédita ação de despejo. Ele acabou comprando o terreno do vizinho por um preço absurdo e vendendo o seu baratíssimo.

Em Ipanema, no final do ano, o poeta Torquato Neto, uma das forças criativas do tropicalismo, companheiro de Gil e Caetano no exílio em Londres e parceiro em algumas de suas melhores letras, fechou as janelas de seu apartamento, trancou-se no banheiro e abriu o gás. Tinha 28 anos.

A ferro e fogo

Não foram só musicais as grandes transformações de Elis depois da separação de Ronaldo e do início do namoro com César Mariano. Pessoalmente, ela começou a sofrer as consequências da radicalização política quando foi convidada — com outros artistas — para cantar nas Olimpíadas do Exército.

Um convite como esse era praticamente indeclinável. O coronel encarregado do evento ligava para o empresário do artista e convocava, amavelmente. No caso de o artista "já ter compromisso", ele se dispunha a "interceder" com o clube que já tinha contratado um show no mesmo dia, convencê-lo a mudar a data, num tempo em que qualquer patente militar ao telefone já fazia tremer o interlocutor. Pagava o cachê normal do artista. Mandava buscar e levar em casa. Para recusar, só mesmo dizendo que não cantava para o inimigo. E Elis cantou.

Foi chamada de traidora, amaldiçoada no meio musical, colocada no temido "cemitério dos mortos-vivos" que o cartunista Henfil mantinha no *Pasquim*. Ficou furiosa, mudou drasticamente de atitude e passou a acrescentar uma nova prioridade a seu repertório: músicas com letras políticas, mesmo que metafóricas. Mudou-se para São Paulo e saiu da TV Globo. Caiu na estrada, de ônibus, com músicos, técnicos, produtores e assistentes, se apresentando em 36 cidades do interior de São Paulo, no que imaginava ser um circuito alternativo, de estudantes. Como Bob Dylan e Joan Baez, ela queria

cruzar o país com seu pessoal, como uma família, cantando para os jovens e rebeldes, conversando com eles, cantando pela liberdade e pela resistência democrática.

Mas não foi nada disso: a turnê, organizada a seu pedido pelo empresário Marcos Lázaro, não tinha shows em clubes — que Elis detestava, achava caretas e comerciais —, só em ginásios e grandes auditórios. E o público não era de estudantes, como ela esperava: os ingressos eram caros, e quem os comprava era o mesmo pessoal que a assistiria nos clubes que ela desprezava, que gritava para que ela cantasse "Upa neguinho", "Madalena" e "Quaquaraquaquá", tudo que ela não queria.

No final da turnê, Elis rompeu seu contrato de dez anos com Marcos Lázaro. Não queria mais ser uma cantora "comercial", queria prestígio e independência — e redenção política. No novo disco, gravou quatro músicas da nova sensação de compositor, o mineiro João Bosco, sofisticadíssimas, com letras de alto nível artístico e político de Aldir Blanc, mais quatro de Gilberto Gil, reflexões existenciais como "Oriente" ("Se oriente, rapaz..."), que abria o disco. Para completar, dois velhos sambas, talvez as melhores faixas do LP. "Folhas secas", uma obra-prima, das últimas, do veterano Nelson Cavaquinho e de Guilherme de Brito, e um samba de velhos carnavais, um clássico popular de Pedro Caetano: "É com esse que eu vou". Com essas duas gravações perfeitas, Elis cristalizava um estilo de cantar samba, oposto à estridência jazzística de "Samba eu canto assim" e à exuberância rítmica dos sambões de Baden Powell e Paulo César Pinheiro. Mínima, discreta, sintética, ela escandia as sílabas com dicção perfeita, dava menos volume à voz, sofisticava as divisões rítmicas, valorizava os silêncios, não desperdiçava nada. Epa! Parecia que ela — finalmente — também tinha se rendido à magia de João Gilberto. Uma parte do seu público sentiu como "frieza" e "distanciamento" esse novo jeito de Elis de cantar samba; outra encantou-se com seu refinamento e sua sutileza, combinados com uma soberba base musical, liderada pelo piano de César, valorizando as harmonias elegantes num ritmo irresistível.

Mas, cinco anos antes, por causa de um samba, Elis tinha provocado a ira — certamente silenciosa — de João Gilberto.

João tinha criado um arranjo — vocal e instrumental — absolutamente inovador e magistral para o velho e esquecido samba "Nega do cabelo duro", de Rubens Soares e David Nasser. Suas divisões rítmicas, suas sequências de acordes surpreendentes, transformavam a música completamente. João criara uma pequena obra-prima, mais uma. Empolgado, cantava-a para amigos, em casa, pelo telefone. Até que uma entre esses amigos, provavelmente uma com bom ouvido e memória musical, de tanto ver João tocar e cantar, aprendeu tudo, tim-tim por tim-tim. E, empolgada, mostrou ao amigo Roberto Menescal, que, mais empolgado ainda, mostrou para César e Elis, que, empolgadíssima, aprendeu e gravou, tal e qual o original. João se sentiu roubado, passou a ter um cuidado quase paranoico com o que mostrar e a quem, se aperfeiçoando na arte de jamais tocar duas vezes a mesma música com os mesmos acordes. Mas era tarde demais: o bem já estava feito.

Em maio de 1973, Elis era uma das estrelas do grande evento da Philips — o festival "Phono 73" —, três noites em São Paulo, com todo o seu elenco milionário reunido em duplas, algumas delas surpreendentes e provocativas, como Caetano Veloso e o rei do "brega jovem", Odair José, grande sucesso popular com suas músicas de amor para prostitutas ("Eu vou tirar você desse lugar") e empregadas domésticas, na crista da onda com o hit "Pare de tomar a pílula".

Mesmo sendo um festival sem prêmios, promovido por uma gravadora, na plateia do "Phono 73" os ânimos estavam exaltados. O público e a imprensa ansiavam por novidades, surpresas, intervenções políticas, rebeldia e resistência. A Philips esperava gravar tudo ao vivo e lançar em três discos, valorizando e movimentando seus talentos em duetos, somando públicos, lançando novas músicas e novas versões de antigos sucessos, misturando suas estrelas estabelecidas com as jovens revelações musicais.

Quando entrou no palco, tensa e de cara fechada, Elis foi recebida com frieza pelo público passional e politizado. Entre os aplausos pouco entusiasmados, alguns assobios e uma voz raivosa que gritava "Vai cantar na Olimpíada do Exército!", provocando uma pororoca de vaias e aplausos e a réplica "Respeitem a maior cantora do Brasil!", atribuída a Caetano.

Pior — ou melhor — se saíram Chico Buarque e Gilberto Gil, que tinham feito uma música perfeita para expressar o momento e o estado de espírito que vivíamos, de repressão e sofrimento, de medo e desconfiança, apropriadamente chamada, em tempos de boca calada obrigatória, "Cálice":

> Pai, afasta de mim esse
> cálice
> afasta de mim esse
> cálice
> de vinho tinto de sangue

A música era um protesto tão sentido, tão doloroso e apropriado, tão óbvio que a Censura Federal naturalmente a proibiu. Mesmo não constando da lista aprovada pela Censura, Chico e Gil decidiram cantá-la, sem a letra, só dizendo a palavra "cálice". E foi o que tentaram fazer em meio à gritaria do público, mas nem isso conseguiram. O som do microfone foi cortado. Na versão oficial, por agentes da repressão, mas o mais provável é que tenha sido um funcionário mais apavorado da Philips, para evitar represálias. Ou talvez o censor, abominável presença obrigatória que acompanhava todos os shows, tenha mandado o técnico cortar o som. O fato é que Gil e Chico não conseguiram cantar — embora com isso tenham provocado ainda mais barulho.

A grande vitoriosa do "Phono 73" foi Gal Costa, sem fazer política, estritamente musical e até religiosa, dividindo o microfone com Maria Bethânia na lindíssima e inédita "Oração a Mãe Menininha", de Dorival Caymmi. As duas, filhas do terreiro do Gantois, Iansã e Oxum, respectivamente, levantaram o público e, no final da música, de mãos dadas, se beijaram na boca.

De Gal também era a música que se tornou o maior sucesso popular do "Phono 73", uma esperta reinterpretação do velho sucesso local "Trem das onze", um clássico "samba italiano" de Adoniran Barbosa delirantemente recebido pela plateia paulistana. O público, envaidecido, cantou entusiasmado com Gal o refrão edipiano:

> ... minha mãe não dorme enquanto eu não chegar
> Sou filho único,
> tenho minha casa pra olhar
> (breque) eu não posso ficar...

*

Depois de uma viagem a Paris, Londres e Nova York, que Marília não conhecia, passamos a morar juntos numa cobertura em Copacabana. Convidada pela TV Globo para estrelar um especial mensal — *Viva Marília!* —, que entraria no lugar do *Elis Especial*, Marília me chamou para ser o produtor musical e um dos roteiristas do programa, junto com Domingos Oliveira e Oduvaldo Vianna Filho. A direção musical seria de Guto Graça Mello, e eu faria também as letras das músicas que seriam compostas especialmente para o programa, onde Marília receberia convidados para quadros de comédia, drama e musicais. A surpresa foi a indicação da TV Globo para a direção: a dupla Miele e Bôscoli.

Na primeira reunião de produção, pela primeira vez depois de tudo que tinha acontecido, fiquei cara a cara com Ronaldo. Nós nos cumprimentamos com naturalidade e até com certa efusão tensa e exagerada. Eu estava aliviado por encerrar aquela briga, aquela culpa, aquela história pesada de amor e traição. Acho que ele também, embora com Ronaldo fosse impossível ter certeza do que ele realmente sentia. Como dois escorpianos — ele era de 28 e eu sou de 29 de outubro —, guardamos os ferrões e nos entendemos. Ele estava casado de novo, com uma advogada, eu com Marília. Elis era uma palavra proibida.

Apesar do talento de Marília cantando, dançando e representando, o programa teve modesto sucesso e breve trajetória. Continuei fazendo reportagens no *Jornal Hoje* e apresentando o *Sábado Som*, e cada vez mais me desinteressava da produção de discos. O último que fiz reuniu diversos artistas de vários gêneros e gerações, todos cantando músicas de Carnaval, como nos velhos tempos das chanchadas da Atlântida. Em irônica homenagem ao filme de Cacá Diegues com Chico, Nara e Bethânia, *Quando o Carnaval chegar*, o disco se chamava "O Carnaval chegou" e reuniu Nara Leão (cantando uma marchinha do trio Sá, Rodrix e Guarabyra, "O cordão do Zepelim"), Raul Seixas, que compôs e cantou um samba animado, o MPB4, com a marchinha "Boi voador", do musical *Calabar*, de Chico e Ruy Guerra, o novo Sérgio Sampaio, com seu ótimo samba "Quero botar meu bloco na rua", Caetano, com seu animadíssimo "Frevo novo" ("A praça Castro Alves é do povo/ como o céu é do avião..."), Jorge Ben, Jair Rodrigues, Tim Maia, Fagner e outros. O disco foi igualmente ignorado na imprensa, nas rádios, nas ruas e nos bailes e resultou em completo fracasso. Comecei a pensar em voltar ao jornalismo.

Por intermédio de Armando Nogueira, diretor de jornalismo da Globo, cheguei a Evandro Carlos de Andrade, diretor de redação d'*O Globo*, que me encomendou uma crônica musical para o jornal de domingo. Usando muitos dos conceitos que havia aprendido no "grupo de trabalho" da Philips, fiz uma longa e profunda análise musical, poética, política, sexual, comportamental e mercadológica do Secos e Molhados, o novo fenômeno musical brasileiro, que tinha vendido mais de 500 mil discos. Era o primeiro grupo nacional com uma atitude rock a conquistar o sucesso de massa no Brasil. Rostos pintados, roupas extravagantes, músicas animadas e, principalmente, o sensacional solista Ney Matogrosso, com sua voz de soprano e sua sexualidade exuberante, ambivalente e provocativa. Ney não era só a voz, era o corpo e o coração do grupo. Mas a cabeça era João Ricardo, um jovem intelectual português de São Paulo, esnobe e muito bonito, autor da maioria das músicas, dos conceitos de repertório e performance do Secos e Molhados.

Evandro, um homem charmosíssimo, mas conhecido por uma certa rispidez nas críticas e pela extrema parcimônia nos elogios, não disse nada ("quando eu não digo nada, é porque gostei; só falo quando não gosto, para reclamar"). Pediu outra para o domingo seguinte. Foi sobre Raul Seixas e seu estrondoso sucesso. Na segunda-feira, ele me convidou para escrever uma coluna diária n'*O Globo*, com notícias e comentários sobre música popular. Pedi demissão da Philips e comecei imediatamente.

O driblador

Cada vez mais gente gostava de Chico, que respondia com mais e melhores músicas e letras. Amadurecido no sofrimento, ele reagia ao sufoco e à repressão explodindo de criatividade, usando a linguagem como arma e arte, como truque e verdade ao mesmo tempo. Com Ruy Guerra, escreveu o melhor score musical que o teatro brasileiro mereceu em muitos anos: *Calabar*.

Suas músicas iam e voltavam da Censura, cortadas, vetadas, proibidas: ou por subversão ou por corrupção. Palavras eram negociadas, intenções eram investigadas, letras eram alteradas para que as músicas sobrevivessem. Fernanda Montenegro e Fernando Torres, com prestígio e experiência teatral, com fichas de subversão relativamente limpas, eram os produtores com Ruy e Chico, dividindo os riscos de uma montagem caríssima, que envolvia muitos atores, músicos, figurinos de época e cenografia.

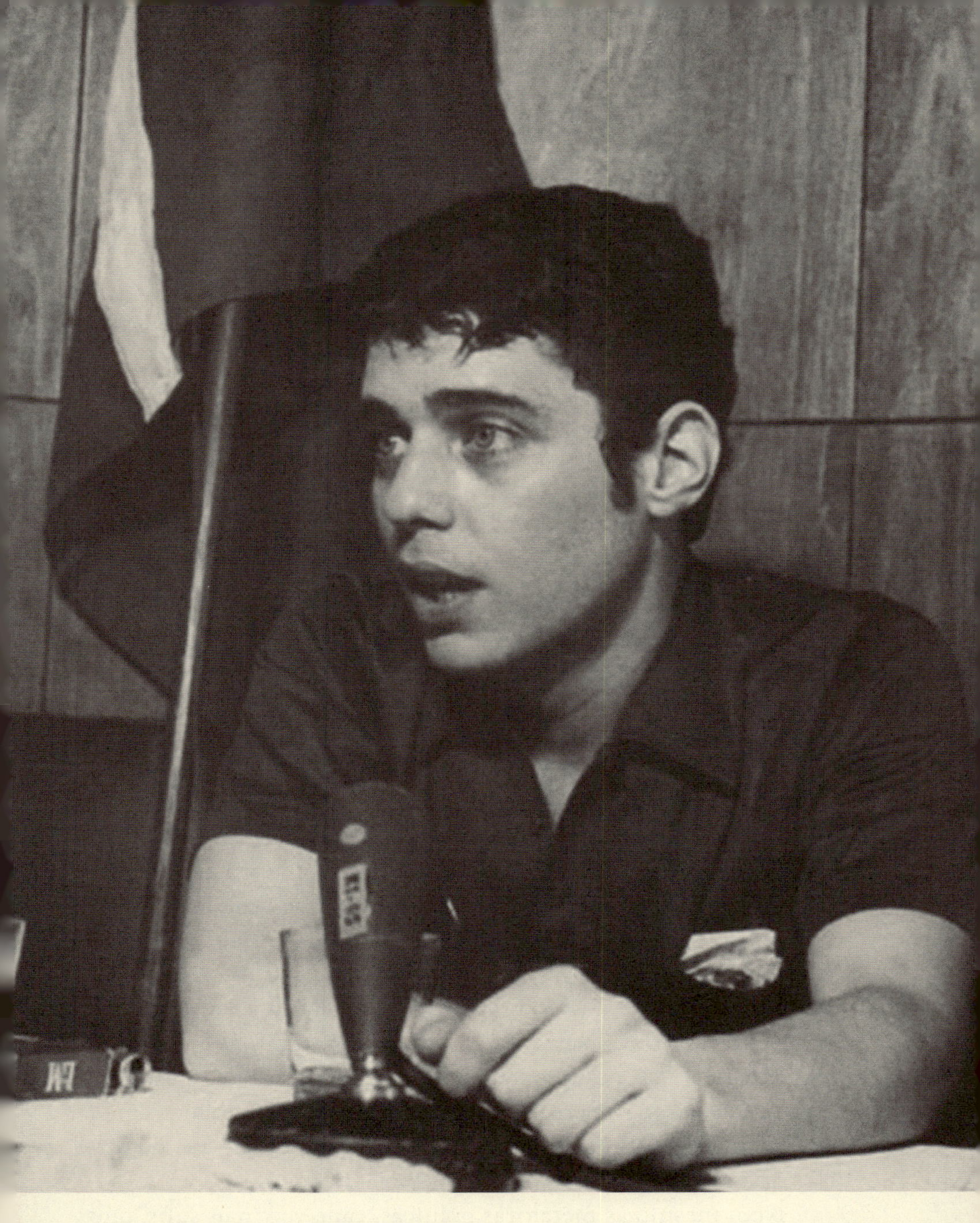

Uma a uma, obras-primas como "Tatuagem", futuros hits como "Não existe pecado ao sul do Equador", outras como "Fado tropical", "Cobra de vidro", "Você vai me seguir" e "Tira as mãos de mim", o amor de duas mulheres em "Bárbara" (cantada em dueto por Chico e Caetano na Bahia), foram sendo liberadas e começaram a ser ensaiadas pelo elenco, com Betty Faria no papel de Bárbara, a mulher de Calabar, o traidor dos portugueses na luta contra os holandeses em Pernambuco. O tema era explosivo: discutia a lealdade e a traição, o amor e a guerra, o homem e a mulher.

> Quero ficar no teu corpo
> feito tatuagem
> que é pra te dar coragem
> pra seguir viagem
> quando a noite vem...

A Censura finalmente liberou o texto da peça, que foi ensaiada, vestida, coreografada e apresentada, às vésperas da estreia, para os censores examinarem a montagem e a interpretação dos atores para a liberação final. Mas então o espetáculo foi proibido em todo o território nacional, em decisão inapelável. Fernanda e Fernando, Ruy e Chico, além da frustração artística e da humilhação civil, quase faliram com a perda total do que investiram na montagem.

Chico ainda teve o consolo de poder reunir num belo LP as canções da peça proibida. Apenas com o título *Chico canta*: a palavra "Calabar" não poderia sequer ser mencionada. Mesmo assim foi incluída, sutilmente, como uma das pichações do muro que fazia fundo para a foto de Chico na capa. Nem isso foi permitido, e a Philips teve que fazer novas capas.

O ambiente na música brasileira estava sufocante no início de 1974. Eu me esforçava para fazer da coluna um respiradouro liberal, uma janela para os novos talentos e os velhos perseguidos. Mas a Censura estava cada vez mais intolerante, a repressão política ainda mais truculenta. As notícias de desaparecimentos e o horror da tortura criavam um quadro de medo, paranoia e sufoco.

Nem mesmo as metáforas políticas, cada vez mais sutis, que os letristas aprenderam a desenvolver sob pressão, funcionavam: a Censura estava aprendendo a ler nas entrelinhas. E por excesso de zelo, comicamente, muitas músicas que não tinham nada de metafóricas acabaram sendo proibidas. Por outro lado, desenvolveu-se o patético hábito de "ler" nas entrelinhas de tudo, mesmo do que não continha nada, em busca de alguma coisa, algum protesto, alguma esperança.

Depois de *Calabar*, tudo que fosse de Chico Buarque, qualquer coisa assinada por ele, a Censura proibia. Sem dar justificativas, em atos que não permitiam recursos nem contestação judicial.

Chico se fingiu de morto. Mas maquinava uma vingança terrível, que humilharia pelo humor, que driblaria o autoritarismo e a repressão com talento e malandragem: começava a nascer Julinho da Adelaide — o novo grande nome da música brasileira, um dos poucos raios de sol nas noites silenciosas de 1974.

Como Chico não poderia gravar nenhuma música nova de sua autoria e precisava viver, cantar, fazer um disco, sua saída foi a que lhe sugeriu a direção da Philips: um disco cantando músicas de outros compositores. Os colegas estavam ansiosos para colaborar com inéditas. Rigoroso e autocrítico, Chico resistiu no início, porque nunca havia se considerado um cantor e tinha grandes inseguranças vocais. Ainda mais tendo João Gilberto como modelo e, agora, cunhado: João estava casado com sua irmã Miúcha.

Era a melhor — talvez a única — alternativa ao silêncio que o regime queria lhe impor. E Chico mergulhou com entusiasmo — e raiva — no trabalho. Pesquisou músicas antigas, com letras fortes, recebeu músicas inéditas de Gil, Caetano e Tom Jobim, e elegeu a emblemática "Sinal fechado", de Paulinho da Viola, a canção-título do disco. Fez uma reinterpretação pop da estupenda "Me deixe mudo", de Walter Franco, recente revelação da vanguarda paulistana, recriou clássicos de Caymmi, Noel Rosa e Geraldo Pereira, revelou a obra-prima secreta de Nelson Cavaquinho e Augusto Tomaz Junior, "Cuidado com a outra". Cantou melhor do que nunca e produziu um dos melhores discos de sua carreira, um trabalho histórico que marcou a estreia — e a breve carreira — de Julinho da Adelaide.

O desconhecido Julinho assinava duas pérolas no disco de Chico, "Acorda amor" e "Jorge Maravilha". Na primeira, um samba sincopado, Julinho apresentava uma visão dramática e hilariante da paranoia repressiva:

São os homens,
e eu aqui parado de pijama
eu não gosto de passar vexame
chame, chame, chame,
Chame o ladrão!

Na segunda, um samba-rock de linguagem jorge-beniana, celebrava a liberdade e proclamava:

Mais vale uma filha na mão
do que dois pais voando.
Você não gosta de mim,
mas sua filha gosta…

Todo mundo que já estava acostumado a ler nas entrelinhas entendeu que a coisa era com o general Geisel, novo presidente da República, e sua filha Amália Lucy, que tinha dito em entrevista que admirava as músicas de Chico. Ele desmentia vigorosamente e ninguém acreditava.

Com a invenção de Julinho da Adelaide, como um Garrincha enfurecido, Chico marcou um golaço por debaixo das pernas da ditadura. Combateu se divertindo, criando não só um personagem, mas sua mãe cruzadista Adelaide e seu meio-irmão e parceiro que o explorava, Leonel Paiva. Quando as músicas começaram a fazer sucesso, deu uma longa e hilariante entrevista a Mário Prata, no *Última Hora* de São Paulo, em que Julinho contava, cínica e deslavadamente, toda a história de sua vida, da mãe favelada e do pai alemão, da invenção do "samba-duplex", que podia ser lido de duas maneiras, de sua felicidade em ser gravado por Chico Buarque.

Em pouco tempo, a identidade secreta de Julinho da Adelaide se espalhou pelos bares de Ipanema. Chico cresceu ainda mais como herói da resistência, foi chamado de "o nosso Errol Flynn" por Glauber Rocha, e Julinho começou a correr perigo de vida.

O gordo e o magro

Com a repressão política onipresente e cada vez mais truculenta e paranoica, a música popular contestava a rigidez do regime na liberação da sexualidade e da linguagem, no desbunde das drogas e no individualismo exacerbado. No fim, tudo acabava sendo político, até quando não queria ser.

Ney Matogrosso exibia nos palcos — além da bela e subversiva voz de soprano — uma sexualidade agressiva e ambivalente, que provocava igualmente mulheres e homens, mas surpreendentemente encantava também as crianças. Foram elas que consagraram o grupo com o sucesso nacional da dúbia "O vira", uma mistura dançante de rock com o "vira" folclórico português, feita pela violonista carioca Luhli e pelo luso João Ricardo, idealizador e compositor do Secos e Molhados.

> Vira, vira, vira,
> Vira, vira, vira homem,
> vira, vira,
> vira, vira lobisomem.

A música tinha uma ambientação mágica, entre sacis e fadas, e o refrão era irresistível. Divertia adultos e crianças por motivos diferentes. A sexualidade revolucionária do Secos e Molhados balançava o sufoco político e trazia esperança. Afinal, era o primeiro grupo pop de verdade a fazer sucesso de massa no Brasil, algo que nem Os Mu-

tantes tinham conseguido. Depois de vender 800 mil discos, lançados pela pequena Continental, como uma banda de rock internacional, com suas caras pintadas e Ney seminu e cheio de plumas rebolando pelo palco, o Secos e Molhados fez um triunfal — que seria o último — espetáculo no Maracanãzinho, gravado ao vivo para um especial de fim de ano da Globo. O segundo disco foi decepcionante, e em seguida — como consequência do choque de egos entre Ney e João Ricardo, entre o sertanejo e o português, o instintivo e o intelectual, o sexual e o político — o grupo acabou. E Ney iniciou sua carreira solo, com um LP extraordinário, que o colocava entre os grandes intérpretes brasileiros.

Raul Seixas se firmava como um rebelde independente e libertário, tornando-se ao mesmo tempo um ídolo popular nas favelas e um admirado ponta de lança da contracultura. Com ironia debochada e grande sentido crítico, num canto quase falado, à maneira de Bob Dylan, ele transformou "Ouro de tolo" num dos maiores sucessos do ano, fustigando os sonhos da classe média e o "milagre brasileiro":

> eu é que não me sento no trono de um apartamento
> com a boca escancarada cheia de dentes
> esperando a morte chegar,
> porque longe das cercas embandeiradas que separam quintais,
> no cume calmo do meu olho que vê
> assenta a sombra sonora de um disco voador

Lançada em compacto, a música não aconteceu no Rio, mas foi muito bem recebida em São Paulo. Por sugestão de Paulo, Raul, de terno, gravata e violão, convocou a imprensa e provocou grande tumulto na avenida Rio Branco, juntando uma multidão à sua volta, cantando e promovendo ao vivo, direto ao consumidor, a sua nova música. Apareceu até no *Jornal Nacional*. Era irresistível: estourou no país inteiro.

Logo depois, Paulo e Raul enfrentaram pela primeira vez problemas com a Censura, que exigiu a modificação de dois versos de "Como vovó já dizia": o trecho "quem não tem papel dá recado pelo muro/ quem não tem presente se conforma com o futuro" foi mudado para "quem não tem filé come pão e osso duro/ quem não tem visão bate a cara contra o muro". Mas acabaram liberando o debochado refrão, que pulsava hipnoticamente e levou a música ao sucesso popular:

> Quem não tem colírio
> usa óculos escuros...

Empapuçados de maconha e ácido, Paulo e Raul se tornavam cada vez mais audaciosos. Imaginavam, ingenuamente, que suas músicas anárquicas e sua contraditória tentativa de "organização" da "Sociedade Alternativa" não eram levadas a sério pelo sistema repressivo, que eram vistas como coisa de "roqueiros americanizados" e não de "subversão política". Mas foram presos, apertados em longos depoimentos e finalmente libertados, assustadíssimos. Mudaram o jogo e abriram o leque para o misticismo oriental. Feita em dez minutos, "Gita" foi um dos maiores sucessos de 1974, gravada por Raul e depois por uma poderosa Maria Bethânia, num dos maiores sucessos populares de sua carreira. Assim, os brasileiros conheceram uma versão tropicalizada dos milhares de páginas em sânscrito do *Bhagavad Gita* condensadas por Paulo Coelho e Raul Seixas num sucesso popular. Parecia mágica.

E talvez fosse mesmo, somada ao talento e ao oportunismo da dupla, que andava enfiada até o pescoço no mundo da magia e do ocultismo, estudava e seguia o mago e satanista inglês Aleister Crowley, de quem os dois me falavam com grande entusiasmo e devoção: o homem era o "cão". Também gostavam muito de Thomas de Quincey e suas *Memórias de um comedor de ópio*; gostavam de tudo que era proibido, pecaminoso, secreto e misterioso. E diziam que detestavam política.

Raul, além de ser magro e abusado, fumava, bebia e cheirava cada vez mais, embora a cocaína apenas começasse a aparecer no meio musical carioca, basicamente alcoólico, cannábico e lisérgico. Os hippies maconheiros e viajandões, místicos e pacifistas, eram radicalmente contra o pó: era coisa "dele", do "cão". Tim Maia detestava. Envolvido com a seita "Universo em desencanto", do pai de santo Seu Manuel, de Belford Roxo, ele tentava converter os amigos ao naturalismo.

Uma tarde, no apartamento de Raul na rua Figueiredo Magalhães, testemunhei uma acalorada discussão entre "o gordo e o magro" sobre as grandezas e as misérias da cocaína e da maconha. Raul falava mal da maconha, dizendo que ela deixava as pessoas prostradas e sem vontade de nada, enquanto a cocaína dava força e velocidade. Tim contradizia, dizendo que a planta era santa, que dava paz e inspiração. A coisa foi esquentando, e, quando Raul começou a debochar do "pacifismo naturalista" de Tim, os ânimos se exaltaram e Tim encerrou a discussão advertindo o machista químico Raul para tomar cuidado, porque a cocaína provocava no usuário uma irresistível vontade de ser sodomizado. Ou, em suas palavras imortais, "afrouxa o brioco". Discussão encerrada. Tim acendeu mais um, Raul esticou mais uma e quase fizeram uma música juntos.

Depois da prisão, assustados, Paulo e Raul viajaram para os Estados Unidos no início de 1974. Raul, pela primeira vez; Paulo já tinha feito, um ano antes, de mochila nas costas e de carona, uma *road trip* de Nova York à Califórnia. Com Raul pagando tudo, os dois parceiros e as respectivas esposas desembarcaram em Los Angeles para a primeira etapa da viagem, exigência do satânico Raulzito: a Disneylândia.

No desembarque, um pequeno suspense. Sem saber da fartura californiana e correndo graves riscos, Raul tinha levado um cinto recheado de maconha, convenientemente envolvida em panos encharcados de perfume. Passou incólume pelos cachorros e pela alfândega, mas, quando chegou ao hotel, se decepcionou: a preciosa carga estava inutilizada pelo perfume. Em Los Angeles, Raul ficou maravilhado com as *head shops*, lojinhas hippies que vendiam tudo que servia para usar (e para esconder) maconha e cocaína. Uma imensa variedade de papéis para enrolar (em vários sabores), cachimbos, narguilés, vidros, canudos, trituradores, pilões, filtros, vaporizadores, sprays desodorizantes de vários aromas, embalagens com fundos falsos, toda uma parafernália de artigos para drogados e farta literatura sobre maconha, ácido e cocaína. Nas *head shops* só não se vendiam drogas.

Da Disneylândia, doidões, eles foram para New Orleans, e de lá para Memphis, em peregrinação ao santuário de Elvis Presley, a mansão Graceland. Em Nova York, por dias cercaram o edifício

Dakota, no Central Park, onde moravam John Lennon e Yoko Ono, em busca de um encontro. Em vão: nunca foram recebidos, mas na volta ao Brasil deram longas e detalhadas entrevistas sobre as ideias que trocaram com o famoso casal.

Em seguida, Raul lançou o LP *Novo Aeon*, completamente ideológico, com músicas como "A maçã", que pregava a liberdade sexual e o casamento aberto, "Rock do diabo" ("enquanto Freud explica as coisas, o diabo fica dando o toque/ O diabo é o pai do rock") e a bela balada "Tente outra vez", uma das melhores da dupla. O disco fez relativo sucesso, mas estava muito abaixo do padrão de Raul e não apresentou nenhum hit popular. Entupidos de cocaína e cada vez mais paranoicos, no fim do ano Paulo e Raul foram outra vez para os Estados Unidos, de novo bancados por Raul, mas dessa vez com o objetivo de ficar morando e trabalhando lá. Fizeram letras em inglês para as músicas, iam procurar empresários, produtores e gravadoras, começar tudo de novo nos Estados Unidos. Acabaram não procurando ninguém. Paulo ficou em Nova York e Raul, em Atlanta, com a família de Gloria. Dois meses depois, voltaram ao Brasil com o rabo entre as pernas. Brigaram, se separaram, e Paulo começou a fazer letras para Rita Lee.

*

No verão de 1975, com sorte, determinação e patrocínio da Souza Cruz, produzi, no estádio do Botafogo, na rua General Severiano, o primeiro Hollywood Rock, finalmente o sonhado festival ao ar livre. Em quatro sábados, reunimos Rita Lee & Tutti Frutti, em um dos seus primeiros shows solo, Os Mutantes (com Sérgio, Arnaldo, Liminha e Dinho), os novos cariocas Veludo, Vímana (que significava "a carruagem de fogo dos deuses" em sânscrito) e O Peso, e os "antigos" Erasmo Carlos e Celly Campello, que fez uma volta triunfal ao lado de seu irmão Tony na noite que foi encerrada triunfalmente por Raul Seixas.

Antes desse *gran finale*, muita água rolou sobre o palco e o gramado. No primeiro sábado, com Rita Lee, o tempo estava bom, mas o som estava horrível e o show não foi grande coisa. Pelo menos não choveu e ninguém foi preso. Eram milhares de jovens reunidos ao ar livre para um concerto de rock. Isso antes não existia no Brasil, só nos nossos mais ardentes sonhos. Como naquela noite quente e (quase) vitoriosa.

No sábado seguinte, muito mais gente foi ver Os Mutantes, o Veludo e o Vímana. O som estava muito melhor, o público estava adorando, mas caiu um temporal que acabou com tudo. Público e artistas debandaram, técnicos tentavam proteger equipamentos, luzes estouravam e, por fim, a cobertura do palco desabou diante dos nossos olhos.

Com o palco reconstruído e um público muito animado, bem roqueiro, Erasmo Carlos, Celly Campello e Raul Seixas protagonizaram uma noite histórica para o rock brasileiro. Milhares de jovens gritaram com eles, de punhos cerrados, "Viva a Sociedade Alternativa!" e ouviram aos gritos um inflamado e subversivo discurso de Raul, tão inflamado e subversivo que, felizmente, foi registrado no filme *Ritmo alucinante*, de Marcelo França, senão pareceria inverossímil no clima repressivo em que se vivia. Durante dez minutos, Raul falou barbaridades políticas, sexuais e religiosas, levando a garotada ao delírio, e realizou nosso sonho roqueiro no campinho da rua General Severiano.

Feitiçarias

No fim do ano, com Marília grávida, nos mudamos para uma casa no alto do Joá, numa montanha sobre o mar, de difícil acesso e sem nada por perto. Para comprar um jornal era preciso ir de carro à Barra da Tijuca, que na época era um bairro com ruas de terra e construções baixas e esparsas. Uma das primeiras grandes construções da Barra foi o complexo com os estúdios e escritórios da Philips de André Midani — agora transformada em Polygram.

Marília queria fazer um musical, queria cantar e dançar. A pedido dela, continuando a parceria musical com Guto Graça Mello que fora iniciada no *Viva Marília*, começamos a fazer as canções do musical que ela queria estrear logo depois do nascimento do bebê. *Feiticeira* era uma colagem de textos esotéricos de Carlos Castañeda com outros de Julio Cor-

tázar e de Jorge Luis Borges, uma mistura meio New Age do realismo mágico latino-americano com a moderna música brasileira, feitiçaria ultralight, mística e filosófica, gestada ao mesmo tempo que uma filha esperadíssima, a ser chamada de Esperança.

Quando Esperança nasceu, em março de 1975, o musical estava pronto, com catorze canções, não só minhas e de Guto, mas dos novos Alceu Valença, Walter Franco e Eduardo Dussek e dos "malditos" Jorge Mautner e Jards Macalé. Chamamos Fauzi Arap para dirigir e Marcos Flaksman para a cenografia, e Guto montou a banda de apoio com o guitarrista de jazz Hélio Delmiro e quatro músicos de um jovem e talentoso grupo de rock progressivo que também nos alugaria o equipamento de som. O tecladista Luiz Paulo Simas, o baixista Fernando Gama, o flautista inglês Ritchie e o baterista João Luiz, o Lobão, que tinha dezesseis anos, formavam o Vímana. O outro integrante do grupo, o guitarrista Lulu Santos, com sua jaqueta estampada de onça e seus cabelos imensos e cacheados, ficava na mesa, pilotando o som. Mas, quando Helinho teve que viajar depois do primeiro mês, Lulu pediu, implorou, exigiu a mim e a Guto que tocasse. Disse que já sabia todas as músicas de cor e que tocaria até de graça. E acabou tocando, sem errar um acorde. Com grande talento e enorme alegria, participou de um belo e imenso fracasso.

Jamais nos passou pela cabeça que *Feiticeira* não seria um sucesso. Afinal, imaginávamos, tínhamos produzido aquilo tudo, aquelas músicas, aqueles textos, para compartilhar a alegria e as descobertas de uma viagem mística e delicada, uma mágica teatral para adultos, solada por uma performer que, além de cantar, dançar e representar em altíssimo nível, ainda era uma artista muito popular, querida do povo. Não podia dar errado.

Mas deu. Não artisticamente, porque o espetáculo era um musical diferente, refinado, de alta qualidade, assim como a performance de Marília, mas comercialmente foi um desastre. Pouca gente estava interessada em viagens místicas e mágicas, em sutilezas e delicadezas. No final de 1975, havia medo e raiva em toda parte, a repressão aumentava em intensidade e violência, os órgãos de segurança agiam de maneira autônoma, fora de qualquer controle, nenhum poder era maior que o da temida "comunidade de informações", nunca se torturou e se perseguiu tanto, e a liberdade de expressão nunca foi tão reprimida. Fora do teatro e longe da casa do Joá, na vida real, a coisa estava feia: ninguém aguentava mais tanta paranoia e violência, tantos filmes e livros e músicas que não se podiam conhecer, tanta coisa que não se podia fazer nem dizer, que se tinha medo até de pensar.

Feiticeira era o oposto de tudo isso. Não tinha política nem sexo, nem deboches, nem desafios. Era leve e delicado, familiar e espiritual, esperançoso. Mas, apesar dos aplausos entusiasmados e das boas críticas, cada dia foi ficando mais difícil encher os setecentos lugares do Teatro Casa Grande. Com plateias cada vez menores, era penoso para Marília trabalhar às vezes para menos de cem pessoas. Em poucas semanas, o prejuízo era imenso, a montagem e a folha de pagamento eram caríssimas e, quanto mais tempo ficássemos em cartaz, maior seria o prejuízo. Como produtores, Marília e eu estávamos pagando para trabalhar, usando o que ganhávamos na Globo para pagar o teatro e a manutenção do espetáculo. Estávamos perplexos e assustados: nunca tínhamos imaginado que isso pudesse acontecer. A esperança era São Paulo, num teatro menor, com boa promoção.

Mas havia um problema sério: o pai de Lobão, um militar, que não consentia que seu filho menor de idade fosse com a gente para São Paulo. E, sem a autorização paterna, a Censura não liberava o espetáculo. Lobão era enorme, mas só tinha dezesseis anos. Usava óculos, tocava violão clássico e bateria. Era um músico muito talentoso e um garoto tão doce e inteligente que não hesitei em assinar um documento em cartório me responsabilizando totalmente por sua integridade física e moral e por todos os seus atos. Anos depois, às gargalhadas em noites de loucura, Lobão se divertia ameaçando usar o temerário documento contra mim.

Mas São Paulo foi pior ainda. Eram raras as noites em que os trezentos lugares do Teatro Aliança Francesa ficavam ocupados. São Paulo estava em pé de guerra, a repressão política tinha atingido seu nível mais violento, com a morte do jornalista Vladimir Herzog, torturado e assassinado no DOI-CODI. Fui ao culto ecumênico de Herzog na Catedral da Sé, vi os rostos sombrios de tantos amigos, senti aquela dor e aquela revolta, aquele horror, um clima pesadíssimo. Em São Paulo, exaltada e politizada, ameaçada, ninguém queria saber do que estávamos mostrando: estávamos em guerra, era o que eu sentia em todas aquelas noites geladas jogando fliperama sozinho durante os espetáculos para não ver o sacrifício que Marília e os músicos faziam se apresentando para plateias quase vazias.

Humilhados e endividados, voltamos para o Rio, hipotecamos a casa do Joá, pagamos as dívidas e passamos a trabalhar cada vez mais, cada um de seu lado. O desastre de *Feiticeira* provocou fortes abalos em casa, o contrário da felicidade da gestação e do nascimento de Esperança. Muitas vezes me senti culpado por ter colaborado para que uma grande artista entrasse numa "fria", num espetáculo errado, pretensioso, intelectualoide, irresponsável e totalmente fora de sintonia com o momento que o país vivia. Claro: Marília, como em toda a sua carreira, fez o que quis e como quis, com talento e competência. Mesmo com o ego e as finanças abalados, ela seguia como uma grande atriz, mas minha carreira teatral estava encerrada, minha conta bancária, abaixo de zero, e meu ego, no chão. O casamento, desequilibrado, atravessava forte turbulência.

Em São Paulo, para minha surpresa e meu desconforto, Marília quis ver o show de Elis Regina, *Falso brilhante*, o maior sucesso do ano, eleito o melhor por toda a crítica. Fiquei nervoso, por todos os motivos possíveis: como deveria me comportar? Como veria Elis de novo depois de tanto tempo? Como ela nos veria? O que Marília acharia? Nervosíssimo, me sentei ao lado de Marília, na lateral de uma passarela por onde Elis passaria durante o show. E passou, várias vezes, cantando e rindo para nós. O espetáculo era deslumbrante, arrebatador do início ao fim. As músicas, os músicos, os figurinos, os movimentos, o conceito, Elis em seus grandes momentos de intérprete, num repertório de altíssimo nível e grande abertura musical. Marília adorou, gostou de tudo, achou Elis maravilhosa. Mas me surpreendeu de novo quando me disse que tínhamos que ir aos camarins para cumprimentar Elis. Gelei. Estava feliz e emocionado com o que tinha visto e ouvido, e aliviado que o show tivesse terminado, mas ir falar com Elis junto de Marília era das últimas coisas que eu queria. Fui mesmo assim. Encontramos César Mariano, velho amigo e companheiro de gravações, que cumprimentei efusivamente. Elis estava trancada no camarim, mas, ouvindo a voz de Marília, abriu uma fresta na porta e chamou-a para dentro. Do lado de fora, durante alguns intermináveis minutos, eu e César ouvimos em silêncio apenas as gargalhadas das duas divas no camarim. Devem estar rindo de nós, pensei em dizer a César, mas não disse. Quando Elis abriu a porta, ainda rindo com Marília, cumprimentei-a, nervoso e emocionado. Ela agradeceu com dois beijinhos, puxou Marília pelo braço e continuou rindo e contando sua história.

No fim do ano, uma grande perda: desmascarado em sua identidade secreta por uma reportagem do *Jornal do Brasil* sobre a Censura, Julinho da Adelaide teve morte súbita e cívica. E Chico voltou à cena, produzindo com Paulo Pontes a poderosa *Gota d'água*, uma versão carioca da tragédia grega *Medeia*, estrelada por Bibi Ferreira e toda escrita em versos, muitos deles extraordinários, de grande força e dramaticidade.

> Deixe em paz meu coração,
> que ele é um pote até aqui de mágoa,
> e qualquer desatenção, faça não,
> pode ser a gota d'água

Som, sol e surfe

No verão de 1976, em Búzios, conheci um roqueiro capixaba, um bicho muito louco e simpático, que usava o nome de guerra de Flávio Spirito Santo. Ele tinha uma banda de rock e veio com um papo de fazermos um festival em Saquarema junto com um campeonato de surfe. Disse que conhecia o prefeito, que já tinha um local (um estádio de futebol) e que, sendo fora do Rio, seria mais fácil fazer, menores as exigências burocráticas. O prefeito estava afinzão, garantia.

Pegamos um carro e fomos a Saquarema, com suas casinhas brancas, seu mar azul, sua igrejinha, seu campinho de futebol cercado por um muro, o nosso "estádio". Na volta para Búzios começava a nascer o festival Saquarema '76: Som, Sol e Surf. Seria em abril, depois do verão, com Rita Lee, Raul Seixas, a banda de hard rock paulistana Made in Brazil, recomendada por Ezequiel Neves, os gaúchos do Bixo da Seda, que estavam fazendo um nome no underground roqueiro, a — obrigatória — banda de Flávio Spirito Santo e a estreia de uma grande blueseira, uma garota de Copacabana que tinha morado em Londres, tocava piano e cantava com uma voz rouca e rascante: Angela Ro Ro.

Chamada de Ro Ro pela sonoridade de sua gargalhada, Angela era uma garota inteligente e desbocada, que me fascinou desde a primeira vez que a vi cantando. Era muito louca, tinha um jeito agressivo e irônico de falar e era engraçadíssima. Eu a via como uma Janis Joplin sem heroína, a cantora rebelde e escrachada que faltava no rock brasileiro. Minha cunhada Sandra Pêra era sua amiga e a levou à nossa casa no Joá. Seus olhos verdes me lembraram tanto os de Maysa que, mais que como uma Janis Joplin, eu via Angela como uma Maysa-rock. Ela me deixou meio nervoso e intimidado, e, querendo ser simpático e hospitaleiro, com tensa casualidade, ofereci-lhe um baseado. Ela riu debochada:

— Não tenho mais idade pra essas coisas, meu filho. Me dá um uísque puro sem gelo.

Fiquei maravilhado ouvindo Angela tocar e cantar. Enlouqueci com "Meu mal é a birita" e outras músicas dela, adorei ouvi-la cantar "Me and Bobby McGee", o clássico jopliniano. Convidei-a para participar do festival de Saquarema; ela gostou, aceitou, mas pediu, com voz irônica e infantil, se pendurando no meu braço:

— Grava comigo antes que eu acabe, "seu Nérso".

Angela tinha vinte e poucos anos e estava apenas começando. E o festival seria não só gravado como filmado, a coisa tinha se tornado uma grande operação. Não seria um filme precário, como o *Ritmo alucinante* do Hollywood Rock, improvisado, com péssimo som, que valia só pelo discurso e pela performance de Raul Seixas. Aquele seria um filme de verdade, com os craques Miguel Rio Branco e Jomico Azulay nas câmeras, direção do competente Gilberto Loureiro, e um grande som, tendo como garantia o técnico americano Don Lewis, um doidão que trabalhava na Som Livre e seria nosso homem na mesa. Conseguimos um sócio para o filme, um amigo de um amigo, filho de um figurão da República, que colocaria o dinheiro para as despesas iniciais e conseguiria o financiamento da produção pela Embrafilme. Com seu pedigree, era muito provável que conseguisse mesmo. E realmente a película foi comprada, o equipamento, alugado, e a equipe, contratada.

O festival começou mal: não começando. Com tudo pronto, no fim da tarde uma tempestade desabou sobre Saquarema, e o show foi suspenso. Quando a tempestade deu uma amainada e fui ao "estádio", vi que, mesmo que a chuva parasse, estava tudo encharcado e não havia alternativa. No salão do "quartel-general", artistas, técnicos e jornalistas esperavam ansiosos por uma decisão. A chuva não parava. Então me lembrei de duas caixas com garrafinhas "individuais" — como as pequenas de refrigerante — de champanhe Moët

& Chandon, compradas num contrabandista e embarcadas secretamente, reservadas para celebrar o fim do festival. No salão lotado, comuniquei que o show estava cancelado, mas que as entradas vendidas para o primeiro dia valeriam para o segundo e último: seriam oito horas de som, duas noites pelo preço de uma. E, já que tínhamos tantos músicos ali, faríamos uma festa por estarmos juntos, para celebrar o grande show do dia seguinte. Mandei abrirem as caixas de champanhe e brindei com Raul, Roberto de Carvalho, Angela Ro Ro, Ezequiel Neves e Ney Matogrosso. Com uma explosão de alegria, foram abertos os trabalhos, guitarras gritaram e a festa começou.

Quem chegasse naquela noite no salão da colônia de férias que alugamos para instalar por quatro dias a produção e os artistas, mais de cem pessoas, não entenderia nada. Como o tecladista suíço Patrick Moraz, do cultuado supergrupo Yes, que chegou do Rio com sua mulher brasileira, de carro com motorista, e se espantou:

— Mas o show não foi cancelado? Vocês não tiveram o maior prejuízo? Estão comemorando o quê?

Para um suíço, aquilo foi chocante. Substituto de Rick Wakeman como tecladista do Yes — que era uma das mais cultuadas bandas inglesas de rock progressivo no início da década, ideal musical d'Os Mutantes, d'O Terço e do Vímana —, Patrick gravou dois discos com o Yes já decadente e o grupo acabou. Em Londres, se apaixonou e se casou com uma brasileira, a bela morena Liane Monteiro, irmã de minha amiga Liége. Veio para o Brasil com ela, foram morar numa casa no Joá e ele resolveu produzir um grupo brasileiro de rock para acompanhá-lo em turnês pela Europa como banda de apoio. Escolheu o Vímana, de Lulu Santos, Ritchie e Lobão. Sob sua direção, o grupo ensaiava dia e noite, também na perspectiva da produção de um compacto da banda. Para jovens músicos brasileiros de rock progressivo, trabalhar com o tecladista do Yes era um sonho — que depois se transformaria em pesadelo. Principalmente para Patrick Moraz.

Quando a festa terminou, o sol já começava a nascer e era domingo em Saquarema. De manhã, fomos ao "estádio" para ver o tamanho da encrenca, mas tudo estava bem. A rapaziada de som e luz havia protegido os equipamentos, tudo estava funcionando, o palco imenso estava molhado, mas sólido. A construção havia esgotado o estoque de madeira de Saquarema, e o pessoal da montagem teve que comprar mais nas cidades vizinhas. E, melhor ainda, um vento forte vindo do mar secava rapidamente o chão e o palco.

— O rock vai rolar! — gritamos, alegres.

Do "estádio" fui ao "aeroporto" buscar a estrela Rita Lee, que vinha do Rio em avião fretado. O aeroporto era um pasto, a torre de comando uns garotos que recebiam uns trocados para espantar as vacas na hora do pouso. O avião era um Cessna com um motor resfolegante, que alugamos a preço de banana de um certo comandante Noar (literalmente, era seu nome de batismo), que tínhamos conhecido e contratado no Hollywood Rock para passar faixas promocionais na praia. Noar era fã de Rita, a maior, talvez a única estrela do rock brasileiro. Seus discos vendiam, suas músicas tocavam no rádio, seus shows atraíam multidões de jovens. Com sua empresária, Mônica Lisboa, Rita chegou, lindíssima, muito pálida e com os cabelos vermelhos longos e esvoaçantes. Naquele cenário, parecia mais uma estrela de um filme dos anos 1940 do que de uma banda de rock. Filmamos tudo. Nossa última chance eram o filme e o disco do evento, já que o prejuízo na bilheteria com o cancelamento de um show era irrecuperável, mesmo que o "estádio" superlotasse à noite.

O dia maravilhoso levou surfistas e roqueiros ao mar e trouxe uma onda de calor para a cidadezinha. Mas, mesmo assim, não pude deixar de sentir aquela vaga melancolia que todo mundo sente no fim da tarde de domingo. A hora do megashow se aproximava, e o público, embora animado, não enchia nem metade do "estádio". E, pelo que se via, não havia mais muita gente para chegar: do lado de fora, só uns poucos doidões, definitivamente duros, que não iam mesmo pagar para entrar.

"Rock concert com plateia a meia-bomba é patético", pensei, "mas pelo menos podemos melhorar a figuração para o filme." E mandei abrirem os "portões".

Além disso, pela rádio local, convidamos a cidade inteira para a boca-livre roqueira. Mas todo mundo em Saquarema já estava vendo *Os Trapalhões* na TV, e ninguém ouviu nem apareceu.

O público foi médio, e os shows, de maneira geral, também: nem mesmo Raul e Rita brilharam. O magro estava cansado e sem gás, em abstinência compulsória devido a abalos no fígado. Rita, mesmo cheia de graça, comandando uma ótima banda e cantando grandes músicas, no palco parecia frágil e sem vigor, como se a performance lhe custasse um grande esforço. Angela Ro Ro, sóbria e tensa, cantou com garra, mas a reação do público ficou longe do que eu esperava. As outras bandas, que animaram a garotada com puro rock and roll, eram pouco conhecidas: filme e disco corriam sério perigo. Afinal, quem se interessaria por um filme e um disco de um festival que não deu certo, que não foi um grande evento de massa nem teve grandes performances?

Mas era o que nos restava, junto com o alívio por tudo ter terminado bem, sem ninguém preso ou machucado. Apesar de tudo, comemoramos como uma grande vitória. O público tinha se divertido, os artistas estavam felizes, todo mundo foi pago. Sozinho na beira da lagoa de Saquarema, ouvindo ao longe a gritaria das comemorações, tomei um ácido com Mônica Lisboa e deixei as contas para o dia seguinte.

O prejuízo da produção foi grande, mas não foi a pior notícia: nosso produtor do filme tinha sumido, deixando as contas e as latas de negativos por revelar. Depois de ouvir a fita de áudio em São Paulo com o produtor Pena Schmidt, chegamos à conclusão de que não tínhamos nada de muito bom ali. A crédito, os filmes foram revelados, mas o resultado não entusiasmava; montá-lo seria uma loucura, mais uma. Eu estava praticamente quebrado, de novo. O que eu ganhava no jornal e na TV, que era bastante, não cobria o que eu devia e o de que precisava para viver. Só me salvei graças a um empréstimo-ponte avalizado por um tio querido.

O jogo virou quando fui procurado por uma grande incorporadora, a Sisal, que tinha construído um shopping center na Gávea e precisava de uma casa noturna, um rock bar, o que eu quisesse, para tornar o lugar conhecido. O shopping era luxuoso e moderníssimo, já estava funcionando, mas estava deserto. Eles não conseguiam vender nem alugar as lojas, ninguém sabia que ele existia; poucos sabiam o que era um shopping de verdade no Rio em 1976. A coisa mais parecida que existia era o Shopping Center Copacabana, onde ficava o Teatro de Arena, com suas lojas vagabundas e escadas rolantes que nunca rolavam.

Eles tinham visto a boa repercussão do festival de Saquarema nos jornais e na TV e me ofereceram a maior área disponível, reservada a um teatro, para construir o que eu quisesse. Alugariam os equipamentos, anunciariam nos jornais. Parecia um negócio da China, mas na Gávea. Não se gastaria um tostão, mesmo porque não havia: eles bancariam tudo. E nós ficaríamos com o bar e a bilheteria e pagaríamos os músicos, os técnicos e as despesas de funcionamento. Mas era preciso que a casa fosse um sucesso, que tornasse conhecido o Shopping da Gávea. Era sua única função.

A boa notícia era que — ao mesmo tempo que eu poderia realizar o sonho de ter uma casa de música — seria impossível perder dinheiro, não havia nenhum risco. A ruim era que o espaço que eles estavam me oferecendo já estava comprado e teria que ser desocupado dentro de quatro meses, quando começaria a ser construído o Teatro dos Quatro, de Sérgio Britto.

Era pegar ou largar.

Dançar para não dançar

Aluguei um pequeno escritório num centro comercial na praça General Osório, no coração de Ipanema, para escrever minha coluna diária de quase meia página, sete dias por semana, para *O Globo*, além de gravar, editar e apresentar ao vivo uma reportagem musical no *Jornal Hoje* de segunda a sábado, fazer matérias especiais para o *Jornal Nacional* e o *Fantástico* e ainda produzir eventos musicais.

Eram duas salas mínimas no décimo oitavo andar, de onde se via, além das árvores da praça, o mar de Ipanema ao fundo. O escritório era um entra e sai constante de gente da música, trazendo informações, procurando espaço e oportunidades, pedindo conselhos, dinheiro e contatos com gravadoras, oferecendo sexo, drogas e rock and roll, querendo aparecer no jornal e na televisão ou simplesmente enchendo o saco. Fora os amigos que apareciam só para bater papo, mas eram boas fontes de ideias e notícias. Quem penava pilotando os telefones e enfrentando os visitantes inesperados, atendendo os chatos, inconvenientes e doidões, era meu secretário Leonardo Netto, um jovem aspirante a ator que havia trabalhado com Marília na revista *A vida escrachada de Joana Martini e Baby Stompanato*. Léo era alegre e animado, gay assumido, adorava o mundo do espetáculo e a vida noturna. Os principais colaboradores da coluna com notas e informações eram Scarlet Moon, uma jovem jornalista culta, irônica e bem relacionada, uma querida amiga; e um doidão maravilhoso que editava com Antônio Carlos Miguel a

revista mensal *Música do Planeta Terra* (com eventuais colaborações de Caetano Veloso, Wally Salomão e Jorge Mautner). O jornalista Júlio Barroso apareceu para me pedir um artigo para sua revista e acabou contratado. Muitas vezes, quando eu viajava, ele e Scarlet escreviam a coluna sozinhos. Acabaram namorando.

Júlio era apaixonado por *black music*, o primeiro no Brasil a dar importância ao reggae jamaicano e a divulgá-lo em sua revista, fã de John Lennon e Marcel Duchamp, de Dylan, William Burroughs, Jack Kerouac e de todos os poetas da geração beat, de todos os rebeldes literários e musicais, antenado nos poetas concretos e nas vanguardas internacionais. Era alto e magro, de pernas compridas e cabelos lisos numa semicalvície precoce, sempre despenteado. Tinha o nariz fino e usava óculos de grau, e sua personalidade era calorosa e esfuziante, sempre com uma novidade, um comentário, uma piada. Embora morasse com os pais e os irmãos num amplo apartamento na Vieira Souto, de frente para o mar, Júlio tinha uma alma popular e às vezes, por puro deleite, pegava um ônibus circular em Ipanema, ia até a Central do Brasil e voltava sem sair do lugar, maravilhado com a paisagem urbana e humana que via como um filme passando dentro e fora do ônibus.

Depois do festival de Saquarema, o escritório ganhou novos agregados: o DJ Dom Pepe, meu amigo de infância, um negro carioca de irradiante simpatia e elegante malandragem, que havia sido DJ do legendário *night club* Sucata, de Ricardo

Amaral. Depois de alguns anos morando em Londres, voltou ao Brasil e o chamei para ser o apresentador dos shows em Saquá; o gerente de produção Djalma Limongi, barbudo e comunista, que administrou as produções do vitorioso Hollywood Rock e do malfadado Som, Sol e Surf. Djalma não entendia nada de música, detestava rock, gostava de teatro e de política. Tentava organizar e equilibrar o que se ganhava e se gastava, não fumava maconha, nem bebia, nem cheirava. Só cigarros, numa piteira negra. Convivia e conversava animadamente com todos os doidões que trabalhavam no escritório ou o frequentavam, se divertia com eles, mas recusava todas as ofertas:

— Eu não sou um careta, sou um viciado em viciados.

Tínhamos tudo e todos para fazer uma sonhada casa de shows e de dança, não uma boate ou um bar de rock, mas uma discoteca — a novidade do momento em Nova York.

O escritório explodiu de alegria quando voltei da reunião na Sisal com a proposta do Shopping da Gávea. Não só seria a salvação dos prejuízos de Saquarema, mas uma oportunidade de trabalho para todos nós, e melhor, de ganhar dinheiro com um lugar tão divertido que, se não fosse nosso, pagaríamos para frequentar. O problema era que o shopping estava vazio e não era conhecido, escondido num bairro residencial e tradicional, que se caracterizava pela tranquilidade e pelo escasso comércio, sem nenhuma vida noturna. Mas, afinal, era esse o desafio. Por isso o pessoal do shopping estava apostando tanto: era preciso criar uma casa noturna tão atraente que levasse o público à então remota Gávea e tornasse conhecido o novo centro comercial.

Voei para Nova York para uma curta e intensa viagem de estudos. Com minha prima Vera Rechulski, uma residente especialista em vida noturna, percorri de olhos e ouvidos atentos os *points* do momento, que não eram mais os pequenos clubes enfumaçados de rock no Village, mas amplos espaços em Midtown, como o Infinity, cheio de neon e de luzes coloridas, com grandes bolas espelhadas que irradiavam feixes de luz sobre a multidão que enchia a enorme pista, ao som de *disco music*. Comprei uma bola espelhada, refletores, equipamento de som e discos, muitos discos de Gloria Gaynor, Andrea True Connection, Tavares, os hits do momento. Os dias de rock estavam ficando para trás, as noites eram de dança, de uma música com pulsação forte e contínua, feita de melodias simples e vocais elaborados, com arranjos luxuosos de cordas e metais, uma música com ênfase no ritmo e na sensualidade, feita exclusivamente para dançar.

De volta ao Rio, começamos a trabalhar freneticamente no projeto. O espaço era excelente, destinado a um teatro de quatrocentos lugares. Partindo de minhas observações da "viagem de estudos noturnos" e de meus conhecimentos da escola de design, projetei-o com um palco, uma imensa pista de dança branca e preta e, novidade absoluta, uma arquibancada de vinte degraus, forrada de tecido jeans. Não haveria "consumação mínima" nem "couvert artístico" como em todas as boates e casas noturnas, não haveria seleção na porta, as entradas seriam vendidas para qualquer um numa bilheteria, como em qualquer cinema ou show. Preços populares.

Faltava um nome. Na parede do escritório, tínhamos uma longa lista, em que cada um ia escrevendo suas sugestões. Uma tarde, Marco Nanini, jovem ator amigo, que sempre dava uma passada quando estava por perto, juntou dois da lista e sugeriu "Frenetic" (de que eu gostava menos) e "Dancing Days" (meu favorito, tirado de uma música do Led Zeppelin). Todo mundo gostou da sugestão, bati o martelo e o designer Nilo de Paula criou — em letras de neon, naturalmente — o logo da The Frenetic Dancing Days Discotheque, com inauguração marcada para o dia 5 de agosto de 1976, aniversário de morte de Carmen Miranda e de Marilyn Monroe, no quarto andar do deserto Shopping Center da Gávea.

> Dancemos todos, dancemos,
> amadas, mortos, amigos,
> dancemos todos até
> não mais saber-se o motivo.

Os versos de Mário Quintana ilustravam os convites para a noite de estreia.

Para servir as poucas mesas espalhadas em volta da pista de dança, eu não queria garçons, mas garçonetes, como as nova-iorquinas, alegres e divertidas, atrizes representando garçonetes. Assim que falei na ideia, minha cunhada Sandra Pêra, que também era atriz e estava desempregada, se interessou pelo papel e me disse que chamaria suas amigas Regina Chaves, Leiloca e Lidoka, que tinham participado da trupe feminina das Dzi Croquettes, dirigida por Lennie Dale, e uma ótima cantora, Dhu Moraes, a "Nega Dudu". Indicada por Dom Pepe, Edyr de Castro, bailarina da trupe Braziliana, completou o grupo. Mas elas não seriam só garçonetes: pediram para, no fim da noite, subir ao palco de surpresa e cantar três ou quatro músicas. Depois voltariam às bandejas. Ficaria muito simpático e original, elas se divertiriam mais e as gorjetas provavelmente melhorariam muito. Escolhemos cinco músicas: de Rita Lee ("Dançar para não dançar"), dos Rolling Stones ("Let's Spend the Night Together"), de Raul Seixas ("Let me Sing") e dois clássicos da Jovem Guarda ("Exército do surf" e "O gênio"), e chamei Roberto de Carvalho, o novo pianista, guitarrista e namorado de Rita Lee, para ensaiá-las. No seu apartamento em Copacabana, Roberto criou os arranjos, distribuiu as vozes, ensaiou-as exaustivamente e sobreviveu ao fogo cruzado de seis mulheres falando ao mesmo tempo com opiniões diferentes. Nasciam As Frenéticas.

Na noite de estreia, elas vestiam malhas colantes de lurex prateado do pescoço aos pés, usavam saltos altíssimos, boca vermelha e bandejas na mão. Momentos antes de as portas de vidro se abrirem para centenas de pessoas, o chão da sala de entrada ainda estava sendo pintado. Mas, fora isso, estava tudo pronto para os convidados do meio musical e da TV Globo, para amigos cinema-novistas, jornalistas, surfistas, *socialites*, psicanalistas e comunistas: a praia inteira, na grande boca-livre, na festa carioca da semana. Mais de setecentas pessoas abarrotaram pista e arquibancadas, bar e sala de entrada, mesas e banheiros. Quase às duas da madrugada, Rita Lee subiu ao palco com sua nova banda e seu novo show, *Entradas e bandeiras*, levantando o público com uma performance sensacional. Abriu com seus hits "Ovelha negra" e "Esse tal de Roque Enrow" e fechou apoteoticamente com sua nova canção em parceria com Paulo Coelho, "Arrombou a festa", que sacaneava os grandes personagens da música popular brasileira. Era uma versão atualizada e debochada da "Festa de arromba" da Jovem Guarda.

> Ai, ai, meu Deus,
> o que foi que aconteceu
> com a música popular brasileira?
> Todos falam sério, todos eles levam a sério,
> mas esse sério me parece brincadeira…

Assim que voltou a São Paulo, Rita Lee foi presa: uma blitz policial em sua casa encontrou uma bagana de maconha, e ela foi levada algemada para a delegacia. Deu no *Jornal Nacional* e saiu na primeira página de todos os jornais. Mas eu soube antes, à tarde, em um telefonema aflito de sua empresária Mônica Lisboa. Liguei para o advogado Técio Lins e Silva, que me indicou em São Paulo o dr. José Carlos Dias. Numa ação espontânea e surpreendente, Elis Regina foi com os dois filhos, João, de seis anos, e Pedro, de um, para a porta da delegacia e fez um escândalo: falou para todas as rádios e televisões em apoio a Rita — que não conhecia, com quem nunca tinha falado, nem mesmo em bastidores de televisão e de festivais. Rita era o rock, Elis, a MPB. Elis lhe mandou um bilhete amoroso e a convidou para participar de seu especial de fim de ano na Bandeirantes. Por ser ré primária, Rita, grávida de seu primeiro filho, foi solta para responder ao processo em liberdade. O compacto de "Arrombou a festa" estourou nas rádios e nas lojas, com Rita vestida de presidiária na capa.

A boca-livre inaugural da Dancing Days foi um sucesso, mas, no dia seguinte, quando a casa foi aberta ao público pagante, só apareceu meia dúzia de gatos pingados. Comecei a ficar preocupado. No outro dia, com anúncios nos jornais, telefonemas desesperados a colunistas, convites distribuídos e esperanças renovadas, tivemos pouquíssimo público. Fiquei ainda mais preocupado. No terceiro dia, uma sexta-feira, ressurgimos dos mortos e a casa encheu, com um público jovem e animado que tinha lido nos jornais e ouvido na praia o boca a boca sobre a sensacional festa de abertura da nova discoteca na Gávea, com muitos amigos voltando. No sábado, mais de setecentas pessoas, casa lotada, público animadíssimo, adorando tudo, enchendo a pista, namorando nas arquibancadas, dançando e se divertindo com o showzinho d'As Frenéticas, que foi aplaudido freneticamente, muito além das nossas expectativas mais otimistas. Acrescentamos mais duas músicas ao repertório delas, a pedidos.

Na cabine de som, atrás de suas picapes, Dom Pepe gritava: "Vou fazer vocês pularem feito pipoca!". E a pista explodia com hits de James Brown e dos Rolling Stones, de Rita Lee e de Raul Seixas, misturados com os sucessos da *disco music* trazidos de Nova York. Com um projetor de dezesseis milímetros emprestado, Dom Pepe exibia numa grande tela sobre o palco filmes de números musicais cedidos pelas gravadoras, com Bob Dylan ("Hurricane"), David Bowie ("Soul Train") e Eric Clapton ("Cocaine"), transformando-se no primeiro "*film jockey*" do Brasil. O público nunca tinha visto aquilo e adorava. O volume era ensurdecedor.

Em duas semanas, a Dancing Days se tornou a febre da cidade. Misturados ao jovem público da Zona Sul que enchia a casa, estrelas e personagens das noites cariocas, músicos, intelectuais, esportistas e até artistas que não frequentavam a noite, como Milton Nascimento e Maria Bethânia, dançavam na frenética Dancing Days. A casa era tão democrática que uma noite o pintor Jorge Guinle Filho, surpreso e encantado, encontrou na pista a sua empregada: os dois tinham comprado entrada na mesma bilheteria e dançavam na mesma pista.

O ambiente era tão sexy e tão liberal que as escadas escuras do shopping deserto se enchiam de gemidos e de casais de todos os sexos, enquanto outros, mais ousados, preferiam os cantos escuros debaixo das arquibancadas, protegidos por cortinas. Por pressão popular, As Frenéticas passaram a cantar mais músicas e a servir menos drinques e se tornaram a grande atração da casa. Muita gente ia lá só para vê-las, de espartilhos negros, cintas-ligas, meias arrastão e saltos altíssimos, num show de mais de uma hora, obrigadas a incontáveis "bis". Bandejas, nunca mais. Mas a essa altura não havia mais mesas na Dancing Days, era tudo pista de dança.

Foi lá que lancei meu primeiro livro, uma coletânea de contos temerariamente publicada por um vizinho de porta do escritório de Ipanema, o jovem Paulo Rocco, que iniciava sua editora numa salinha apertada como a minha. Paulo teve muita boa vontade: com exceção de três ou quatro boas histórias (Antonio Calmon queria filmar uma delas, de sexo e terror), o resto do livro, escrito às pressas, sem edição, sem revisão, era uma mistura caótica de algumas boas ideias com um monte de bobagens. *O piromaníaco* foi um fracasso de vendas e passou despercebido pela crítica. Mas a noite de autógrafos foi divertidíssima, misturando meu avô e seus amigos velhinhos da Academia Brasileira de Letras com gatas e surfistas de Ipanema, artistas e doidões, jornalistas e cinema-novistas, colegas da TV Globo e amigos de Marília do teatro, todos dançando contentes numa efervescente boca-livre disco-literária.

No meu aniversário, o pessoal preparou uma festança surpresa, com convidados e equipe, inclusive os seguranças, fantasiados de criança, e As Frenéticas de uniforme de grupo escolar. Era uma festa infantil para adultos, com engolidor de fogo, pipoqueiro e carrocinha de algodão-doce na pista, mamadeiras de champanhe de boca em boca.

A praia tremeu quando se espalhou o boato de que a "Dancing", como era chamada na intimidade, estava com as noites contadas: fecharia no dia 5 de novembro para começarem as obras do Teatro dos Quatro. A confirmação da notícia levou a legião de habitués ao desespero e provocou uma corrida dos que queriam conhecer a Dancing Days antes que acabasse. Foram milhares de pessoas, noites e mais noites de festa e dança, onde gente de várias classes e gerações se misturava, uma usina de alegria nas noites cariocas.

Mas, antes de fechar definitivamente, a Dancing foi fechada três vezes pela Administração Regional da Gávea, por não ter alvará nem qualquer licença de funcionamento: a casa era totalmente ilegal, pirata, fantasma. Com as portas da Dancing lacradas, fui conversar com o administrador regional, que era um senhor muito simpático e compreensivo, mas dizia que não podia nos dar um alvará, porque naquela zona não eram permitidas casas noturnas. "Mesmo no quarto andar de um shopping center deserto?", eu argumentava. Não incomodávamos ninguém, pagávamos imposto sobre a bilheteria e o movimento do bar, nossa firma estava em ordem com suas obrigações fiscais, seria só mais um mês (embora fossem dois), e a casa fecharia. Ele foi piedoso, e reabrimos a casa. A mesma sequência se repetiu mais duas vezes, completas: com a boa vontade do administrador e a promessa de que iria fechar, a casa reabria. Até o último dia a Dancing Days jamais teve alvará ou qualquer licença de funcionamento: começou e terminou absolutamente fora da lei.

Já nos últimos dias, fomos fechados pela Delegacia de Polícia da Gávea, atendendo à reclamação de uma vizinha de fundos, que, enlouquecida com o barulho, não conseguia dormir. Fui ao apartamento da reclamante, uma senhora educada, professora e escritora de livros infantis, para tentar uma solução. Ela pediu que eu telefonasse para a Dancing Days e mandasse ligar o som para ouvir o que ela ouvia todas as noites. Telefonei, cético, porque o apartamento era muito distante, mas, quando ligaram o som, tremi: do imenso exaustor da Dancing Days vinham não só ar e fumaça, mas um rio de som que desaguava direto na janela do quarto da pobre senhora.

Constrangido, pedi desculpas e ofereci-lhe imediatamente um ar-condicionado. Me comprometi a colocar isolante acústico na parede que dava para aquela janela. No dia seguinte, forramos toda a parede interna da Dancing com embalagens de ovos daquelas de papelão, recomendadas por nosso técnico de som, Ray, um garotão australiano. Adiantou, mas não muito: quando a noite pegava fogo, Dom Pepe e Ray se entusiasmavam no volume e a professora não conseguia dormir. E entrou com um processo para fechar a casa. Mas, como faltavam poucos dias para o fim da temporada, antes de qualquer medida judicial tivemos morte natural e anunciada, no auge do sucesso, sem conhecer a decadência de todas as casas noturnas de sucesso. Muita gente chorava na última noite, como o jovem Cazuza, de dezessete anos, filho dos amigos João e Lucinha Araújo, um dos frequentadores mais assíduos e animados. A Dancing Days começava a virar uma lenda nas noites cariocas.

Entre os vários personagens que marcaram a Dancing, uma das mais bonitas e festejadas era uma jovem atriz paranaense que tinha estourado na novela *Gabriela* e era nossa amiga da praia, uma morena que enlouquecia a pista com sua alegria, seu cabelão e seu *sex appeal*. Sonia Braga tinha 24 anos e foi a musa que inspirou Caetano Veloso a compor o sucesso "Tigresa":

> Ela me conta, sem certeza, tudo o que viveu
> Que gostava de política em 1966
> e hoje dança no Frenetic Dancing Days...

★

Dez anos tinham se passado desde o idealismo hippie, a generosidade revolucionária e o romantismo transformador que marcaram nossa geração. Nos Estados Unidos e na Europa, eles celebravam com sexo, drogas e *disco music* suas lutas e conquistas e queriam mais. No Brasil, depois de doze anos de ditadura militar, a escalada repressiva que tinha chegado a seu ponto mais agudo com o assassinato de Vladimir Herzog experimentava uma pequena, mas significativa, distensão. O general Geisel demitiu o comandante do II Exército em São Paulo como responsável pela área em que ocorrera o crime, enquadrou o aparelho repressivo e sinalizou que mesmo a "guerra contrarrevolucionária" tinha limites. E que havia uma possibilidade de abertura, "lenta, gradual e segura".

As Frenéticas começaram a gravar seu primeiro disco como as primeiras contratadas da nova gravadora Warner, dirigida por André Midani, na produção de estreia do ex-Mutante Liminha. Pensando nelas, escrevi uma letra numa levada bem rock and roll e mandei para Rita Lee e Roberto de Carvalho em São Paulo:

> Eu sei que eu sou bonita e gostosa
> e sei que você me olha e me quer
> eu sou uma fera de pele macia
> cuidado, garoto, eu sou perigosa...

Alguns dias depois eles mandaram uma fita com a música pronta, um rock and roll básico e suingado, com riffs rolling-stonianos e uma preciosa contribuição de Rita no final da letra. A que mandei a eles terminava assim:

> Eu posso te dar um pouco de fogo,
> eu posso prender você, meu escravo,
> eu faço você feliz e sem medo,
> eu vou fazer você ficar louco, muito louco, muito louco...

E Rita acrescentou, femininamente:

> ... dentro de mim!

Maravilha! Só que a Censura jamais aprovaria uma letra assim. Então, quando mandamos o pedido de autorização, só com a letra escrita, coloquei "dentro de mim" não como o último, mas como o primeiro verso da letra:

> Dentro de mim
> eu sei que eu sou
> bonita e gostosa...

Ia até o final e emendava com o início. Deu certo. "Perigosa" foi liberada e, na gravação, As Frenéticas se "esqueceram" de cantar "dentro de mim" na abertura e cantaram todas as outras vezes, até o final, quando ficavam repetindo "dentro de mim" entre gemidos lúbricos e toda sorte de sacanagens. Assim que chegou às rádios, a música explodiu: homens, mulheres e crianças, feios e bonitos, cantavam alegremente "eu sei que eu sou bonita e gostosa" e diziam com entusiasmo que iam fazer alguém "ficar louco, muito louco, dentro de mim", os gays iam à loucura, as velhotas assanhadas desreprimiam geral. A música foi uma das mais tocadas do verão e das mais cantadas no Carnaval de 1978, de norte a sul do Brasil. Na Bahia, tocada pelo Trio Elétrico de Dodô e Osmar em ritmo de frevo acelerado e cantada por milhares de vozes, levava a praça Castro Alves ao delírio e me fazia chorar de felicidade em frente à televisão: é a maior alegria que um compositor pode ter.

No final do verão de 1977, As Frenéticas tinham vendido mais de 100 mil discos e explodiam nos programas de televisão com seus espartilhos e cintas-ligas, sua sexualidade esfuziante, sua alegria e sua irreverência. Tornaram-se também as favoritas das crianças, que cantavam e dançavam suas músicas e imitavam seus movimentos sensuais. As Frenéticas não eram uma imitação das estrelas internacionais de *disco music*, mas uma versão pop das vedetes de teatro de revista, das estrelas de cabaré e de chanchadas da Atlântida, em ritmo de rock e discoteca.

Uma de suas primeiras músicas define bem a atitude artística do grupo: "Dançar para não dançar", de Rita Lee, um jogo de palavras com a liberdade da dança e o perigo de "dançar", irônica e terrível gíria da época para "ser preso, desaparecer, morrer". Tudo que elas cantavam ganhava novo sentido, ambíguo e sacana, alegre e libertário. Até uma música do *angry young man* Gonzaguinha, recordista de músicas censuradas e um compositor político militante e agressivo, ganhou uma nova ironia e se transformou num hit d'As Frenéticas. Com esfuziante arranjo *disco* de Dom Charles, da turma de Tim Maia, o samba de Gonzaguinha que ironizava o "milagre brasileiro" virou *disco music* e se tornou seu primeiro grande sucesso popular.

> O trem da alegria promete
> (elas davam uma pausa, rebolavam lubricamente e repetiam)
> mete, mete, mete e garante
> que o riso será mais barato d'ora, d'ora, d'ora em diante,
> que o berço será mais confortável,
> que o sonho será interminável,
> que a vida será colorida etc. e tal

O "trem da alegria" d'As Frenéticas partia da Rádio Nacional para a Central do Brasil, carregado de ioiôs, miçangas, tangas e bugigangas, como dizia a letra de Gonzaguinha, e fazia o Brasil dançar como Rita Lee. Ao contrário da música de Led Zeppelin que deu nome à casa, os dias de dança não estavam de volta: para mim estavam apenas começando. Eu mesmo não gostava de dançar e raras vezes me aventurei na pista da Dancing Days. Mas amava ver os outros dançando.

Noites frenéticas

Com a aventura da Dancing Days e o espetacular sucesso nacional d'As Frenéticas, minha vida ganhou um novo ritmo, noturno e acelerado, além das minhas obrigações diárias e diurnas no jornal e na televisão. O casamento entrou em crise.

Na noite, tudo estava dando certo, ninguém queria parar. A equipe vitoriosa da Dancing, do DJ aos músicos, produtores e seguranças (todos tinham participação na cooperativa informal), os amigos, os artistas, o público, todo mundo queria mais. No escritório de Ipanema choviam telefonemas perguntando quando e onde iria (re)abrir a Dancing.

— Só se for no Pão de Açúcar — eu dizia brincando, como se falasse do Coliseu de Roma ou da Torre Eiffel. Porque não imaginava fazer uma nova Dancing Days em lugar nenhum, e queria preservar sua memória gloriosa, a história e a lenda, a marca da casa. Não abriria em qualquer lugar, correndo, só para aproveitar a onda e a popularidade do nome. Estava feliz por tudo ter sido tão bom e em tão curto tempo, pelo fato de a Dancing ter acabado em seu melhor momento, por não ter sofrido as humilhações da decadência. Por ter me ajudado a pagar minhas dívidas e restaurar a autoestima.

Dois meses depois do fim da Dancing, fui procurado pelos diretores da companhia que operava os bondinhos e explorava as lojas e os restaurantes do morro da Urca e do Pão de Açúcar.

Almoçamos no The Fox, na praça General Osório, e o presidente, um enérgico velhinho, dr. Christovam Leite de Castro, e seu filho, engenheiro Antero, em nome da companhia, me ofereceram seus 20 mil metros quadrados de floresta no alto do morro, com bar e restaurante, um anfiteatro de madeira cercado de árvores, com um pequeno palco — e a visão deslumbrante do Rio noturno, a duzentos metros de altura. E nos associamos para abrir uma Dancing Days no alto do morro da Urca.

A curta e intensíssima vida da Dancing Days original a tornou conhecida em todo o Brasil como a grande novidade da vida noturna, a nova moda, a primeira discoteca brasileira, embora algumas semanas antes de nós já funcionasse em Ipanema, num espaço bem menor, a New York City Discotheque, que não tinha música ao vivo e era muito mais comportada. E não tinha As Frenéticas. Em todas as centenas de entrevistas que as seis garotas deram pelo Brasil inteiro em sua turnê triunfal, que começavam inevitavelmente por "Como começou a carreira de vocês?", tudo que falavam aumentava a popularidade e a lenda da Dancing Days, que se transformou em sinônimo de discoteca. Quando Gilberto Braga ambientou sua novela, estrelada por Sonia Braga, na nova onda de música e dança das noites cariocas, não encontrou título melhor nem mais adequado. O diretor Daniel Filho e Boni concordaram entusiasticamente.

Mas "Dancing Days" era uma marca registrada legalmente por mim quando abri a casa. E a TV Globo precisava ter todos os direitos, já que planejava licenciar uma série de produtos da nova moda a partir da novela. Do contrário, escolheriam outro título. Negociei com Boni a venda para a Globo dos direitos da marca por um dinheiro razoável e uma série de comerciais para a nova Dancing Days que abriria no morro da Urca. Não que precisasse: teria uma novela da TV Globo, das oito, com o nome da minha discoteca. Além disso, Daniel pediu que eu fizesse uma música, dançante, *disco*, para ser o tema de abertura da novela. Cantada pelas Frenéticas, claro. Chamei o pianista Ruban Barra, que tocava com elas desde o primeiro show, e ele me mostrou a base de uma animadíssima *disco*, de melodia fácil e alegre, irresistivelmente dançante e carnavalesca. Perfeito registro do espírito da época.

Entre goles de uísque e linhas de cocaína, a música ficou pronta em menos de uma hora. As Frenéticas gravaram uma base no Rio e o produtor Mazola levou a fita para Los Angeles, onde acrescentou um arranjo de *big band* de cordas e metais, tocado pela fina flor de músicos americanos de estúdio. Mixou e masterizou no melhor estúdio de L.A. Ficou sensacional, sem perder em nada para os similares estrangeiros. Antes mesmo de a novela entrar no ar, a execução maciça da música nas chamadas da TV Globo detonou saraivadas de telefonemas para as rádios, e em poucos dias "Dancing Days" já tocava intensamente no Brasil inteiro e era o terceiro hit consecutivo d'As Frenéticas em menos de um ano. E o maior de todos.

Abra suas asas,
solte suas feras,
caia na gandaia,
entre nesta festa

As Frenéticas convidavam, e o Brasil cantava e dançava.

A gente às vezes sente, sofre,
dança, sem querer dançar
Na nossa festa vale tudo
vale ser alguém como eu,
como você

A novela estreou com grande sucesso e passou a ser acompanhada apaixonadamente pelo público. No início do verão de 1978, com um show d'As Frenéticas e uma festa de arromba, a Dancing Days abria sua imensa pista ao ar livre, numa clareira entre árvores exuberantes, num platô no alto do morro da Urca. Sem vizinhos, sem polícia, sem administração regional e cercada pelo silêncio e pela floresta tropical. Um sonho de verão. Mas a "volta triunfal" foi um completo desastre.

Deslumbrados com a imensidão da área, calculamos mal e convidamos muito mais gente do que as 3 mil pessoas que poderíamos. O pessoal da velha e pacata companhia do bondinho, acostumado a atender turistas, calculou pior ainda, e, pouco depois da meia-noite, os bares não tinham mais nem água mineral. Os bufês foram devastados em minutos. Mais de 5 mil pessoas, entre artistas, celebridades, habitués da velha Dancing, populares e penetras subiram o morro. Os novos bondinhos italianos eram grandes, modernos e seguros. Mas lentos. Subiam setenta passageiros de cada vez, em dois bondinhos, com uma longa e cuidadosa manobra de embarque e desembarque, cada viagem levando quase dez minutos.

Filas monstruosas se espalhavam pela praia Vermelha e desembocavam na estação do bondinho. Lá em cima, o caos. Com o anfiteatro e a pista abarrotados, gente pendurada nas árvores e metade do público sem conseguir ver o palco, As Frenéticas fizeram um show sensacional e levaram o público à loucura. E depois todos pularam feito pipoca com os hits de Donna Summer e de "Saturday Night Fever" que Dom Pepe detonava nas caixas.

Mas sem bebida, com os banheiros em colapso e a pista superlotada, os excedentes e excluídos queriam ir embora (para nunca mais voltar), e filas monstruosas se formavam na estação do bondinho para a batalha da descida. Muita gente levou mais de uma hora esperando e nos xingando, entre eles muitos amigos e habitués da velha Dancing. Nenhum de nós teve coragem de ir à praia no dia seguinte.

Ao contrário do que esperávamos, quando abriu para o público, a nova Dancing não partiu de onde tinha terminado a antiga, com seu público habitual de artistas e garotada da praia. Todas as sextas e sábados, 3 mil pessoas lotavam os bondinhos, vindas não mais da Zona Sul, mas principalmente da Zona Norte e dos subúrbios, muita gente que confundia a novela com a discoteca, que imaginava "estar" na novela, que esperava encontrar a Sonia Braga dançando na pista. Um público completamente diferente do da Gávea, onde se conhecia todo mundo: agora não conhecíamos mais ninguém. A casa era um sucesso absoluto de público, estávamos ganhando mais dinheiro, mas todo mundo se divertia muito menos.

Divertida mesmo foi a festa que Rod Stewart deu no Copacabana Palace por conta da Warner. Estrelíssima internacional, ele era alucinado por futebol e veio ao Rio menos para cantar que para ir ao Maracanã. Para aproveitar a oportunidade e fazer uma promoção do seu novo disco, a gravadora convidou para jantar com ele a imprensa especializada e alguns artistas e VIPS, coisa de quarenta pessoas. Mas a notícia se espalhou na praia do Posto 9, e a gigantesca suíte presidencial do Copa recebeu mais de 250 convidados e penetras, de todos os sexos, animados à beça. Rod e seus amigos adoraram tudo, sacolés de cocaína rolando nos banheiros, bebida à vontade, e a noite terminou com um disputado futebol de salão de três contra três na "quadra" de mármore da suíte, tendo como resultado alguns abajures e cadeiras quebrados. A Warner pagou a conta e Rod foi expulso do hotel, mas gostou tanto do point que alugou um apartamento no vizinho e chiquérrimo Edifício Chopin, na avenida Atlântica. Na festa de réveillon de Guilherme Araújo, no morro da Urca, o escocês se esbaldou. Seu amigo Elton John, vestido de marinheiro, também: os dois cheirando cocaína como tamanduás humanos.

O grande acontecimento da Dancing Days foi a festa de arromba que a gravadora Ariola ofereceu para dois mil convidados em homenagem à sua estrela Bob Marley, que fazia sua primeira viagem ao Brasil para lançar o novo disco. Marley chegou como um rei, fumou diversos baseados, dançou e tomou guaraná, ficou louco com o visual do Rio de Janeiro iluminado, da ponte Rio-Niterói ao Leblon. Nessa noite, o público foi o da antiga Dancing.

Com a novela, a febre mundial da discoteca se espalhou por todo o Brasil, o segundo LP d'As Frenéticas, puxado por "Dancing Days", estourou nas paradas de sucessos, grandes artistas como Tim Maia e Ney Matogrosso gravaram *disco music*, todo mundo começou a gravar. Tudo virou discoteca, havia uma discoteca em cada esquina, a moda discoteca, as meias arrastão, os sapatos de plataforma, os ternos brancos, as roupas de lurex, os produtos licenciados pela TV Globo. O disco com a trilha internacional da novela vendeu mais de 1 milhão de cópias. Era hora de mudar de praia.

Com o fim do verão, o fim da novela e o início das aulas, o público começou a diminuir, então resolvemos fechar, melhorar o palco e o anfiteatro, que eram precários, e fazer novos bares e banheiros para reabrir no verão seguinte com outro nome, outra decoração e outra música. Eu não aguentava mais *disco music*.

Enquanto as obras andavam a passo de cágado no morro da Urca, recebi de Mario Priolli uma proposta muito interessante. Fazer uma discoteca no seu Canecão, a maior casa de espetáculos do Rio, que apresentava temporadas de shows dos maiores artistas brasileiros. O espaço era sensacional, todo equipado com palco, som e luz, mas uma discoteca era totalmente incompatível com os shows que Mario apresentava às nove da noite. A discoteca teria que funcionar depois dos shows, que terminavam às dez e meia. Teríamos uma hora para mudar completamente a decoração da casa, a cenografia, o palco, tiraríamos mesas e cadeiras para abrir a pista de dança de alumínio e abriríamos às onze e meia como discoteca. Uma ideia muito louca: duas casas em uma.

Mas eu não queria fazer uma discoteca como a Dancing Days e todas as outras, tocando *disco music*, copiando as americanas. Queria uma diferente, com música latina e decoração tropical, com uma *big band* de vinte músicos regida por Guto Graça Mello tocando para dançar um repertório de sabor latino. Salsas e merengues, boleros e rumbas cantados e dançados por duas crooners animadíssimas, vestidas de rumbeiras num cenário cheio de palmeiras, frutas e flores tropicais, duas jovens atrizes que cantavam muito bem e tinham pernas sensacionais: Tânia Alves e Elba Ramalho. Era o Tropicana.

A temporada durou quatro meses, e todas as sextas e sábados as equipes de montagem do Canecão iam à loucura, tirando centenas de mesas e cadeiras e, em uma hora, transformando a casa de shows careta num paraíso tropical. O Tropicana era uma floresta de palmeiras e plantas, com paredes cobertas por estamparias de frutas e exuberante cenografia florida no palco. O DJ Chris Jones era um jamaicano que conheci em Nova York, irmão da "*disco* diva" Grace Jones e mais gay que ela, e que — em escolha infeliz e precipitada — importei para tocar no Tropicana. Chris, que era DJ de um salão de cabeleireiros, era louco, cheirava como um aspirador humano, adorou o Rio de Janeiro, mas suas músicas eram nova-iorquinas demais para as massas que iam ao Tropicana e gostavam d'As Frenéticas e de Tim Maia. O som latino não pegou, o pessoal gostava mesmo era da *disco music* do DJ Ricardo Lamounier (da New York City Discotheque), que substituiu Chris às pressas e garantiu as pistas lotadas. As Frenéticas foram chamadas para fazer os shows, e o Tropicana encheu. Só que não tinha mais a menor graça. Eu não aguentava mais *disco music*. Mas estava adorando a vida noturna, que vivia como uma festa permanente, onde me divertia e ganhava dinheiro, convivendo com estrelas da música, da televisão e dos esportes.

Chegava em casa sempre de madrugada, e, depois de incontáveis brigas, idas e voltas, vidas cada vez mais separadas, o casamento acabou com muito sofrimento para nós dois. Marília ficou com Esperança na casa do Joá, e eu me mudei para uma cobertura no edifício Imperator, o último da praia de Copacabana, no Posto 6, no décimo terceiro andar de um prédio *art déco* dos anos 1940. Aos 34 anos, eu ia morar sozinho pela primeira vez.

Duelo musical

A distensão "lenta, gradual e segura" do general Geisel continuava, com a revogação do AI-5, o abrandamento da Censura ("Cálice", "Apesar de você" e muitas outras músicas foram liberadas) e, no final do ano, a anistia. Um fervor nacionalista e estatizante unia governo e oposição, o general João Figueiredo tomava posse, prometendo a redemocratização.

Em julho, fui cobrir para *O Globo* e a TV Globo o Festival de Jazz de Montreux. A grande estrela da Noite Brasileira era Elis Regina, que, depois de quinze anos, tinha saído da Polygram para assinar com seu velho amigo André Midani na Warner. A gravação de um disco ao vivo em Montreux era parte importante do novo contrato, para dar um impulso à sua carreira internacional. Com César Camargo Mariano e os estupendos Paulinho Braga, Luizão e Hélio Delmiro, Elis montou com César e André um show com seus grandes sucessos, até mesmo "Upa neguinho", poucas canções políticas e, meio contrariada, mais bossas novas do que gostaria: eram obrigatórias no circuito internacional. Os arranjos eram simples e eficientes, como ouvi no ensaio na véspera do show, sem maiores brilhos e surpresas, pelo menos para ouvidos brasileiros. Elis estava nervosa, mas procurava se acalmar cantando tecnicamente, à meia-voz, repetindo divisões rítmicas, ensaiando finais. A lotação do velho Cassino de Montreux estava esgotada havia dias, e Hermeto Paschoal, vindo de gravações com Miles Davis e idolatrado nos meios jazzísticos como um "bruxo dos sons", faria a primeira parte da "Nuit Bresiliene".

Depois do ensaio, impressionado com a multidão que queria ver Elis e não tinha entradas, o diretor do festival Claude Nobs pressionou seu velho amigo André, que convenceu Elis a fazer uma matinê extra, às três da tarde, no dia do show.

Na matinê superlotada por um público jovem e entusiasmado, Elis arrasou. Estava solta, cheia de energia, cantou com segurança, técnica e discreta emoção um repertório de alto nível, já muito conhecido dos brasileiros, mas encantador para o público internacional. Fez o show como se fosse um ensaio geral, como uma preparação para a grande noite. Ela não sabia, mas o show estava sendo gravado em áudio e vídeo.

À noite, no show de abertura, Hermeto Paschoal e seus músicos fizeram a casa vir abaixo: foram aplaudidos de pé durante quinze minutos, com o público gritando e exigindo mais. Depois de um intervalo de meia hora, com uma orquídea azul nos cabelos, como Billie Holiday, Elis entrou no palco do Cassino de Montreux. Usando um vestido longo e um penteado que a faziam parecer mais velha, Elis estava nervosa e tensa, cansada e intimidada, quando começou a cantar. Com dez minutos de show, ela transpirava muito e parecia exausta, fazendo grande esforço para cantar. Não cantava mal, mas com precisão e cautela, sem tentar nenhum efeito. Na coxia, André entrou em pânico, pensou que Elis fosse desmaiar. Entrou no palco com um copo d'água, que ela bebeu imediatamente. O show continuou. Para os jornalistas brasileiros, o repertório era por demais conhecido, os arranjos, discretos demais, a performance de Elis, com muita técnica e pouca emoção, quase desleixada. Já os estrangeiros estavam maravilhados com sua afinação, seu timbre belíssimo, sua técnica impecável, sua tensão criativa. No palco, Elis sofria intensamente, como se não estivesse fazendo o que mais gostava na vida, e sim cumprindo um doloroso dever. O show terminou com muitos aplausos, porém bem menos intensos que os de Hermeto. Elis estava exausta e saiu rapidamente do palco. No meio da gritaria, Claude Nobs chamou de volta à cena Hermeto Paschoal, que assistira a todo o show de Elis na coxia. Recebido com uma espetacular ovação, o bruxo albino se encaminhou vitorioso para o piano enquanto, de surpresa, Claude chamava de volta... Elis Regina!

Sempre altamente competitiva, Elis sabia que tinha perdido a noite para Hermeto. Frustrada e furiosa, entrou no palco pisando duro e sorrindo tensa para o público. Silêncio total, piano e voz. Hermeto começou a tocar "Corcovado", e, quando Elis começou a cantar, suas harmonias se transformaram, dissonâncias surpreendentes brotavam do piano, era cada vez mais difícil para Elis — ou para qualquer cantor do mundo — se manter dentro da mesma tonalidade, tantas e tão sofisticadas eram as modulações que Hermeto impunha, tornando o velho clássico quase irreconhecível, genialmente irreconhecível. E Elis lá, respondendo a todos os saques do bruxo com uma precisão que o espantava e o fazia mudar ainda mais os rumos de uma canção não ensaiada.

Na corda bamba e sem rede, Elis cantava como uma bailarina, uma guerreira, como uma musicista. Hermeto arregalava seus olhos vermelhos atrás dos óculos fundo de garrafa. Elis crescia a cada nota, a cada frase de seus improvisos e scats, a cada resposta de seu duelo com Hermeto. Foram delirantemente aplaudidos. Quando Hermeto começou a tocar "Garota de Ipanema" (que Elis odiava e jurava que jamais cantaria na vida), ela baqueou. Mas logo se recuperou e cantou, como se fosse a última música de sua vida, em um inglês com sotaque debochado de menininha, improvisando como uma negra americana, virando a música pelo avesso, provocando Hermeto, voando com ele diante da plateia eletrizada.

Com o público de pé, veio "Asa branca", com Elis e Hermeto no *round* final, o baião de Luiz Gonzaga em ambiente *free jazz* e atonal, harmonias jamais sonhadas se cruzando com fraseados audaciosos de Elis, trocas bruscas de ritmo e de andamento, propostas e respostas, tiros cruzados, arte musical de altíssimo nível protagonizada por dois virtuoses. Ao meu lado, meu velho amigo Nesuhi Ertegün, agora vice-presidente da Warner americana, estava pasmo e lívido. Experimentado crítico de jazz, que acompanhara a carreira de Miles Davis, Coltrane e outros gênios, Nesuhi comentou que raras vezes havia testemunhado um dueto tão emocionado e tão técnico, tão audacioso. Saiu do cassino eufórico, me convidando para celebrarmos num jantar com André e Elis.

Elis foi a contragosto, quase obrigada por André, exigindo dele a promessa:

— Mas nem vamos falar de disco. Esse disco nunca vai sair.

André não respondeu, mas Elis sabia que o disco ao vivo em Montreux, que fora planejado para impulsionar sua carreira internacional, não sairia. Porque ela não queria, porque, tirando os números com Hermeto, ela achava que o resto não valia a pena, que tinha faltado energia e emoção. Achava que tinha chutado um pênalti para fora. De volta ao Brasil, exigiu de André um juramento de que nunca lançaria aquela gravação, nunca, nem depois que ela morresse.

Música prapular brasileira

Em janeiro de 1980, no alto do morro da Urca, abriram-se as cortinas vermelhas da Noites Cariocas com uma grande orquestra — a Metalúrgica Dragão de Ipanema, regida por Edson Frederico, todo mundo de smoking — tocando música brasileira para dançar, como nos velhos *dancings* dos anos 1950, e Dom Pepe tocando exclusivamente música brasileira, rock, samba, baião, frevo, forró, reggae e até mesmo *disco music*, mas tudo nacional. A Noites Cariocas seria a casa do que Júlio Barroso tinha chamado de "música prapular brasileira" no seu "Manifesto gargalhada":

> A Música Prapular Brasileira chegou aqui com a primeira caravela negra, no desembarque da Banda do Zé Pretinho. Veio o upa neguinho na estrada do sol e do soul cantando "Eu sou o samba". Ela desce a ladeira da história, a 120 por hora, no embalo das Melodias Contemporâneas... quem sabe, sabe, não chama jacaré de meu benzinho.

Milhares de jovens da Zona Norte e da Zona Sul se encontravam nos fins de semana na Noites Cariocas, para dançar com os discos de Rita Lee e dos Novos Baianos, de Tim Maia e Raul Seixas, com os rocks nordestinos elétricos de Zé Ramalho e Alceu Valença, com a orquestra tocando arranjos modernos e dançantes de clássicos de Ary Barroso e Dorival Caymmi, de Jorge Ben e Chico Buarque. Na pista superlotada, todos continuavam pulando feito

pipoca. Júlio idolatrava Dom Pepe, que considerava seu grande mestre DJ, um designer musical, e passou a frequentar assiduamente a cabine de som — além da pista de dança. E, aos poucos, Dom Pepe foi dando espaço a Júlio para pilotar a música — enquanto se esbaldava na pista.

Depois de dois meses tocando todas as sextas e sábados as mesmas músicas, trocamos a orquestra, que tinha vinte músicos de primeiro time (que nunca tinham tempo para ensaiar novos arranjos) e era caríssima. Mas trocamos para melhor, para a Banda Black Rio, de Oberdan Magalhães, o som negro dos subúrbios cariocas, funk, soul e samba, morro e Motown, dez dos melhores músicos cariocas tocando um repertório moderno, "pra pular": o público cresceu e dançou ainda mais.

O conceito de "música prapular brasileira" de Júlio foi a transição entre a MPB e o pop, com a Black Rio fazendo a ponte entre a praia e o subúrbio. As novas gerações viraram a década dançando frevos e xaxados elétricos e estilizados, uma saraivada de hits de Zé Ramalho ("Admirável gado novo"), Amelinha ("Frevo mulher"), Novos Baianos ("Lá vem o Brasil descendo a ladeira"), Pepeu Gomes ("Malacacheta"), Alceu Valença ("Coração bobo") e Robertinho de Recife ("O elefante"). Um paraibano, uma cearense, vários baianos e dois pernambucanos tomaram de assalto as paradas de sucesso e o gosto popular, fazendo a fusão entre a música regional e o pop rock internacional, explodindo nas pistas de dança cansadas do bate-estacas massificado da discoteca decadente. O público delirava quando Zé Ramalho cantava:

> Mulher nova, bonita e carinhosa,
> faz o homem gemer sem sentir dor...

Lancei meu segundo livro, *Música humana música*, uma coletânea de textos musicais publicados em *O Globo* e selecionados por Evandro Carlos de Andrade. Com apresentação de Glauber Rocha ("O Brazyl musical se estrutura neste jardim. Do outro lado do parayzo é possível delinear a geografia do inferno cultural [...] alma bendita, erva pacificadora nas guerras negativistas, tem a bandeira desfraldada na tempestade..."), teve ótimas críticas, mas vendas ridículas. Noite de autógrafos animadíssima. Até Nelson Rodrigues foi. O Fluminense nos unia mais do que a política nos separava. Eu era fã de Nelson desde os folhetins de *A vida como ela é*, lia apaixonadamente todos os seus livros, vi todas as suas peças, me divertia com suas crônicas e tinha imensa alegria de encontrá-lo sempre no Antonio's, na TV Globo e no Maracanã. Ele me gozava frequentemente em suas crônicas, dizendo que eu era um pálido romântico tentando se passar por um revolucionário incendiário, que eu era doce e inocente como uma cambaxirra. Eu ficava furioso — porque, tirando a palidez (eu era "rato de praia"), tudo era verdade. Volta e meia Nelson escrevia que, quando me encontrava nos corredores da TV Globo, "pálido como um 'Werther' de ópera", tinha vontade de me perguntar "Quando é o suicídio? Quando é o suicídio?". Bronzeado pelo sol do Posto 9 e feliz da vida, eu me divertia, honrado por estar na sua crônica. Ver meu ídolo Nelson na fila dos autógrafos me estourou o coração e valeu a noite e o livro.

Comemoramos a passagem de década com uma festança na Noites Cariocas: "Os jardins suspensos de Iemanjá", produzida pelo carnavalesco Joãosinho Trinta, da Beija-Flor de Nilópolis. O morro da Urca foi completamente transformado por Joãosinho. Já na entrada, assim que os convidados saíam do bondinho, atravessavam a estação de passageiros passando por sete cortinas de contas e plástico transparente que caíam do teto em cascata. As árvores foram decoradas com grandes imagens de Iemanjá, e uma alegoria de cinco metros de altura saudava os convidados na entrada.

No anfiteatro, as arquibancadas foram transformadas em camarotes em diversos níveis, sem separações, todos estofados e forrados de branco, com uma imensidão de almofadas brancas de todos os tamanhos e formas. Eram ninhos coletivos e aconchegantes, todo mundo meio deitado em volta de grandes cestas de frutas, entre véus e telas, cortinas de contas, uma mistura das mil e uma noites com Império Romano de chanchada da Atlântida.

Na pista, todo mundo dançou "música prapular brasileira" até a meia-noite, quando uma passista sensacional da Beija-Flor desceu por um cabo de aço bem no meio da pista, deslizando sob os refletores e os aplausos delirantes de 1.500 pessoas. Sem parar de sambar, ela destravou o gancho que a prendia ao cabo e anunciou festivamente a nova década. No palco, explodiram a bateria e os passistas da Beija-Flor. Nos camarotes, na pista, nos bares e nos banheiros, os bicheiros de Nilópolis se confraternizaram com os artistas e a sociedade carioca.

*

Mesmo separados formalmente e vivendo em casas diferentes, Marília e eu continuávamos nos encontrando informalmente. Pouco mais de um mês depois de um desses encontros "secretos", ela me disse que estava grávida. Decidimos ter a criança — mas também resolvemos que tudo continuaria como estava, cada um com sua casa e sua vida. Marília começou a ensaiar a revista *Brasil, da Censura à Abertura*, produzida e dirigida por Jô Soares no Teatro da Lagoa, e trabalhou, cantou e dançou de maiô, salto alto e plumas na cabeça até o oitavo mês. Nina Morena nasceu em junho de 1980, no dia em que o Papa chegou ao Brasil. Felicíssimo, fui à Missa do Aterro do Flamengo como quem vai a um show dos Rolling Stones.

À noite, encontrei Rogério Duarte no Baixo Leblon. Contei alegre a novidade, ele desejou felicidades, sorriu beatificamente, mas advertiu:

— Cuidado, porque aumenta o apego.

Um dos grandes de nossa geração, influência decisiva de Gil e Caetano no Tropicalismo, profeta do underground, poeta, matemático, designer, filósofo, violonista clássico, Rogério, um dos nossos grandes rebeldes e visionários, para estupor geral, tinha se tornado Hare Krishna. Certa tarde, entrou de surpresa no escritório de Ipanema e me contou que estava a caminho da fazenda que herdara no interior da Bahia, para ser, como disse, um "refazendeiro". Ia fazer uma imensa plantação de maconha, profissional. Quando estava quase chegando, teve uma iluminação, como São Paulo na estrada de Damasco. Recebeu um chamado, voltou para Salvador, largou tudo, entrou para uma comunidade Hare Krishna. Acordava de madrugada para cantar mantras por horas seguidas, não fumava, nem bebia, nem comia carne, lia os livros sagrados, que traduzia do sânscrito. Não sofria mais, estava perdendo o apego às ilusões e ao mundo material, livrando-se da angústia, da paranoia, da culpa. Estava leve e suave, sem perder o rigor crítico. O que ouvi fazia sentido: entendi a ausência do sofrimento como a maior felicidade possível.

A conversão de Rogério foi um escândalo nos meios artístico--político-intelectuais. O mais desconcertante era que ele demonstrava intensa alegria e serenidade, argumentando, com a inteligência mais aguçada do que nunca, sobre a lógica do Krishna e sua sabedoria, sobre o valor da renúncia e da disciplina. Não parecia em nada um fanático: dava curso à sua radicalidade de sempre, só que em outra direção. Fiquei impressionadíssimo. Todo mundo dizia que Rogério tinha pirado, que estava maluco, mas eu o achei ótimo. Conversamos por horas sobre as origens do sofrimento, sobre o desejo e a renúncia, a fraqueza humana e a aceitação. Aceitei seu convite para um almoço que ele e outros Krishnas bons de fogão ofereceriam num apartamento em Ipanema. Rogério queria introduzir seus amigos no reino da paz, do prazer e da alegria e prometeu um banquete. Para corpo e alma. Convidou muitos amigos artistas e intelectuais, mas ninguém foi: só Luiz Carlos Maciel, Júlio Barroso e eu. Era mesmo um banquete indiano, com dezenas de pratos deliciosos, doces e salgados, sucos, folhados, assados, cremes, sopas, pães, pastéis, tudo orgânico, apimentado, saboroso. Júlio também adorou. As doutrinas, a radicalidade, a comida. Ficamos horas comendo e filosofando. Rogério ria feliz com os elogios e dizia, com sotaque baiano e alegre cumplicidade:

— Krishna pegou vocês pelo estômago!

Pegou mesmo, mas estive mais perto de uma indigestão que de uma conversão, de tanto que comi. Li e gostei muito do que Rogério me deu, refleti, aprendi, achei até que tivesse descoberto novos caminhos, me senti até mais leve e sereno. Achei que tudo aquilo tinha lógica e fazia sentido, mas não servia para mim. Por falta de desapego e de disciplina, pela terceira filha, por minha carne fraquíssima, não podia me dar ao luxo de aplacar minhas angústias e meus medos no conforto espiritual de Krishna. Melhor fazer análise lacaniana.

Noites paulistanas

A morte de Vinicius de Moraes, em julho de 1980, marcou o fim de uma era musical brasileira. A bossa nova havia conquistado o mundo, e o "poetinha" foi a maior influência dos melhores letristas da MPB. No enterro, no Rio de Janeiro, fiquei o tempo todo com minha "afilhada" Maria, de dez anos, filha do poeta e de Cristina Gurjão. Aplicando o conceito do "tempo lógico" lacaniano, que não se baseia no "tempo cronológico" dos relógios, mas na intensidade da existência, tentei explicar a ela que Vinicius não tinha vivido 67 anos, mas, pelas minhas contas, uns trezentos, trezentos e poucos. E que viveria para sempre nas suas músicas.

Na virada da década, com a anistia e a abertura política, a música brasileira mudou. Com dez anos de atraso, começou a nascer o rock brasileiro — não como um gênero musical, um ritmo, mas como um movimento artístico, uma música de geração, de atitude, de massa, só possível na semiliberdade da lenta redemocratização.

A Jovem Guarda era ingênua e inofensiva demais para ser considerada rock transgressor. Erasmo era um grande compositor de rock, mas seus maiores sucessos eram canções românticas com Roberto. Desde Os Mutantes, que nunca chegaram a ser um sucesso de massa, o que houvera de mais próximo havia sido o Secos e Molhados, que, embora não tocasse só rock, tinha a atitude de uma banda de rock e durou pouco mais de dois anos. Raul Seixas e Rita Lee eram casos isolados, únicos, de roqueiros bem-sucedidos. A década

foi completamente dominada pela MPB e, no final, pela onda internacional da *disco music* e pelo funk-soul americano. O rock que explodiu nos Estados Unidos e na Inglaterra durante toda a década de 1970, os progressivos, os *mods*, os punks, os *new wavers* nunca tiveram vez no Brasil supernacionalista dos militares — e ultranacionalista das esquerdas. Mas quem tinha nascido junto com o golpe militar de 1964 tinha agora dezesseis anos, não se interessava por política, desfrutava de relativa liberdade e prosperidade e queria uma nova música. Nos subterrâneos da terra do samba, as guitarras roncavam.

*

Em 1980, depois de uma temporada de salsa e merengue na República Dominicana, Júlio Barroso já estava morando em Nova York havia meses quando fui visitá-lo. Estava feliz da vida, mais animado do que nunca, dividindo com um negro grande e um porto-riquenho bigodudo um apartamento na 1st Street com a 2nd Avenue, numa zona pesada do Lower East Side, o "*wild side*" em que Lou Reed sugeria "*take a walk*", com suas paredes grafitadas, seus bares vagabundos e seus traficantes de heroína. Júlio parecia muito à vontade na área, era conhecido nos bares e cafés, trabalhava na "Between the Bread", uma sanduicheria sofisticada na 52nd, tinha muitos amigos e namoradas, parecia um local. Com um sotaque macarrônico, falava um inglês fluente e eficiente, sabia tudo que estava acontecendo e, no dia em que cheguei, me levou à noite a uma nova casa de música e dança, a Ritz, instalada e fervilhando num casarão imenso no West Side que, nos anos 1940, fora um cinema.

Em pé na primeira fila, colados no palco e espremidos pela massa, assistimos extasiados ao show de Kid Creole and the Coconuts, a nova paixão de Júlio, uma sensação nas noites nova-iorquinas. Kid Creole era August Darnell, um negro americano de origem caribenha, alto, magro e elegantíssimo, um músico, cantor e compositor que produzia um dos sons mais bonitos do momento, fazendo a fusão entre a *disco music* e ritmos afrotropicais, jazz, swing e cabaret, *big bands* e grupos de rock; e as Coconuts eram três louras de corpos sensacionais, com biquínis mínimos de oncinha, rebolando e fazendo os *backing vocals*. A onda *disco* era passado, a revolta punk também, a novidade para os anos 1980 era a *new wave*, o *do it yourself*, o ritmo rápido do novo rock voltava ao básico, associado à moda e à vida noturna, a uma nova atitude: os brilhos e excessos dos anos 1970 estavam banidos para sempre, substituídos pelos figurinos urbanos reciclados dos anos 1950 e 1960.

Voltei ao Brasil maravilhado com a vitalidade daquilo tudo, fascinado com Kid Creole e as Coconuts. E, incendiado por Júlio, disposto a fazer não uma discoteca, mas uma danceteria, como as novas casas *new wave* de Nova York, o Mud Club, a Danceteria (que virou nome genérico para o novo formato de casa noturna), o Peppermint Lounge. Só que tudo aquilo, o clima, as músicas, as roupas escuras e a palidez, não tinha nada a ver com o Rio de Janeiro, solar e exuberante. Mas era a cara de São Paulo, que, depois de ser acusada por Vinicius de túmulo do samba, se consagrava como berço do rock. Procurei Ricardo Amaral para lhe propor a ideia de nos associarmos numa danceteria *new wave* em São Paulo, onde ele tivera o Papagaio, fechado com a decadência da onda *disco*. Ele e seu irmão e sócio Henrique toparam na hora. Desenhei o projeto com Cyro Del Nero e, em pouco mais de duas semanas, reformamos completamente a casa: o Pauliceia Desvairada tinha paredes grafitadas, cadeiras estofadas em estampas de onça e de zebra, toda a iluminação feita com tubos de neon azuis-vermelhos-verdes-amarelos; um palco com o *skyline* de São Paulo ao fundo, imitando a Nova York noturna; uma parede com TVS exibindo videoclipes, poemas, frases, piadas e imagens abstratas; sala de entrada com uma colagem punk de manchetes-baixaria de jornais populares; música ao vivo com a Tutti Frutti (a antiga banda de Rita Lee, liderada por Luiz Sérgio Carlini) e som na caixa com o DJ Júlio Barroso, que chegou de Nova York na véspera da estreia, cheio de discos contrabandeados. No hotel Hores Maipú, registrando-se na recepção, Júlio escreveu, no item "profissão", com a maior naturalidade: poeta.

Na manhã da festa, 8 de dezembro de 1980, um choque: John Lennon foi assassinado em Nova York. À noite, a abertura do Pauliceia Desvairada foi um espanto: quinhentas pessoas, black tie, convidadas pelos meus sócios, a festa da semana em São Paulo. De cara, todo mundo se assustou um pouco com a luminosidade do neon, a cafajestice dos estampados, a sujeira dos grafites, a grossura das manchetes do *Luta Democrática* e do *Notícias Populares*, a parede de televisões e suas imagens e textos. E mais ainda quando, com a pista em xadrez preto e branco ainda vazia, Júlio abriu a noite com a suave e nostálgica "Amarcord", obra-prima de Nino Rota, sob as luzes frias e coloridas do neon e a perplexidade dos convidados.

Júlio ilustrava musicalmente uma visão que Fellini filmaria. Depois tocou Cole Porter e Erik Satie, com o neon iluminando a pista vazia. Um filme. Todos olhavam espantados para a cabine de som, de onde Júlio sorria ao lado de uma surpresa: de fones nos ouvidos e pernas de fora, uma DJ. Nunca ninguém tinha ouvido falar de uma garota disc jockey no Brasil, era a primeira vez que se via uma. E era gatíssima, uma loura carioca de olhos verdes, com um corpo esguio e bronzeado, roupas colantes e uma imensa boca vermelha e sorridente.

Mas Luiza Cunha não era DJ de verdade. Era — desde a Dancing Days do morro da Urca — a secretária do escritório de Ipanema, eficientíssima. Em contas, telefonemas, arquivos, cobranças e providências. Só que não entendia nada de música. Por isso mesmo achamos que seria muito divertido inventar a "primeira DJ brasileira". Luiza, além de dançar, sorrir e seduzir, só teria que colocar os discos indicados por Júlio. O público adorou sua performance.

Em off, gritei no microfone, imitando o suingue de um *toaster* jamaicano que conhecemos em Nova York:

— He's the groove, he's the man, he's the Pope in Vatican... Júúúúúúúúlio Barrrrroooooooooso!

O som de John Lennon cantando "Starting Over" explodiu nas caixas, e a pista se encheu de gente pulando feito pipoca. As telas de TV mostravam frases, versos e imagens de Lennon. Em seguida, Júlio detonou uma saraivada de hits arrebenta-pista de Kid Creole e Blondie, de Tim Maia e Rita Lee, e foi assim até o fim da noite, fechada novamente com "Amarcord", já com a pista meio vazia, alguns neons queimados, roupas amassadas e maquiagens desfeitas como num filme de Fellini.

*

Na mesma época — foi uma das bombas do ano —, depois de quinze anos de glória, Walter Clark saiu da TV Globo brigado com Roberto

Marinho e assumiu a TV Bandeirantes. Cheio de ideias e projetos, louco para mostrar do que era capaz, para dar uma resposta à Globo. Walter mudou-se para São Paulo e me chamou para produzir e apresentar um programa semanal de duas horas para o público jovem; poderia ser o que eu quisesse, um programa sofisticado, de vanguarda, de linguagem moderna, como eu jamais poderia fazer na TV Globo. Mudei-me para São Paulo, para a casa de minha nova namorada May Pinheiro, na rua Atlântica, mas passávamos os fins de semana na cobertura de outra Atlântica, a avenida no Rio, e na Noites Cariocas.

Mocidade Independente foi o nome que escolhi para o programa, que teria música ao vivo, teatro, artes plásticas, entrevistas e debates, com uma linguagem fragmentada e montagem anárquica, inspirada pelo quadro que Glauber Rocha apresentava no programa *Abertura*, uma revista de Fernando Barbosa Lima na TV Manchete. Glauber era sensacional na TV, se movimentava o tempo todo, falando sem parar, debatendo com seus entrevistados no meio da rua enquanto dirigia, ao vivo, as movimentações da câmera, os problemas do microfone, discutindo política e cultura como nunca se havia visto na televisão, não só no conteúdo, mas principalmente na forma. Fui seu entrevistado em um dos programas, discutindo a geração de 1968 e os rumos da cultura brasileira, e saí inspiradíssimo. Eu queria fazer um programa glauberiano, pós-tropicalista, *new wave*, concretista, alguma coisa diferente dos musicais "sérios" e comerciais que se viam nas outras emissoras. Walter Clark achou o nome ótimo, e recebi sinal verde para iniciar as gravações, com todo o apoio e entusiasmo do querido "dr. Demente Neto", que Walter tinha trazido para dirigir a produção.

Para a parte "teatral" do programa, chamei um grupo de jovens atores cariocas, amigos da praia e da Noites Cariocas, que eu acompanhava desde a primeira montagem hilariante de *O inspetor geral* até o sensacional *Trate-me leão*, a que assisti várias vezes no Teatro Ipanema. Os garotos eram a melhor expressão do teatro moderno, tinham um humor diferente, uma nova atitude política, eram alegres, libertários e originais. Talentosos e carismáticos, logo se tornaram ídolos da juventude da Zona Sul do Rio.

Mas em São Paulo pouca gente conhecia Regina Casé, Luiz Fernando Guimarães, Evandro Mesquita, Patrícia Travassos, Perfeito Fortuna e Hamilton Vaz Pereira, que formavam o Asdrúbal Trouxe o Trombone, que parecia muito mais uma banda de rock que uma companhia teatral. Felizes da vida, eles assinaram seu primeiro contrato de televisão, para apresentar o que quisessem todas as semanas num quadro de dez minutos dentro do *Mocidade Independente*. A ideia deles era um seriado: as aventuras de um grupo de jovens atores cariocas que vai para São Paulo fazer televisão, enfrentando as dificuldades com piadas e improvisos, misturando realidade e ficção.

Para me ajudar na direção, na produção e na edição, chamei um grupo de jovens recém-formados em televisão na Escola de Comunicações de São Paulo, que exibiram um vídeo muito bem-feito sobre um poeta concretista no Pauliceia Desvairada. Contratei-os no ato. Walter Silveira, Tadeu Jungle, Ney Marcondes e Paulo Priolli formavam uma equipe de TV, mas também tinham a atitude de uma banda de rock. Eles eram a "TV Tudo": todos faziam produção, direção e edição, mas nunca tinham trabalhado em televisão comercial. Foram os responsáveis por boa parte da modernidade narrativa do programa e pelos seus melhores momentos anárquicos. Trouxeram consigo as vanguardas paulistanas, artistas plásticos, músicos, poetas e visionários. Mocidade para lá de independente.

Para o primeiro programa, convidei Caetano Veloso e um jovem representante da fervilhante vanguarda paulistana, o paranaense Arrigo Barnabé, que tinha lançado um disco independente muito bom e cultuado em São Paulo. O programa foi gravado no Pauliceia Desvairada, onde Caetano cantou músicas de Paulo Leminski ("Verdura") e, a pedido de Regina Casé, de Henri Salvador ("Dans Mon île"). Arrigo se apresentou com uma *big band*, fechando com seu hit underground "Clara Crocodilo", que começava com ele falando como um radialista policial, gritando entre dodecafonismos e rock e cantando com voz rouca e rasgada junto com as duas gatinhas dos vocais, Tetê Espíndola e Suzana Salles. Depois reuni os dois numa entrevista em que Arrigo disse que o que ele estava fazendo não era vanguarda, era só uma continuação lógica, uma radicalização do tropicalismo, uma das linguagens musicais que deveriam ter se seguido ao movimento, mas o processo tinha sido interrompido e só agora estava sendo retomado. Caetano gostou e contou que, no início do tropicalismo, secretamente se perguntava, temeroso e reverente, "o que João Gilberto estará achando disto tudo?", deles fantasiados, rebolando no palco, com guitarras. Um dia, criou coragem e perguntou se ele achava ruim. E o mestre respondeu:

— Que nada! Eu acho isso que vocês fazem maravilhoso, acho linda essa animação de vocês, todo esse rebolado, esses movimentos, essa alegria... só que eu tenho tudo isso daqui pra cima.

E apontava para a garganta.

Ele foi um dos pontos altos do programa: quinze minutos inéditos de João Gilberto cantando — e até dizendo algumas palavras —, filmados pelo produtor Zé Amancio no hotel Gramercy Park de Nova York.

Durante toda a gravação, o artista plástico Aguillar trabalhou com sprays num imenso painel de Bob Marley, com um charo enorme na boca, ocupando uma parede inteira do Pauliceia. Editadas e picotadas, como miniclipes, todas as fases da criação do painel pontuaram o programa, enquanto o reggae rolava e Marley cantava.

Clipes de Blondie, Devo e, claro, Kid Creole and the Coconuts, que ninguém conhecia no Brasil, pontuavam o programa inaugural.

O tema de abertura e encerramento foi minha primeira parceria com Lulu Santos: "Tesouros da juventude". Ele fez a música, um rock rápido e animado, no dia da morte de John Lennon, me mandou a fita e escrevi uma letra sobre os "meninos que morreram cedo", nas drogas, na guerrilha, na guerra urbana, e John é citado na letra, junto com Janis Joplin, Jimi Hendrix e Brian Jones.

Lulu trabalhava na Som Livre, ajudando Guto Graça Mello na produção de músicas para trilhas de novelas da TV Globo. Era presença constante na praia, na Noites Cariocas, no escritório de Ipanema e, depois de breve namoro, tinha se casado com Scarlet Moon, para frustração de Júlio Barroso, que ficou furioso com a perda. Pouco depois, o Vímana acabava, por briga coletiva, mas principalmente porque Lobão, aos dezenove anos, em espetacular ação de antropofagia sexual e cultural, não só ficou com a ex-mulher de Patrick Moraz como também ficou com a casa e até o piano, tornando-se um herói nas noites cariocas. Estimulado por Scarlet, Lulu tentou sua primeira experiência solo na Polygram, com uma única exigência da gerência de marketing: que não usasse o nome "Lulu Santos", que não consideravam nome de artista, mas "Luiz Maurício" (seu nome de batismo, que ele odiava). O disco foi completamente ignorado por crítica e público, e "Luiz Maurício" voltou a ser Lulu, esqueceu de vez o progressivismo e passou a fazer rocks básicos e animados, bem *new wave*, com boas melodias, como "Tesouros da juventude" e "Areias escaldantes".

Júlio criou um slogan modernista para o programa, que foi usado, aos gritos, na campanha de lançamento na TV: "Pra quem desce na nossa onda, toda semana é de arte moderna!".

"Mais ovo e menos galinhagem!" era outro, criado por Charles Peixoto, que formava com Bernardo Vilhena e Ronaldo Santos o grupo carioca Nuvem Cigana, jovens poetas que também se comportavam como uma banda de rock.

"Já que é proibido pisar na grama, o jeito é deitar e rolar", de Chacal, era outro de nossos favoritos, junto com a máxima de Oswald de Andrade, "A massa ainda comerá dos biscoitos finos que fabrico...", transformada no slogan "Mocidade Independente: biscoitos finos para a massa!".

O primeiro programa, que consumiu noites insones de edição baseada no conceito glauberiano de "montagem nuclear", que ninguém sabia bem o que era, saiu bem perto do que imaginávamos: não parecia em nada com o que se via na televisão, muito pelo contrário: a edição era fragmentada em milhares de cortes. Mereci um perfil entusiasmado de Okky de Souza, cunhado de Júlio Barroso, na *Veja*, com o título "A fonte da juventude", e, na *IstoÉ*, uma crítica elogiosa assinada pelo jovem Walter Salles Jr., que tinha se formado em cinema na Califórnia e começava a trabalhar em televisão no Brasil. Mas pouca gente viu o programa, exibido no sábado às nove da noite, contra a novela da TV Globo: deu menos de 3% de audiência. Nenhuma mocidade que se prezasse, muito menos a independente, estaria em casa àquela hora vendo televisão.

No Pauliceia, a mocidade paulistana desvairava. Todas as semanas, novas bandas se apresentavam ao vivo, Júlio Barroso realizava seu sonho de DJ e armava sua jogada mais audaciosa: uma banda de rock.

A ideia da Gang 90 e as Absurdettes nasceu num encontro de Júlio com Okky de Souza (que era casado com Denise Barroso) numa noite frenética no Earle Hotel, histórico muquifo de Greenwich Village, no inverno americano de 1979. Júlio escreveu a letra e compôs a primeira parte do rock "Perdidos na selva", a divertida aventura de um desastre aéreo com *happy ending*, que ele apresentava como "um *heavy* iê-iê-iê na tradição da Jovem Guarda, num cenário de uma produção de chanchada, paródia da paródia, nova estética do deboche":

> Quando o avião deu a pane,
> eu já previa tudinho,
> me Tarzan, you Jane,
> incendiando mundos neste matinho
> Eu e minha gata rolando na relva,
> rolava de tudo,
> num covil de piratas pirados,
> perdidos na selva

Em São Paulo, Júlio mostrou seu rock para Guilherme Arantes, que adorou e musicou, na hora, o refrão que faltava ("Eu e minha gata..."), e aceitou ser o tecladista e arranjador da banda. Com Wander Taffo (guitarra) e Lee Marcucci (baixo), músicos de primeira linha do rock, que tocavam com Rita Lee, o baterista Gigante Brasil e Guilherme nos teclados, Júlio fez a "*première* mundial" da Gang 90 e as Absurdettes no Pauliceia Desvairada. Ele era uma espécie de Kid Creole brasileiro e roqueiro, embora não fosse cantor e não tocasse nenhum instrumento, e suas Coconuts eram as Absurdettes: sua irmã Denise (que adotou o nome artístico de "Lonita Renaux"), minha namorada May (rebatizada por Júlio de "May East"), a ex-secretária/DJ Luiza e sua nova namorada, a holandesa Alice "Pink Pank". Alice chegou uma noite no Pauliceia com um bilhete de um amigo em comum de Londres para Júlio. Quando se apresentou, ele a olhou nos olhos, gostou do que viu, ajoelhou-se, abriu os braços e exclamou: "Quero ser seu escravo!". Antes mesmo de ler o bilhete, abraçou-a e beijou-a na boca, longa e apaixonadamente, foi correspondido, e o namoro começou ali.

Ao contrário das outras Absurdettes, de quem Júlio exigia, conceitualmente, desafinação absoluta e total não musicalidade para dar sentido ao nome, Alice sabia cantar, e muito bem: tinha participado em Londres de alguns *backing vocals* do primeiro disco da nova banda irlandesa U2, que ninguém conhecia no Brasil. A Gang 90 seria o primeiro artista contratado do meu recém-criado selo Hot, que seria distribuído pela Warner de André Midani. Com Leonardo Netto e Guilherme Arantes, numa longa noite frenética nos estúdios Vice Versa, produzimos a gravação de "Perdidos na selva", e, por insistência de Júlio, acabei cantando nos *backing vocals* junto com as Absurdettes. Com o nome artístico de "Mielsen Notte", como ele colocou nos créditos, à minha revelia. Durante a gravação, um susto: pelo microfone da técnica, Guilherme comunicou ao estúdio que estava perdidamente apaixonado por uma Absurdette, mas que não diria por qual delas. As Absurdettes se olharam, eu e Júlio nos olhamos, olhamos para as nossas namoradas, Alice e May, e, como Denise era casada com Okky, ficou um certo malparado no ar. Tentei disfarçar, mas me senti meio nervoso, ciumento e ameaçado. Júlio se divertia: não ligava mais para essas coisas. Só no final da gravação, estimulado por Júlio, Guilherme se entregou: era Luiza a sua paixão. Ufa! O namoro começou imediatamente, e, pouco depois, eles se casavam e tinham o primeiro filho, Gabriel.

O Pauliceia Desvairada era muito divertido no começo, mas as despesas e os problemas foram crescendo, as receitas, diminuindo, o público ficava cada vez mais punk, não se ganhava dinheiro, e o melhor seria fechar logo, sem decadência.

*

"Perdidos na selva" é classificada para o novo festival da TV Globo, o MPB-81, no Maracanãzinho. A Gang 90 vai a pleno vapor e, depois de tantos ensaios, até as Absurdettes perderam a desafinação inicial e ganharam em graça e atitude. Júlio cresce como *front man* e, para quem nunca tinha cantado, agora canta surpreendentemente bem. Toda a nova programação de Walter Clark para a Bandeirantes naufraga: depois de oito programas, por falta de audiência e de anunciantes, o *Mocidade Independente* vai ao ar pela última vez no dia 22 de agosto de 1981. No mesmo dia em que Glauber Rocha morre no Rio de Janeiro. Foi simbólico: com ele, morria nossa grande inspiração.

O velório de Glauber, no mesmo parque Lage onde ele havia filmado *Terra em transe* e Joaquim Pedro de Andrade, *Macunaíma*, parecia um grande momento épico de seus filmes. Cinema, música, teatro e política em transe: os que o amavam e os que o odiavam, os que ele amou e os que odiou, com intensidade, reconheciam seu gênio e choravam a perda monumental. A noite inteira, manhã adentro. O enterro saiu a pé pela rua Jardim Botânico e caminhou mais de três quilômetros sob o sol até o cemitério São João Batista, onde Glauber teve um funeral de herói.

No dia seguinte, voando para Florianópolis para participar do show de encerramento de um festival de música da TV Catarinense, eu pensava em Glauber olhando as nuvens na janela do avião. Sempre fomos muito amigos, desde a estreia de *Deus e o diabo na terra do sol* no Rio de Janeiro, mas foi nos seus últimos anos que estivemos mais próximos: pouco mais que quatrocentos metros entre meu apartamento na avenida Vieira Souto e o dele, na esquina da praia com a Joaquim Nabuco, onde morava com a mulher Paula Gaetán, uma linda loura colombiana, e seus filhos Ava Iracema e Erik Aruak. Nós nos encontrávamos frequentemente caminhando na calçada da praia, e outras vezes ele me recebia em casa, de camisolão marroquino ou pijama, e até mesmo nu em pelo, com grande naturalidade, para longas conversas e diversos baseados. Glauber foi, para mim e para muitos, mais que um amigo, uma espécie de "guru cultural", assim como Vinicius de Moraes tinha sido para os jovens músicos e letristas da minha geração. Nos últimos anos, os mais sofridos de Glauber, à beira do abismo, ele dizia sofrer pelo Brasil, somatizando em seu corpo as dores e as doenças do país. Sua pequena obra-prima, o curta *Di Cavalcanti*, foi premiado em Cannes, mas proibido judicialmente no Brasil pela família do pintor, que considerou a homenagem ofensiva. Aos 42 anos, pobre e doente, com o fracasso de seu último filme — *A idade da Terra* —, incompreensível e incompreendido, mudou-se para Portugal, onde adoeceu para a morte. Glauber não tinha saída: muitas vezes pensei não que se mataria, mas que se deixaria morrer.

> Não conseguiu firmar o nobre pacto
> entre o cosmos sangrento e a alma pura,
> [...]
> gladiador defunto mas intacto
> (tanta violência, mas tanta ternura)

Os versos de Mário Faustino, ditos pelo poeta agonizante de *Terra em transe*, pareciam ter sido escritos para Glauber morto. Em Florianópolis, à noite, na praça em frente ao mar, 20 mil jovens assistiam ao show de encerramento do festival, com transmissão ao vivo pela TV. Quando o apresentador Cacau Menezes me chamou ao palco, o público aplaudiu, agradeci e gritei o poema no microfone. Depois disse:

— A perda de Glauber Rocha é tão grande que eu não vou pedir para ele um minuto de silêncio. Vou pedir um minuto de... esporro total!!!!

O público explodiu, gritou, assobiou e urrou, glauberianamente.

O verão do rock

O general João Figueiredo, que havia prometido prender e arrebentar os que se opusessem à sua abertura política, ia levando aos trancos e barrancos o processo de redemocratização. Havia mais liberdade, e, entre bombas e atentados, as forças políticas se reorganizaram, a economia cresceu, o país respirava e produzia. Os artistas viviam um momento de efervescência criativa.

No festival MPB-81 da TV Globo, a Gang 90, depois de uma apresentação arrebatadora na eliminatória, com uma grande performance de Júlio, chegou à final, mas não se apresentou tão bem e acabou não levando nada. A favorita absoluta do público foi uma balada ecológica de Guilherme Arantes, "Planeta água", que ficou em segundo lugar, mas se tornou um dos maiores sucessos do ano, enquanto a vencedora "Purpurina", de Jerônimo Jardim, cantada por Lucinha Lins, recebeu a maior vaia da história dos festivais. "Perdidos na selva" conseguiu boa execução nas rádios, e a Gang 90 estava em todos os programas populares de televisão, nas revistas e nos jornais, apresentando-se com sucesso no Rose Bom Bom e no Napalm, em São Paulo, e na Noites Cariocas, no Rio, e começando a fazer shows esporádicos e caóticos pelo Brasil.

Júlio começou a beber mais e, como quase todo mundo no circuito artístico, caiu de nariz no pó. Noites brancas nos trópicos: a década de 1980 começou com a cocaína se espalhando e se popularizando nas noites não só cariocas, mas brasileiras e internacionais.

Com uma diferença: enquanto um papelote de cocaína custava 150 dólares em Nova York, no Brasil custava o equivalente a 10 dólares. Talvez fosse uma explicação para a hiperatividade e o ritmo acelerado de boa parte dos sucessos do nascente rock brasileiro. E explicasse muitos de seus fracassos. Sem conseguir gravar um LP com a Gang 90, Júlio voltou para Nova York.

*

Na TV Globo, fazia sucesso a série *Grandes Nomes*, dirigida por Daniel Filho: shows musicais gravados ao vivo no Teatro Fênix, com produção musical de Guto Graça Mello e roteiro de Luiz Carlos Maciel e Maria Carmen Barbosa. O sucesso foi imediato: o som era ótimo — uma raridade na época —, os cenários, discretos, a plateia, quentíssima, cheia de VIPS nas primeiras filas, estrelas das novelas da Globo. Grandes nomes cantando o melhor de seus repertórios e recebendo convidados. Começou com "Simone Bittencourt de Oliveira" e "Caetano Emanuel Vianna Telles Veloso", mas o programa mais aguardado era "João Gilberto Prado Pereira de Oliveira". Havia muitos anos que João não cantava no Brasil, e uma grande expectativa tinha sido criada: ele se apresentaria com uma grande orquestra de cordas, com arranjos escritos por Dori Caymmi e Guto Graça Mello. E teria um convidado especial, secretíssimo. A maioria achava que seria Caetano Veloso ou Gal Costa, baianos e cool como ele, bossa-novistas antes de tropicalistas, seus fãs e discípulos ardorosos. Ou até mesmo os devotos Novos Baianos, ou Nara Leão? Daniel e Guto mantinham silêncio absoluto e aumentavam o suspense na plateia abarrotada. Na entrada, os VIPS disputavam lugares como macacas de auditório. Durante uma hora João hipnotizou a plateia, cantando primeiro só com o violão. Depois, com a orquestra, homenageou Caetano com uma sublime versão de "Menino do Rio". Mas, quando chamou o convidado especial, a plateia explodiu em espanto e aplausos ensurdecedores: era a rainha do rock, Rita Lee.

Rita era a estrela do momento, com sucessos estrondosos como "Mania de você", "Chega mais" e "Lança perfume", todos em parceria com seu marido Roberto de Carvalho. Linda e vaporosa, com os longos cabelos vermelhos balançando, ela cantou com João o antigo sucesso de Mário Reis, "Juju e balangandãs", com infinita graça e alta precisão. Sua voz pequena e cool, sua inteligência musical, seu bom gosto e sua sofisticação a aproximavam muito mais de uma cantora de bossa nova do que o volume, peso e potência vocal esperados de uma rainha do rock. João sorria feliz, e Rita, aliviada, quando no final o público aplaudiu de pé, exigindo bis.

*

Menino do Rio, o filme de Antonio Calmon, produzido por Bruno Barreto, não tinha nada a ver com a música "Menino do Rio", de Caetano Veloso, lançada para o sucesso nacional um ano antes, com a gravação de Baby Consuelo para a abertura da novela *Água Viva*. A canção homenageava o surfista Petit, um habitué da Dancing Days e da Noites Cariocas, disputado por gente de todos os sexos e várias gerações. O filme era uma comédia de praia com André de Biasi, Cláudia Magno e Evandro Mesquita, misturando romance, música e aventura, dirigida ao público jovem. Fiz a direção musical do filme e as letras de quase todas as músicas da trilha sonora, de Lulu Santos e Guilherme Arantes. A simpatia dos personagens e da turma, o bom humor, a gostosura das garotas, os ambientes de surfe e asa-delta na exuberância do Rio de Janeiro fizeram do filme um sucesso espetacular, que surpreendeu até mesmo seus otimistas produtores. Rapidamente alcançou mais de 2 milhões de espectadores, e uma das músicas, "De repente Califórnia", que escrevi com Lulu, estourou em todo o Brasil, na gravação original de meu enteado Ricardo Graça Mello, filho do primeiro casamento de Marília e um dos principais atores do filme.

> Garota eu vou pra Califórnia,
> viver a vida sobre as ondas,
> vou ser artista de cinema,
> o meu destino é ser star...

Lulu tocou guitarra na gravação, e Liminha foi o baixista. Outra música da trilha, "Garota dourada", uma letra que fiz para um rock de Lee Marcucci e Wander Taffo, que haviam formado o grupo Rádio Táxi em São Paulo, impulsionada pelo filme, também se tornou um dos sucessos do verão. Mas o maior hit do ano foi de Ritchie, com "Menina veneno", um rock com letra de Bernardo Vilhena, que vendeu mais de meio milhão de discos e o transformou num pop star: o primeiro LP de Ritchie, *Voo de coração*, vendeu mais que o de Roberto Carlos. Com Lulu, fiz "Areias escaldantes" ("A caravana do delírio"), um rock-aventura falando de "belas nuas dançarinas, são vulcões de mel / [...] luxo e luxúria nas noites do oásis do amor". Na mesma linha Oriente Médio, fizemos "Palestina", aventuras sexo-sado-maso-políticas de uma guerrilheira/terrorista, que provocou protestos nos shows. Tanto de judeus como de árabes. Com estaladas de chicote marcando o ritmo, Lulu cantava no disco:

> Essa garota é mesmo um perigo,
> não vale a pena ser seu inimigo,
> cuidado, cuidado com ela, bela menina,
> cuidado, pois ela é palestina

As músicas tocaram bastante no rádio, nas poucas FMs da cidade, popularizaram o nome de Lulu, mas não fizeram seu primeiro LP para a Warner, *Tempos modernos*, passar de 20 mil vendidos, mesmo com o sucesso de sua gravação de "De repente Califórnia". Para promover o disco e ganhar uns trocados, ele fazia nos fins de semana shows de playback nos subúrbios e na Baixada Fluminense, às vezes quatro ou cinco na mesma noite. Como aparecia frequentemente em programas populares, como o de Chacrinha e os shows paulistas de Raul Gil, Bolinha e Barros de Alencar, Lulu era muito solicitado no circuito suburbano. Chegava no clube no meio do baile, o DJ tocava a fita com a base musical e Lulu cantava ao vivo cinco ou seis músicas e partia com o motorista e o segurança para o próximo show. Foi só com "De leve", versão que Gilberto Gil fez para "Get Back", dos Beatles, incluída na trilha sonora da novela *Brilhante*, que Lulu Santos chegou pela primeira vez às paradas de sucesso. E passou a fazer shows de playback também em outros estados.

Enquanto Lulu e Ritchie chegavam ao alto das paradas e caíam na estrada, outro ex-Vímana, Lobão, tocava bateria nas bandas de Marina, Luiz Melodia e Gang 90, era parceiro de Júlio Barroso e produzia um LP independente associado ao poeta Bernardo Vilhena, com quem tinha feito algumas músicas. Nos precários oito canais do estúdio Tok, gravou as dez faixas de *Cena de cinema*, com participações de Marina, Lulu, Ritchie, Ricardo Barreto e Marcelo Sussekind, pensando em vender a fita para uma gravadora. Lobão namorava a ex de Júlio, Alice "Pink Pank", fumava, bebia, cheirava e conspirava nas praias e nos bares cariocas com o ex-Asdrúbal Evandro Mesquita para a formação de uma banda de rock malandra e teatral, agressiva e sensual. Uma resposta carioca e praieira à atitude paulista-nova-iorquina da Gang 90: a Blitz.

Nada de pessoal: Lobão e Júlio tinham gostos parecidos e se adoravam. Júlio escrevia de Nova York para ele: "Não existe nada de novo, existe tudo sendo feito de maneira nova, velhos riffs renascidos através da paixão criativa dos que vivem o tempo de agora, apaixonadamente. Nós sabemos que não existe nenhuma nova onda, *new wave*. Mas a onda permanente".

No fim do ano, num dos melhores programas da série *Grandes Nomes*, outro encontro inesperado: "Maria da Graça Costa Penna Burgos", Gal Costa, convidou Elis Regina para dois duetos. Pela primeira vez as grandes rivais se encontraram, em "Estrada do Sol", de Tom Jobim e Dolores Duran, e "Amor até o fim", de Gilberto Gil. Entre beijos e abraços, cantaram e dançaram juntas, Elis mais rítmica e agressiva, Gal mais doce e harmônica, em gravação histórica.

Elis também se aproximou muito de Marília, a quem telefonava frequentemente para falar de marido e filhos e comentar as novidades. Quando a onda discoteca se esgotou, a Warner decidiu fazer um disco d'As Frenéticas cantando os sambas e as marchas de Lamartine Babo, com produção de Sérgio Cabral, que batizei de "Babando Lamartine". Não sabíamos a quem chamar para fazer os arranjos, e, conversando com Marília, Elis "ofereceu" César Mariano, que foi imediatamente chamado. Mas, mesmo com seus arranjos e com algumas ótimas faixas, o disco naufragou. Foi o começo do fim d'As Frenéticas.

*

Na manhã de 19 de janeiro de 1982, pelo telefone, Marília me disse, com voz pausada e contida, que tinha uma notícia ruim sobre Elis. Comecei a chorar. Parada cardíaca, álcool e cocaína. Sozinha, trancada no quarto. Três filhos. Trinta e seis anos!

Fui imediatamente para São Paulo, para o Teatro Bandeirantes, onde o corpo de Elis estava sendo velado e uma multidão chorava a perda de sua estrela. Abracei César e Ronaldo, que choravam muito. Atrás do vidro do caixão, com os cabelos curtinhos e o rosto sereno, Elis vestia a camiseta de seu programa da série *Grandes Nomes* que tinha sido proibida pela Censura: uma estilização da bandeira brasileira, com "Ordem e progresso" substituído por "Elis Regina Carvalho Costa". Todas as rádios tocavam suas músicas, "Upa neguinho", "O bêbado e a equilibrista", "Arrastão", "Madalena", "Maria Maria" e sua última gravação, uma lindíssima versão de "Me deixas louca", velho bolero de Armando Manzanero, com letra de Paulo Coelho.

A cidade onde ela floresceu para o sucesso, onde viveu seus grandes triunfos e a maior parte de sua vida artística, parou para chorar sua estrela. No alto do carro do Corpo de Bombeiros, coberta de flores, Elis percorreu as ruas da cidade pela última vez, ovacionada pelas multidões que encheram as janelas e as calçadas de todo o trajeto até o cemitério do Morumbi. Nunca um artista brasileiro recebeu consagração popular como aquela. Acompanhei o cortejo no carro da amiga jornalista Regina Echeverría, devastado de tristeza e perplexo. Trinta e seis anos!!! Entre Krishna e Lacan, entre Cristo e Buda, entre cabeça e coração, procurei um sentido e um consolo para aquela perda, imaginando o avesso de um milagre, do mesmo milagre que fez de uma garota baixinha e pobre da periferia de Porto Alegre uma das maiores cantoras do mundo. Vivi sua morte como um antimilagre. Para mim era novidade até que Elis estivesse cheirando pesado nos últimos meses, não fazia seu estilo. Elis nunca foi drogada nem dependente de nada. Bebia um pouco de vez em quando, fumava um baseado aqui e ali, mas nunca fez nada compulsivamente. Estava entrando na onda da cocaína numa hora em que muita gente já estava começando a sair. Pior: sempre preocupada com a voz, a garganta, seus maiores bens, evitava inalar a cocaína, preferindo misturá-la com uísque: dessa forma, a droga vai para o estômago e demora mais a entrar na corrente sanguínea, tornando muito difícil controlar as quantidades. Foi o que matou Elis.

*

Convidado por Roberto de Oliveira e Cláudio Petraglia, que tinham uma produtora independente, passei a apresentar com Scarlet Moon o talk show diário *Noites Cariocas*, que ia ao ar às onze da noite, só no Rio de Janeiro, pela TV Record. Gravávamos três entrevistas todos os dias, de manhã, primeiro numa sala do hotel Marina, na praia do Leblon, e depois na pizzaria Gattopardo, de Ricardo Amaral. Lá, além de todos os nossos amigos, entrevistamos também políticos, artistas, atletas e empresários, de Darcy Ribeiro a Marcello Mastroianni, e — pela primeira vez na televisão depois de 1964 — o histórico líder comunista Giocondo Dias, com o partido ainda na ilegalidade.

Além de nossas entrevistas, o programa tinha "colunas" audiovisuais, com o cronista Carlos Eduardo Novaes, o escritor João Ubaldo Ribeiro e o futuro repórter policial Marcelo Rezende, comentando futebol. Como o programa era só local, nós nos permitíamos algumas liberalidades, como eventuais piadas mais grossas e palavrões mais leves, ou a descrição que Darcy Ribeiro fez de sua participação num concurso de punheta entre garotos para ver quem gozava primeiro e mais longe. Outras vezes, quando o convidado era chato (o que não raro acontecia), Scarlet e eu o ignorávamos e conversávamos animadamente entre nós. O público se divertia, recebíamos centenas de cartas e éramos vistos por mais de 500 mil pessoas todas as noites.

*

No verão de 1982, uma novidade na praia do Arpoador: um circo. Uma ideia maluca de Perfeito Fortuna, ex-Asdrúbal, com Márcio Calvão e o cenógrafo Maurício Sette. Um circo de verdade, em frente ao mar, armado na areia da praia dos roqueiros e surfistas, um circo com bichos muito loucos e sem animais e trapezistas, um circo de teatro e música — e muitos malabarismos, palhaçadas e acrobacias. Como as que fez Perfeito para convencer dona Zoé Chagas Freitas, primeira-dama do Estado, a interceder junto ao prefeito Júlio Coutinho para ceder, de graça, um pedaço de praia e, também de graça, fornecer força e luz. Afinal, seria só durante o verão e seria uma grande alegria para a cidade, prometia Perfeito ao prefeito.

Perfeito não só cumpriu como foi além: o Circo Voador foi a grande atração do verão carioca, com cursos de teatro e aulas de dança e acrobacia de dia e peças de teatro e shows de música à noite. Empolgado, aos 38 anos, me inscrevi no curso de teatro de Regina Casé, Patrícia Travassos e Hamilton Vaz Pereira e, durante um mês, desreprimi minha porção ator e tomei um banho de juventude, me divertindo em exercícios de expressão teatral com uma garotada em torno dos vinte anos.

Perfeito Fortuna tinha seu próprio grupo, o Paraquedas do Coração — Cia. do Ar, e teve entre seus alunos Cazuza, que participou ativamente das aulas e de uma montagem punk da *Noviça Rebelde* como o Barão Von Trapp e um travesti no papel imortalizado por Julie Andrews. Outro curso, de Evandro Mesquita e Patrícia Travassos, com o grupo Banduendes Por Acaso Estrelados, preparava a montagem de *A incrível história de Nehemias Demutcha*. À noite, shows de estrelas como Chico Buarque e Caetano Veloso, que era amigo e fã ardoroso de Regina Casé, para quem fez "Rapte-me, camaleoa", e novas bandas de rock, como Brilho da Cidade (de Cláudio Zoli e Arnaldo Brandão), Barão Vermelho (de Roberto Frejat, Cazuza, Dé Palmeira e Guto Goffi) e Blitz (de Evandro Mesquita, Ricardo Barreto e Lobão). Foi de Patrícia Travassos, namorada de Evandro, a ideia de acrescentar duas vocalistas à banda: Patrícia convidou Márcia Bulcão, namorada de Barreto, que chamou a amiga e bailarina Fernanda Abreu.

A Prefeitura também cumpriu sua parte: assim que terminou o verão, o circo foi despejado do Arpoador, para alívio dos residentes na área, que haviam passado três meses sem dormir. Quando o circo foi desarmado, o compacto da Blitz com "Você não soube me amar" já estava explodindo em todo o Brasil. A fala ritmada, carioca e malandra de Evandro, os vocais de resposta de Fernanda e Marcinha, a guitarra do "Homem Baile" Barreto, a bateria suingada de Lobão eram a fórmula do sucesso:

— Sabe essas noites em que você sai caminhando sozinho, de madrugada, com a mão no bolso…

— Na rua! — respondem as garotas.

— E você fica pensando naquela menina, você fica torcendo e querendo que ela estivesse…

— Na sua! — elas completam.

— Aí finalmente você encontra o broto, que felicidade…

— Que felicidade! Que felicidade! — confirmam elas.

— Você convida ela pra sentar.

— Muito obrigada.

— Garçom, uma cerveja!

— Só tem chope.

— Desce dois! Desce mais!

— Amor, pede uma porção de batata frita? — elas pedem, dengosas.

Ele concede:

— Ok, você venceu: batata frita.

Em menos de um mês, a Blitz vendeu mais de 100 mil discos e se tornou uma mania nacional: foi capa de várias revistas e estrelou todos os musicais da televisão. Chacrinha adorava a Blitz, Evandro o imitava na gravação de "Você não soube me amar", Fernanda e Marcinha dançavam com as Chacretes na TV. Eles eram o sucesso do momento quando entraram no estúdio, produzidos por Mariozinho Rocha, para gravar o primeiro LP.

Quando Júlio voltou de Nova York, a Blitz já era um grande sucesso. Ele reagrupou a Gang 90, manteve May, Denise e Alice e acrescentou uma vocalista/tecladista/paulista, sua nova esposa, Taciana Barros, e o baixista e vocalista cearense Herman Torres, com quem passou a compor. Uma das músicas, "Nosso louco amor", foi tema de abertura da novela *Louco Amor* e virou um grande sucesso nacional da noite para o dia.

Nosso louco amor está em seu olhar
quando o adeus vem nos acompanhar
[…]
Já foi assim, mares do sul,
entre jatos de luz, beleza sem dor,
a vida sexual dos selvagens…

A Gang arrebentou nos programas de televisão e gravou seu primeiro LP, *Essa tal de Gang 90 e as Absurdettes*. O disco não aconteceu, mesmo com grandes músicas como "Corações psicodélicos" (parceria com Lobão), "Telefonema", "Eu sei mas eu não sei" ("Eu quero e eu consigo / eu perco, mas eu não ligo / I'm your dog, but not your pet / quero e sou Absurdette") e o rap "Românticos a Go-Go", só com a fala suingada de Júlio sobre a base pulsante, entre o rock tropical e o new samba:

> Donga, Cartola, Guevara, Sinhô
> Jimi, Caymmi, Roberto, Melô
> Rita, Lolita, Del Fuego, Bardot
> Gato, Coltrane, Picasso, Cocteau
> [...]
> Nietzsche, Nijinski, Kandinsky, Allan Poe
> [...]
> Marley, Duchamp, Oiticica, Xangô

— O poeta é o traficante da liberdade — proclamava Júlio nos shows.

As Absurdettes desfilavam pelo palco com suas minissaias, e ele confidenciava ao público:

— Elas podiam ser *misses*, mas nunca leram *O pequeno príncipe*...

Os *barmen* dos hotéis adoravam Júlio. Mas os contadores da gravadora que pagava as contas iam à loucura. Em um hotel paulista, Júlio convidou o poeta Tavinho Paes para um delivery de comida japonesa e, em seguida, para duas garotas de programa. Asiáticas, naturalmente. Claro, Júlio não tinha um tostão, mas tinha um amigo no bar, que lhe mandou as contas "frias" de diversas lagostas a Thermidor e várias garrafas de vinho, que assinou alegremente. E recebeu o dinheiro em espécie, menos a gorjeta.

Lobão, depois de gravar o disco da Blitz, dar entrevistas no lançamento e posar para a capa de várias revistas, antes mesmo de começar a turnê nacional, saiu do grupo para iniciar carreira solo. A espetacular opção de Lobão, de abandonar o grupo de maior sucesso do momento e vender para a RCA a fita do seu *Cena de cinema*, chocou e dividiu a cena roqueira carioca. Para alguns, era um doidão rasgando um bilhete premiado; para outros, um herói, que recusava o estrelato para fazer sua arte independente. *Cena de cinema* saiu três meses depois do disco da Blitz e foi lançado com um show no Circo Voador — agora em seu novo endereço, nos Arcos da Lapa. Quando saiu da Blitz, Lobão deixou uma maldição no ar: que a banda acabaria tocando na festa da chegada do Papai Noel no Maracanã, o mais terrível pesadelo de um roqueiro rebelde.

"As Aventuras da Blitz", extremamente bem produzido, recheado de boas músicas de Evandro e Barreto, cheias de gírias e malandragens cariocas e com um humor e uma alegria irresistíveis, tornou-se um retumbante sucesso nacional. As apresentações ao vivo da Blitz em shows e na televisão, dirigidas por Patrícia Travassos, iam muito além da música e da dança, cheias de efeitos teatrais, piadas, figurinos especiais, performances tão sensacionais como não se via desde Os Mutantes, o Secos e Molhados e As Frenéticas. E cumpriu-se a profecia de Lobão: a Blitz foi a estrela máxima da festa de chegada do Papai Noel no Maracanãzinho, no Natal de 1982.

No início do verão de 1983, com o baterista Juba substituindo Lobão, a temporada de lançamento de "As Aventuras da Blitz", no Roxy Roller, foi triunfal, com duas sessões superlotadas por dia, uma às nove da noite e uma matinê às três da tarde para atender às massas mirins. A sensação era um falso striptease de Fernanda e Marcinha antes de começarem a cantar "Era um biquíni de bolinha amarelinho tão pequenininho / mal cabia na Ana Maria" (versão de "Itsy Bitsy Winnie With a Yellow Polkadot Bikini", dos anos 1960). Mesmo com as meninas atrás de uma tela semitransparente, a garotada delirava só com as sombras das curvas.

Pouco depois, Lulu Santos estourava nas rádios de todo o Brasil, não com um rock, mas com um bolero havaiano moderno, de verão, com guitarras e bongôs e o produtor Liminha grasnando como uma arara para dar "clima tropical" na introdução: o nosso "Como uma onda", que tinha o intrigante subtítulo de "Zen-surfismo". Assim que Lulu me mostrou a melodia, senti cheiro de gol. Minha experiência no ramo me dizia "*habemus* hit". Em algumas horas escrevi a letra, misturando leituras de "A arte do arqueiro zen", de Eugen Herrigel, com alguns baseados e o "Buda", de Jorge Luis Borges. Naveguei na eterna metáfora das ondas (na citação "a vida vem em ondas como o mar", do "Dia da Criação", de Vinicius), inspirado pelas praias cariocas de verão, com seus surfistas e suas cocotas.

> Nada do que foi será
> de novo do jeito que já foi um dia
> tudo passa, tudo sempre passará,
> a vida vem em ondas como o mar
> num indo e vindo infinito
> Tudo que se vê não é
> igual ao que a gente viu há um segundo
> tudo muda o tempo todo no mundo
> não adianta fugir nem mentir pra si mesmo agora,
> há tanta vida lá fora,
> aqui dentro, sempre,
> como uma onda no mar

Foi um dos maiores sucessos populares do ano, era cantada em coro pelas multidões nos auditórios de TV e nos shows. Lulu se consagrava como um nome nacional: não só entre os jovens roqueiros, mas no coração do grande público. "Como uma onda" integrava o LP *Ritmo do momento*, pop de primeira de cabo a rabo, com hits como "Adivinha o quê" (inicialmente proibida pela Censura, moribunda, mas ainda ativa) e "Um certo alguém" (com letra de Ronaldo Bastos). O disco logo ultrapassou a marca das 100 mil cópias vendidas.

Recebido entusiasticamente no underground e na cena roqueira, o LP de Lobão não chegou a ser um sucesso popular, mesmo com grandes músicas, como "Cena de cinema" (com Bernardo e Marina), "Amor de retrovisor" e "O Homem Baile", e a participação de algumas das maiores estrelas de sua geração, como Ritchie, Lulu Santos e metade da Blitz: o guitarrista Ricardo Barreto, o tecladista William Forghieri, o baixista Antônio Pedro e o saxofonista Zé Luiz. E Marina Lima, por quem Lobão estava apaixonado.

Marina era uma morena apaixonante mesmo, de cabelos negros e crespos e corpo esguio, com uma voz rouca e macia, cheia de estilo e graça, nova cantora de pop sofisticado lançada pela Warner.

Criada em Washington e irmã do poeta e filósofo Antônio Cícero, aos 22 anos, Marina de biquíni jogando frescobol era uma das sensações da praia do Posto 9, em Ipanema.

Nesse tempo eu não gostava de Marina, nem pessoal nem artisticamente. Muito pelo contrário. E ela certamente não gostava de mim. Eu havia assistido ao show de lançamento do seu primeiro disco, dois anos antes, naquele mesmo Teatro Ipanema, e achado que a garota era bonita e carismática, que tinha personalidade na voz e um projeto de estilo. Mas estava tão nervosa, mas tão nervosa, tão desconfortável em uma malha colante negra que a deixava como nua que foi um sofrimento ouvi-la. Também não gostei do disco, achei confuso e pretensioso.

Na praia, na noite e nas festas, nossas relações sociais eram tensas e secas. Ela me parecia agressiva, arredia, esquiva. Quando saiu seu segundo disco, *Olhos felizes*, com grandes arranjos de Lincoln Olivetti e um repertório muito melhor, muita gente gostou, Lulu Santos e Lobão adoraram e me recomendaram. Dei uma ouvida rápida, não tinha o menor interesse naquela garota que eu achava tão antipática. Mas, quando ouvi Maria Bethânia cantando o belíssimo bolero "O lado quente do ser", me surpreendi ao saber que era de Marina e de seu irmão Antônio Cícero.

> Eu gosto de ser mulher
> que mostra mais o que sente,
> o lado quente do ser,
> que canta mais docemente

Em seguida, ela gravou o LP *Certos acordes* e me mandou um, afinal, eu ainda era um crítico respeitado e tinha uma coluna em *O Globo*. Escreveu com caneta prateada na capa "Agora só falta você", citando o rock de Rita Lee em desafio. Era verdade, todos os meus amigos gostavam de Marina. Quando ouvi o disco, ouvi de novo, e de novo, e fiquei ouvindo durante horas seguidas, maravilhado com os ritmos e as sonoridades que ela havia encontrado, as músicas que cantava, tanta novidade e qualidade. Uma fusão perfeita entre as complexidades harmônicas da bossa nova e os timbres elétricos do rock e da música negra americana, produzindo um pop altamente sofisticado. Um disco deslumbrante, com estilo e elegância, com graça e humor, leveza e profundidade.

Na capa em preto e branco, uma linda foto de Walter Firmo, meio desfocada, com Marina caminhando descalça na beira do mar, a blusa entreaberta, deixando entrever um seio moreno. Não só ocupei o espaço inteiro da coluna falando de *Certos acordes* e de Marina como mandei-lhe flores gratas e entusiasmadas. Não faltava mais ninguém. Ficamos amicíssimos, trocamos confidências, falamos de música, fizemos planos, nos divertimos muito e acabei fazendo com Lulu uma música para ela. E depois outra, com Guilherme Arantes ("Marina no ar"). Marina era inteligente, amorosa e delicada, de uma grande integridade artística, uma garota de muito estilo. Em *Certos acordes*, entre várias grandes músicas, uma parecia definir a própria artista, "Charme do mundo":

> Acho que o mundo faz charme
> e que ele sabe como encantar
> por isso sou levada, e vou,
> nessa magia de verdade...

Depois de "Verão do rock", Marina gravou a romântica "Me chama", de Lobão, com tanta emoção que a tornou um clássico instantâneo do pop brasileiro — e o primeiro sucesso popular de Lobão.

> Chove lá fora e aqui
> tá tanto frio,
> me dá vontade de saber
> aonde está você?
> me telefona,
> me chama, me chama, me chama...

Subindo o morro

"Bondinhos, bondinhos e mais bondinhos repletos de consumidores ávidos de música e de sexo", era o que invariavelmente o gerente Djalma reportava da estação da praia Vermelha para o escritório no alto do morro da Urca nas noites de sexta e sábado. Mesmo debaixo de chuva, muita gente subia o morro para ver as novas bandas de rock brasileiro do Rio, de São Paulo e de Brasília. A Noites Cariocas não precisava de outras atrações além dos hits dançantes de Dom Pepe, da paisagem deslumbrante, da liberdade absoluta e dos matos aconchegantes: o show ao vivo era mais um extra para o público. As novas bandas de rock, mesmo desconhecidas, já encontravam esperando por elas 3 mil jovens pulando feito pipoca na pista e namorando a céu aberto. Gang 90, Blitz, Lulu Santos, Ritchie, Lobão, Barão Vermelho, Brilho da Cidade, todos tocaram no verão do rock na Noites Cariocas.

Mas o grande, o mais esperado e concorrido show do verão não foi de uma banda de rock, mas do rei do funk e do soul, Tim Maia. Depois de muitas negociações, Tim assinou um contrato para cantar na Noites Cariocas. Na noite do show, desde cedo, subiam bondinhos e mais bondinhos lotados de clientes ávidos, e logo a lotação estava esgotada. Nunca a casa recebeu tantos VIPS e tantos artistas: roqueiros, emepebistas e sambistas adoravam Tim Maia. Depois da meia-noite, começamos a nos preocupar. Tim ainda estava em casa, na Gávea. E, pelo papo, com pouca vontade de sair. Só sairia se recebesse o seu "levado", que era como ele chamava o cachê, em grana viva. Tim não acreditava em cheques.

O produtor Nelson Ordunha, o Duda, deu um rasante na bilheteria e saiu em velocidade rumo à Gávea, com uma sacola de supermercado cheia de dinheiro. Tim abriu a porta do apartamento de calção e chinelo e o convidou para um drinque, uma fileira e um baseado. E confessou, contando o dinheiro e rindo, que morria de medo de andar de bondinho. Para criar coragem, tomou mais alguns uísques, jogou a sacola debaixo da cama e finalmente entrou no carro. No alto do morro, a galera estava inquieta, já se ouviam algumas vaias e gritos, temia-se pelo pior. Quando Duda finalmente chegou com Tim à estação na praia Vermelha, respiramos aliviados, mas ele olhou para cima, para o bondinho balançando suavemente nos cabos, rosnou e disse:

— Não entro nessa porra de jeito nenhum, nem com anestesia geral. Isso não vai aguentar meu peso.

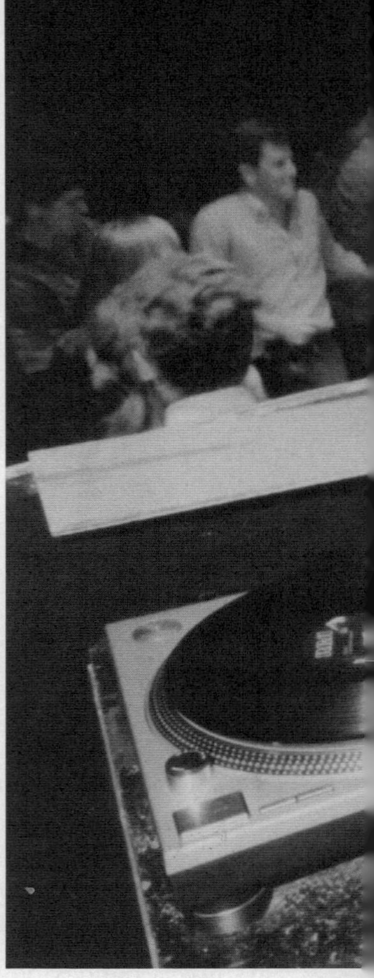

Durante intermináveis minutos, Duda e Djalma tentaram convencê-lo a subir. Num bondinho só para ele. Com a luz apagada. De olhos vendados. Bebendo uísque. Com uma gata lhe fazendo massagem, chupando seu pau, chicoteando-o, o que ele quisesse. Desde que subisse. Pedi para falar com ele por telefone. Implorei que subisse, em nome de nossa velha amizade. Os ânimos estavam exaltados na pista e a Banda Vitória Régia já no palco, tocando o tema de abertura. Tim respondeu, muito amistoso e jovial, com sua voz de trovão:

— Meu amigo Nelsomotta (a única pessoa que, apesar da intimidade, só chamava os amigos pelo nome completo), eu tenho uma ideia muito melhor: em vez de eu subir, você manda o pessoal aqui pra baixo e a gente faz o show na praça.

Soltou uma gargalhada, virou um copo de uísque puro e, empurrado por Duda e Djalma, embarcou no bondinho como um boi indo para o matadouro. De macacão de lamê prateado, subiu de olhos fechados. Entrou no palco cantando "Vale tudo", fez um show sensacional e a pista explodiu com seus sucessos. "Primavera", "Gostava tanto de você", "Réu confesso" e todos os que vinha acumulando desde 1980, quando lançou pela Warner um dos melhores discos de sua carreira: o *Tim Maia Disco Club*, com históricos arranjos funk-disco-samba de Lincoln Olivetti e clássicos como "Sossego", "Acenda o farol" ("Pneu furou? Acenda o farol!") e "A fim de voltar". Tim, com a voz no seu ponto máximo de potência e precisão, vigor e maturidade, ainda com bom fôlego, ainda resistindo bem à devastação do álcool, da cocaína e da maconha, que consumia em quantidades industriais. E mais musical do que nunca. Depois desse, quando sua voz começava a declinar, ainda lançou dois discos poderosos — já por sua gravadora independente, a Vitória Régia — com grandes hits, como "Do Leme ao Pontal", um passeio funk-samba pelas praias cariocas, "Descobridor dos sete mares", que se tornou um hino nas noites cariocas, e a suingada "Vale tudo", com que abria — escancarava — os seus shows:

Vale tudo, vale o que quiser,
vale o que vier,
só não vale dançar homem com homem
nem mulher com mulher

Só que, em vez de cantar "nem mulher com mulher", Tim gritava:

Nem amassar Bombril!

E completava:

Isso até as 21 horas, depois tá liberado!

O público explodia de rir e de dançar.

Foi em Tim Maia que Edu Lobo e Chico Buarque pensaram quando produziram um belíssimo score musical para o balé *O grande circo místico*, que lançou a deslumbrante "Beatriz", cantada por Milton Nascimento. Na gravação do disco, para cantar a música "A bela e a fera", Edu e Chico precisavam de uma voz forte e grave para interpretar o homem-fera do circo. E não havia ninguém melhor que Tim Maia.

— Quando vocês falaram em besta-fera, eu vi logo que ia sobrar pra mim — disse Tim, soltando uma gargalhada e aceitando entusiasticamente.

No estúdio, muito simpático e cordial, recusou-se terminantemente a cantar a melodia como Edu tinha escrito, insistindo em mudar a última nota da primeira frase musical. Era uma *blue note*, uma nota torta, e, por mais que Edu insistisse e mostrasse no piano que a nota natural que Tim preferia não cabia no acorde, ele foi definitivo:

— Não adianta, Edulobo, o povo não entende *blue note*. — E cantou como queria. Acabou sendo uma das melhores faixas do disco.

Em junho de 1983, vindos de Brasília, os Paralamas do Sucesso (Herbert Vianna, Bi Ribeiro e João Barone) gravaram um compacto com "Vital e sua moto", que começou — como acontecia com todas as novas bandas de rock — tocando na Fluminense FM, autocognominada "A maldita", e de lá se espalhou pelos ares cariocas e brasileiros. A rádio, pra lá de alternativa, emitia de Niterói e foi uma criação do radialista Luiz Antonio Mello e do ex-empresário d'Os Mutantes, Samuel Wainer Filho, o "Samuca". A partir de março de 1982, a Fluminense foi a principal plataforma de lançamento das novas bandas: tocava de The Clash a The Cure até demos caseiras, promovia concursos e shows de rock, agitava dia e noite. Foi na "maldita" que tocaram pela primeira vez os Paralamas e a nova banda carioca Kid Abelha e os Abóboras Selvagens. E o sucesso logo se espalhava por outras rádios.

Logo que se mudou para a Lapa, o Circo Voador se tornou o grande palco alternativo do nascente BRock (expressão cunhada pelo jovem jornalista Arthur Dapieve e adotada pelo influente crítico Tarik de Souza, do *Jornal do Brasil*), com a programação "Rock Voador", de Maria Juçá, que resultou no LP lançado pela Warner. Sob sua lona generosa se apresentavam bandas novas, como os Paralamas e o Kid Abelha, e as novas estrelas do rock, como Lulu Santos, Blitz e Lobão. Na Noites Cariocas, que era muito maior, passaram a se apresentar só os roqueiros que faziam sucesso no circo. A escalada de uma nova banda de rock no Rio de Janeiro começava na Fluminense FM. Depois o grupo tocava no Circo Voador e, por fim, se consagrava na Noites Cariocas, apresentando-se para 3 mil pessoas. Às vezes, essa trajetória era cumprida em menos de seis meses, como aconteceu com os Paralamas, com o lançamento de seu primeiro LP, *Cinema mudo*, e com o Kid Abelha, com o estrondoso sucesso nacional da atrevida "Pintura íntima":

> Fazer amor de madrugada,
> amor com jeito de virada

O Brasil cantou e dançou com Paula Toller, a vocalista do Kid Abelha e coautora do hit com seu namorado Leoni, baixista da banda. Venderam 100 mil discos em semanas.

*

Conheci Eduardo Dussek quando ele era pianista e ator na montagem teatral anárquica e engraçadíssima de Antônio Pedro para *Desgraças de uma criança*, com Marco Nanini e Marieta Severo. Louro e altíssimo, com vocação tanto para a música como para a comédia, Dussek começou a fazer sucesso a partir de sua apresentação no festival MPB-80 da TV Globo, quando divertiu o público e a crítica, de fraque e cuecão, cantando "Nostradamus", sua debochada versão cabaré-do-apocalipse do fim do mundo:

> Eu preciso de alguém, vou até a cozinha
> Encontro Carlota, a cozinheira, morta!
> Diante do meu pé, Zé!
> Eu falei, eu gritei, eu implorei:
> levanta, me serve um café,
> que o mundo acabou!

Dussek não ganhou nenhum prêmio, mas saiu como a grande revelação do festival. Musicalmente, não era um roqueiro, mas, na atitude e no espírito libertário, era muito, com um talento especial para o humor e o escracho. Fazia uma espécie de rock-cabaré, novidade que o público adorou. Quando chegou ao Circo Voador e à Noites Cariocas, já tinha dois LPS gravados e um hit estrondoso, "Rock da cachorra", de Léo Jaime, um jovem roqueiro goiano que estava trabalhando com os cariocas do João Penca e seus Miquinhos Amestrados, que gravaram com Dussek no LP *Cantando no banheiro*:

> Troque seu cachorro por uma criança pobre,
> sem parente, sem carinho, sem rango e sem cobre
> [...]
> Seja mais humano, seja menos canino,
> dê guarida pro cachorro, mas também dê pro menino,
> senão um dia desses você vai amanhecer latindo

Mais rock — e mais Brasil —, impossível. Os Miquinhos começam a se popularizar e lançam seu primeiro LP, uma explosão de humor, alegria e *rockabilly*, com o sugestivo título de *Os grandes sucessos de João Penca e seus Miquinhos Amestrados*. Mas foi só um pequeno sucesso, com "Telma, eu não sou gay" (paródia debochada de Léo Jaime para "Tell Me Once Again") divertindo a juventude. No show da Noites Cariocas, os Miquinhos, Bob Gallo, Avelar Love, Claudio, The Killer e Selvagem Big Abreu (apresentado como "o maior pau da banda") faziam todo mundo dançar e levavam os bailarinos às gargalhadas com suas grosserias e baixarias. Rock era humor.

E rock era barato. Para as gravadoras, a nova onda do rock tinha muitas vantagens, mas especialmente uma: os discos saíam baratíssimos em relação aos de MPB, com suas grandes orquestras e suas estrelas que ganhavam royalties e adiantamentos muito maiores que a garotada, que assinava contratos por uma penca de bananas. Uma banda de rock não precisava de músicos contratados e maestros para escrever arranjos. Precisava só de horas de estúdio — muitas — e um produtor. Mas não precisavam de um produtor para buscar ou encomendar músicas aos compositores. As bandas de rock compunham e tocavam seu próprio repertório, cabia ao produtor só selecionar o material e, no estúdio, dar forma ao produto final. E nisso Liminha, um dos maiores músicos de rock do Brasil, desde Os Mutantes, era mestre absoluto. Melhor ainda: bandas de rock eram lançadas e testadas primeiro em compactos baratos, até chegarem ao LP, formato-base da MPB. O que economizavam em custos e royalties, as gravadoras investiam em promoção e marketing. E, na onda do Plano Cruzado, comemoravam recordes de vendas. Rock era *business*.

Produzido por Ezequiel Neves, o melhor crítico de rock do país, o Barão Vermelho, de Cazuza, Frejat, Maurício, Guto e Dé, emplacou seu primeiro sucesso, ou quase: "Pro dia nascer feliz" explodiu mesmo foi com a gravação de Ney Matogrosso, que vivia um caso amoroso com Cazuza e era uma das grandes estrelas pop do momento, com bem-sucedidas incursões no rock. A gravação do Barão foi relançada em compacto e também arrebentou. Um ano antes, Cazuza (em parceria com Dé e Bebel Gilberto) tinha escrito a belíssima "Todo o amor que houver nessa vida" para o primeiro disco do Barão e chamado atenção para seu talento de letrista. A música não chegou a ser um grande sucesso popular, mas ganhou o Prêmio Sharp — e também foi citada em vários jornais e revistas — como melhor do ano. E mais: Caetano cantou "Todo o amor que houver nessa vida" em seu show no Canecão.

> Ser teu pão, ser tua comida,
> todo o amor que houver nessa vida
> e algum trocado pra dar garantia.
> E ser artista no nosso convívio
> pelo inferno e céu de todo dia
> pra poesia que a gente não vive
> transformar o tédio em melodia...

Às gargalhadas, Caetano me contou que havia uma banda punk na Bahia, divertidíssima, que esculhambava Caymmi, João Gilberto, Gil, Moraes, Pepeu e a ele mesmo. Os jornais se recusavam a imprimir o nome da banda e do show: no Circo Relâmpago de Salvador, o Camisa de Vênus de Marcelo Nova arrebentava com seu primeiro show, "Ejaculação precoce".

Força estranha

João Gilberto, surpresa das surpresas, gravou, do seu jeito, cool e bossa nova, "Me chama", de Lobão, para a trilha sonora de uma novela da Globo em 1983. Foi o primeiro grande nome da música brasileira a gravar um roqueiro dos anos 1980. As novas bandas ainda eram vistas com desprezo e desconfiança por boa parte da MPB, que ironizava a ignorância política dos roqueiros, debochava das músicas em três acordes, tocadas por músicos que não sabiam tocar e cantadas por cantores que não sabiam cantar, para um público que não sabia ouvir. Mas as jovens massas estavam adorando, a abertura política estava ajudando e o afrouxamento da Censura permitia letras cada vez mais agressivas, que expressavam melhor o ânimo atual e a eterna ânsia de liberdade e irreverência da juventude. Pela primeira vez desde o início da Jovem Guarda, com Roberto e Erasmo, o Rock Brasil estava em movimento. Agressivo, grosso e pesado, alegre, dançante e melodioso, o rock era o ritmo do momento. Mas sucesso mesmo era Roberto Carlos, muito romântico, com o Brasil inteiro cantando sua nova música com Erasmo, um clássico instantâneo:

> Quando eu estou aqui
> eu vivo este momento lindo...

Roberto Carlos cantava "Emoções", a massa que se amassava dentro do ginásio em Vitória enlouquecia. Acompanhado pelo públi-

co em coro e por uma grande orquestra de cordas e metais, regida por Eduardo Lajes, com um arrebatador arranjo sinatreano, Roberto cumpriu triunfalmente mais uma etapa de sua turnê nacional "Emoções". Como um pop star internacional, o "Rei" viajava num Boeing privado, todo pintado de azul e branco, com grande comitiva, a mulher, Miriam Rios, a mãe, dona Laura, de óculos de gatinho, mui-

to simpática e jovial, os vinte músicos e a equipe técnica, todo o equipamento de som e luz, seguranças e assistentes. São tantas emoções nessa vida musical. Uma delas foi ser convidado por Roberto Carlos para viajar com ele e assistir às duas últimas etapas da turnê, em Vitória e na sua pequena Cachoeiro de Itapemirim, onde tudo começou.

No ginásio de Vitória, o povo ainda aplaudia delirantemente, mas Roberto já estava longe, a caminho do hotel. Pouco depois que entrei em meu quarto, o telefone tocou e ouvi a voz inconfundível, falando baixinho:

— Oi, bicho, é o Roberto. — Como se fosse possível não conhecer aquela voz. — Como é, gostou do show?

Agradeci pelo privilégio efusivamente e gaguejei alguns elogios à excelência da performance dele. Show impecável, cantor perfeito em técnica, emoção e repertório. Um belo retrato musical da alma brasileira...

Falei como um fã, e ele me ouviu como um jornalista. Roberto estava falando baixinho porque tinha ficado meio rouco depois do show, queria poupar a voz, porque no dia seguinte o show seria na sua cidade, onde ele não se apresentava havia muitos e muitos anos. O Rei estava naturalmente um pouco nervoso e ansioso:

— Sabe como é... terra da gente... cidade pequena... grandes emoções... sabe como é, bicho.

Imaginei. E me lembrei daquela noite distante em Copacabana, naquele apartamento, Carlos Imperial de chinelos e ele imitando João Gilberto.

Domingo radioso em Vitória do Espírito Santo, Dia dos Namorados, parecia que todas as rádios só tocavam Roberto Carlos. No hall do hotel, sentado numa mesa com o baterista-secretário-amigo Dedé, o Rei concedeu uma espécie de audiência pública. Uma longa fila aguardava pacientemente, cada um esperando de olhos brilhando o momento de ser atendido. Alguns precisavam de uma dentadura, outros de um aparelho de surdez, outros de uma ajuda para o filho doente, uma cadeira de rodas, a reforma de uma igreja. Esperavam um milagre, mas se contentariam apenas em ver de perto, olhar nos olhos, talvez tocar Roberto Carlos. Dedé fazia uma curta entrevista com o suplicante, avaliava o pedido e o encaminhava a Roberto, que, de talão de cheques em punho, ia atendendo no ato. Era assim em todas as cidades por que passavam.

A partida para Cachoeiro atrasou meia hora porque um grupo de cegos queria "ver" Roberto Carlos, como contou Dedé, às gargalhadas, entrando no ônibus com o Rei. E o viram e tocaram nele. Durante a viagem, Roberto estava alegre e animado, contando histórias da estrada. Nas mais de trinta cidades que visitara, só tinha conseguido sair do hotel duas vezes: em Recife, escondido num furgão para almoçar na casa de amigos, e em Maceió, quando foi com toda a companhia, mais de quarenta pessoas, jantar num restaurante fechado só para eles.

— Mesmo assim, os garçons vieram pedir autógrafo... — contou Roberto, resignado.

O ônibus entrou na cidade pobre e feiosa, quente e poeirenta, e se aproximou do estádio por uma rua estreita, lentamente, abrindo caminho em meio à multidão que esperava desde cedo nas calçadas. Eram seis e meia da tarde, e o show estava marcado para as sete. O ônibus parou em frente a uma pequena porta que dava acesso aos vestiários. Roberto foi o primeiro a entrar, seguido dos seguranças. O povo aplaudiu.

Todas as janelas dos edifícios ao redor do estádio estavam iluminadas e lotadas. O morro ao lado, com magnífica visão do campo, estava superlotado. Mas ainda havia alguns lugares nas arquibancadas e nas cadeiras do gramado. Parecia que a cidade inteira estava ali para celebrar a volta do jovem senhor, do mais ilustre filho da terra, do artista mais popular do Brasil. Roberto ficou uma hora e meia trancado sozinho no camarim. A massa esperou paciente durante a primeira hora, mas depois começou a se inquietar, gritando e assobiando.

— Senhoras e senhores... Rrrrrrrroberto Caaaaaaarlos! — A voz do apresentador estourou nas caixas. Os canhões de luz mostravam as arquibancadas, as janelas e o morro superlotados, a orquestra atacou a ouverture, e o público foi ao delírio.

"Quando eu estou aqui, eu vivo este momento lindo", Roberto começou a cantar, de terno branco e gravata azul brilhante, sorrindo tenso, com o rosto suado brilhando sob os refletores. A primeira nota quase não lhe saiu da garganta, trêmula e sofrida, engasgada. E o rosto mostrava imediatamente a dor do perfeccionista implacável consigo mesmo, do senhor de uma técnica musical de alta precisão, traído por suas emoções. Rapidamente se recompôs e, sorrindo corajosamente, foi adiante e terminou a canção sob aplausos pouco entusiasmados. Ninguém conseguia ouvir direito, o som estava péssimo. Roberto conversou com o maestro e os técnicos de som e o show recomeçou, frio. O som continuava ruim, Roberto não se ouvia nas caixas de retorno. Só na terceira música as coisas melhoraram, e ele pôde relaxar um pouco. Até que o som apitou. Ele ignorou e seguiu em frente, e aos poucos o público foi se animando:

> Por isso uma força me leva a cantar,
> por isso essa força estranha no ar,
> por isso é que eu canto, não posso parar,
> por isso essa voz, essa voz tamanha...

Roberto cantou Caetano e o público finalmente explodiu, nas arquibancadas, nos edifícios e no morro. Ele conversou, contou piadas e histórias de namoros, com uma mistura de malícia e ingenuidade, descrevendo cheio de charme seus tempos de amassos e paqueras nas matinês do Liceu Cachoeirense. E cantou "Jovens tardes de domingo" com infinita graça. As meninas sentadas ao meu lado, adolescentes, começaram a chorar. Uma saraivada de sucessos depois, Roberto sorria feliz, mas seu olhar tinha sempre uma tristeza e uma melancolia, parte importante de seu carisma. Fechou o show com "Amante à moda antiga": a massa foi ao delírio, e os fogos de artifício explodiram no céu de Cachoeiro. O público ainda estava aplaudindo quando Roberto e toda a comitiva já estavam no ônibus, que avançava lentamente, abrindo caminho em meio à multidão que gritava e aplaudia. Roberto tirou o paletó e a gravata e se envolveu numa toalha. O ônibus ganhou a estrada e foi cortando a noite capixaba. O Rei viajava em silêncio, cansado e sorridente, quase todo mundo dormia. Boa noite, Roberto Carlos.

Na chegada ao hotel, em Vitória, com fome e com sono, me despedi de Roberto, ganhei um abraço e um beijo e não resisti: pedi que ele me autografasse a camiseta do show, o primeiro e único autógrafo que pedi a um artista na vida.

Noites romanas

Em agosto de 1983, com o fim abrupto de um romance de um ano movido a álcool e cocaína com uma psicanalista argentina muito louca, fui para Roma, para o festival Bahia de Todos os Sambas, produzido pelo cineasta Gianni Amico e bancado pela Secretaria de Cultura romana, comandada pelo comunista visionário Renato Nicolini, em homenagem a Glauber Rocha. Shows de Dorival Caymmi, João Gilberto, Caetano Veloso, Gilberto Gil, Gal Costa, Maria Bethânia, Nana Caymmi, Moraes Moreira e outros baianos musicais ilustres, cantando e tocando durante uma semana para uma plateia de 10 mil pessoas, nas ruínas do Circo Massimo. E mais: um trio elétrico com Armandinho, Dodô e Osmar circularia na Piazza Navona. Os filmes de Glauber seriam exibidos. Estrelas da "Roma Negra" iluminariam as noites de verão da Roma Imperial, nada melhor para curar uma rebordosa amorosa. E, para sair da canoa furada da cocaína, numa outra cidade, num outro tempo, movido a arte e civilização.

Fui para o pequeno hotel Raphael, com seus salões de mármore e sua fachada coberta de hera, o favorito de Vinicius, na poética esquina da Via Dell'Anima com o Vicolo Della Pace, atrás da Piazza Navona. Ali, na esquina da alma com a paz, do terraço se veem os telhados de Roma e as cúpulas de suas igrejas brilhando ao sol, o casario ocre e terracota e as velhas ruas de pedra, desertas sob o calor de agosto. A semana Bahia de Todos os Sambas tinha começado um

dia antes, com a exibição tumultuada do último filme de Glauber, *A idade da Terra*, e o show de Caetano Veloso no Circo Massimo com lotação esgotada. À noite fui ao show de Gal Costa.

O Circo Massimo não era o Coliseu, era muito maior (e agora quase totalmente destruído), era o hipódromo onde as bigas corriam para os Césares. Ao fundo, as ruínas iluminadas, à frente delas, o palco e um grande descampado, ocupado por uma plateia de 10 mil pessoas sentadas, que se levantaram quando a banda tocou a introdução de "Canta Brasil". E gritaram e aplaudiram ao ouvir a voz cristalina de Gal e ao ver aquela bela figura de mulher, suas formas generosas e maduras mais reveladas do que cobertas por um vestido de Markito de um finíssimo tecido dourado, ora fosco, ora brilhante, que se colava ao seu corpo como uma segunda pele até os quadris, de onde descia fluido, revelando coxas e pernas fortes e morenas, que irrompiam pelo rasgo lateral da saia ou se revelavam através das transparências iluminadas. Quando ela cantou "Noites cariocas", o choro de Jacob do Bandolim, chorei copiosamente. Em parte pela rebordosa amorosa, em parte pelo Brasil. E, ao mesmo tempo, de alegria, infinitamente contente que eu estava pelo testemunho da arte refinada de Gal, de sua consagração por um público culto e exigente, rara oportunidade de desfrutar de um legítimo sentimento de orgulho nacional. Ultimamente, diante do mundo civilizado, sentíamos mais vergonha que orgulho do Brasil, com nossa grotesca ditadura moribunda e em debandada, nossa eterna crise econômica agravada, nossas injustiças revoltantes, nossa pobreza, ignorância e violência. Provincianamente, imaginei que os romanos deviam estar perplexos: como pudemos, com nossa miséria cultural e nossa história curta e inglória, produzir uma arte tão rica e desenvolvida, uma arte tão moderna e sofisticada num país tão primitivo e atrasado?

Qualquer crítico de música bem informado — e havia muitos ali — sabia que Gal Costa, como Elis Regina, era uma das melhores cantoras do mundo, que produzia uma música tão boa quanto a de Ella Fitzgerald ou Sarah Vaughan. O show terminou com uma ovação consagradora e diversas voltas ao palco. Feliz e emocionada, Gal se curvou em altiva reverência, a massa de cabelos escuros e ondulados emoldurando uma bocona vermelha e sorridente, o bico dos seios avançando pelo tecido dourado que o suor lhe colava ao corpo. Chorei de novo, pensando em Glauber e Hélio Oiticica, amigos queridos e mortos (os dois aos 42 anos), mestres e inventores de arte e linguagem, reverenciados por estrangeiros e massacrados em sua própria terra, banidos e perseguidos pela insensibilidade e pela violência da ignorância nacional. Como Gal e Elis na música, Glauber e Hélio desfrutavam do respeito e da admiração de qualquer crítico bem informado de cinema e artes plásticas. Na consagração de Gal, chorei a perda, em pouco mais de um ano, de Elis, Glauber e Hélio.

Depois do show, dividi um táxi com Dorival e Nana Caymmi. O "Algodão" estava feliz, o rosto moreno cercado pelo prateado dos cabelos, sereno como quem sabe de tudo, alegre como quem aceita a vida, a perfeita imagem do "Buda Nagô" criada por Gilberto Gil. Refastelado no banco traseiro do táxi, para deleite meu e do motorista, iniciou com Nana um dueto da "Tosca", enquanto rodávamos pelas ruas estreitas e antigas do Trastevere. Caymmi contou que havia sido criado ouvindo ópera e música clássica, falou sobre Bach, disse que todos os acordes e estruturas harmônicas que ainda hoje surpreendem os que se acreditam "modernos" já estavam lá, em Bach. Talvez Caymmi esteja para a música brasileira como Bach está para a música do mundo. Sua música esteve presente e foi fundamental em três grandes momentos da nossa gloriosa história musical. Primeiro, com Carmen Miranda, para quem criou grandes sucessos, como "O que é que a baiana tem?" e "Você já foi à Bahia?"; depois, na bossa nova, com as releituras revolucionárias de João Gilberto de "Rosa Morena", "Doralice", "Saudades da Bahia" e outras; e, finalmente, no tropicalismo, com Gil e Caetano criando a nova música sobre os alicerces sólidos da música de Caymmi.

> Só louco amou como eu amei,
> só louco quis o bem que eu quis,
> ah, insensato coração...

Nana cantava, e a cidade iluminada passava na margem do Tibre. Caymmi fazia uma segunda voz, revirava os olhos, fazia bico com os lábios grossos e sensuais, era a encarnação do "dengo viril", de uma macheza delicada e sedutora, talvez possível pela mistura bem-sucedida de italianos e árabes com baianos, como com Jorge Amado. O motorista estava adorando o *taxi-concert*, e desconfiei que estivesse fazendo um caminho mais longo mais por prazer que para cobrar um pouco a mais. Várias músicas depois, quando chegamos ao seu hotel, Caymmi me abraçou e, diante de minha expressão de êxtase e gratidão, num estado que Nelson Rodrigues descreveria como "vazado de luz como um santo de vitral", declamou, com voz solene e majestosa:

— Cada minuto que passa é um milagre que não se repete.

Ele deu um tempo para que eu pasmasse com tanta sabedoria e profundidade e, com um timing de grande comediante, revelou a fonte de tanta poesia:

— Rádio Relógio Federal.

Boa noite, Dorival Caymmi.

João Gilberto foi o máximo. Mínimo para tanta arte, gente e aplausos foi o imenso circo onde a biga de Ben Hur corria havia vinte séculos. Onde agora um brasileiro de 52 anos, de óculos e terno cinza, cantava e tocava violão para uma plateia hipnotizada por sua arte elegante e refinada.

Quando João começou sua apresentação, com o Hino Nacional Popular brasileiro, "Aquarela do Brasil", ninguém ouviu: as caixas de som estavam mudas. Da primeira fila, na beira do palco, ouvi seu fio de voz distante:

— ... deixa cantar de novo o trovador, à merencória luz da lua...

Depois de um interminável minuto, ouviu-se de repente, como uma explosão de luz brilhante, voz e violão formando um único corpo sonoro, leve e diáfano, num ritmo preciso e seco como golpes de caratê.

À tarde, depois do ensaio, ele tinha me chamado para ir ao seu hotel. Estava tenso e apreensivo. Os italianos não tinham conseguido acertar o som, uma orquestra de cordas participaria de três músicas com pouco ensaio, ele previa um desastre. O legendário perfeccionismo do mestre: para os ouvidos de João, que som seria bom? Que silêncios seriam necessários para agradá-lo? Tudo muito além de nossa vã estereofonia. João sofria, disse que estava preparado para o sacrifício, pelo Brasil e pelos brasileiros, sem soar patriótico ou populista. E começou a tocar.

Ensaiou mais uma vez com a filha Bebel, que ia cantar com ele "Chega de saudade", e, para se distrair, começou a pedir sugestões sobre o repertório que cantaria à noite, fingindo que íamos escolher o que já estava escolhido: "Estate", "Wave", "Samba da minha terra", "Desafinado", "Retrato em branco e preto", "Triste", "O pato", "Garota de Ipanema", suas músicas de sempre, sempre novas. E uma "novidade" dos anos 1940, uma moderníssima canção de Custódio Mesquita, "Valsa de quem não tem amor", que ele cantou em suave ritmo de samba.

> Minhas noites são fatais,
> meus dias tão iguais
> tão só sem ter ninguém,
> minha imaginação destrói meu coração
> que vive na ilusão de um dia amar alguém...

Durante o concerto, a arte de João sempre esteve ameaçada por toda sorte de incompetências técnicas que nos acostumamos a associar às precariedades do Terceiro Mundo, e não à riqueza e à cultura do Primeiro. Paciente e guerreiro, João, completamente concentrado, filho dos trópicos e do povo, continuava cantando com precisão absoluta enquanto as caixas de som zumbiam, ensinando em Roma o rigor e a disciplina. João cantava em homenagem a Glauber.

Glauber e João, nossos Dionísio e Apolo, duas faces opostas da mesma preciosa moeda, síntese da melhor arte moderna brasileira: dois baianos porretas. O excesso e o escasso, o máximo e o mínimo, o épico barroco e o modernismo minimalista. Glauber tinha muito boa cultura de música brasileira, acompanhava seus movimentos e gostava de discuti-la acaloradamente, mas, nos seus últimos tempos, com exceção de uma simpatia conterrânea por Gal, Gil, Caetano e Bethânia, dizia provocativamente que não gostava de mais ninguém além de Villa-Lobos e Antônio Carlos Jobim. E considerava João Gilberto um gênio musical. Escreveu para ele o papel de "Sabiá", um cantor e violonista cego, o narrador da história de *Palmei-*

ras selvagens, uma adaptação do livro de William Faulkner para uma praia baiana, jamais filmado. Glauber amava e respeitava João, em perfeita harmonia por total contraste, mas defendia uma polêmica tese que atribuía a ele um processo de "feminilização" da música brasileira, introduzindo doçura, suavidade e delicadeza no canto dos homens, tirando-lhes virilidade. Não que fosse ruim, era apenas menos másculo, ele concedia, sem muita convicção. Mas era inegável. Depois de João, todos os novos cantores passaram mesmo a cantar mais docemente. Daí, segundo Glauber, a reação: um processo de "masculinização" do canto feminino, iniciado com a voz grave e poderosa de Maria Bethânia, com a potência e a agressividade de Elis Regina, com a explosão da Gal roqueira, influenciando todas as novas cantoras na busca de timbres mais graves e de atitudes mais agressivas. Glauber adorava uma polêmica. João detestava. Gostava de harmonia.

Gostei tanto do festival, de Roma, de tanta beleza e de tanta gente interessante que conheci que resolvi ficar. Por tempo indeterminado. Afinal, a Noites Cariocas ia a pleno vapor, como um templo do rock brasileiro, tocado por Léo, Djalma, Duda e Dom Pepe. Depois de quinze anos de incessante e múltipla labuta, pela primeira vez achei que podia me dar um tempo. Um sabático para descansar e pensar, para aprender. E me livrar da cocaína.

Mudei-me para o Residence Ripetta, um lindo prédio ocre do *Cinquecento*, com pátio interno e a respectiva *fontana*, perto da Piazza del Popolo. Caminhava a esmo pela cidade, deslumbrado, horas seguidas sem destino, entrando e saindo de becos e vielas, vendo beleza e harmonia onde quer que o olho batesse. Comia na Bucca di Ripetta ou no Moro, recomendado por Chico Buarque, frequentava os bares do Trastevere, tomava sorvete na Piazza Navona, ia ao estádio Olímpico para ver os jogos do *"piu bello campionato del mondo"*, estrelado pelos brasileiros Falcão e Cerezo na Roma, Zico na Udinese, Sócrates na Fiorentina, Junior no Torino, Batista na Lazio, os grandes craques da geração de ouro de 1982, que perdeu a Copa do Mundo para a Itália. Melhor, impossível. Para amenizar a culpa por tanta felicidade sem trabalhar, comecei a escrever crônicas para *O Globo*.

Depois de mais uma vitória da Roma, gol de Cerezo, volto do estádio de ônibus com o novo amigo Paolo Scarnecchia, um jovem musicólogo formado pela Universidade de Roma com uma tese sobre a música popular brasileira. Professor de música contemporânea, Paolo nunca veio para o Brasil, mas fala um português fluente, com um estranho sotaque anglo-lusitano, e se apaixonou pela nossa música quando ouviu Milton Nascimento e Chico Buarque cantando "Cálice", cinco anos antes. Estudou português e montou com grande esforço uma heroica discoteca básica brasileira, de Ernesto Nazareth a Tom Jobim, de Hermeto Paschoal a Arrigo Barnabé, é fã extremado de Caetano Veloso e João Gilberto, tem um programa de rádio e escreve para uma prestigiada revista de música sobre MPB. Conheci Paolo durante o festival, no lobby do hotel Forum Imperiale, de plantão havia dois dias na esperança perdida de uma entrevista, um aperto de mão ou mesmo uma visão fugaz de João Gilberto, trancado no quarto havia dias. Comovido com sua ansiedade e seu sotaque, levei-o comigo para o apartamento de João, que tinha convidado alguns amigos para um concerto íntimo. Paolo quase desmaiou quando entrou no quarto, onde já estavam Cazuza e Bebel, o secretário Otávio Terceiro e o empresário Kerkor Kerkorian. E João cantando. E cantou a noite inteira. Quando o dia nasceu, João mandou pedir café com leite, pão e mel para todos, e Paolo foi para casa, mas não conseguiu dormir.

Conosco no ônibus, outro novo amigo, conhecido nos bastidores do festival, um garoto de vinte anos que tem um programa diário de uma hora na FM favorita dos jovens romanos, a Dimensione Suono. O programa de Massimiliano de Tomassi, o "Max", se chama "Festa do Som Brasil", assim em português mesmo, e ele toca exclusivamente música brasileira. Mas são músicas muito diferentes das preferências mais eruditas de Paolo: Blitz, Rita Lee, Lulu Santos, Gilberto Gil, Marina e outros. Max é romano de várias gerações, nunca foi ao Brasil, mas fala um português quase perfeito, com sotaque carioca. Foi arrebatado pela música brasileira quando assistiu a um show de Jorge Ben dois anos antes, em Roma. Seu sonho é morar no Rio.

E eu quero morar em Roma. As casas alaranjadas passam róseas pela janela do ônibus, ocres e terracotas através do vidro, cinema transcendental. Max me conta que a maior audiência na TV italiana é a série de programas *Te lo do' io il Brasile*, que o comediante Beppe

Grillo gravou no último verão no Brasil e é exibida pela RAI, às quintas, às oito e meia da noite, para mais de 10 milhões de espectadores. O programa já apresentou números musicais com Rita Lee, Antônio Carlos Jobim, Jair Rodrigues, Toquinho e Sargentelli e o que ele chama de "mulatas que não estão no mapa", que enlouqueceram os italianos. O sucesso é a mistura de humor, mulheres e música na viagem de Beppe pelo Brasil, de Manaus a Porto Alegre, com cada programa dedicado a uma capital: Salvador, São Paulo, Rio de Janeiro, Recife e outras.

Estão no ar, com sucesso, duas telenovelas brasileiras: *Água Viva* e a reprise de *Dancing Days*. A Som Livre abriu filial na Itália para vender discos com trilhas de novelas. Sonia Braga está na capa e em dez páginas escaldantes da *Playboy* italiana e, nas telas, estrelando *Gabriela* ao lado de Marcello Mastroianni. O sabor tropical vai da cama à mesa: um restaurante de Milão serve duzentas feijoadas todo fim de semana. Toquinho faz uma série de apresentações superlotadas no Teatro Sistina, comemorando o Disco de Ouro que acaba de ganhar na Itália. A nova amiga Maria Giulia liga de Nápoles convidando para ouvi-la cantar música brasileira num bar de nome inesquecível: Ipanema. Outro bar, no Trastevere, o Manuia, sempre abarrotado, tem um clima muito parecido com o Beco das Garrafas carioca dos anos 1960 e deve seu sucesso à presença e ao som do pianista e cantor Jim Porto, um negro gaúcho que vive em Roma há seis anos. Jim está lançando seu primeiro disco, que tem em três faixas o som do trompete de ninguém menos do que Chet Baker, que também vive na cidade e toca na noite.

No elegante hotel Hassler, na Via Sistina, o maestro Antônio Carlos Jobim é muito requisitado para entrevistas e dá uma concorrida coletiva para rádio, jornal e televisão, convalescendo de uma gripe e comemorando o sucesso de seus dois shows em Roma depois de uma triunfal apresentação com a Filarmônica de Viena. Quando os repórteres saem, conto-lhe, empolgado, tudo de bom que está acontecendo com o Brasil na Itália. Da janela de sua suíte, Tom Jobim contempla o crepúsculo alaranjado harmonizando seus tons com os do casario ocre e rosado, pede mais um conhaque, adia a volta e exclama:

— O Brasil é aqui!

★

Vou com Jim Porto ver e ouvir Chet Baker. Antes que ele acabe. No Brasil, pouco ouviram falar dele. Apesar de sua importância para a história do jazz e da música brasileira, são raros os que o ouviram tocar seu trompete e cantar. Aos 55 anos, (ainda) está vivo, não muito bem, mas se apresentando no Music Inn, uma caverna escura, uma catacumba contemporânea, antro de jazzistas romanos. Ele foi o primeiro, um pouquinho antes da bossa nova, a encostar seus lábios no microfone e cantar com um mínimo de volume e um máximo de precisão e invenção musical no histórico *Chet Baker Sings*, um marco na história do cool jazz e da bossa nova, gravado em 1954 e lançado dois anos depois. Mas enquanto João, iogue zen-baiano, se aperfeiçoava na arte da disciplina, a heroína destruía Chet Baker.

Sob as luzes mortiças do pequeno palco, ele parece uma múmia de si mesmo quando jovem, quando era belo como um James Dean. O nariz pequeno e fino, os lábios bem desenhados, sobrevivem no rosto magro e encovado, mas, ao menor movimento, a pele cor de cera parece se soltar da carne, as muitas cicatrizes se confundem com as rugas fundas que lhe marcam o rosto de garoto envelhecido. Atrás dos óculos, seus olhos baços olham para baixo quando começa a tocar, apontando o trompete para o chão.

Sua entrada é hesitante. Fica claro que houve pouco ou nenhum ensaio com os músicos italianos que o acompanham: um flautista péssimo, um pianista muito ruim e um baixista razoável, que se esforçam em vão. Chet começa a acertar uma frase aqui e outra ali, começa a engrenar. Os solos dos italianos são longos e chatos, e ele termina a música rapidamente. Magro e enfraquecido, dentro de um paletó de veludo marrom de lapelas antigas e largas, sua perna balança dentro de uma calça folgada, os cabelos louros alongam-se, esgarçados, abaixo do colarinho da camisa, alternam tufos mais lisos e claros com outros mais queimados e ondulados, que emolduram seu rosto esquálido e seus olhos fundos. Fico angustiado imaginando como Chet, tão frágil, terá forças para soprar seu trompete e cantar. Mas ele toca, quase bem, uma segunda música. Seu solo tem algumas frases inspiradas entre clichês e notas aleatórias. Durante o longo e insuportável solo do flautista, Chet senta-se à bateria vazia e começa a marcar o ritmo, levíssimo, quase sem encostar a baqueta no prato, fazendo o metal apenas sussurrar, parecendo buscar o mínimo de som necessário para produzir um ritmo ágil, leve e preciso. Um sonho gilbertiano.

Na terceira música, Chet toca de verdade, seguro e sutil, elegante, e até os músicos tocam bem melhor, mais discretos e precisos. É um samba bonito de origem desconhecida, talvez dele mesmo, mas que poderia ser assinado por Tom Jobim, com uma melodia fluente sobre arrojadas estruturas harmônicas. Na penumbra, por momentos, achei que estivesse ouvindo, como se ali implícito, o violão de João, assim como meu coração ouvia a bateria que Chet só insinuara antes.

Ele tira o microfone do pedestal com alguma dificuldade, senta-se em um banco alto e marca o ritmo com a perna magra balançando dentro da calça larga. E canta. Como sempre. Como nunca:

> I remember you
> you're the one who makes my dreams come true...

Um clássico do jazz num fio de voz afinado e enxuto, navegando em um ritmo vertiginoso. Improvisa com a voz, como se fosse um trompete doce, criando frases musicais surpreendentes. Canta de olhos fechados e cabeça baixa, e sabe lá do que se lembra quando diz "I remember".

Mais uma música, solta e disforme. Chet sopra alguns clichês e, cansado, avisa que vai fazer um pequeno *break*. Preciso respirar e vou com Jim até a rua para um pouco de ar fresco. Falamos de Chet. Muito jovem, ele se tornou uma grande estrela do jazz da West Coast, cool e refinado, influência decisiva na melhor música americana dos anos 1950. Depois naufragou num mar de heroína, dívidas e desamparo. Às margens do submundo do crime, com o corpo marcado de picadas e sem trabalho, os dentes quebrados por surras de traficantes, parou de tocar. Preso várias vezes e desmoralizado nos Estados Unidos, recompôs a boca, reaprendeu a embocadura fundamental de seu instrumento e foi para a Europa, onde zanzou meio molambo pelos circuitos de jazz, gravando vários discos de qualidade irregular por qualquer dinheiro. Mas, mesmo assim, produziu o belíssimo álbum duplo *The Touch of Your Lips* e algumas faixas memoráveis com jazzistas franceses e alemães. No final desse filme B em preto e branco, não há *happy ending*, e a heroína é a vilã da história que ainda não terminou.

Chet volta ao palco, toca caoticamente mais dois temas, com os músicos italianos perdidos entre partituras, e em seguida o show termina, com ele cantando "There Will Never Be Another You", o rosto contorcido pelo esforço e a expressão dolorida, mas sussurrando as palavras com grande delicadeza e surpreendente precisão. Nunca haverá outro (como) você, nós sabemos.

Os filhos da revolução

Parecia um cenário do *Decameron* de Pasolini. Um palazzo do *Quattrocento*, de três andares, com paredes pintadas de ocre, pisos de mármore, um pátio interno cheio de estátuas e, nos fundos, um jardim de laranjeiras florido. Era a sede da TV Globo International, dirigida por Roberto Filippelli, onde trabalhava, contando secretárias e assistentes, meia dúzia de pessoas. Um discreto e eficientíssimo escritório comercial que vinha gerando mais de 10 milhões de dólares por ano com a venda de novelas e programas da TV Globo para o mundo inteiro. E a Itália era o principal mercado. Três novelas brasileiras estavam sempre em exibição nos canais de Silvio Berlusconi, concorrente direto dos três canais da RAI com a recente quebra do monopólio estatal na Itália. A convite de Filippelli e usando os arquivos da TV Globo, montei uma série de cinco programas musicais, *The Voice of Brazil*. Escrevi o roteiro e as apresentações dos artistas, narrei em inglês e ele foi vendido para a Europa inteira e dezenas de outros países nas feiras internacionais de televisão. Um dos programas era com os *big stars*: Roberto, Elis, Gal, Bethânia, Tom Jobim, João Gilberto, Chico, Gil, Caetano, Tim Maia. Outro, com os grandes mestres: Caymmi, Cartola, Luiz Gonzaga. Outro ainda com a nova geração: Lulu, Marina, Paralamas, Lobão, Blitz. Um dedicado a grandes instrumentistas, como Egberto Gismonti e Hermeto Paschoal, e um *gran finale* com grandes duplas, como Gal e Elis, João Gilberto e Rita Lee, Caetano e Paulinho da Viola e um sensacional dueto de Gilberto Gil e Chico

Buarque, o negro com a cara pintada de branco e o branco com a cara preta, debochando do racismo em "A mão da limpeza".

Com um pequeno intervalo, duas péssimas notícias do Brasil: Marília me contando que Júlio Barroso tinha caído (ou se jogado) da janela do décimo primeiro andar de seu apartamento em São Paulo. E meu pai contando que a emenda das "Diretas Já" fora derrotada no Congresso, com o general Newton Cruz chicoteando carros em Brasília sob "estado de emergência". Chorei de tristeza e de raiva. Todo mundo sabia que o regime militar estava moribundo e que a liberdade era inevitável, a ditadura caía de podre. Mas Júlio estava morto de verdade, embora fosse impossível, para mim, acreditar que tivesse se suicidado: ele amava apaixonadamente a vida e, com todos os seus excessos, não era dado à depressão. Muito pelo contrário. Mas foi a primeira informação que Marília ouviu, pelo rádio. Falei depois com vários amigos, devastados, no Rio e em São Paulo. Da cama à altura da janela aberta, Júlio caiu para a morte, talvez dormindo, talvez bêbado, drogado, dançando, trepando ou tudo isso junto. Jamais se jogaria. Meses antes eu estivera com ele em São Paulo. Fomos almoçar no hotel Maksoud. Estava elegantíssimo de terno, camisa, tênis, tudo branco, falando com entusiasmo do novo disco da Gang 90, com o lindo título *Rosas e tigres*. Júlio me parecera até mais comedido nos drinques, mais profissional, mais maduro. Amoroso e divertido, como sempre, e criativamente em grande forma. O material do novo disco era de alto nível, Júlio estava a pleno vapor. Uma tragédia, uma perda colossal, um buraco na nossa alegria e na música e na poesia do Brasil.

Em Roma, a vida seguia boa, cheia de amigos novos e reforçada por uma longa temporada dos amigos Euclydes Marinho, roteirista das séries *Malu Mulher* e *Quem Ama Não Mata*, grandes sucessos da TV Globo, e Dom Pepe, o DJ, que ficaram três meses na cidade. Inicialmente no Ripetta, depois nos mudamos todos para outro *residence* na Via Archimede, em Parioli, que tinha a deliciosa *trattoria* Da Domenico no térreo. Cama e mesa e metade do preço do Ripetta. Noites no Trastevere. Dias de sol na Cidade Eterna. A alegria e a simpatia dos italianos, sua democracia, sua política caótica e divertida, sua língua musical de alta expressividade, sua malandragem e civilização. Às vezes me sentia quase culpado por tanta felicidade e beleza, trabalhando tão pouco e tão longe de minhas filhas. Prometi que elas teriam, por algum tempo, "menos pai", mas, com certeza, depois teriam um "pai melhor".

De fato: em Roma me livrei da cocaína e da bebida. Mergulhei na cultura da beleza e da harmonia, do *bel canto* e dos museus. Tomávamos uns vinhos aqui e ali, fumávamos um ou outro *spinello* de haxixe, e o mais era saúde e alegria. No Rio de Janeiro e em São Paulo a cocaína reinava nas boates, nas festas, nos estúdios, nos escritórios e nas casas. E até nas areias escaldantes de Ipanema. Certo dia, uma rodinha se formou em torno da barraca de um conhecido maestro, que esticou várias carreiras de pó e todos cheiraram alegremente, em pleno sol do meio-dia, entre barracas coloridas e vendedores de mate e limãozinho. Foi o fim da linha. No Rio, a cocaína era tanta e em tantos lugares que era quase impossível não sair do círculo viciado. Em Roma, onde eu conhecia pouca gente e ninguém do ramo, quebrar o hábito não foi tão difícil. A vida melhorou muito.

Do Rio chegou uma ótima notícia: uma nova banda paulista estourava em todo o Brasil com um rock debochado e de explosiva carga política. Mais que um hino de campanha, aquela era uma resposta à derrota da emenda das Diretas, numa linguagem agressiva, irônica, contundente, muito diferente das canções de protesto dos anos 1970. Ninguém mais falava em "dia de amanhã" nem em "faca de ponta", em pescadores e sertanejos: o Ultraje a Rigor exigia o amanhã agora e desmoralizava pelo humor e pelo ridículo a ditadura que estrebuchava. Além disso, como me contaram Léo e Djalma do Rio, a música fazia a pista da Noites Cariocas pular feito pipoca. Em Roma, quando ouvi o disco, tive um ataque de riso histérico e vitorioso. Saboreei a vingança como uma goiabada e fiquei morrendo de saudades do Brasil. Todos os garçons do Da Domenico e metade dos do Parioli devem ter aprendido a letra de "Inútil", que tocava constantemente e em alto volume no meu apartamento.

> A gente não sabemos escolher presidente,
> a gente não sabemos tomar conta da gente,
> a gente não sabemos nem escovar o dente
> Tem gringo pensando que nós é indigente
> Inútil, a gente somos inútil,
> inútil, a gente somos inútil...

★

Na Noites Cariocas, numa noite gelada e chuvosa de agosto, pouca gente se animou a subir o morro para ver uma nova banda de rock de São Paulo. "Poucos bondinhos com poucos consumidores muito desanimados", reportava Djalma sonolento da estação para o escritório. Entre os poucos que subiram, uma garota de longos cabelos negros cacheados e uma enorme boca vermelha, moradora da vizinha Urca e habitué da Noites, louca por música. Tinha dezessete anos, mas, como era muito alta, nunca teve problemas para entrar. Se bem que muitos garotos e garotas da mesma idade, mas não tão altos, também contavam com a boa vontade de Duda e Djalma e dos porteiros para se divertir na Noites. O espaço aberto favorecia um clima mais relaxado, onde a polícia não entrava e as brigas e os problemas de violência eram raríssimos. Paz, amor e rock and roll entre as nuvens. A morena era aluna do Colégio Andrews, conhecida por cantar o dia inteiro, a qualquer hora e em qualquer lugar; estudava canto lírico, queria ser cantora de ópera, mas adorava música brasileira e rock. Por cantar tão bem, tinha participado, aos quinze anos, da montagem de *The Rocky Horror Show* que o jovem ator Miguel Falabella dirigira com alunos do Andrews num animado curso de teatro de três meses. Foi onde Marisa Monte subiu pela primeira vez num palco e, mesmo com um papel pequeno, foi a grande estrela dos espetáculos. Agora subia o morro para ver a banda de rock paulista.

Mas eles não eram só rock. Eram reggae, punk, brega, tudo junto, refletindo a diversidade dos seus oito integrantes, mais um lançamento de sucesso da Warner e de Pena Schmidt. No início, eles se chamavam Titãs do Iê-Iê-Iê. Quando André Midani me disse que tinha contratado essa nova banda, achei o nome hilariante, e me decepcionei um pouco quando o disco saiu só como Titãs. Mas, mesmo gravado num estúdio vagabundo com som ruim, o LP tinha coisas muito boas: além do hit "Sonífera ilha" ("Não posso mais viver assim ao seu ladinho / Por isso colo meu ouvido no radinho / de pilha..."), uma ótima versão para o reggae jamaicano "Patches" ("Marvin") e uma grande música, o reggae "Go Back", que o tecladista Sérgio Brito fez sobre um poema do tropicalista Torquato Neto, que se suicidara em 1972:

> Você me chama,
> eu quero ir pro cinema
> [...]
> você me ama
> mas de repente
> a madrugada mudou
> [...]
> só quero saber do que pode dar certo,
> não tenho tempo a perder

O pequeno público da Noites conhecia vagamente os Titãs, porque "Sonífera ilha" tocava muito no rádio e eles apareciam frequentemente no programa do Chacrinha na televisão. Além disso, o público local não tinha muita simpatia por bandas paulistas, e poucas escapavam da rivalidade regional. Poucos meses antes, os Titãs tomaram uma vaia monumental na sua estreia carioca, numa noite caótica e violenta no Circo Voador, dividida com bandas de heavy metal, sob uma chuva de latas de cerveja. O público da Noites também vaiou algumas músicas, vaiou o sotaque, as roupas e os cabelos, mas a banda reagiu com coragem e entusiasmo, produzindo um show poderoso, com grande movimentação em cena, energia titânica. Arnaldo Antunes, Branco Mello, Charles Gavin, Marcelo Fromer, Nando Reis, Paulo Miklos, Sérgio Brito e Tony Belotto não eram grandes instrumentistas nem cantores, mas ótimos compositores, com uma atitude rebelde e desafiadora: tinham muito estilo e eram infinitamente melhores ao vivo do que em disco. A morena da Urca adorou.

Além da Fluminense FM, do Circo Voador e da Noites Cariocas, o Rock Brasil tinha seus maiores apoios no *Jornal do Brasil*, com o crítico Jamari França e o repórter Arthur Dapieve, e em *O Globo*, com o casal Ana Maria Bahiana e José Emilio Rondeau, que também escreviam para diversas revistas de música. Ana era uma das melhores (e certamente a mais aplicada) entre os críticos de música de nossa geração e foi minha "interina" nos últimos tempos da coluna em *O Globo*. Nos anos 1970, participou da edição brasileira da *Rolling Stone*, de breve e delirante vida, manteve durante cinco anos um precioso *Jornal da Música* com Tarik de Souza e Ezequiel Neves (onde Júlio Barroso começou a escrever) e, no início dos anos 1980, lançou, com José Emilio, a revista *Pipoca Moderna*, que tinha entre seus colaboradores Walter Salles Jr. como crítico de cinema e Paulo Ricardo Medeiros escrevendo sobre rock. Na *Pipoca*, as novas bandas receberam calor e impulso e começaram a estourar. Feito pipoca.

Ana Maria tinha um jovem assistente, que adorava punk e rock pesado, skate e quadrinhos, e vivia falando maravilhas de novas bandas de Brasília, onde tinha muitos amigos. Mas não mostrava nada. Uma tarde, finalmente Tom Leão apresentou, muito empolgado, um cassete com quatro músicas de uma dessas bandas planaltinas. Quando José Emilio ouviu a voz poderosa de Renato Russo e a pegada da Legião Urbana em "Será" e "Geração Coca-Cola", ficou louco. Além de Renato ser um grande letrista, culto, irônico e agressivo, ninguém no rock brasileiro cantava tão bem, com tanta potência e afinação, com tanta fúria e personalidade quanto ele. José Emilio telefonou imediatamente para o diretor artístico da EMI, Jorge Davidson, que estava em negociação com a banda, dando uma força na contratação e se oferecendo para produzir o primeiro disco. A Fluminense FM tocava o demo direto, e os ouvintes não paravam de pedir.

> Somos os filhos da revolução
> somos burgueses sem religião
> somos o futuro da nação
> geração Coca-Cola...

Renato cantava e as jovens plateias deliravam, se identificavam com aquela sensação de vazio e de impossibilidade, tinham alguém para dizer o que elas pensavam e sentiam. Muita gente imaginava que a nova geração musical, do Ultraje a Rigor e dos Titãs, de Lobão e da Legião, por ter vivido praticamente a vida inteira numa ditadura fechada para o mundo, sem acesso à cultura internacional e à história do Brasil, sofrendo lavagem cerebral dos militares, seria desinformada e individualista, tão ignorante e alienada quanto a autocrítica furiosa de Renato em "Geração Coca-Cola". Ao contrário, Lobão, a Legião, o Ultraje e os Titãs — além de dezenas de outras bandas que brotavam como cogumelos não mais no eixo Rio-São Paulo, mas na Bahia, em Minas, no Rio Grande do Sul e em Pernambuco — mostravam visão crítica, informação, independência e vontade de mudança. Nada mais punk do que os últimos estertores da era Figueiredo. Além de talentosos, eles eram, quem diria, intensamente políticos. A geração Coca-Cola não estava perdida. O amanhã estava chegando.

O grande amanhã

Não teríamos eleições diretas, mas o Colégio Eleitoral poderia eleger um presidente civil, conservador e confiável para os militares, com o apoio das oligarquias e dos partidos que debandavam da ditadura moribunda. Com a economia devastada, o Brasil estava quebrado. Depois de vinte anos teríamos um presidente civil e, finalmente, o nosso Woodstock. Ou quase. Produzido por Roberto Medina, foi anunciado para janeiro de 1985 o megafestival Rock in Rio, numa imensa área em Jacarepaguá, com um palco monumental, som e luz ingleses e espaço para meio milhão de espectadores. Viriam estrelas como Queen, Rod Stewart, o já decadente Yes, as *new wavers* Go-Go's, a alemã Nina Hagen, misturando ópera e rock pesado, os mais light James Taylor e George Benson, além de uma inesperada delegação de heavy metal, com AC/DC, Scorpions, Iron Maiden, Whitesnake e o veterano Ozzy Osbourne, comedor de morcegos e patriarca do metal. Eles se apresentariam junto com as maiores estrelas do pop brasileiro, como Rita Lee, Blitz, Lulu Santos, Erasmo Carlos, Ney Matogrosso, Gilberto Gil, Alceu Valença, Baby Consuelo, Eduardo Dussek, os novos Paralamas do Sucesso, Kid Abelha e Barão Vermelho, e até Ivan Lins, absolutamente estranho no ninho roqueiro, escalado para dividir a noite jazzística com George Benson. Em Roma, fui chamado pela TV Globo, que transmitiria ao vivo o festival, para ser o apresentador e comentarista dos shows.

Cheguei ao Brasil às vésperas do Natal e encontrei o país eufórico com a candidatura invencível da chapa Tancredo Neves-José Sarney, apoiada pelas mesmas forças políticas que estavam (sempre estiveram e continuariam) no poder.

Na transmissão da noite de abertura, nervoso e ao vivo, tentei fazer graça na apresentação de Erasmo Carlos:

— … e como dizia Jair de Taumaturgo, vamos tirar o tapete da sala, porque hoje é dia de rock! Eraaaasmo Carlos!

Erasmo entrou em cena, e o diretor Aloysio Legey me disse que Boni queria falar comigo no fone. Apesar do volume que vinha do palco, meu ouvido quase estourou quando ele gritou:

— Jair de Taumaturgo é a puta que o pariu!!!

Entendi a mensagem e passei a fazer apresentações mais sóbrias, procurando aprofundar os comentários musicais. Realmente, Jair e sua cabeça branca eram de um tempo em que a maioria do público do Rock in Rio nem tinha nascido. Aos quarenta anos, me senti velhíssimo, como um patético neo-Jair animando a garotada enquanto o amanhã não chegava.

Graças a Deus eu não apresentava o festival do palco, mas de uma pequena cabine no alto de uma torre, acima das cabines de som e luz, no meio da plateia, a pouco mais de vinte metros do palco. De lá, assisti ao festival de um dos melhores lugares possíveis: ficávamos só eu, um câmera e um assistente. De lá vi Erasmo Carlos ser vaiado por uma plateia de mais de 100 mil metaleiros furiosos, guerreiros de uma nova tribo urbana que ninguém esperava nem conhecia, que ninguém sabia que existia nem onde se escondia. Mas eles estavam ali, para gritar e cantar junto com o Iron Maiden e o Whitesnake e para vaiar e jogar latas de cerveja e copos de areia em tudo que não fosse metal. E pesado. E em inglês.

Para Erasmo, patriarca do rock brasileiro, que a vida inteira (como todos nós) sonhara com o nosso Woodstock (onde ele seria um Chuck Berry e um Little Richard ao mesmo tempo), a esperada noite foi só desapontamento e decepção. Vaiado agressivamente, Erasmo mal conseguiu apresentar seus rocks e muito menos suas baladas. E descobriu, assustado, que legiões de jovens dos subúrbios e das periferias das grandes cidades estavam desenvolvendo uma outra cultura urbana, do skate, das tatuagens, de quadrinhos e agressividade, movida a bandas de heavy metal internacional. Eram os metaleiros — novo terror das mães brasileiras. A imprensa fez um escândalo por causa da nova "ameaça". Os artistas reclamaram. Uma nova radicalidade, agressiva e intolerante como as plateias dos velhos festivais, foi a novidade do dia. O Rock in Rio abriu pegando fogo.

Nas noites seguintes, do alto de minha cabine, a visão era maravilhosa: um mar humano de 200 mil pessoas, sentadas em paz ouvindo música, tomando cerveja e torrando unzinho, cantando em coro com Freddie Mercury e o Queen todas as letras de seus grandes sucessos, em inglês. Com Rod Stewart foi a mesma coisa, só que ainda melhor: um show de altíssimo nível sob chuva torrencial, que Rod, como escocês legítimo, tirou de letra, chutando bolas de futebol para a plateia e pensando se toda aquela galera estava mesmo cantando em inglês ou se ele tinha tomado um a mais. Ou cheirado uma a menos.

Para os Paralamas do Sucesso, o Rock in Rio foi o trampolim da vitória, que lançou "Óculos" para o sucesso nacional, cantada em coro pela colossal plateia, ao vivo em rede nacional. Herbert Vianna saiu do festival como um novo herói da garotada e, no final, ainda ficou com a mocinha, Paula Toller, do Kid Abelha.

> Por que você não olha pra mim?
> Me diz o que é que eu tenho de mal
> Por que você não olha pra mim?
> Por trás dessas lentes tem um cara legal

Ovacionado pela multidão, Herbert dedicou o show a Lobão, Ultraje a Rigor, Titãs e Magazine (ausentes do Rock in Rio) e a todos os grupos que tornaram possível o rock brasileiro. E começou a cantar "Inútil" como um inesperado bis. O público explodiu de alegria, 200 mil vozes em fúria cantando os versos históricos. Totalmente rock and roll. Os Paralamas rapidamente venderam mais de 100 mil discos e fizeram 120 shows em um ano de estrada. A banda foi uma das grandes do Rock Brasil, mas, além de "Óculos", os novos grandes sucessos no disco e no show foram as românticas "Me liga", "Mensagem de amor" e "Meu erro".

Além dos Paralamas, Blitz, Lulu Santos, Barão Vermelho e Kid Abelha fizeram bons espetáculos, profissionais, cheios de hits. A Erasmo foi dada uma segunda chance quando ele se apresentou na mesma noite que James Taylor — uma das mais tranquilas e aplaudidas do festival. Todo o rock brasileiro (presente e ausente) teve o Rock in Rio como um divisor de águas, que marcou sua entrada oficial no mercado musical de massa. O grande ausente foi Raul Seixas, cada vez mais recluso, mais magro e mais drogado, com a barba maior, que se recusou a participar daquela caretice. Mas a rainha estava lá. Rita Lee era uma das grandes atrações do Rock in Rio, e esperava-se uma apresentação não menos que consagradora, tal a popularidade de que desfrutava, tantos os hits que emplacava, um atrás do outro, com Roberto de Carvalho, desde "Lança perfume": "Saúde", "Banho de espuma", "Chega mais", "Nem luxo nem lixo", "Luz del Fuego", "Flagra", "Baila comigo", "Alô, alô, marciano" e muitas outras. Mas havia um problema e, esperava Rita, uma solução.

Assim como Raul, Rita vivia uma vida totalmente rock and roll, na estrada com a banda, entre aeroportos e quartos de hotel, tocando para multidões e submergindo num mar de drogas, com a saúde bastante debilitada. Mas, pouco antes do festival, havia conhecido o paranormal Thomaz Green Morton, que começava a fazer sucesso nos círculos esotéricos entortando metais com os olhos e transformando água em perfume. Rita estava fraca e apavorada, queria cancelar o show, não tinha forças para nada. Mas Thomaz prometeu que a energizaria antes da apresentação e tudo correria bem.

Durante uma hora, Thomaz energizou Rita no camarim. Ela entrou no palco linda e carismática como sempre e cantou confiante os primeiros versos de "Nem luxo, nem lixo":

> Como vai você?
> assim como eu
> uma pessoa comum
> um filho de Deus
> nessa canoa furada
> remando contra a maré...

Mas o que saiu da sua garganta foi um sopro, um fio de voz trêmulo e que, ainda assim, lhe custou grande esforço. Estava perdida: a energização não pegara, a magia não funcionara, a banda tocava alto e forte, com grande ritmo, mas a voz não lhe saía da garganta. Foi quando, como se percebesse seu sofrimento, o povo começou a cantar com ela, por ela. E cantou do início ao fim todas as músicas, com força e alegria, enquanto Rita sofria para sussurrar um mínimo e se comovia com a imensa prova de amor que o público carioca lhe dava. Foi uma das artistas mais aplaudidas do festival e saiu do palco desfalecendo, totalmente desenergizada. Mas se sentindo mais amada do que nunca.

A noite de 15 de janeiro seria muito especial. Tancredo Neves tinha sido eleito de manhã pelo Colégio Eleitoral o nosso primeiro presidente civil depois de vinte anos de governos militares. O último show da noite seria do Yes, e encerrei a transmissão anunciando a banda e me despedindo feliz:

— Boa noite, presidente Tancredo Neves, boa noite, Nova República, boa noite, Brasil!

Mais uma noite. Expediente encerrado, podíamos relaxar. Barata, o assistente, tinha metade de um baseado, mas, em vez de torrarmos na nossa torre protegida, tive a infeliz ideia de fumarmos no meio da galera, comemorando a liberdade e a democracia. Mal começamos a fumar, uma mão segurou firme no meu pulso e outra exibiu uma carteira:

— Polícia Federal.

Estava muito escuro, mas o suficiente para eu ver a carteira e seu portador: um garotão de camisa esporte, como qualquer um daqueles em volta. Seu companheiro era um senhor de meia-idade, de paletó, que só faltava ter a palavra "cana" escrita na testa. Confiscaram a bagana, pegaram o Barata e eu pelo braço e nos levaram:

— Vocês estão presos. Vamos para a Entorpecentes — disse o garotão, nos encaminhando para a saída da Cidade do Rock.

Quando passávamos perto das salas de produção da TV Globo, estava mais claro e tive a esperança de que alguém me visse, de que avisassem que eu estava sendo preso. Mas ninguém viu. Talvez os policiais me reconhecessem como o apresentador do festival na televisão e livrassem a minha cara. Eles reconheceram. Mas aí foi pior ainda. Vi um brilho nos olhos claros do garotão, seu sorriso de deboche, sua felicidade em pescar um peixe gordo.

— Estás fodido. Quando isso estourar nos jornais, tu vai ser demitido por justa causa. Vai precisar de um bom advogado. Se quiser eu tenho um.

Começava a intimidação, anunciava-se a extorsão, como as centenas que aconteceram durante o festival, onde a polícia fez a festa. Mas, em vez de acertar logo minhas contas, um pouco por civismo, um pouco por orgulho e um pouco por estupidez, resolvi resistir:

— Se quiser me levar preso, pode levar. Eu não vou pagar um tostão.

O cara ficou furioso. Me jogou no banco de trás do Opala preto e branco e entrou na frente com o velho. Barata foi colocado em outro carro, e a última visão que tive dele foi sua expressão desesperada mostrando as mãos algemadas no vidro de trás do carro que partia. Durante todo o longo trajeto entre Jacarepaguá e meu apartamento no Posto 6, aonde eles me acompanhariam para que eu telefonasse a meu advogado, as ameaças e intimidações do garotão foram crescendo: era o *bad cop*. O velho fazia o papel do *good cop*, me aconselhando a ter juízo, a não criar problemas, a aceitar a oferta do advogado deles e resolver tudo.

— Quem é o seu advogado? — o garotão perguntou.

Eu disse. Ele ficou feliz:

— Esse é muito conhecido. Deve ser dos mais caros.

No meio da madrugada, saí do carro e entrei com os dois canas no meu prédio, sob o olhar assustado do porteiro. Eles tinham esperança de que eu tivesse dinheiro vivo ou dólares em casa, mas eu não tinha. E felizmente não resolveram fazer nenhuma revista, que teria piorado muito as coisas. Telefonei para meu advogado, que não estava. Deixei recado na secretária eletrônica. Eles ficaram furiosos, e eu me senti um pouco menos ameaçado. Afinal, pelo menos agora meu advogado sabia que eu estava sendo levado para a Entorpecentes, na praça Mauá. Eu não tinha medo do escândalo, não me sentia um criminoso, não estava fazendo mal a ninguém, não me envergonhava de nada, estava disposto a enfrentar as consequências. E absolutamente certo de que meu advogado (se recebesse o meu recado) impediria que eu fosse preso. A quantidade era mínima, eu era primário, os juízes estavam liberando todos os indiciados em condições parecidas — porque sabiam que a polícia achacava. Também achava que nenhum jornal noticiaria minha prisão por uma besteira daquelas e que a TV Globo não me demitiria por justa causa, simplesmente porque eu não era funcionário nem contratado, estava apenas fazendo um trabalho como freelancer. Mas temia a violência do garotão, que estava com ódio de mim por eu estar lhe dando tanto trabalho, por ele não poder me espancar como qualquer um de seus presos sem arriscar um escândalo, porque eu não me submetia a seu banditismo e covardia.

— Vou te jogar na cadeia com um monte de assassino e estuprador pra tu ver o que é bom. Até teu advogado chegar já te mataram — ameaçava, dirigindo pela avenida Atlântica rumo ao centro da cidade.

Quando entramos na Delegacia de Entorpecentes, na praça Mauá, apesar do sórdido ambiente policial, dos móveis de ferro e fórmica e da luz fria, me senti mais seguro. Estava tudo aceso, havia gente entrando e saindo das salas. Telefonei de novo para meu advogado, que atendeu no primeiro toque. Respirei aliviado, expliquei tudo rapidamente e ele me tranquilizou:

— Estou indo praí.

"Estou salvo", pensei. Mas o garotão continuou me ameaçando, queria resolver tudo rápido, botou o revólver na mesa com força, na minha frente. Mandou que eu me levantasse e fosse com eles até a sala do escrivão, para lavrar o flagrante. Confirmei ao escrivão que estava fumando e que a bagana era minha. Mas disse que queria registar que tinha sido ameaçado, coagido e achacado pelos policiais e estava sendo preso porque não quisera pagar. Pensei que o cara fosse me bater. Foi quando chegou meu advogado, com longa militância em delegacias e tribunais, e imediatamente tomou providências: foi conversar com meus captores. Voltou poucos minutos depois.

— Não vou pagar — falei, antes que ele dissesse qualquer coisa.

Com calma e até um certo tédio, ele explicou:

— Você não vai ser preso, não vai ser jogado na cadeia, ninguém vai te bater, mas você vai ser processado. Nenhum juiz vai te condenar, mas vai ser uma aporrinhação danada, você vai ter que prestar depoimentos, vai a Juízo, vai gastar uma grana de custas e advogados, e isso pode complicar a sua vida se você quer voltar para Roma...

Suspirei e, quase chorando de raiva, perguntei:

— Quanto eles querem?

Ele respondeu:

— Dois mil dólares.

Exatamente o que eu estava ganhando da TV Globo para apresentar todas as dez noites do Rock in Rio.

Abaixei a cabeça. Ele disse ao escrivão para rasgar o flagrante e foi acertar o pagamento do resgate.

Quando meu advogado me deixou em casa, o dia começava a clarear em Copacabana. Agradeci a ele efusivamente e comprei os jornais, com as primeiras páginas ocupadas pela eleição de Tancredo Neves e celebrando a volta à democracia.

Na varanda de meu apartamento, diante do mar azul de Copacabana brilhando ao sol, sentei-me na espreguiçadeira para ler os jornais históricos que registravam o fim do autoritarismo e da repressão e a alvorada fulgurante da Nova República. Acendi um baseado, agradeci a Deus e pensei, rindo sozinho: "O amanhã é hoje...".

Pinimbas e armações

No dia seguinte ao final do Rock in Rio, o governador Leonel Brizola mandou botar abaixo a Cidade do Rock. O maior e melhor palco ao ar livre que o Brasil já viu, com dezenas de banheiros, camarins, cabines, lojas, enfermarias, centrais elétricas e telefônicas. Toda a infraestrutura necessária para produzir grandes espetáculos com artistas brasileiros e internacionais para grandes multidões transformada em um terreno baldio perdido nos confins de Jacarepaguá. Com o sucesso do festival, que teve poucos incidentes, todos sem gravidade, e maciço apoio popular, os produtores pediram a renovação da licença que tinha sido dada provisoriamente à Cidade do Rock para continuar produzindo shows. Brizola negou terminantemente, depois de ter feito o possível para dificultar a realização do festival, produzido por Roberto Medina, irmão do deputado Rubem Medina — que era ferrenho adversário de Brizola no estado. Poucas vezes o Rio de Janeiro teve uma exposição internacional tão boa, nunca tivera a chance de ter um espaço de espetáculos como aquele, mas, na briga eleitoral provinciana, a juventude carioca acabou sofrendo um rude golpe em suas ilusões libertárias. E logo pela mão do sonhado governo socialista-moreno de Brizola e do professor Darcy Ribeiro, maciçamente votado pelo eleitorado jovem (e pelo mundo musical em peso) e levado ao poder triunfalmente em 1982.

Brizola detestava rock. Era um instrumento de dominação americana, canto da sereia do imperialismo para seduzir os jovens, desviá-los da construção do socialismo moreno. Cuidadosamente, assessores mais jovens tentaram ponderar com o governador que, apesar dos eventuais benefícios eleitorais para os Medina, seria muito bom para o Rio ter um espaço tão bom, que tinha sido amplamente aprovado pela população. Seria um gesto popular e democrático. Destruir seria antipático, poderia parecer autoritário, antiquado, argumentou um assessor mais corajoso. E, aproveitando o bom humor do velho caudilho, arriscou, meio brincando:

— O senhor precisa ser mais moderno, governador.

— E você quer o quê? Que eu queime um fuminho? — devolveu Brizola com seu sotaque gaúcho, para gargalhadas gerais.

E ordenou a demolição da Cidade do Rock.

Rock e fuminho eram queridos de Neusinha, a filha do governador, que conheci no calor da campanha de Brizola, de bonezinho vermelho do PDT, toda gostosinha em seu biquíni vermelho, distribuindo panfletos e sorrisos e fazendo sucesso na praia de Ipanema. Principalmente entre os pirados, friques e doidões, que achavam o máximo ter como "primeira-filha" do Estado alguém tão parecida com eles, tão alegre e anárquica como Neusinha. Com cabelos curtos e cacheados, além de muito bonita, Neusinha era vivaz e inteligente, provocativa e irreverente, tocava piano, fazia letras engraçadas e queria ser cantora de rock. Depois da eleição de Brizola, ela se tornou rock star em Ipanema, mesmo sem disco e sem show. Entrou para a turma. Bebia, fumava e cheirava, ia ao Circo Voador e à Noites Cariocas, no Baixo Leblon protagonizava cenas de tapas e beijos com Cazuza. Coisas do Rio de Janeiro.

Mas, quando a Cidade do Rock foi arrasada, o rock "Jorge Maravilha", de Julinho da Adelaide, parecia ter sido feito para ser cantado não para o general Geisel, mas para Brizola:

> Você não gosta de mim,
> mas sua filha gosta…

*

Com ou sem sua cidade, o rock brasileiro saiu do festival como grande vitorioso. Tornou-se um fenômeno de mídia, invadiu as paradas de sucesso e os programas populares de televisão, era a nova mina de ouro das gravadoras. Assim como a bossa nova tinha sido o som dos Anos JK, e a MPB, o dos anos 1970, o rock era o som da Nova República. Apesar da oposição de Brizola, Neusinha, assessorada por Paulo Coelho, lançou seu primeiro disco. E pior: pela Som Livre — das Organizações Globo, arqui-inimigas do governador. O pau quebrou no palácio. O disco não vendeu, mas a debochada *new wave* "Mintchura", em parceria com o gaúcho Joe Eutanásia, era um sucesso de rádio, todo mundo conhecia. E Neusinha se divertia, no melhor espírito roqueiro. Ela mesma se dizia uma "mintchura". Tinha tanta graça e era tão divertida que ficamos amigos e até demos umas namoradas.

Na Noites Cariocas, logo depois do Rock in Rio, pouca gente se animou a subir o morro para ver mais uma nova banda paulista lançando seu primeiro compacto. Mas todo mundo que foi gostou: a música era muito boa, e o som deles era ótimo, um vigoroso technopop com teclados e baixo pulsante, uma boa atitude roqueira. E o melhor de tudo era o crooner e baixista, um garoto lindo, moreno de nariz fino e olhos escuros, um pop star instantâneo, tocando e cantando com uma voz rouca e sexy e enlouquecendo todos os sexos na pista. Era o ex-jornalista Paulo Ricardo Medeiros, do RPM (Revoluções Por Minuto):

> Na madrugada, na mesa do bar,
> louras geladas vêm me consolar
> Qualquer mulher é sempre assim,
> vocês são todas iguais,
> nos enlouquecem, então se esquecem
> e já não querem mais

Assim que chegou às rádios, "Louras geladas" borbulhou e explodiu. Foi um sucesso maciço e quase imediato. Saiu das FM para as AM, ganhou o Brasil. Quando as meninas e os meninos viram Paulo Ricardo e o RPM na televisão, o Rock Brasil ganhou seu primeiro símbolo sexual: não há rock and roll sem eles. Pouco mais de um mês depois de sua primeira apresentação, o RPM voltou à Noites Cariocas, que dessa vez superlotou, recebendo um dos maiores públicos de sua história, com filas imensas se estendendo pela praia Vermelha desde cedo. Paulo Ricardo era um ídolo, um pop star, e "Louras geladas", um sucesso nacional. O rock é rápido.

A Legião Urbana não poderia ter escolhido um melhor (ou pior) momento para o lançamento de seu primeiro LP, esperadíssimo no mundo roqueiro carioca, onde eles se tornavam cada vez mais conhecidos por shows e pelas ondas da Fluminense FM. Só que, como o disco saiu junto com o Rock in Rio, acabou sumindo na poeira e levou alguns meses para deslanchar. Mas depois do festival, com vento a favor, se beneficiou da abertura das rádios, da imprensa e do público para a nova onda. Ao contrário das outras novas bandas de rock, que primeiro gravaram compactos e só depois, quando já eram conhecidas, lançaram seus LPS, Renato Russo exigiu da EMI gravar um álbum logo de cara. Ele não tinha a ambição de estourar um hit, mas queria mostrar um estilo, uma visão crítica de sua geração. E isso só funcionaria com várias músicas e enfoques diferentes sobre sexo e política, trabalho e religião, amor e revolução.

O disco foi recebido com grande entusiasmo pela crítica carioca, mesmo a que (ou)via o Rock Brasil com reservas e desconfiança: Renato aparecia como o grande letrista do movimento. Carismático e radical, misturando uma doce tristeza permanente com explosões de agressividade e humor corrosivo, era a novidade, um grande talento poético que surpreendeu os que achavam que aquela geração não sabia escrever, nem pensar, nem fazer música. Alguns chegavam a identificar nele uma espécie de versão anos 1980 de Chico Buarque. Outros encontravam grandes semelhanças entre seu timbre vocal e o de um ídolo da Jovem Guarda, Jerry Adriani. Todos reconheciam nele um cantor de verdade, potente, afinado, com estilo, e não um simples "compositor que canta". Ou um pejorativo "cantor de rock".

"Geração Coca-Cola", "Que país é este?", "Será", "Teorema", "Soldados" e "Por enquanto", uma atrás da outra, estouraram nas rádios cariocas e, em seguida, em todo o Brasil. Na Noites Cariocas, a Legião Urbana fez shows consagradores, recebendo o amor feroz dos jovens fãs ardorosos. Renato estava se tornando mais que um pop star. Contra a sua vontade, ia virando um líder messiânico para suas multidões de fãs: tudo o que ele não queria.

Será só imaginação?
Será que nada vai acontecer?
será que é tudo isso em vão?
Será que vamos conseguir vencer?

★

Depois do Rock in Rio, meus planos eram retornar o mais rápido possível a Roma, mas fui seduzido por uma proposta de Daniel Filho, diretor artístico da Globo, para que me juntasse a Euclydes Marinho e Antônio Calmon, amigos queridos, para escrevermos um seriado jovem para a televisão, com música, romance e aventura. Essa era a parte boa, junto com um bom salário. A parte não tão boa era como Daniel se referia ao programa: "Projeto Surf — com Kadu Moliterno e André de Biasi". Nós apelidamos de "Missão quase impossível". Chamamos Patrícia Travassos, ex-Asdrúbal, por seu humor e sua experiência teatral, para entrar no time com sua visão feminina. E começamos a nos reunir para escrever.

Em uma manobra que o psicanalista Hélio Pellegrino chamava de "conspiração a favor", enquanto Daniel esperava esporte e ação para seu "Projeto Surf", sonhávamos alto: um seriado pop, sobre jovens, sexo, comportamento, drogas, aventuras, humor — e, vá lá, alguma coisa de esporte, especialidade de Calmon, não por prática, mas por ter dirigido os filmes *Menino do Rio* e *Garota dourada*, ambientados no mundo das pranchas e das asas-deltas. E mais: não bastaria criar personagens e histórias originais e divertidas, queríamos inventar um novo jeito de contá-las, mais rock, mais pop. A música seria uma das grandes protagonistas do seriado, contando e comentando a história. Como diretor musical, montei uma trilha com Marina, Lulu, Lobão e os grandes nomes da nova geração. Na abertura, uma novidade, um rap, o "Arrepiado", que escrevi com Guto Graça Mello e Naïla Skorpio, cantado por Sandra de Sá. O diretor escolhido por Daniel era Marcos Paulo, que teve que sair para fazer outro projeto. Então, por unanimidade entusiástica, exigimos — e Daniel concordou — que o diretor fosse nosso amigo Guel Arraes. Pernambucano criado em Paris, Guel havia estudado cinema na França e sido assistente de Godard, e vinha de uma experiência vitoriosa em dupla com Jorge Fernando na direção de novelas em *Guerra dos Sexos*. Mas o trabalho nas novelas era exaustivo, a pressão, violenta, e Guel queria fazer um seriado, com mais possibilidades criativas e mais tempo de realização, queria experimentar. Como todos nós.

De cara transformamos a dupla de protagonistas em um harmonioso triângulo amoroso com a mocinha Zelda, que insistimos que fosse interpretada por Andréa Beltrão, jovem atriz talentosa e totalmente fora dos padrões de beleza das mocinhas da TV Globo. Os dois surfistas-aventureiros, com naturalidade e humor, viviam um romance simultâneo com a jovem jornalista. Como um *Jules e Jim* praieiro. Pra lá de alternativo.

As histórias seriam narradas por um disc jockey de rádio, inspirado em Big Boy, mas negro, como seu próprio nome dizia: Black Boy. Só que o personagem seria interpretado por uma garota, e a escolhida foi Nara, filha de Gilberto Gil e que, na época, tinha vinte anos.

Contrariando todas as séries do gênero, logo no final do primeiro episódio, um dos heróis morria, despencando com sua moto de um despenhadeiro. Todo mundo chorava. A história acabava. Mas, logo em seguida, o herói voltava a aparecer, para as confraternizações finais com o resto da turma, sem nenhuma explicação. Em off, a DJ Black Boy falava em ritmo de rap sobre verdade e mentira, sobre falso e verdadeiro, sobre realidade e imaginação.

O primeiro episódio de *Armação ilimitada* se chamava "Um triângulo de bermudas" e marcou o primeiro nu frontal da televisão brasileira em horário nobre. Mas era uma piada visual: Zelda, nua em pelo, pedia carona na beira da estrada. Mas seus seios e seu sexo estavam cobertos, mínima, mas ostensivamente, por duas tarjas pretas horizontais, inseridas na edição. Como em clássicas imagens censuradas. Era uma piada visual com a Censura, com o fim da Censura na Nova República. Mas, na véspera da estreia do programa, enquanto virava noites na edição com João Paulo de Carvalho, usando e abusando de *slow* e *fast motions*, numa linguagem muito mais próxima de videoclipes que de novelas, Guel recebeu a notícia de que a Censura Federal, que tinha visto uma versão semipronta para dar a liberação, tinha mandado cortar a cena. Apesar das tarjas pretas. Ou por causa delas.

— De jeito nenhum! — exclamou Guel, ofendido, com seu sotaque recifense. Subiu nas tamancas. No caso, sandálias sertanejas, que usava sempre, até com paletó e gravata. — Deixe comigo que eu resolvo tudo com Fernando Lyra, que é amigo de meu pai, conheço desde criança.

Guel era filho de Miguel Arraes, o velho patriarca socialista, que voltara do exílio triunfalmente a Pernambuco. Fernando Lyra era seu correligionário, amigo e discípulo que devia muito a Arraes por sua nomeação para ministro da Justiça do governo Sarney. Guel voltou para a edição, não tocou na cena e muito menos falou com Fernando Lyra. O programa foi ao ar inteiro, sem nenhum corte. A TV Globo ficou esperando a multa, o processo, o telefonema, a ida a Brasília. Mas não aconteceu nada: ou a Censura não viu, ou esqueceu que tinha mandado cortar, ou achou melhor deixar para lá. Era a alvorada bagunçada da Nova República. Pouco depois, quando *Je vous salue, Marie*, de Godard, foi proibido, Fernando Lyra pediu tolerância com Sarney, dizendo que ele era "a vanguarda do atraso".

Voltei para Roma com Euclydes e sua nova namorada, a atriz e roteirista Christine Nazareth. Nosso contrato com Daniel para o *Armação ilimitada* era para trabalhar na criação e escrever os quatro primeiros episódios: uma armação limitada e cumprida. De volta ao Parioli, à comida do Da Domenico, ao futebol no Olímpico.

Voltamos felizes: apesar do sucesso com os jovens, *Armação ilimitada* era visto com desconfiança por Boni, que tinha bancado a proposta de Daniel de colocar no horário nobre um seriado como aquele, com aquela linguagem e aqueles conceitos, em rede nacional. O público mais velho não estava entendendo nada. Mas, além dos jovens, as crianças gostavam. O programa corria sérios riscos de rebaixamento na programação quando chegou a notícia de Barcelona: *Armação* tinha ganhado o Prêmio Ondas, da Espanha, um dos mais importantes do mercado internacional de TV, como melhor programa juvenil. Boni reuniu toda a equipe na sua sala, falou com entusiasmo da série, elogiou seu humor pop e sua linguagem visual muito diferente de tudo que se via na nossa TV. Então, reforçou as chamadas promocionais, a audiência aumentou, o público foi assimilando a nova linguagem e o *Armação* se tornou um dos grandes sucessos do ano.

Filippelli começou a vender o seriado no mercado internacional, mas, na Itália, *Armação ilimitada* não seria exibido pelas redes de Berlusconi nem pela RAI: a TV Globo teria sua própria emissora. Tinha comprado a Telemontecarlo, que transmitia de Mônaco para a Itália inteira, e o programa seria exibido junto com séries e novelas brasileiras, filmes e esportes internacionais. O jornalismo e alguns novos programas seriam produzidos em Roma. A TV Globo, associada ao príncipe Rainier III, iria competir, no multimilionário mercado italiano, com as três redes da RAI e com as três de Berlusconi, que, juntas, tinham mais de 90% da audiência, além de uma infinidade de emissoras locais independentes e semipiratas.

O mercado de televisão na Itália foi desregulado no grito quando emissoras locais independentes entraram no ar, amparadas em mandados judiciais, e começaram a crescer como cogumelos. A nova legislação era discutida no Parlamento havia dez anos, à italiana, sem definições à vista. Roberto Irineu Marinho, vice-presidente da Globo, mudou-se para um *palazzo* na Piazza Navona, nomeou o ítalo-brasileiro e ex-diretor comercial da Globo, Dionísio Poli, como diretor-geral, chamou meu ex-colega Ricardo Pereira, correspondente da Globo em Londres, para dirigir o jornalismo italiano, convocou um time de advogados e contadores e entrou no ar.

A programação da TMC teria várias produções da TV Globo dubladas em italiano, que faziam grande sucesso nas redes de Berlusconi, alguns programas musicais, jornalísticos e especiais brasileiros, considerados muito superiores aos similares italianos, filmes e séries internacionais comprados no mercado anglo-americano e um investimento colossal para montar na Itália uma Divisão de Jornalismo capaz de gerar de Roma um telejornal nos padrões do *Jornal Nacional* e competir pau a pau com a RAI e Berlusconi. Toda a programação seria gerada de Roma para Montecarlo e, de lá, para a Itália inteira.

Desencontros históricos

No verão, a fina flor da música brasileira estava de volta a Roma. Gal Costa, Jorge Ben e João Gilberto se apresentariam, em dias diferentes, num grande festival de música à beira do Tibre. No dia do show de João, no fim da tarde, Gal me telefonou:

— João Gilberto não vai fazer o show, sabia? — disse a voz inconfundível.

Eu sabia. João tinha me telefonado pouco antes, "da casa de um amigo", para dizer que não cantaria à noite. Tinha saído do hotel, estava escondido dos empresários italianos furiosos com o cancelamento do show, com a perda de 6 mil ingressos vendidos, com as despesas da viagem de João e seu secretário Otávio Terceiro. A coisa estava feia:

— Só recebemos as passagens dois dias antes... o avião parou três horas em Paris antes de ir para Roma... o ar-condicionado do avião... o vírus... a gripe... a garganta... — explicara, com voz rouca, entre silêncios.

João sabia que eu conhecia alguns jornalistas e um dos empresários italianos que estavam atrás dele, Sandro, o dono do bar Manuia, casado com uma brasileira diplomata.

— Diga a eles que eu vim aqui para cantar. E não para não cantar. Que vou fazer Antibes e Montreux e depois eu volto aqui e faço o show — pediu com voz sofrida.

A coisa estava feia desde o início da tarde. Como João não atendia o telefone, os empresários tinham ido para o hotel. Com um mé-

dico. Se João estivesse mesmo com gripe, como dizia Otávio, o *dottore* lhe aplicaria uma injeção de efeito fulminante e ele estaria pronto para fazer o show. Foi quando João decidiu sair do hotel discretamente. Indiquei-lhe um médico, que atendia a Embaixada do Brasil, para examiná-lo e dar um atestado, e um advogado, para que, se a coisa engrossasse, ele pudesse sair do país. Mas, pela fúria dos empresários, eu deveria ter mandado também um guarda-costas.

Os jornalistas e os empresários me ligavam sem parar querendo saber de João. Eu disse o que ele tinha me dito, não sabia de onde. Ameaçaram chamar os *carabinieri*. Um dos empresários, que eu não conhecia, disse que, se encontrasse João, lhe daria um tiro. Coisa feia na Cidade Eterna. Sandro tentou, em vão, que Gal Costa e Jorge Ben fizessem um show juntos no lugar de João.

No dia seguinte, devolvidos os ingressos e contabilizados os prejuízos, os ânimos estavam relativamente mais calmos. João voltou para o hotel. Passei a tarde intermediando negociações entre ele e os italianos. Sandro queria que ele marcasse a nova data. Marcou. Mas o outro empresário estava furibundo, exigindo que João também deixasse um depósito em dinheiro e pagasse pela publicidade. João se ofendeu. Disse que faria o show depois de Antibes e Montreux. E partiu para o sul da França.

Mas o sócio de Sandro estava cuspindo fogo. Dizia que tinha certeza absoluta de que João não voltaria para fazer o show. E mais: duvidava até que ele fizesse o show em Antibes. E partiu feroz para o sul da França.

Em Antibes, assistiu extasiado ao show perfeito de João, ovacionado de pé pela plateia. Comovido, foi aos camarins se apresentar: nunca tinham se visto antes, se conheciam apenas por ameaças via terceiros. Abraçou e beijou João efusivamente. Tornaram-se amigos de infância. Voltou feliz para Roma, certo de que João faria o show na data marcada. E de fato fez, com lotação esgotada e aplaudido de pé. Na primeira fila, o empresário truculento chorava, ria e aplaudia ao mesmo tempo.

Quando cheguei a Montreux, o diretor do festival, Claude Nobs, estava eufórico: João Gilberto já havia chegado. Antônio Carlos Jobim era esperado a qualquer momento: dividiria com João a Noite Brasileira. Miles Davis também já estava lá, e Ella Fitzgerald,

Kid Creole and the Coconuts, Astor Piazzolla e King Sunny Adé chegariam nos dias seguintes, junto com as outras estrelas que fariam as vinte noites do festival.

João e Tom não se apresentavam juntos havia 25 anos, desde o histórico show do Au Bon Gourmet com Vinicius de Moraes e Os Cariocas. E Claude estava animado com a possibilidade de que eles fizessem duas ou três músicas juntos: o festival seria gravado inteiro para disco (e lançado pela Warner), e um dueto de Tom e João seria uma preciosidade. João não tinha dito que sim nem que não, e Tom estava na Espanha fazendo shows com sua Banda Nova e seu quinteto vocal feminino. No bar do Cassino, encontrei os amigos Nesuhi Ertegün, *big boss* da Warner e grande fã de João, e Tommy LiPuma, que produzira *Amoroso*, um dos grandes discos de João. LiPuma também era o produtor de Miles Davis, e disse que um de seus grandes sonhos era juntar os dois e que Miles adorava a ideia. Lembrou que João havia inspirado o histórico álbum *Quiet Nights*, de Miles com arranjos de Gil Evans.

O show começaria às nove, mas já eram sete e Tom Jobim ainda não havia chegado a Montreux. Àquela hora, ele e seus músicos estavam saindo de Madri num voo atrasado, e só chegariam a Genebra às nove. Mais uma hora de carro até Montreux. Na terra dos relógios, em plena quarta-feira, um show que começa com uma hora e meia de atraso é *un scandale*!

Quando Claude soube, às sete horas, que Tom ainda estava saindo de Madri, entrou em desespero. Mandou buscar em Genebra um brasileiro que tocava em bares, um certo Zé Barrense, para entreter a plateia que esperava... Tom Jobim e João Gilberto. Foi um completo desastre, aquele pobre nordestino cantando e tocando violão sozinho no meio do palco do Cassino de Montreux, já com a plateia meio vazia, entre pragas e piadas. Eram quase onze horas quando Tom Jobim entrou no palco, esbaforido, o público vaiando e aplaudindo. Ânimos exaltados na noite suíça.

Mas bastaram vinte minutos da magia jobiniana para encher de música e aplausos a sala, já desfalcada de um quarto do público. João, pronto desde as nove, assistia ao show da coxia. Tom saiu de cena aplaudidíssimo, e, à meia-noite e meia, com apenas metade da casa, João começava sua histórica apresentação de duas horas e dez, que, lançada em seguida em álbum duplo, seria um de seus grandes discos.

Depois do show, a sala de imprensa fervilhava. Um nervoso crítico da *Tribune de Genève* afirmava, irritado, que Tom tinha se atrasado porque não queria "abrir" o show para João, que tudo era uma briga de egos de duas prima-donas tropicais. Desmenti energicamente e ironizei:

— Que cantor do mundo quer se apresentar depois de João Gilberto?

No dia seguinte, João telefonou, feliz com o show e com a paz do lago Léman, e leu para mim um bilhete que havia recebido de Antônio (como chamava Tom) pedindo desculpas pelo atraso e pelo cansaço e adiando o encontro com Tom Jobim. Desencontro histórico em Montreux.

*

Convidado por Daniel Filho para integrar a equipe de criação de um novo musical para a TV Globo, voei para o Rio para uma breve temporada em 1986: o acerto era trabalhar no conceito, na estruturação, no formato, desenvolver os quatro primeiros programas e *arrivederci* Rio. O apelo era irresistível: um musical de luxo, com alta qualidade de som, orçamento generoso para convidados e com a dupla de apresentadores dos meus sonhos: Chico Buarque e Caetano Veloso. Sugeri também que tivéssemos, a cada programa, além de grandes nomes da MPB, jovens estrelas da nova geração e um convidado internacional — sempre um latino-americano. No primeiro programa teríamos Maria Bethânia e Rita Lee cantando sozinhas, com Chico e Caetano, e fazendo entre elas um inédito dueto. O grande mestre argentino Astor Piazzolla seria o convidado internacional. E tocaria com Tom Jobim. Os cubanos Pablo Milanés e Silvio Rodriguez, o panamenho Rubén Blades e o porto-riquenho Willie Colón seriam os próximos. Em horário nobre, em rede nacional de televisão, toda semana. Quase inverossímil.

Rita Lee adorou ser convidada para o primeiro programa. E, para bagunçar com o nacionalismo e a latinidade, em golpe de mestra, escolheu um velho sucesso de Carmen Miranda, um samba americano, em inglês, cantando com sotaque carregado:

I I I I I like you verrry much
I I I I I think you're grrrrand...

Montamos um regional para representar o Bando da Lua, e Rita cantou com muita graça e humor, revirando os olhos azuis. Todo mundo adorou. Especialmente Maria Bethânia, que, em mais de vinte anos de vida artística, nunca tinha falado com Rita Lee, que por sua vez jamais tinha trocado uma palavra com Chico Buarque em vinte anos de estrada musical. Bethânia e Rita cantaram, por sugestão de Bethânia, "Baila comigo", numa perfeita tradução da harmonia por contraste: a voz grave e vigorosa de Bethânia, sua interpretação teatral exuberante, com o fraseado cool e a performance pop de Rita.

Mas o melhor, ou o pior, ainda estava por vir. O *gran finale*, com todo mundo cantando junto. Em uma ideia não muito feliz, escolhi e insisti para que a música fosse uma nova de Caetano, que ele tinha feito para uma montagem teatral de Regina Duarte que se chamava, singelamente, "Merda". Não foi preciso insistir muito: todo mundo concordou. Era uma música para cima, para fora, animada, brincando com a velha tradição teatral de desejar "merda" aos atores em suas estreias, nada ofensivo ou agressivo, nada mais apropriado para a estreia do programa. E assim foi, no final, com todo mundo cantando e desejando "merda" para todo mundo no palco e o público aplaudindo.

Nem a loucura do amor, da maconha, do pó, do tabaco e do álcool
vale a loucura do ator quando abre-se em flor sob as luzes
no palco...
[...]
Noite de estreia, tensão, medo, deslumbramento, feitiço e magia...
Merda! Merda! Merda!
Pra você desejo merda,
merda pra você também...

No dia seguinte, uma nota numa coluna de jornal comentava a gravação do programa e adiantava que não havia possibilidade de o final ir ao ar. Antes da Censura Federal, a direção da Globo vetou.

Fiquei furioso, mas, assim que a raiva passou, vi claramente a situação — e como tinha sido irresponsável a minha escolha, que, inevitavelmente, seria cortada, deixando o programa sem final. Deveríamos pelo menos ter gravado um final alternativo. Que merda!

Como pude imaginar que a TV Globo, com ou sem Censura, deixaria ir ao ar em rede nacional, em horário nobre, o primeiro time da música brasileira mandando todo mundo à merda? É claro que seria ofensivo para milhões de famílias, abusivo com milhões de crianças, uma total irresponsabilidade, gerada pela embriaguez democrática e dividida com todos os malucos que aceitaram a infeliz escolha. Mas que ficou muito engraçado, divertidíssimo, como se ouviu no LP da Som Livre com os melhores momentos do programa, ah, ficou.

Em outro programa, o convidado especial era Tim Maia, que chegou para o ensaio à tarde doidão e animadíssimo, brincou com todo mundo, contou piadas, cantou divinamente e reclamou do som o tempo todo, com seu grito de guerra, terror dos técnicos de áudio:

— Mais grave! Mais agudo! Mais eco! Mais retorno! Mais tudo!!!

E à noite não apareceu para a gravação.

O programa foi ao ar com a gravação do ensaio, com o melhor das músicas e das piadas, num ambiente tão alegre e relaxado que seria impossível reproduzir num programa de televisão. O público adorou, vendo todo mundo à vontade, sem figurinos e maquiagens, se divertindo com o humor e a música de um grande personagem. Justamente quando não foi, Tim Maia foi a grande estrela de *Chico & Caetano*.

Villa-Lobos
volume 3

Saudades do Brasil

Com o início das operações da Telemontecarlo, os pasolinianos escritórios da Globo International foram fechados, e Filippelli e a companhia, transferidos para Londres. Na Itália, a TV Globo deixaria de ganhar vários milhões de dólares com a venda de novelas e passaria a gastar: seria compradora. E precisaria de gente para produzir seus programas.

De volta a Roma, como já tinha algum know-how de Itália, falava a língua, tinha experiência em televisão e vinha do sucesso *Armação ilimitada*, achei que seria ótimo produzir um programa para a Telemontecarlo. Como ninguém me chamou, montei o projeto de um programa semanal para jovens, que misturava comédia e videoclipes, e fui oferecer a Dionísio Poli. Ele não se interessou muito, mas, como a produção era baratíssima, aceitou, ainda que sem muito entusiasmo: 5 mil dólares por programa, para pagar estúdio, equipe e equipamento, elenco e edição, para fazer a série *Pop Shop* por seis meses.

Com meu assistente Max, o DJ brasilianista da Rádio Dimensione Suono, montei o cenário num galpão do Trastevere: um balcão de venda de discos numa loja de departamentos. Os dois apresentadores seriam minha amiga napolitana Maria Giulia, que não era atriz, mas cantora, representando uma vendedora de discos, e o próprio Max, que estaria sempre atrás de uma câmera de vídeo. Ele seria o "vendedor" da seção de vídeo da "loja" e pegaria uma câmera para "conversar" com Maria Giulia, discutir, fazer charme, mostrar as pernas dela, dar closes nos seus lábios. O assunto dos personagens seria música: Maria Giulia adorava as estrelas internacionais, principalmente brasileiras, e ele as detestava, só gostava de grupos de rock e *new wave* italianos, era um típico *paninaro*, um mauricinho, um garotão. Com a ajuda de um roteirista italiano, escrevi os diálogos para eles e outros personagens, que apareciam em um "videofone" no balcão de Max, falando de algum lugar da Itália. Entre eles, uma velhota de setenta anos, desbocada e libertária, metaleira de couro negro, "Giovanna Dark", que pedia vídeos de bandas de rock pesado, e um veterano de 1968, "Dino Sauro", sempre chapado de haxixe no seu sofá, lembrando os velhos tempos revolucionários e pedindo que ela passasse vídeos do Pink Floyd e do Santana.

Fizemos tudo com uma câmera na mão, alternando diálogos, piadas e comentários com os clipes escolhidos por Maria Giulia, Max e os personagens no "videofone". Ficou tudo meio pobre, meio tosco, pra lá de alternativo, mas muito divertido, cheio de boa música de diversos gêneros e países, de piadas e truques visuais e de situações de comédia. Mas estreou quase despercebido, com 2% de audiência, e foi ignorado por crítica e público — como toda a programação da Telemontecarlo.

Era impossível quebrar o monopólio de credibilidade dos telejornais das três emissoras da RAI, um dirigido pela democracia cristã, outro pelos socialistas e um terceiro pelos comunistas. Desde o início da televisão, os italianos se acostumaram a acreditar no *Telegiornale* das oito da noite. Jamais deixariam de vê-lo para assistir a outro feito por brasileiros e gerado de Montecarlo, por melhor que fosse. Baseado nos ritmos e nos padrões do *Jornal Nacional* e mesmo muito bem produzido, o telejornal da Telemontecarlo não funcionou. Não dava mais que 2% de audiência. A novela que vinha em seguida pegava a audiência com 2% e ali ficava, ou caía. Com a pouca audiência da novela, o especial e o filme também naufragavam. No Brasil, a audiência absoluta do *Jornal Nacional* entregava o horário para a novela com 60% de Ibope. A programação brasileira funcionava ao contrário na Itália, onde um programa puxava o outro, mas para baixo. Antes, as novelas brasileiras davam grandes audiências nas emissoras de Berlusconi, porque entravam em seguida a programas populares, com grande massa de espectadores. Na Telemontecarlo, ninguém as via.

Quando vi os mapas de audiência da programação da TMC, entendi tudo e me lembrei de uma conversa com Boni no Rio, quando eu dissera a ele que iria produzir e dirigir um programa para a Telemontecarlo.

— Se você quer se divertir, comer bem e ficar morando numa cidade deslumbrante, não há lugar melhor. Mas é claro que vai dar errado. Esta operação toda é uma loucura, e eu sempre fui contra. — E explicou o porquê.

Era exatamente o que estava acontecendo.

Fora as brigas judiciais e policiais. Fazia parte da rotina da Telemontecarlo a notícia de que em alguma cidade as emissoras locais tinham conseguido um mandado judicial para lacrar os nossos transmissores. Os advogados da TMC entravam com mandados de segurança, invocavam a liberdade constitucional de expressão e, em alguns dias, liberavam os transmissores e iniciavam interminável briga judicial à italiana. Até que outros fossem interditados. Nas principais cidades, sob o império da lei, os *carabinieri* executavam a ordem judicial de tirar a emissora do ar. Em regiões mais brabas, como a Sicília e a Calábria, os transmissores da Telemontecarlo iam literalmente pelos ares, explodidos por bombas.

Três meses depois, eu não aguentava mais. Tudo era difícil, a produção era paupérrima, a edição, precária, a equipe técnica, lentíssima (parava três horas para o almoço), era uma batalha conseguir os vídeos nas gravadoras. Passada a novidade inicial, a cada semana ficava mais penoso escrever e gravar o programa. E a audiência não saía dos 2%. Comecei a ficar com saudades do Brasil, da eficiência e da potência da TV Globo, de falar a minha língua e me divertir com minha família e meus amigos. Além disso, tirando o napolitano Pino Daniele e alguns *cantautores* dos anos 1970, como Lucio Dalla e Edoardo Benatto, o pop italiano era ruim de doer.

Felizmente, Daniel Filho me chamou ao Rio para outro projeto longamente sonhado: escrever, com Euclydes Marinho, um especial para Tom Jobim. Não seria um especial tipo "vida e obra", mas misturando alguns clássicos com as canções de seu novo disco, belíssimo, gravado em Nova York. Os pontos altos eram uma versão sinfônica de sua obra-prima "Saudades do Brasil" (que, apesar de a gravação ter ficado belíssima, por ser muito longa — sete minutos — acabou não entrando na edição final) e um dueto de "Chansong" (que tem letra anglo-francesa) que imaginei com o maestro de smoking, tocando e cantando baixinho nos salões vazios do hotel Pierre. Sua companheira de dueto seria Márcia Haydée, uma diva do balé clássico. Mas as negociações se complicaram e as gravações acabaram sendo feitas no Pierre, mas com outra Márcia bailarina, a Albuquerque, que tinha participado de alguns musicais da Broadway. Entre as novidades, a sofisticação nova-iorquina de "Two Kites", com um clima de ouverture da Broadway e surpreendentes ecos de uma batida *disco music*, e, entre os clássicos, uma grandiosa versão de "Se todos fossem iguais a você" em marcha-rancho que fechou gloriosamente o programa. Já entre as surpresas, um dueto com Tom ao piano, cantando com Marina Lima o clássico "Lígia". Além da música, ele nos brindou com uma visita guiada ao Museu de História Natural de Nova York, com amplas explicações sobre mamíferos, roedores, pássaros e especialmente sobre seus animais favoritos, os urubus — que deram título a um de seus grandes discos. Em conversa descendo a Quinta Avenida, olhou para cima e comentou, citando Fernando Sabino:

— A melhor maneira de conhecer Nova York é de maca.

No Festival de Cinema e Vídeo de Nova York de 1987, *Antônio Brasileiro*, dirigido por Roberto Talma, ganhou o prêmio de melhor musical.

⋆

De volta a Roma. Certa noite, assim que entrei no piano-bar Manuia, o craque Toninho Cerezo, da Roma, me chamou a atenção para uma mesa com quatro morenas brasileiras. Embora as três garotas fossem bonitas, era a mãe que mais atraía olhares. Era Sylvia Marques de Azevedo, ex-Monte, uma bela dama da sociedade carioca, amiga de minha irmã, com as filhas Lívia, Letícia e Marisa, de dezenove anos, para quem ela havia me pedido, quase um ano antes, que desse alguma orientação musical e acadêmica. Marisa queria ser cantora de ópera, estava indo estudar em Roma e, a pedido de minha irmã, me visitou no Rio, muito educada e discreta. Conversamos sobre música, ela cantarolou um pouco, mas, como eu não sabia nada de professores e academias de ópera, falamos sobre música brasileira, e fiquei surpreso de ver como uma menina da sua idade, fã de Maria Callas e Billie Holiday, conhecia tanto sobre João Gilberto, Vicente Celestino, Lamartine Babo, Velha Guarda da Portela e outros excluídos de sua faixa etária musical. Não a vi mais. Marisa ficou alguns meses estudando canto em Roma, mas só a reencontrei naquela noite no Manuia, quando ela me disse que tinha desistido da ópera. Para fazer carreira lírica, teria que morar fora do Brasil, o meio operístico era muito careta e competitivo, e ela estava voltando para o Rio e queria ser cantora de música popular. Mas antes ia passar uns dias em Veneza e fazer um show num bar, acompanhada por um amigo violonista italiano, casado com uma brasileira.

— Aparece lá — disse, como quem fala do bar da esquina, e escreveu no guardanapo o telefone do casal em Veneza.

No dia do show, me vi pegando um avião para Veneza. Claro, não era só para ver a garota cantar, eu mal a conhecia. Talvez fosse para escapar das decepções televisivas, do pop italiano... não entendi muito bem por que estava indo, mas, afinal, quem precisa de um motivo para ir a Veneza na primavera?

O bar à beira do canal era pequeno e charmoso. Suas portas se abriam para um calçadão, com mesas ao ar livre, vasos de flores e um pequeno palco ao fundo. Quando cheguei, nem metade das mesas estava ocupada. Era uma noite comum, o show semiamador só havia sido anunciado no boca a boca de turma de amigos. Roberto Bortoluzzi amava música brasileira, era esforçado, mas era um violonista amador. Marisa nunca tinha feito um show profissional, mas, quando começou a cantar, iluminada por meia dúzia de spots, estava muito diferente da garota que eu tinha visto em minha casa e, depois, no Manuia.

Uma cascata de cabelos negros cacheados descendo pelos ombros, sobrancelhas grossas, olhos escuros, um nariz grande e uma enorme boca vermelha, cantando Caetano, Gil, Milton, Chico, Tom Jobim, pura MPB de barzinho, com uma certa dramaticidade operística, ótima afinação e belo fraseado musical. E uma voz linda. À medida que ia cantando, as mesas foram se enchendo, foi se enchendo o calçadão em frente ao bar, e o show terminou aplaudido pelo que, nas dimensões venezianas, pode ser considerado uma pequena multidão. Ela e Roberto, que esperavam uns trocados do dono do bar como participação na renda da noite, acabaram recebendo cada um

50 mil liras, 70 dólares. Para Marisa, uma fortuna: seu primeiro cachê internacional.

Fiquei mais uns dias flanando em Veneza e depois voltei para Roma. Marisa foi para Milão e, de lá, para o Brasil. Eu tinha ficado muito impressionado, não só com a voz dela, a performance, mas com a atitude: a garota só pensava naquilo, em cantar, em aprender música, em emocionar as pessoas. Tinha ótima cultura musical, conhecia jazz e ópera, bossa nova e MPB, choro e funk, tropicalismo e rock, tinha uma obsessão por qualidade e parecia muito séria e determinada em sua escolha. Não ambicionava fazer sucesso, ser rica e famosa: queria cantar bem, músicas bonitas, ser uma grande cantora de palco, como as divas de ópera.

*

No Brasil, onde elegeu quase a totalidade dos governadores, o governo Sarney decretou a falência do Plano Cruzado logo depois das eleições. Com as reservas dizimadas, desmoralizado nos mercados internacionais, a dívida externa fora de controle, a inflação reprimida explodindo e a economia desorganizada entrando em parafuso, o Brasil quebrou: a conta seria alta. Recessão, inflação, desemprego, desilusão, desmoralização das instituições. Fui passar o fim de ano no Rio de Janeiro e encontrei o país perplexo e revoltado, com a sensação de que, mais uma vez, tinha sido enganado. A lambada explodia nas rádios, perfeita trilha sonora para o momento.

Passei o Natal no Rio e voltei para Roma com minhas três filhas, que passariam as férias comigo enquanto eu continuaria as gravações do malfadado *Pop Shop* num inverno gelado. Depois de um mês em Roma, com o naufrágio da Telemontecarlo, a pobreza da produção e a total falta de perspectivas, em uma rápida conferência familiar decidimos por unanimidade que a aventura romana estava encerrada. Seria só gravar os poucos programas que faltavam para cumprir o contrato e voltar para casa.

Sem casa, sem trabalho, sem namorada, voltei feliz para o Rio de Janeiro, às vésperas do Carnaval de 1987.

Primavera no Rio

O Rio amanheceu cantando,
toda a cidade amanheceu em flor
E os namorados vêm pra rua em bando
porque a primavera é a estação do amor

A alegre marchinha de Braguinha e lembranças das velhas chanchadas da Atlântida encheram meus ouvidos quando o carro saiu do Túnel Novo e o mar azul de Copacabana explodiu diante dos meus olhos. Bem, não era primavera, muito pelo contrário, o Rio estava fervendo, às vésperas do Carnaval, na rebordosa da falência do Plano Cruzado.

De volta à casa paterna, aos 42 anos, pronto para começar tudo de novo. Para desapontamento de minha mãe, que estava adorando a minha temporada extemporânea sob seu teto, logo aluguei um apartamento todo branco, de frente para o mar de Ipanema, e Esperança, minha filha de doze anos, foi morar comigo. Abri os trabalhos.

Que trabalhos?

Depois do exaustivo fracasso italiano, não queria ouvir falar em televisão por um bom tempo, não pensava em voltar ao jornalismo, estava completamente afastado da produção de discos, Lulu Santos fazia suas próprias letras. Eu estava tecnicamente desempregado.

Logo que voltei ao Rio, Marisa Monte me telefonou convidando para ouvi-la num domingo, no Jazzmania, na praia de Ipanema, num show semiprofissional produzido por sua irmã Lívia, com apoio

da mãe e da irmã Letícia. Fui com Dom Pepe. A operação familiar funcionou, a beleza e simpatia das morenas da Urca ajudaram na promoção, e a casa se encheu de amigos para ouvir Marisa cantar Chico Buarque, Tim Maia e Caetano Veloso, mas também os inesperados Kurt Weill ("Speak Low"), Marvin Gaye ("I've Heard it Through the Grapevine") e Getúlio Côrtes, grande compositor da Jovem Guarda ("Negro gato", o ponto alto do show). Uma das primeiras pessoas que recebi no novo apartamento foi Marisa, interessada em conversar sobre música e em orientação para sua carreira.

O que eu tinha visto e ouvido me dava a certeza de estar diante de um real talento. E mais: de uma forte personalidade cênica, uma jovem com ótima cultura musical e muito bom gosto na escolha do repertório e na maneira de frasear as canções, de uma musicalidade à flor da pele. Eu já tinha visto e ouvido muitas pessoas de talento, muito talento, mas que não foram a lugar algum. Porque lhes faltavam a vocação e a determinação dos que vi triunfar. Ou o carisma. Ou a sorte. Ou tudo isso. Aquela garota de dezenove anos parecia ter todas as qualidades para se tornar uma grande cantora. E uma obsessiva vontade de aprender, melhorar e crescer. Não ambicionava gravar um disco, nem tocar no rádio, nem ser popular. Queria ser uma cantora de palco, como as cantoras líricas, e as gravações, se acontecessem, seriam consequências naturais e secundárias. Porque ela acreditava que a grande música acontecia ao vivo, correndo todos os riscos, sem rede, e fugaz como o teatro e a ópera. E, por isso, com mais emoção que num registro trabalhado a frio, editado e transformado, como o disco. Concordei.

Marisa não queria se envolver com gravadoras ou empresários. Queria começar do começo, fazendo um show, depois outro e depois outro, até amadurecer seu repertório, suas interpretações e sua técnica. E depois seria depois: o importante era cantar cada vez melhor, músicas melhores. Eu me ofereci para dirigi-la, com uma única condição: eu não me envolveria com a produção, dinheiro, pagamentos, contratos, nada que não fosse o roteiro e a direção do show. O namorado de sua irmã, Lula Buarque de Hollanda, que nunca tinha produzido um show na vida, produziria, eu e Marisa receberíamos uma porcentagem dos eventuais lucros dos shows, que sabíamos ser improváveis. Marisa morava com a mãe, não tinha pressa e não estava preocupada com dinheiro. O que era uma grande vantagem, porque a liberava de pressões econômicas e permitia que dedicasse todo o seu tempo à música, com o supremo luxo de não fazer nenhuma concessão comercial em seu trabalho. Mesmo assim, ela ia à música como quem vai a um prato de comida.

Diante do talento natural de Marisa, achei que valia a pena investir meu tempo e minha experiência naquela possibilidade. E, melhor que tudo, era uma oportunidade rara para pôr em prática — com uma jovem com excelentes recursos — tudo que eu tinha aprendido sobre o desenvolvimento de um artista. Fazer bom uso de minhas experiências como jornalista e produtor, como compositor e empresário, como pedra e vidraça. Fazer o trabalho como se fosse uma tese universitária de design artístico, como um projeto completo de produção, não de um disco ou um show, mas de um novo artista. Sem influência de nenhuma gravadora ou televisão ou empresário, sem concessões de qualquer ordem, com a qualidade artística como prioridade absoluta. Fazer o que tinha que ser feito.

Primeiro, a base de tudo: escolher as músicas, não só as mais bonitas, mas as mais adequadas à artista, a seu timbre, a seu jeito de cantar. Sim, porque muitas vezes um artista gosta de uma música, mas a música não gosta dele, e o desastre é certo. Ouvimos centenas de canções de diversos estilos e gerações, entre elas uma belíssima do napolitano Pino Daniele, com uma letra que eu começara a escrever dois anos antes a pedido da cantora portuguesa Eugénia Melo e Castro. Demorei tanto que Eugénia acabou desistindo. Quando finalmente terminei a letra, ofereci a Marina Lima, mas ela também não se interessou. Já Marisa adorou: parecia que a música estava esperando por ela.

> Bem que se quis,
> depois de tudo ainda ser feliz
> mas já não há caminhos pra voltar
> E o que que a vida fez da nossa vida?
> O que que a gente não faz por amor?

Não era uma tradução de "E po' che fa'", mas uma letra totalmente nova sobre a melodia de Pino. Mesmo porque, como a letra original era em dialeto napolitano, eu não entendia absolutamente nada.

Marisa e eu estávamos nos entendendo às mil maravilhas. Parecia incrível como, apesar do *generation gap*, tínhamos uma grande identidade de gosto musical. Além de João Gilberto, Marisa adorava Custódio Mesquita, sofisticado compositor dos anos 1930 e 1940, um dos favoritos de João. Escolhemos dele os foxes "Nada além" e "Mulher" ("Mulher, que intensa magia / teu corpo irradia / que me deixa louco assim, mulher"), que naturalmente sempre foi cantado só por homens, com exceção de Nara Leão, que o gravara em 1968. De Custódio para Tim Maia, outro favorito, com os funks "A festa" e "Chocolate", um jingle divertido que ele compôs nos anos 1970 e depois transformou em música. Na sequência, "Negro gato", como um blues bem pesado, rascante e sensual, Billie-Holiday-no-Estácio. Outras boas descobertas: a pouco conhecida "Samba e amor" ("Eu faço samba e amor até mais tarde / e tenho muito sono de manhã..."), que Chico Buarque compusera em seu exílio italiano, em 1970, também a ser levada em heavy blues, sexy e preguiçosa. E o hit brega de Peninha, "Sonhos", reabilitado por uma regravação recente de Caetano Veloso. Mas a versão de Marisa teria uma dramaticidade intensa e ansiosa, deliberadamente *over*, como um quase tango, o ambiente musical mais adequado para sua letra de perda e abandono. Como um Piazzolla suburbano.

Aos poucos, formamos um repertório básico, cada vez mais desigual, buscando grandes contrastes para harmonias surpreendentes, dentro de um conceito que contrariava todas as tendências da indústria do disco. As gravadoras queriam bandas de rock ou especialistas, com um padrão definido, e principalmente que compusessem suas próprias músicas. Além de não ser compositora, Marisa não era uma cantora de rock, nem uma sambista, nem uma romântica, porque era um pouco de tudo isso e mais: cantava blues e funk e soul e até bossa nova. Por que não um repertório que expressasse exatamente isso? Sem truques. Escolher com rigor grandes músicas de diversos estilos e de várias gerações. Um repertório que funcionasse como uma declaração de princípios musicais, que mostrasse a cantora, como uma encarnação da frase de Torquato Neto:

— Há muitas formas de fazer música brasileira. Eu prefiro todas.

Porque Marisa também gostava de muita coisa dos melhores autores da sua geração, como Renato Russo, Cazuza, Lobão e a rapaziada dos Titãs, que tinha acabado de lançar um novo disco. Em *Jesus não tem dentes no país dos banguelas*, encontramos um clássico instantâneo do rock brasileiro, de Arnaldo Antunes, Marcelo Fromer e Sérgio Britto, que avançava a discussão política em forma e conteúdo:

> A gente não quer só comida,
> a gente quer comida, diversão e arte,
> a gente não quer só comida,
> a gente quer saída para qualquer parte
> [...]
> A gente não quer só comer,
> a gente quer comer e quer fazer amor,
> a gente não quer só comer,
> a gente quer prazer pra aliviar a dor
>
> A gente não quer só dinheiro,
> a gente quer dinheiro e felicidade,
> a gente não quer só dinheiro,
> a gente quer inteiro e não pela metade

A música foi imediatamente incluída no repertório, numa ambientação mais jazzística. Junto com uma nova canção de Lobão, de seu recém-lançado e estupendo LP *Vida bandida*, com letra de Bernardo Vilhena, que também deu nome ao show de Marisa: *Tudo veludo*.

> Tudo, tudo veludo,
> tudo, tudo, tudo azul na noite

Uma música de estranha beleza, ultradissonante, com sequências harmônicas complexas, intervalos raros em música pop, dificílima de cantar. E mais ainda de cantar bem.

Para (des)equilibrar, em seguida escolhemos dois grandes sambas, que Marisa conhecia desde criança, quando seu pai, Carlos Monte, era da diretoria da Portela: o lindo samba-enredo "A lenda das sereias" e o lento e pungente "Preciso me encontrar (Deixe-me ir)", de

Candeia. E fechamos o repertório com um blues de Rita Lee e Paulo Coelho, "Cartão-postal", uma linda versão de Augusto de Campos para a "Elegia", de John Donne, musicada por Péricles Cavalcanti em ritmo de beguine, um clássico d'Os Mutantes, "Ando meio desligado", e uma marchinha de Assis Valente lançada por Carmen Miranda, "Good-Bye, Boy".

Quanto mais o repertório se integrava com músicas aparentemente inconciliáveis, mais nos divertíamos. Isso contrariava todas as receitas de sucesso, resultava em cantores sem estilo e, no máximo, em crooners, era o que diziam as lendas do mercado musical. Mas era justamente o que se buscava: a liberdade de cantar canções extremamente diferentes entre si, mas unidas pela qualidade musical e poética. A cantora seria a soma de todas essas escolas e gerações, dessas aparentes contradições, mostraria que era possível fazer disso um estilo, afirmaria uma visão da música brasileira aberta e libertária, integrando opostos e contrários em nome da surpresa e da beleza.

Segundo movimento: conseguimos um jovem pianista, um aluno de Luiz Eça que tocava bem e estava disposto a passar as tardes ensaiando, quase de graça. Roberto Alves adorava tocar piano. Como não tinha um em casa, tocava todos os dias na seção de pianos da Mesbla, graças à boa vontade do gerente. No apartamento da mãe de Marisa, de frente para a baía de Guanabara, Roberto passou tardes e mais tardes repetindo dezenas, centenas de vezes cada música enquanto Marisa encontrava uma forma de cantar e procurávamos um ritmo, uma levada, um fraseado para cada uma. Suave, cool, elegante, pesada, agressiva, econômica, dramática, irônica, até achar um jeito pessoal de dizer cantando aquelas coisas tão diferentes. Uma a uma, frase a frase, sempre mais uma vez.

Fiel ao método gilbertiano, que, pela repetição sempre diferente, procura a forma perfeita, sempre em movimento sem sair do lugar, torturei Marisa e Roberto por tardes a fio, entre cafezinhos, pães de queijo e alguns baseados. Às vezes me sentia um professor de ginástica. Outras, um designer pop. Centenas de vezes depois, quando cada música começou a tomar forma, a ganhar uma linguagem própria, começamos a chamar outros músicos jovens, conhecidos de Marisa: o baterista Edu Szajnbrum, o baixista Ronaldo Diamante e um percussionista de suingue sutil e elegante, Marcos Suzano. E improvisamos um trio de *backing vocals* em três músicas com Letícia, irmã de Marisa, minha filha Joana, de dezessete anos, e o jovem ator Carlos Loffler. Estávamos prontos para começar.

*

Enquanto isso, o RPM estava começando a acabar. Depois de vender mais discos mais rápido do que qualquer outro artista brasileiro e de se apresentar para milhões de espectadores em todo o país e na América Latina, sob a barragem cerrada de legiões de fãs histéricas, o maior fenômeno do rock nacional naufragava num mar de álcool, cocaína e megalomania. Rock é clichê.

Como em toda banda de sucesso, os egos entram em conflito, todos os excessos são permitidos, cada um quer um pedaço do sucesso, todos querem compor as músicas e ganhar direitos autorais. Quando a banda faz sucesso, o sonho coletivista do rock se transforma em seu pior pesadelo: a disputa pelo poder. Todos sempre acham que são iguais perante o rock, embora, em todas as bandas, sempre haja obrigatoriamente um vocalista carismático e um grande compositor, porque não há rock and roll sem eles. Os outros são, em geral, apenas músicos competentes, mas sem eles também o rock não rola. Com o RPM não foi diferente.

Quando Paulo Ricardo e Luiz Schiavon mandaram uma carta para a CBS avisando que estavam acabando com o grupo, no auge do sucesso, a gravadora subiu nas tamancas e os advogados fizeram um escândalo. Havia contratos a cumprir, milhares de dólares que a companhia tinha investido, milhões que esperava faturar com a maior banda do Brasil. E chegou-se a um acordo: um último disco, com total liberdade criativa e orçamento ilimitado. Claro, se desse certo, a banda continuaria, de um jeito ou de outro, acreditavam os experientes executivos. Mas *Quatro coiotes* foi um fracasso retumbante. E a banda acabou, pouco mais de dois anos depois de começar, na mais breve e fulgurante aventura do Rock Brasil. O rock é rápido.

Com os Titãs, aconteceu exatamente o inverso. Seu sucesso e sua originalidade se deviam e se alimentavam exatamente dos talentos, egos e vontades de seus oito integrantes. Nesse conflito permanente, movido a fúria e criatividade, a banda viveu e cresceu na anarquia, num exercício radical de convivência e tolerância. Nos Titãs, uns eram mais inteligentes, outros menos; uns tocavam melhor, outros pior; uns cantavam muito bem, outros nem tanto. Mas todos cantavam e todos compunham, não havia líder nem estrela, todos ganhavam o mesmo. Uma exceção absoluta no mundo do rock. E ainda assim, não por ser um dos principais vocalistas nem pelo escândalo de sua prisão, mas pela qualidade de suas letras e pelo brilho e pela originalidade de suas opiniões, Arnaldo Antunes se destacou como um dos poetas mais talentosos e respeitados da nova geração. Nele se cruzavam a cultura pop e a vanguarda paulistana, o conceito e a performance, a música e a letra. O rock, o tropicalismo e a MPB.

O novo disco dos Titãs era ainda melhor que *Cabeça dinossauro*. Produzido por Liminha, *Jesus não tem dentes no país dos banguelas* era mais agressivo e mais musical, mais vigoroso e mais rigoroso, ainda mais provocativo e sofisticado, movido a batidas eletrônicas... e cheio de efeitos. Além de "Comida", destacavam-se a libertária "Lugar nenhum" ("Não sou de São Paulo, não sou japonês / não sou carioca, não sou português / não sou de Brasília, não sou do Brasil / nenhuma pátria me pariu") e a furiosa "Nome aos bois" (Nando Reis/Arnaldo Antunes/Marcelo Fromer/Tony Bellotto), com uma letra feita apenas dos nomes de inimigos da liberdade, da alegria, da paz e dos Titãs:

> Garrastazu, Stálin
> Erasmo Dias, Franco
> Lindomar Castilho, Nixon
> Delfim, Ronaldo Bôscoli
> Baby Doc, Papa Doc
> Mengele, Doca Street, Rockfeller
> Afanásio, Dulcídio Wanderley Boschilia
> Pinochet, Gil Gomes
> Reverendo Moon, Jim Jones
> General Custer,
> Flávio Cavalcante
> Adolf Hitler
> Borba Gato, Newton Cruz
> Sérgio Dourado, Idi Amin

Plínio Correia de Oliveira
Plínio Salgado
Mussolini, Truman
Khomeini, Reagan
Chapman, Fleury...

Ronaldo entrou na letra porque, no episódio da prisão de Arnaldo por porte de heroína, tinha detonado a banda como drogada e corruptora da juventude em sua coluna no *Última Hora*.

Aos vinte anos, Marisa estava pronta para começar. Seriam quatro noites no Jazzmania, de quinta a domingo. Marcamos a estreia para o dia da chegada da primavera no hemisfério Sul.

À medida que avançavam os ensaios, conversávamos muito, não só sobre música, mas também sobre gravadoras, rádios, televisões, imprensa, tudo que se relacionava com uma carreira artística. Tudo que está em volta da música, seu melhor e seu pior, sua nobreza e vulgaridade, o comércio e a arte. Ensinando o que tinha aprendido, eu queria que ela soubesse como funcionam as engrenagens do mundo musical, a realidade de uma carreira. E advertia sempre:

— Hoje música não é mais só música, é cada vez menos.

É imagem, é palavra e atitude, é dança e teatro, é tecnologia e produto de consumo, é tantas outras coisas. À medida que a informava, eu me ouvia, fazendo a mim mesmo um relatório editado de minhas experiências em cada área e identificando Marisa com o idealismo de meus vinte anos. Nosso pacto era fazer o melhor possível, sem truques: era preciso conhecê-los para evitá-los. Queríamos produzir um trabalho que tivesse uma fluência natural, uma sinceridade radical, uma liberdade ilimitada. Sem nenhuma expectativa comercial e com imensas ambições artísticas.

Embora eu lhe falasse sempre sobre João Gilberto como padrão de excelência e de integridade artística, Marisa não sabia, mas eu queria produzir uma artista para João, que ele gostasse de ouvir, que lhe mostrasse como eu aprendera com ele. Ele estava morando no Leblon, e nos falávamos quase todos os dias pelo telefone. Eu ia lhe contando cada passo da aventura musical com Marisa. Certo dia, perguntei-lhe o que fazer para promover um artista. Ele foi curto e direto:

— Informar corretamente às pessoas interessadas.

Só isso e mais nada: sem adjetivos, sem chamar a atenção, sem oba-oba. Mas, no país das cantoras, quem estaria interessado em (mais) uma nova cantora? Não pedi nada a nenhum de meus colegas jornalistas, nem uma notinha, nem uma foto, nada em rádio nem televisão, só o serviço dos jornais informando data e local. O único esforço promocional foi a distribuição de folhetos no Baixo Leblon. Duzentos convidados para a noite de estreia quase lotam o Jazzmania, seja lá o que Deus quiser.

Antes de irmos para lá, telefonei para João Gilberto e pedi que ele falasse com Marisa, para uma inspiração, uma força, como uma bênção musical. Ele falou, ela ouviu sorrindo e agradeceu. Mas não me disse nada, nem eu perguntei o que ele tinha dito. E fomos para o show.

Há duas versões controversas sobre o que aconteceu na noite de estreia de Marisa Monte no Jazzmania: a minha e a dela, as duas honestas e de boa-fé, mas contraditórias. Para mim, o início do show foi ouvido e vivido como uma tragédia, com Marisa nervosíssima, semitonando notas e atravessando ritmos, como não acontecia nem nos piores ensaios, um pesadelo que durou alguns intermináveis minutos. Ou seria um problema do som, da amplificação de sua voz? Ou as duas coisas? Não posso afirmar que foi exatamente assim, mas com certeza foi assim que ouvi. Embora estivesse absolutamente sóbrio, ou por isso mesmo, eu estava mais nervoso que ela e tentava aparentar calma e controle. Não comentei nada, a única coisa que consegui lhe dizer no pequeno intervalo foi:

— O pior já passou. Vamos lá.

Marisa voltou para a segunda parte e cantou com a segurança que cantava nos ensaios e grande emoção, num crescendo empolgante, e o público delirou. Com seu repertório surpreendente, a juventude de sua bela figura de minivestido de seda branca e colar de pérolas, sua performance. Na primeira fila, Dom Pepe e Euclydes foram os primeiros a aplaudir de pé no final, puxando todo o público, como Marina Lima, as empresárias Silvinha e Monique Gardenberg e o temido cronista Tutty Vasques, que estavam entre os mais entusiasmados. Um pesadelo que se transformava em sonho de final feliz.

Comemoramos discretamente o sucesso e não falamos sobre as primeiras músicas, só sobre a parte final. O pior já tinha passado, pensei, o melhor estava começando. Falamos do futuro, de ampliar ainda mais o repertório, de melhorar alguns arranjos. Só tempos depois viríamos a conversar sobre aquela noite e eu saberia a versão dela.

Na noite seguinte, sexta-feira, havia meia casa, com alguns amigos e muita gente que tinha ouvido na praia, nos bares, no trabalho comentários entusiasmados sobre a estreia da nova cantora. O boca a boca tinha começado. Marisa fez um show perfeito, segura, emocionada, com uma postura dura e tensa, mas um gestual expressivo, às vezes meio operístico, passeando com naturalidade e competência pelas paisagens musicais tão diferentes daquele repertório eclético. O público adorou. Mas André Midani assistiu só à primeira parte e saiu sem falar nada.

Na manhã de sábado, diante do mar de Ipanema, abri o *Jornal do Brasil* e, para minha surpresa, toda a capa do Caderno B estava ocupada por uma foto de Marisa cantando no Jazzmania e uma matéria entusiasmadíssima de Alfredo Ribeiro com o título "Nasce uma estrela".

Parecia um filme. Não só o título, a coisa toda que estava começando a acontecer. À noite, o Jazzmania abarrotou, voltou gente da porta, e Marisa fez um grande show, foi aplaudida de pé. De Kurt Weill a Getúlio Côrtes, de Tim Maia a Augusto de Campos, de Peninha a Chico Buarque, de Pino Daniele a Marvin Gaye, harmonizando contrastes e surpreendendo o público. Como queríamos demonstrar.

*

Naquela primavera, o Rio de Janeiro amargava uma das piores secas de sua história. Não que faltasse água ou o asfalto rachasse e caveiras de burros se espalhassem pelas ruas. O fato era que, havia mais de um mês, não havia maconha na cidade, e quando havia era caríssima e de péssima qualidade. A resposta dos fornecedores era sempre: "É a seca, é a seca". Os surfistas estavam desesperados, o meio musical, nervoso, o público dos shows e das danceterias, inquieto. Foi quando o milagre aconteceu.

Latas, latas e mais latas prateadas, do tamanho de latas grandes de leite em pó, começaram a aparecer boiando no mar do Arpoador e em outras praias cariocas, como cardumes metálicos. Quando os primeiros pescadores e surfistas recolheram as latas hermeticamente fechadas e as abriram, não acreditaram no que viram, cheiraram e fumaram. Cada uma tinha quase dois quilos de maconha prensada com um gosto e uma potência desconhecidos no Brasil.

A notícia se espalhou pela praia e pela noite, mas muito pouca gente acreditou: era bom demais para ser verdade. No dia seguinte, mais latas em mais praias, mais pescas miraculosas, arrastões de latas, delírio no Rio de Janeiro. As latas ganharam as primeiras páginas dos jornais, e o mistério começou a se esclarecer. Um navio, o *Solana Star*, vindo da Austrália carregado com mais de 10 mil latas de *Cannabis indica* prensada, de altíssimo teor de THC, rumava para os Estados Unidos quando passou a ser procurado pela Polícia Federal brasileira, perto de Angra dos Reis. Assim que ficou sabendo, a tripulação desovou no mar todo o "flagrante". Depois pediu permissão para atracar no porto do Rio de Janeiro para reparos, e durante os dias seguintes toda a tripulação foi saindo do país. A bordo, ficou só o cozinheiro, que não sabia de nada, mas mesmo assim foi preso.

Era tarde demais: as latas continuaram a aparecer em cardumes, não só nas praias cariocas, mas também no litoral de São Paulo e do Espírito Santo, de Santa Catarina e até no Rio Grande do Sul. Pescadas, compradas, divididas, multiplicadas, distribuídas, as latas derrubaram o preço do jererê no mercado, porque eram muito melhores e mais baratas que o similar nacional. Viraram um símbolo de status nas rodas de surfistas e roqueiros e originaram a expressão "é da lata!" (que significava excelência), que se integrou ao vocabulário carioca.

O show de Marisa era "da lata".

Harmonias e contrastes

Com o governo Sarney completamente desmoralizado e a crise econômica descontrolada, a lambada enchia de vulgaridade as pistas e os ares, e o rock brasileiro, rebelde sem causa, entrava em decadência. Parecia o pior, ou o melhor, momento para lançar uma artista nova e sofisticada como Marisa. Mal terminaram os shows no Jazzmania, recomeçamos os ensaios, acrescentando e tirando músicas. O novo show seria dentro de dois meses, no mesmo Jazzmania, a pedidos insistentes da casa.

Mesmo procurada por diversos jornais, Marisa não deu nenhuma entrevista nem tirou fotos. Para o novo show, a "publicidade gilbertiana" continuaria a mesma, só uns folhetos distribuídos em bares jovens, com uma bela foto de Marisa quase de costas. Acabei não resistindo e incluí um pequeno texto:

"Suaves negras melodias / harmonias, palavras luminosas / sons e sentimentos / luz e blues / tons de azuis na noite carioca / rio sonoro, fonte, ponte, voz": "Tudo veludo", Marisa Monte.

Só isso. Nem um anúncio, nem um "tijolinho" nos jornais, nem uma nota, testando e confiando no boca a boca. Só a informa-

ção correta aos interessados, na seção de serviços dos jornais, junto com todos os shows em cartaz. Deu certo. Foram quatro noites superlotadas e críticas entusiasmadas. Os jornais, incapazes de rotular seu estilo, a chamavam de "cantora eclética". Marisa deu suas primeiras entrevistas, descartando qualquer possibilidade de gravar discos e anunciando novo show dentro de um mês.

Ela era uma jovem de hábitos um pouco estranhos para sua idade: não usava jeans e nunca a vi de tênis, andava sempre de blazer, minissaia e sapatos masculinos, era vegetariana e não comia açúcar, lia Nelson Rodrigues e Fernando Pessoa. Não ia à praia nem a boates, não praticava esportes, detestava festas e badalações, gostava de ficar em casa lendo, conversando e ouvindo música, e seu sonho era voltar no tempo e fazer um show no Cassino da Urca com Carmen Miranda e Grande Otelo. Era uma espécie de neo-hippie urbana, com gostos muito pessoais, ecléticos como seu repertório.

O novo show seria não mais em um bar, mas em um teatro, o pequeno e alternativo Laura Alvim, em frente ao mar de Ipanema, entre o Jazzmania e o meu apartamento. Incluímos o bolero tropicalista de Caetano Veloso e Ferreira Gullar, "Onde andarás", outra música dos Titãs, o misterioso funk "O quê", de Arnaldo Antunes, o clássico pernambucano "Ciranda de Lia" e uma peça pop minimalista do erudito Philip Glass, um dos grandes nomes da "*next wave*" americana, "Freezing".

Apesar de não ter ar-condicionado e de fazer um calor infernal no início de janeiro, o pequeno teatro lotou seus duzentos lugares para a estreia de *Cantando na praia*. Entre os espectadores, Lulu Santos e Scarlet Moon, que não aguentaram mais que vinte minutos e saíram esbaforidos e banhados em suor, como eu teria feito se pudesse. Mas a plateia calorosa aguentou estoicamente até o final, com "Do Leme ao Pontal", e Marisa foi aplaudida de pé pelo público encharcado. O polêmico encenador Gerald Thomas, amigo de Philip Glass, gostou do estilo pop operístico da cantora e do repertório caótico. O cineasta Walter Salles Jr. admirou seu estilo cool e elegante. O jornalista Sérgio Augusto, encantado com o que tinha visto e ouvido, decretou na saída, com autoridade:

— *Habemus* cantora!

E escreveu uma matéria de página inteira na *Folha de S.Paulo* com o título "Marisa Monte é a nova musa da música pop", que começava assim: "Desde Gal Costa não surgia no cenário musical brasileiro um talento vocal tão privilegiado".

★

No Rio, no megafestival Hollywood Rock, cheio de estrelas internacionais, os Titãs abriram para os Pretenders na praça da Apoteose superlotada e arrebentaram, levando o público ao delírio. A performance histórica foi reconhecida como a melhor de todo o festival, inclusive entre os artistas estrangeiros. O velho sonho roqueiro brasileiro finalmente se realizava.

Alberico Campana, dono da Churrascaria Plataforma, que conheci quando ele era garçom no Beco das Garrafas, me convidou para ser seu sócio em uma casa noturna no Leblon. Chamei Dom Pepe para a sociedade, e abrimos os trabalhos do African Bar. Os shows de Marisa davam muita alegria e orgulho, mas, como previsto, quase nenhum dinheiro.

O espaço de Alberico era ótimo: um chalé normando de dois andares na rua Venâncio Flores, onde funcionavam um bar e o restaurante francês Le Relais. Virou um chalé afro-normando: pintamos a fachada de cáqui, enchemos a calçada de palmeiras e bananeiras e, na entrada, colocamos um toldo de onça. O piano-bar foi feito todo de bambu, com sofás e cadeiras de estampas de leopardo e zebra e plantas tropicais por toda parte. O segundo andar era só um bar e uma pista de dança cercada de plantas, com três percussionistas tocando tumbadoras ao vivo junto com os afro-torpedos que Dom Pepe detonava nas caixas de som. Foi o primeiro bar do Rio a tocar o samba-reggae do Olodum e da Banda Reflexus. A pista explodia.

No piano-bar, realizei um sonho de juventude, que tinha começado quando o ouvira pela primeira vez num distante show de bossa nova na Faculdade de Arquitetura: trouxe Johnny Alf de São Paulo, para tocar piano e cantar todas as noites no African Bar. Os pedidos de convites para a inauguração foram tantos que a festa de abertura se desdobrou em duas, com quinhentos convidados em cada, quase enlouquecendo a nossa promoter Liége Monteiro. E mesmo assim muita gente reclamou de só receber convite para a segunda noite.

Em São Paulo, no final de março, Marisa fez duas temporadas de quatro dias na danceteria Aeroanta, templo do rock paulistano, e no prestigioso e erudito auditório do Masp — Museu de Arte Moderna de São Paulo — na avenida Paulista. Na Aeroanta, fez um show mais "dançante", só com as músicas mais animadas, o "Aeroshow". No Masp, os oitocentos lugares e os corredores superlotaram todas as noites, quando o show *Cantando na avenida* foi aplaudido de pé.

Como uma provocação, incluímos no show paulista uma música do megabrega Waldick Soriano, a hilariante "Amor de Vênus", com Marisa cantando em clima de chanchada tropical. O público se divertiu, o mundo musical sentiu um *frisson*, os jornais se engasgaram para definir a nova cantora, que ia de Philip Glass a Waldick Soriano, de Tim Maia a Kurt Weill. Mas eram unânimes — com exceção do *bad boy* Luís Antônio Giron — em reconhecer seu talento e sua originalidade. Giron dizia que Marisa era uma "miragem" minha. Respondi com uma coluna irônica, rebatendo seus argumentos e encerrando com "polêmica é com Gerald Thomas".

Parecia um filme. Estávamos cada vez mais integrados pela música e felizes com o sucesso, juntos dia e noite ouvindo e falando de música. E, como acontece frequentemente nesses cenários, a sintonia fina começava a misturar as estações. Eu já não sabia onde terminava a paixão avassaladora pela artista que estava se formando diante de meus olhos e ouvidos e onde começava o afeto por aquela garota bonita, educada e amorosa, que me lembrava tanto de mim mesmo aos vinte anos. Não sabíamos direito o que era aquilo, só sabíamos que estava bom, que estava cada vez melhor.

Voltamos correndo para o Rio um dia depois do último show paulista para as festas de estreia do African Bar. A promoção de Liége tinha sido muito eficiente e o sucesso, instantâneo. Funcionou a combinação 2 em 1. Um piano-bar cool, com um maravilhoso cantor intimista, num ambiente aconchegante. Um segundo andar tremendo com as bombas rítmicas das novas bandas internacionais, dos africanos King Sunny Adé, Touré Kunda e Fela Kuti, e dos baianos Olodum, Ilê Aiyê e Ara Ketu. As noites cariocas estavam conhecendo o samba reggae, o futuro axé, e gostando.

O filme continuava com Marisa em Belo Horizonte, no Cabaré Mineiro, com mais de setecentas pessoas lotando a casa nas três noites e o show tratado pelos jornais como um grande evento. Comemorando o triunfo mineiro e discutindo o próximo show, conversamos sobre aquela primeira noite no Jazzmania.

Falei a ela do que tinha ouvido e sentido. Mas, para minha surpresa, Marisa tinha ouvido e vivido o show de forma muito diferente. Em sua memória musical, ela estava nervosa no início e não chegara a cantar bem, mas também não cantara mal, e nunca semitonara nem atravessara ritmos. Tinha certeza. Eu também, não de como foi, mas de como eu tinha ouvido. Ninguém queria convencer ninguém. Ela não tinha problemas com críticas, ouvia todas, sempre, gostava de ser criticada, tinha autocrítica rigorosa, queria melhorar.

Não seria nenhum problema ter mesmo começado mal para crescer e triunfar no final. Mas para ela não havia sido assim.

Para mim, talvez traído pela emoção, ou pela literatura, fora muito diferente, porque o que eu vira e ouvira sem dúvida melhorava a história, acrescentando angústia, suspense e superação. Melhorava o filme.

De volta ao Rio, começamos a preparar um passo decisivo: uma pequena temporada de verão no Teatro Ipanema, por onde tinham passado, sem exceção, todos os grandes nomes da nova música brasileira. Era quase obrigatório, uma prova de fogo, um batismo artístico. O show foi um pouquinho diferente do de São Paulo, com o repertório ainda mais provocativo. E superlotou. Muitos artistas, especialmente cantoras, foram assistir, e a maior delas, Gal Costa, achou Marisa linda e talentosa e adorou o show. Em seguida me convidou para dirigir seu show internacional e viajar com ela para Buenos Aires, Lisboa, Nova York, Tóquio e mais doze cidades do Japão.

A pedidos, Marisa voltou a São Paulo para uma temporada de duas semanas no Teatro Cultura Artística, superlotando os 1.500 lugares todas as noites, tratada como um uma nova diva pela imprensa.

Em Nova York, em maio de 1988, fui o curador da parte musical de um ambicioso e bem-sucedido festival de artes brasileiras produzido por Carmen Elisa Madlener com o nome de Brazil Project 88: uma mostra de arquitetura, artes plásticas (com grande destaque para Hélio Oiticica) e cinema. De música, foram três shows no Town Hall Theater, com Caetano Veloso, João Bosco e João Gilberto.

Pela primeira vez em Nova York, Marisa assistiu a João Gilberto ao vivo também pela primeira vez, e da primeira fila. Assistiu a Cazuza também, já muito doente, vindo de uma temporada de tratamento em Boston. No show, João estava impecável, com seus clássicos de sempre, sempre novos, e uma interpretação de "You Do Something To Me" que faria a alegria de Cole Porter.

No dia seguinte ao concerto de João, Caetano me contou que Chet Baker havia morrido. Tinha caído (ou se jogado) da janela de seu hotel em Amsterdã. Comovido, saí pelos sebos do Village procurando o histórico *Chet Baker Sings*, de 1956, para substituir o meu já gasto e arranhado original, um dos discos mais bonitos e influentes da história do jazz e da música brasileira. Com o coração pulando e sem discutir preço, arrematei um novo em folha, uma reedição feita por um pequeno selo de Barcelona, provavelmente pirata.

*

No Rio, o African Bar fervia. Boni e sua esposa Lu tinham uma mesa cativa ao lado do piano de Johnny Alf. Ao som de suas canções, começou um sensacional romance entre a balzaquiana Vera Fischer e o jovem Felipe Camargo, que interpretavam justamente Édipo e Jocasta na novela *Mandala*, da TV Globo. Com bem-vinda frequência, Vera, lindíssima, incendiava o bar e a pista. Noite a noite, o African se tornava o *point* do momento da Zona Sul, cheio de artistas e de meninas e meninos bonitos e ótima música, para desespero dos moradores da pacata rua do fim do Leblon, que viram sua tranquilidade invadida por filas de carros e buzinas interrompendo o trânsito da praia até a Lagoa nos fins de semana. E, com o sucesso crescente, praticamente todas as noites.

A Associação de Moradores começou a reclamar. Fizemos obras de reforço do isolamento acústico, o som não saía da casa, mas, mesmo com uma brigada de manobreiros, era impossível evitar a gritaria e as buzinadas na porta. E pior: Alberico não tinha um alvará de funcionamento para casa noturna; tinha herdado a licença do antigo restaurante, que não permitia música ao vivo nem dança. E o pior de tudo: o zoneamento proibia expressamente casas noturnas naquela rua. Estávamos na rua. Não havia nada a fazer, eles tinham toda a razão, paciência. Depois de quatro meses escaldantes, o African Bar fechava para sempre, deixando uma marca de alegria, boa música e novidade na noite carioca.

Marisa e eu começamos a planejar o próximo passo, um voo mais alto, inédito na praça: um show para ser transformado em um especial de TV — antes mesmo do lançamento de seu primeiro disco, que seria exatamente a trilha sonora do especial, contrariando o tabu discográfico de estrear com um disco ao vivo.

Aceitamos a proposta da EMI, que estava disposta a investir no especial de TV e garantia liberdade criativa e controle do marketing. E, como nós, não tinha pressa: seria para lançar quando estivesse pronto. Parecia ideal para fazer o que tinha que ser feito. Marisa seria a primeira artista brasileira a ter um show de uma hora exibido em rede nacional de TV e um *home video* sem ter um disco. Dirigido por mim e por Walter Salles, e produzido por Lula Buarque de Hollanda, o especial seria feito em cinema, com fotografia de José Roberto Eliezer, e gravado ao vivo pela EMI em três noites no Teatro Villa-Lobos, em Copacabana.

Depois de um mês entre o Japão e os Estados Unidos com Gal, voltei ao Brasil e começamos a ensaiar o show de Marisa. O projeto artístico crescia muito mais rápido e mais intensamente do que se sonhara, mas a escalada de Marisa acabou provocando em mim uma reação inesperada e desastrosa quando "o ciúme lançou sua flecha preta", como dizia a nova canção de Caetano que Gal cantava no show internacional. E, pior, em dobro. Ciúme de uma bela garota de 21 anos e do que eu via como minha criatura artística devorada pelo público. Pigmaleão de Ipanema tornava-se um Otelo branco e perversamente usava a imaginação para ser seu próprio Iago. Sua mente conturbada via em cada espectador que a aplaudia um potencial pretendente e concorrente. Mas, afinal, aquilo era tudo que eu queria: que Marisa fosse admirada, respeitada, amada e querida, todo o meu esforço tinha sido para aquilo. Eu havia construído minha própria armadilha e entrado nela, e agora não sabia como sair. Marisa nem imaginava essas fantasias paranoicas que me torturavam, mas não deixou de perceber que as coisas estavam mudando entre nós.

Cada vez mais seguro da direção do projeto artístico, eu me sentia cada vez mais inseguro no plano pessoal, porque era experiente o bastante para saber que não havia futuro para nós juntos. Mas ninguém precisava saber disso. Para Marisa, todos os caminhos estavam abertos e claros, às vésperas de fazer seu primeiro especial de televisão e de gravar seu primeiro disco ao vivo, de fazer sua primeira turnê nacional, o início de uma brilhante carreira profissional em que tudo era novidade e excitação. Eu queria dirigir outros shows, produzir discos, escrever um livro sobre Glauber Rocha, conviver com amigos de minha geração, mas estava totalmente dedicado a Marisa.

Os shows no Villa-Lobos foram os melhores que Marisa já tinha feito. Estava segura e vigorosa, madura, mas mantinha o frescor e a espontaneidade de sua juventude. Com direção musical do maestro Eduardo Souto Neto, com Letícia Monte, Suzana Ribeiro e Joana Motta nos *backing vocals*, o show teve até um quarteto de cordas, que acompanhou Marisa e o grupo de jazz paulista Nouvelle Cuisine numa versão clássica de "Bess, You Is My Woman Now", da ópera *Porgy and Bess*, de Gershwin. E a participação especial de um sensacional garoto de dezenove anos, Ed Motta, sobrinho de Tim Maia, cantando com ela "These are the Songs" e recriando o dueto de Tim e Elis em 1969.

Waltinho filmou dois shows inteiros com três câmeras de cinema e, depois do último espetáculo, ainda entrou pela madrugada fazendo novos *takes* mais trabalhados no palco, com gruas e carrinhos. Os músicos odiaram, mas Marisa resistiu estoicamente e ainda estava filmando quando o sol nascia. Rigoroso e perfeccionista, Waltinho fazia todos os *takes* de que precisava enquanto eu jazia num canto depois das emoções daquele que era para mim, sem que ninguém soubesse, o último show de Marisa.

Nos estúdios da EMI, em Botafogo, iniciamos os longos e penosos trabalhos de regravação de instrumentos, mixagem e edição necessários para um voo tão alto como o primeiro disco ao vivo de um artista. Como em qualquer disco "ao vivo", regravamos muitos instrumentos, acrescentamos mais percussão, refizemos os *backing vocals* com Marisa cantando com as meninas. Mas, ao contrário de todos os discos "ao vivo", não mexemos na voz de Marisa, que ficou exatamente como fora gravada, como uma cantora lírica, ao vivo no palco.

Ao mesmo tempo, Waltinho editava na Tycoon, em Jacarepaguá, o especial de televisão. O diretor artístico da TV Manchete, Jayme Monjardim, impressionado com a qualidade artística e técnica — nunca um artista brasileiro tivera um especial feito em cinema —, programou-o como uma das atrações de fim de ano da emissora. Uma artista que nem sequer tinha um disco, que nunca tinha tocado em rádio nem na televisão, estaria em um show cantando *covers* e versões.

Bem que se quis

Nunca tivemos nenhuma briga, nem desentendimento artístico ou pessoal até o desencontro final. Tudo terminou bem, dentro das circunstâncias, embora eu me sentisse arrasado pela dupla perda. Marisa começou a namorar o vocalista Nasi, do grupo de rock paulista Ira!, e eu, a atriz Ítala Nandi, uma das estrelas do Teatro Oficina, minha amiga desde *O rei da vela*, em 1968. Ítala era um anjo, só que eu não conseguia pensar em outra coisa que não aquele canto de sereia que eu ajudara a amplificar. Mas ninguém precisava saber disso a não ser os amigos muito íntimos, o analista lacaniano cada vez mais entediado pela repetição obsessiva do "drama da impossibilidade" e João Gilberto, em longos e diários telefonemas.

Estimulado por João, depois de mais de quinze anos sem pegar no violão, voltei a tocar. Passava horas em casa tocando, repetindo músicas como mantras. O exercício de repetir infinitas vezes pequenas células rítmicas e harmônicas, por mais simples que sejam, exige atenção total. Qualquer voo do pensamento conduz ao erro e ao reinício, como os mantras. A disciplina e a concentração levam ao vazio, à paz, à serenidade, a um vazio pleno, como o dos mestres zen. Ou baianos.

Os velhos amigos Nara Leão e Roberto Menescal me procuraram para que fizesse letras em português para grandes músicas românticas americanas para o novo disco de Nara, que Menescal estava produzindo. Eram músicas que nós todos amávamos desde sempre,

como "Night and Day", "Summertime", "My Foolish Heart", "Love Letters", clássicos de Cole Porter, Gershwin, Johnny Mercer.

Todos os dias, às nove da manhã, eu me encontrava com eles no apartamento de Nara, que ainda era na avenida Atlântica, mas agora no Leme. Havia vários anos Nara vinha lutando com sérios problemas provocados por um tumor no cérebro, passando por médicos e médiuns, e me pareceu frágil mas bem-disposta, alegre como sempre. Cantando cada vez melhor, tocando um violão eficientíssimo, transformando em bossa nova gilbertiana os clássicos americanos, tudo com o maior bom gosto e elegância.

Ignorei a letra original e transformamos o velho clássico romântico e tristonho "You'll Never Know" em um sambão animado, celebrando a vida:

> Antes do dia nascer, é noite,
> antes de haver alegria, é dor,
> o amor que vai num dia, no outro vem,
> vem diferente, faz-se presente,
> e traz a festa de volta
>
> Quem tudo quer, nada tem
> e sofre quem acredita que ter é ser
> então vai ver que o melhor,
> que o bom de viver é deixar
> que tudo seja o que vai ser

Deliciado, eu ouvia Nara e me lembrava das primeiras vezes que a vira, quando ela ainda cantava muito mal, mas se tornou um de meus primeiros ídolos; quando entrei com o coração aos pulos no "apartamento de Nara" pela primeira vez; quando ela gravou minhas primeiras músicas; quando nos divertíamos gozando os roqueiros de Carlos Imperial. Nara estava animada com o disco e harmonizada com a vida. Até chamou Ronaldo Bôscoli, seu ex-namorado e depois arqui-inimigo por décadas, para fazer algumas letras. E ele fez, muito bem. Com Roberto Menescal, meu ex-professor de violão, voltei a aprender, tocando suas harmonias dissonantes e bossa-novistas para as canções do novo disco. Aprendia, voltava para casa e tocava o dia inteiro. Voltava no tempo, escrevia as letras. E às vezes sofria com as histórias de amor que escrevia e com a sensação de que aquele seria o último disco de Nara.

Fui a São Paulo fazer um programa de televisão e aproveitei para almoçar com Rita Lee. Ela estava em casa com os filhos, separada de Roberto e muito triste, num estado parecido com o meu. Trocamos confidências como velhos amigos e começamos a fazer uma música juntos:

> Foge de mim, mas deixa teu endereço,
> em cada fim, existe um começo e um novo sim...

De volta ao Rio, liguei para Tim Maia, sobre quem eu e Rita tínhamos falado muito, dando boas gargalhadas ao comentar a entrevista dele para a *Veja*, na qual ele dissera sua frase imortal:

— Não fumo, não bebo e não cheiro, mas às vezes minto um pouquinho.

Eu disse para ele dar um alô para ela, que estava muito sozinha e gostava muito dele. Ele ligou e, mal ela atendeu, soltou o vozeirão em ritmo vertiginoso:

— Olha aqui, ô Ritalee, eu já aguentei cinco anos de Administração Arnaldo Baptista, dez anos de Administração Roberto de Carvalho, e estou te ligando pra dizer que...

Fez uma pausa e berrou no telefone:

— I LOVE YOU!!!!!!!

★

O programa de televisão de Marisa atraiu muita atenção, por ela ser uma artista nova aparecendo em rede nacional antes mesmo de ter um disco, pelas reações de entusiasmo da imprensa, pela novidade e pela qualidade. Teve audiência razoável e críticas maravilhosas no Brasil inteiro. Assisti sozinho em casa, alguns dias antes do Natal, amei e sofri.

Para nossa sorte, Marina Lima mostrou "Bem que se quis" para sua namorada Lúcia Veríssimo, que estava gravando a nova novela da TV Globo, *O salvador da pátria*, e se apaixonou pela canção. E pediu ao diretor Paulo Ubiratan que a música fosse o tema de sua personagem. Com a novela no ar e a canção pontuando todas as muitas cenas de amor, em poucos dias tínhamos um sucesso nacional, um *big hit* de uma nova artista. E, como todo hit, a música me perseguia por toda parte, andando no calçadão, nos bares, nos carros, onde houvesse um rádio. Era uma tortura e uma felicidade ao mesmo tempo, era impossível fugir da música ou recusar o sucesso.

> Agora vem pra perto, vem
> vem depressa, vem sem fim,
> dentro de mim,
> que eu quero sentir o teu corpo pesando sobre o meu
> Vem, meu amor, vem pra mim,
> me abraça devagar,
> me beija e me faz esquecer

O Brasil inteiro ouviu Marisa cantando aquela letra, que eu tinha escrito para uma canção napolitana a pedido de uma cantora portuguesa e jamais imaginara que pudesse ser um sucesso popular. "Bem que se quis" abriu o caminho, e o LP de Marisa recebeu pedidos gigantescos das lojas para lançamento em janeiro, contrariando todas as certezas da indústria do disco, que considera o mês como o pior do mercado, garantia de fracasso. Não era mais.

Como a indústria aposta todas as suas fichas nas vendas de fim de ano, todos os grandes vendedores de discos são lançados ao mesmo tempo, sem espaço para novidades. Em janeiro, Marisa sairia sozinha e teria muito mais espaço na mídia, que no verão vive uma seca de notícias. Foi o que aconteceu.

Às vésperas do Natal, vendo as retrospectivas do ano nos jornais e nas revistas, Marisa em todas como a grande revelação e o African Bar como a melhor casa noturna, a melancolia natural do período natalino somou-se à sensação de perda e abandono numa hora em que eu tinha tudo para estar feliz e realizado. Pagava por meus desejos, sofria por minhas memórias, me perguntava sobre a precariedade das impressões e dos julgamentos.

Voltava àquela primeira noite de Marisa no Jazzmania e me perguntava se teria mesmo sido tão linda a música que ouvira na "Noite do amor, do sorriso e da flor" no anfiteatro da Faculdade de Arquitetura em 1961, se teriam sido mesmo tão dramáticos os shows de Rita Lee no Rock in Rio, de Roberto Carlos em Cachoeiro, de João Gilberto em Roma, de Elis em Montreux. Se eram mesmo tão divertidas as músicas de Carlos Imperial e Wilson Simonal, se era tão forte a paixão dos vinte anos que me fez ouvir diferente o Tamba Trio e o Bossa Rio de Sérgio Mendes, gostar mais da voz de Nara. Se o amor fazia as pessoas mais musicais aos meus ouvidos, se meu amor pela música as fazia mais queridas ao meu coração... quando o telefone tocou.

Era João Gilberto me convidando para visitá-lo em seu apartamento no alto do prédio do Rio Design Center, no Leblon.

À noite, cheguei na hora marcada, mas, antes que eu tocasse a campainha, ele abriu a porta. Estava de banho tomado, de terno e gravata, e com a caixa do violão na mão, como se fosse para um show.

— Não vamos ficar aqui — disse, sem explicar por quê. — Vamos para a sua casa.

Pegamos o elevador e descemos para a garagem, onde João colocou o violão no porta-malas e assumiu o volante de um Monza verde metálico, que eu jamais imaginara que ele tivesse. Quando chegamos à praia, me lembrei de uma das grandes "lendas e mistérios de João Gilberto", contados por Galvão dos Novos Baianos, e senti um frio na barriga. Dizia a lenda que João saíra de carro com Galvão de madrugada pela praia de Ipanema e fora cruzando todos os sinais vermelhos, sem diminuir a marcha, sem olhar, conversando alegremente com absoluta tranquilidade. Mas, pouco adiante, num sinal aberto para ele, freou inesperadamente — justo a tempo de escapar de um carro que cruzava o sinal vermelho em alta velocidade. Por maior fé que tivesse em João, eu não estava disposto a experimentar tanta magia. Mas naquela noite João dirigia devagar, admirando o mar noturno, ouvindo fitas de conjuntos vocais dos anos 1940 e parando em todos os sinais vermelhos, do Leblon ao Arpoador, onde estacionamos e descemos para tomar água de coco, comer milho cozido e conversar.

Quando chegamos ao meu apartamento, diante do mar de Ipanema, João sentou-se de frente para mim, me deu o violão e pediu que eu tocasse para ele. Imagine, tocar para João Gilberto... Toquei medroso e ele sorriu amoroso, pegou o violão com delicadeza, ficou um tempo em silêncio e depois cantou pelo resto da noite, como um presente de Natal.

Cangaceiros e sertanejos

No início de 1989, a pedido da Rainforest Foundation inglesa, produzi uma gravação coletiva, do tipo "We Are The World", para uma campanha internacional em defesa dos indígenas e da Floresta Amazônica. Chamei Djavan, Sandra de Sá, Renato Russo, Gilberto Gil, Ivan Lins, Marisa Monte, Leila Pinheiro e outros que se identificavam com a causa, e passamos um dia inteiro gravando nos estúdios da RCA. A música era meio chata, cada um cantava uma frase, mas o clima estava ótimo no estúdio e a performance do pessoal foi muito boa. Uma equipe inglesa filmava tudo para o clipe que seria exibido no mundo inteiro com artistas ingleses e americanos. Num intervalo da longuíssima gravação, Djavan me mostrou uma música que tinha acabado de fazer: um choro moderno, jazzístico e cheio de dissonâncias. Adorei. E gostei mais ainda quando ele me pediu que escrevesse a letra.

No dia seguinte, ele me mandou uma fita com a melodia e comecei a trabalhar na letra. Mas, na verdade, não tive trabalho nenhum: as frases me vinham prontas à cabeça, algumas em inglês. Parecia que a letra já estava dentro da melodia, só era preciso revelá-la. Em pouco tempo estava pronta e a passei por telefone a Djavan, que gostou muito, principalmente da mistura de versos em inglês e em português, que eu não sabia direito se funcionaria. Mostramos a Marisa, que estava prestes a começar sua turnê nacional em Salvador, e ela decidiu incluir a canção no show. Por puro acaso poético,

eu estava em Salvador um dia antes, para ser homenageado com o Troféu Caymmi como "legenda viva da música brasileira" (*sic*). Coisas da Bahia. Foi muito mais emocionante, na noite seguinte, ouvir Marisa cantando aquelas palavras que eu tinha escrito para o choro de Djavan:

> Você bem sabe que eu não sei te dizer,
> tudo que sinto por você, mas
> você bem sabe que we always lie
> but we can never say goodbye...

E terminava com uma sugestão. A ela e, principalmente, a mim mesmo:

> Vai ou não vai, que eu vou ou não vou,
> seja como for, com você, sem você,
> com você, sem você,
> a gente tem é que crescer

De volta ao Rio, Tim Maia ao telefone:

— Alô, alô, Nelsomotta, eu vou fazer um show no teatro do hotel Nacional para comemorar trinta anos de carreira... ou melhor, trinta anos de carreiras. — Gargalhada. — E quero que você seja o diretor.

— Ô, Tim Maia, além de muito mais pesado que o ar, você é absolutamente indirigível — tentei argumentar.

Aquela era a graça dele, sua força. Ele sempre sabia que músicas cantar, que músicos chamar, que arranjos fazer. Recebi o convite mais como uma demonstração de afeto, esperando ser útil de alguma maneira. Ele disse que então eu seria uma espécie de "conselheiro". E mandou botar meu nome no cartaz do show como diretor. Imaginem, aconselhar Tim Maia...

Mas acabei sendo útil. "Escolhemos" as músicas, ele encomendou os arranjos a seus maestros e chamou os músicos: a Banda Vitória Régia e uma orquestra de cordas. Mais de trinta músicos no palco. Os ensaios, no estúdio dele no Recreio dos Bandeirantes, correram animadíssimos e sem incidentes maiores que os esporros monumentais que Tim dava nos músicos com regularidade. Mas, dois dias antes do show, ele me telefonou apavorado: um oficial de Justiça estava batendo na sua porta com um mandado judicial. Ele me disse que não abriria de jeito nenhum e implorou que eu fizesse alguma coisa.

Achei que o melhor seria procurar um velho amigo de meu pai, o dr. Hélio Saboya, Secretário Estadual de Segurança. Contei-lhe o problema, irresponsavelmente prometi que Tim se apresentaria depois do show, mas pedi que ele, por favor, segurasse a onda por dois dias. Ele pediu um tempo para saber o que estava acontecendo. Duas horas depois ele me retornou, às gargalhadas: no mandado que o oficial de Justiça queria entregar a Tim, ele não era o réu, mas o autor da ação penal — uma das muitas que ajuizara contra empresários, músicos, gravadoras, revistas e jornais. E depois esquecera.

Com o African Bar abatido em pleno voo, deixando legiões de órfãos e viúvos noturnos, no seu vácuo abrimos o Mamma Africa, no morro da Urca, para uma temporada de verão. Era a mesma fórmula vitoriosa, só que muito maior e mais popular, com a decoração misturando elementos africanos com a exuberância da floresta tropical do morro. O público gostou: estava cansado de rock, desprezava a lambada e adorou a negritude musical. Além de duas pistas de dança ao ar livre, transformamos o restaurante envidraçado em um piano-bar com vista para a baía de Guanabara, onde apresentamos shows intimistas com Johnny Alf, Angela Ro Ro e Adriana Calcanhotto. A pista fervia com os afro-hits de Dom Pepe, e, no palco, quinze percussionistas comandados por Repolho tocavam com os sucessos de Manu Dibango e do Olodum. E o público pulava feito pipoca.

Um dos maiores sucessos do ano era Djavan, com a música e o LP *Oceano*, no qual também estavam o nosso choro "Você bem sabe" e "Vida real", uma versão que fiz para o lindíssimo bolero mexicano "Déjame ir", um clássico da noite que ele cantava desde seus tempos de piano-bar, quando nos conhecemos.

Em seguida, produzi o disco de Sandra de Sá e dirigi seu show em temporada nacional. Gostei de Sandra desde a primeira vez que a vi na televisão, cantando "Olhos coloridos" em um festival. Havia muito tempo eu a considerava, além de uma querida amiga, uma grande cantora, e discutia com ela uma realidade chocante: chegando aos anos 1990, ela era praticamente a única cantora negra do Brasil além das "sambistas", como Alcione ou Dona Ivone Lara, num país majoritariamente negro e mestiço. Era como se a elas fosse permitido cantar apenas samba. Não se ouviam no Brasil cantoras negras fazendo sucesso e cantando funk, rock, blues ou baladas. Havia muitos homens, sim: Gilberto Gil, Milton Nascimento, Djavan, Jorge Ben, Tim Maia, Emílio Santiago, Luiz Melodia, tantos. Mas as grandes cantoras, Gal, Elis, Bethânia, Rita Lee, Simone, Beth Carvalho, Clara Nunes, Marina, Elba Ramalho, Leila Pinheiro, eram todas brancas. Nos Estados Unidos, ao contrário, as grandes eram quase todas negras.

A própria Sandra, depois de seu início no funk, só conseguia fazer sucesso com baladas sentimentais da dupla Michael Sullivan e Paulo Massadas. Sandra queria mudar, para muito melhor. Aceitei prontamente seu convite para fazer o disco. Chamamos Guto Graça Mello para a direção musical e os arranjos e abrimos os trabalhos. Os pontos altos foram uma regravação *a cappella*, só com a voz de Sandra e os tambores do Olodum, de "Charles Anjo 45", de Jorge Ben Jor, e a participação de Marina Lima e Djavan em "Slogan", do grande mestre da Black Rio, Cassiano. Mas o marketing da gravadora se decepcionou com a sofisticação do repertório e considerou inútil qualquer esforço promocional. As rádios não tocaram, e o disco não aconteceu. Sandra voltou às baladas românticas.

O país seguia ladeira abaixo. O governo Sarney se desmanchara, desmoralizado pela moratória, com a inflação passando de 50% ao mês. As instituições democráticas recém-restauradas estavam abaladas, o Congresso promulgara uma Constituição aumentando os gastos e diminuindo as receitas do Estado, o Brasil estava quebrado. Era o momento mais favorável para o surgimento de demagogos, populistas, messiânicos e oportunistas para navegar nas ondas da insatisfação popular. Assustado com a ascensão vertiginosa de Fernando Collor e preocupado com o crescimento da candidatura de Lula, entrei na campanha com entusiasmo. Participei da propaganda eleitoral apoiando a candidatura de Mário Covas, de alguns eventos, e discuti muita política. Afinal, aos 45 anos, eu votaria pela primeira vez para presidente. No dia da eleição, coloquei a cédula na urna com a mão trêmula de emoção.

Com a derrota de Covas, enfrentei o segundo turno entre o que via como um populismo de direita e um de esquerda, os dois desastrosos para o Brasil. Collor era odioso, com seu olhar maníaco, a arrogância autoritária das velhas oligarquias, o apoio das elites mais retrógradas. Lula seria a subida ao poder da velha esquerda atrasada e populista, um passo atrás no movimento liberal do mundo, no início do processo de globalização. Frustrado, votei em branco.

Naquele 1989, duas mortes, ainda que de certa forma esperadas, me entristeceram profundamente. O país perdia dois de seus maiores artistas: Nara Leão e Raul Seixas, ela com 47 anos e ele com 44. Dois amigos queridos, com quem eu dividira tantos momentos de alegria e de música, Nara e Raul foram opostos em tudo e se tornaram igualmente representativos da maior qualidade da música brasileira: a diversidade.

⋆

A ascensão de Collor em 1990 marcou o início do *boom* da música sertaneja no Brasil, uma das fases mais tristes de nossa exuberante história musical. A "República de Alagoas" subiu ao poder com o exibicionismo e a voracidade de seus homens e mulheres ocupando cargos-chave da administração. Duplas sertanejas, dezenas delas, invadiram as rádios e as telas, cantando com vozes agudas e em terças sofridas as mesmas desventuras sentimentais que eu odiava na minha adolescência em Copacabana, antes da bossa nova.

Nem o confisco dos depósitos e das poupanças foi suficiente: após poucos meses de estabilidade artificial, a inflação voltou a explodir e a recessão se aprofundou. Em Turim, assisti à Seleção Brasileira ser eliminada pela Argentina nas oitavas de final da Copa do Mundo. Em Roma, depois da derrota, recebi a notícia da morte de Cazuza, aos 31 anos, que marcou o fim do Rock Brasil como movimento musical.

André Midani foi promovido a vice-presidente da Warner Latina, em Nova York, e se casou com a viúva do fundador Nesuhi Ertegün, Selma. No Brasil, o novo presidente da companhia era Beto Boaventura, vindo da EMI, onde tínhamos trabalhado juntos no lançamento de Marisa Monte. Convidado por Beto e André, assumi a direção artística da Warner no Brasil, com salário de diretor de multinacional, carro, cartão de crédito e a promessa de liberdade para formar um novo *cast*.

Mal assumi, mais um choque econômico abalou o mercado de discos em geral e a Warner em especial. Demissões em massa, office boys, secretárias, assistentes, choradeira nos corredores, vendas cada vez menores e salários achatados. Pior ainda: Beto, em desespero, decidiu ter duas divisões artísticas, uma pop, a minha, e outra sertaneja, do compositor pernambucano Paulo Debétio. A verba de produção e marketing, já muito reduzida, foi dividida e, na ânsia de conseguir sucessos rápidos e baratos, investida na área sertaneja. A mim restou o suficiente para gravar os discos já programados de artistas contratados, como Titãs, Gilberto Gil, Barão Vermelho e outros poucos. Nada para investir em novos artistas.

Depois de um lobby incansável, consegui que Beto fosse comigo à Bahia para contratarmos um dos artistas mais talentosos da nova geração, Carlinhos Brown. Após longas negociações, Carlinhos, que estava cheio de dívidas, assinou. Recebeu um adiantamento de 8 mil dólares, mas pouco depois a Warner, sem dinheiro para produzir o disco, teve que rescindir o contrato. Os discos de Gil, dos Titãs e do Barão Vermelho tiveram boas críticas, mas vendas decepcionantes. As bandas de rock viviam um dos piores anos de suas carreiras. A Warner, o pior de sua história. E eu, um dos piores da vida. Com um ótimo salário e numa posição para a qual imaginava ter me preparado a vida inteira, estava a cada dia mais frustrado.

Tim Maia me convidou para visitá-lo no seu apartamento na Barra da Tijuca. Mandou chegar cedo. Às nove da manhã, já o encontrei alegre e bem-disposto, de bermuda e chinelo Rider, acabando de tomar um café da manhã reforçado, com ovos, frutas e bolo. Disse que tinha acordado às sete, e aquele já era o segundo café. Acendeu um imenso baseado, pediu café e ovos para mim e me tocou uma fita. Era de seu show no Olympia de São Paulo, com uma boa qualidade de gravação e grande performance de Tim. Ele queria saber se a Warner gostaria de comprar. Claro que sim, respondi sem hesitar, mas sem saber de onde tiraria o dinheiro. Tim queria um "levado" de 30 mil dólares pela fita, mais royalties de 16% sobre as vendas. Aceitei sem discutir.

Implorei a Beto que me desse o dinheiro, argumentando que aquele era um disco popular, que podia vender bem. E, afinal, já estava quase pronto, teríamos apenas que regravar alguns instrumentos. Tim queria refazer algumas vozes no estúdio e mixar. Beto topou, e Tim assinou. Durante três semanas, todos os dias de manhã nos encontramos nos estúdios Impressão Digital, na Barra, para trabalhar no disco. Mais que um trabalho, foi um divertimento conviver com Tim, seus múltiplos lanches e baseados. Era um prazer aprender com ele, um mestre dos estúdios, como encontrar o timbre de cada instrumento, como utilizar melhor a tecnologia. Era uma alegria ouvi-lo cantar seus grandes sucessos e contar suas melhores piadas. Tim estava sempre de bom humor, não houve nenhum problema e o disco ficou muito bonito. Mesmo lançado no pior momento da crise econômica, começou a vender lentamente, ganhou força e enfim estourou. Foi um dos raríssimos lançamentos da Warner a fazer sucesso. Mas provocou minha primeira e única briga com Tim Maia.

Feliz com o sucesso do disco, abri o jornal e li uma entrevista de Tim reclamando que tinha sido explorado e roubado pela Warner. Fiquei furioso, me senti atingido. Afinal, eu é que tinha negociado o contrato com ele. E aceitado, sem regatear nem discutir, exatamente tudo que ele havia pedido. Me senti traído e escrevi-lhe um fax sentido e duro. Falando sobre vinte anos de amizade e lealdade, lembrando os termos do nosso acordo, dizendo que ele era um idiota por não perceber que eu sempre estivera do lado dele e fizera exatamente o que me havia pedido.

— Você se queixa da solidão, mas trata seus amigos assim — reclamei, reiterando que gostava muito dele e que adorava sua música. Mas que ele era um maluco irresponsável.

Dois dias depois, não acreditei quando vi a minha carta, que eu não tinha mostrado a ninguém, que era pessoal e confidencial, publicada no jornal. Como tinha ido parar ali? Dada pelo próprio Tim Maia, informava a matéria. Uma carta que o esculhambava e assegurava que todas as suas exigências haviam sido cumpridas e que ele não tinha nenhuma razão.

No dia seguinte, uma inconfundível voz de trovão ao telefone:

— Alô? Nelsomotta? Adivinha quem está falando!

— Ed Motta — provoquei.

— Olha aqui, ô Nelsomotta, esse meu sobrinho Eduardo canta direitinho, mas é burro, porque não gravou nenhuma música romântica. Ele precisa namorar muito, ser bem corneado e gravar música romântica. Aí ele vai entender por que o Julio Iglesias vende tanto disco.

E voltou ao motivo inicial do telefonema:

— Ô Nelsomotta, nós dois estamos parecendo duas velhas ridículas batendo boca no supermercado, acho que estamos mesmo é na andropausa, que é a menopausa masculina. Parece coisa de doidão. Sugiro que essa briga seja dada por encerrada.

Proposta aceita às gargalhadas. Contei animado sobre a homenagem que minhas filhas tinham feito a ele:

— As meninas trouxeram um gatinho para casa e puseram nele o nome de Tim...

— Já sei — ele interrompeu —, porque é gordo, preto e cafajeste!

O gato era cinzento, magro e amoroso.

*

A música sertaneja dominou as ruas e a classe média, foi a trilha sonora das festas do poder em Brasília e em São Paulo. As peruas da "República de Alagoas" dançavam e sonhavam com Chitãozinho e Xororó e Leandro e Leonardo. Uma foto emblemática do governo Collor mostra o presidente e a primeira-dama Rosane, alegres e sorridentes, cercados por sessenta duplas sertanejas na Casa da Dinda. Para um garoto de classe média de Copacabana dos anos 1950, não podia haver suplício maior que ouvir sessenta duplas caipiras cantando em terças ao mesmo tempo. Para um jovem libertário de 1968, não havia horror maior que imaginar o Brasil sob o estilo, a ideologia e a rapinagem do governo Collor.

Os sertanejos não tinham culpa de nada além do mau gosto. Faziam a música que o Brasil queria, a música de que gostavam, o som dos "Anos Collor". A música ingênua e melancólica do próspero interior de São Paulo, de Minas e de Goiás se urbanizava e se eletrificava, enchia estádios, voava de jatinho e vendia milhões de discos. As estrelas da MPB dificilmente conseguiam que seus discos tocassem no rádio, seus shows foram perdendo público, muitos direcionaram suas carreiras para o exterior. As gravadoras só pensavam em sertanejos, que passaram a ser as grandes estrelas dos programas populares de televisão. A vida na Warner estava insuportável.

Durante toda a minha vida musical, busquei a diversidade e a tolerância, explorei à exaustão as possibilidades de harmonizar contrastes, sempre me orgulhei de não ter preconceitos e de ser capaz de gostar de música de qualquer gênero, de qualquer lugar, de qualquer época. Mas a onda sertaneja era demais, não havia ali nada de que eu gostasse. Nem no Brasil em que estávamos vivendo.

Mas nem tudo estava ruim: no primeiro semestre de 1992, fui seis vezes a Sevilha, uma de minhas cidades mais queridas, como produtor dos shows no pavilhão brasileiro da Expo-92, a convite do comissário do evento, Olavo Monteiro de Carvalho. Tudo começou muito bem com o concerto de Milton Nascimento, um dos artistas brasileiros de maior prestígio na Espanha. Seguiram-se, a cada mês, Maria Bethânia, Simone, Lulu Santos, Djavan, Marisa Monte e Tom Jobim, com o teatro lotado e ótimas críticas, até que a programação foi suspensa: o dinheiro tinha acabado.

Quando acabou o dinheiro em Sevilha, voltei ao Brasil e negociei com Beto minha saída da Warner. E não indiquei ninguém para o meu lugar: ele não tinha dinheiro sequer para pagar um substituto, mesmo com um salário muito menor. E, afinal, diretor artístico para quê?

Aliviado, abri o coração em um artigo furibundo de meia página publicado ao mesmo tempo em *O Globo* e na *Folha de S.Paulo*, denunciando a pobreza rítmica, melódica, harmônica e poética da onda sertaneja e saudando a chegada do samba-reggae da baiana Daniela Mercury como uma Iansã vingadora, uma guerreira de espada na mão e pernas de fora, abrindo uma clareira de luz e alegria no meio das trevas colloridas. Não era só a música: o Brasil estava insuportável, muitos amigos estavam debandando. Comecei a planejar minha retirada, a imaginar uma pequena gravadora na Europa ou nos Estados Unidos, para produzir, promover e distribuir internacionalmente a música brasileira de que eu gostava — e que, naquele momento, parecia mais admirada e querida no exterior do que no Brasil.

Acompanhei apaixonadamente o processo de impeachment de Collor e as descobertas diárias da rede de corrupção no seu governo. Quando, nos estertores finais, ele pediu ao povo que o apoiasse vestindo verde e amarelo no domingo, 16 de agosto, comprei a passagem. De manhã, todo de preto, saí para o calçadão de Ipanema e me integrei a um mar rumoroso de gente vestida de preto da cabeça aos pés, carregando bandeiras pretas e cartazes e gritando pela saída de Collor. Até os cachorros estavam de preto naquele dia luminoso.

À noite embarquei para Nova York. Para começar tudo de novo.

Noites americanas

Cheguei a Nova York numa luminosa manhã de primavera de 1992 e fui direto para o apartamento de Belisa Ribeiro, na 60th Street, pertinho do Central Park, que aluguei por dois meses enquanto procurava um lugar definitivo para morar. Logo marquei um almoço com Paulo Francis num bistrô perto do escritório da TV Globo, na 3rd Avenue, e lhe dei a notícia de que estava na cidade para ficar.

Ele rosnou aquela sua gargalhada gutural, mastigando as palavras:

— Que maravilha! Agora você vai perder as suas últimas ilusões.

E seguimos rindo, com ele me dando um breve curso de "como viver em Nova York sem ser um jeca deslumbrado".

Pouco depois o reencontrei num almoço com o amigo Luiz Gleiser, que era diretor do canal GNT da recém-criada Globosat; Lucas Mendes, velho amigo residente em NY; e o paulista Caio Blinder, que morava e dava aulas na Universidade de

Indiana, para discutirmos a proposta de um programa de TV semanal com quatro jornalistas brasileiros debatendo e traduzindo a vida, a cultura e a política americana para os 20 mil assinantes do canal, que na época só podia ser visto por quem instalasse uma grande antena parabólica em casa. O cachê seria de 400 dólares por programa, 1.600 dólares por mês, o que já me pagaria o aluguel: tinha desembarcado com uma pequena reserva e praticamente uma mão na frente e outra atrás, com 48 anos e três filhas, de 12, 17 e 22.

Ao contrário do que sugeria seu estilo germânico e agressivo, Francis era uma pessoa muito educada, delicada e carinhosa lá do seu jeito, sempre preocupado com os amigos. Diariamente me dava notícias de amigos brasileiros: quem estava doente, quem tinha sido corneado, despedido, quem tinha morrido.

Logo me disse que eu não poderia ficar sem uma coluna num jornal brasileiro e tomou providências imediatas: ligou para Aluizio Maranhão, diretor de redação do *Estado de S. Paulo*, e o intimou a me contratar como colunista semanal.

— É importante você manter uma presença no Brasil. Senão, e por mais que você produza no exterior, as pessoas não ficam sabendo e te esquecem — ensinou. Ele era um exemplo vivo: com seus comentários na TV Globo e sua coluna "Diário da Corte" na *Folha de S.Paulo*, nunca tinha sido tão prestigiado e popular no Brasil.

Dito e feito: o *Manhattan Connection* e a coluna do *Estadão* me mantiveram vivo no Brasil e geraram vários convites para reportagens e artigos como freelancer em revistas brasileiras como a *Interview*, dirigida por Michael Koellreutter. E até um delicioso comercial dirigido por Bruno Barreto para a Varig, que me pagou com seis passagens Nova York-Rio-Nova York na classe executiva.

Era também um velho sonho poder discutir e comentar outros assuntos além de música. Queria falar de política, cinema, comportamento, religião, economia, das maravilhas da vida cultural em Nova York e da liberdade americana.

Enquanto a internet ainda estava na idade do byte lascado no Brasil e amigos europeus nem sabiam direito do que se tratava, em Nova York eu era assinante do provedor America Online, falando com o mundo e tentando me informar nos incipientes sites de notícias brasileiros. Quando instalamos o disquete da AOL e pediram para registrar um endereço de e-mail, minhas filhas tascaram lá neldas2000@aol.com. Sem discussão.

Neldas era o apelido pelo qual João Gilberto me chamava, assim como chamava Caetano de Caêtas, Gilberto Gil de Gilbas, Ronaldo Bôscoli de Rongas, e assim por diante. Um dia, ele ligou para casa me procurando:

— Alô, o Neldas está?

— Quem??? — estranhou Esperança, que não sabia do apelido.

— Neldas, Neldinhas — insistiu João.

— Nel-di-nhas??? — ela repetiu incrédula e, reconhecendo a voz, explodiu numa gargalhada.

Dali em diante o apelido foi adotado pelas minhas filhas em tom de gozação carinhosa e permanente. João Gilberto me chamou assim a vida inteira, e o Neldas se mantém até hoje no meu e-mail atual, só o 2000 caducou.

As noites tropicais ficaram para trás, e as manhãs eram nova--iorquinas, com a primavera florindo o Central Park e os canteiros centrais da Park Avenue. A expectativa era ficar um ano, que se transformou em oito. E a ideia de criar uma pequena gravadora, a Lux Music, para lançar música brasileira acabou dando espaço também a uma retomada da carreira jornalística. Além do *Manhattan Connection* e da coluna no *Estadão*, eu fazia comentários diários na Rádio Jovem Pan e mantinha um programa semanal de música na Rádio Eldorado de SP, que tocava de Lou Reed a Maria Callas.

Os resultados da gravadora, em sociedade com a grande amiga Maria Duha, foram modestos em relação à música brasileira. A nossa melhor compilação, mas que também vendeu pouco, foi *Tribute to Carmen Miranda*, com Rita Lee, Nara Leão, Eduardo Dussek, Ney Matogrosso, Gal Costa, Caetano Veloso e outros cantando o repertório da Pequena Notável.

Também gravamos três discos, com a ótima cantora Patricia Marx, vinte anos, ex-menina prodígio da Turma do Balão Mágico, afinadíssima, técnica perfeita, excelente intérprete, que chegou a Nova York com o pai e insistiu que eu fizesse um disco com ela. Produzi o primeiro deles em parceria com o baiano Tuta Aquino, e emplacamos o hit "Quando chove", versão que fiz para a música "Quanno Chiove", do napolitano Pino Daniele, mesmo autor de "E po' che fa'", que virou "Bem que se quis" na minha versão. O segundo álbum foi produzido só pelo Tuta, e o terceiro, pela dupla iniciante João Marcello Bôscoli e Max de Castro, com novas versões de clássicos dos anos 1980.

O único *big hit* da Lux Music foi o álbum ao vivo *Harlem Sunday*, com o sensacional coral gospel de trinta vozes da Mount Moriah Baptist Church, gravado e produzido pelo Tuta. Foi lançado no Brasil com grande sucesso pela Continental e, três anos depois, relançado pela Som Livre, de novo superando as 100 mil cópias vendidas.

Gostava de ir almoçar no Bravo Gianni com Francis e Elio Gaspari, e no Mediterraneo do SoHo com Washington Olivetto, que tinha um apê maneiríssimo na área; e de comer *popcorn shrimp* (camarão pipoca) com Gerald Thomas no King Crab da Park Avenue. Adorava o mafioso Gino, na Madison Avenue, que só aceitava pagamento em dinheiro e não dava nota; o finíssimo e caríssimo Daniel, aonde fui com Arnaldo Jabor e Héctor Babenco para o aniversário de sessenta anos do Jô Soares; e o Peter Luger, do Brooklyn, para degustar "a melhor carne do mundo" com Boni.

Como cozinhar nunca foi o meu forte — meus talentos não passam de massas com diversos molhos que aprendi em quatro anos de Itália, como uma graça gastronômica —, quando Claude Troisgros abriu seu CT na esquina de casa, na Park Avenue com a 22th Street, o lugar se tornou praticamente uma extensão da minha cozinha doméstica. Ô sorte.

Harlem Sundays

Sempre fui fascinado pela cultura negra americana, especialmente o gospel das igrejas e o jazz dos clubes do Harlem.

Logo que fui morar em Nova York, encontrei o casal Euclydes Marinho e Renata Sorrah passando o fim de ano na cidade. Ele me contou que, na véspera, Dennis Carvalho havia feito uma excursão turística de ônibus pelo bairro e ouvido um coral gospel sensacional. No dia seguinte, de manhã, congelando de frio, estava eu no ponto de partida da excursão Harlem Tours, na 53rd Street com a Broadway, integrado a uma manada de turistas europeus e asiáticos.

Passeamos por ruas e colinas durante duas horas, guiados por um professor de História Americana, fazendo algumas paradas para visitas à casa de Duke Ellington e outros lugares históricos e ouvindo as narrativas sobre lutas e conquistas de heróis negros do jazz, dos esportes, da política e dos direitos civis.

Até que chegamos à Mount Moriah Baptist Church, na 125th Street. Uma igreja modesta, de arquitetura severa, fachada de pedra, com alguns poucos devotos ocupando velhos bancos de madeira. Fomos encaminhados para um mezanino, de onde ouvi o maravilhoso coral de vinte vozes e um organista cheio de suingue, cantando e tocando soul, rhythm and blues, funk, rock e jazz com tanta força e beleza que fiquei paralisado de emoção.

Depois aprenderia com um amigo da igreja que a grande e única diferença entre o gospel e os outros gêneros da *black music* ame-

International
2050

ricana está nos pronomes: as letras devocionais são dedicadas a Ele, o Senhor; e as profanas, a Ela, a mulher amada. Basta trocar um pela outra que não se sabe onde terminam a igreja e a devoção e onde começam a festa, a dança e as paixões.

Nem notei que haviam se passado quinze minutos e o guia chamava de volta para o ônibus.

— *Thanks, but I'll stay* — decidi sem hesitação.

E fiquei lá, sozinho no mezanino até o fim do show, isto é, do serviço religioso.

Voltei no domingo seguinte com minha filha Joana, de táxi. Entramos discretamente e subimos para o mezanino. Música dos deuses numa igreja de negros pobres, com os homens de paletó e gravata, mulheres e crianças com trajes elegantes de domingo, algumas velhinhas de chapéus floridos e figurinos que pareciam saídos do filme *E o vento levou*, todos cantando junto com o coro e batendo palmas no ritmo contagiante do órgão, em plena alegria da música e da devoção.

Quando o reverendo Earl Johnson começou o sermão, com seus gestos largos e sua voz de barítono, em um tom severo de pregador, com um sotaque sulista americano tão carregado que eu não entendia nada do que ele falava, nós nos retiramos discretamente.

Descemos pela 125th e caminhamos até a Lennox Avenue, onde encontramos uma grande feira ao ar livre de produtos afro-americanos, que nos lembrava o Mercado Modelo de Salvador, com suas barracas de tecidos, roupas, bonés, ervas medicinais, artesanato, defumadores, livros, discos, sandálias, turbantes, bijuterias, pinturas e esculturas de inspiração africana. Som de funk, soul e jazz nas caixas, preços populares, a arte de pechinchar como parte de qualquer compra.

Compramos camisetas e bonés e fomos almoçar no tradicional Sylvia's, na Lennox Avenue com a 126th Street. Duas salas decoradas em vermelho e bem aquecidas, com fotos de heróis negros enchendo as paredes e, entre as mesas, um quarteto vocal cantando gospel.

O menu básico era pesado: galinha frita, couve (*collard greens*), feijão-fradinho (*black-eyed peas*), uma deliciosa batata-doce caramelizada com um megalhão de calorias (*candied yams*), costelas com molho picante e croquetes de salmão, tudo bem gorduroso e apimentado. Era a *soul food*, que nasceu no Sul dos Estados Unidos, com os escravos, e era chamada pelo politicamente correto de "cozinha afro-americana", mas não no Harlem. Ali, só o máximo da incorreção alimentar.

Voltamos para Downtown de metrô; era fácil, bastava lembrar o clássico de Duke Ellington: "Take the A Train".

Nos domingos seguintes, passei a levar amigos, como o sino-americano John Kao, um professor do MBA da Business School de Harvard que também tocava piano, era louco por música brasileira, tinha coproduzido o filme *Sexo, mentiras e videotape* e trabalhava no projeto de um filme passado no Brasil, em cujo roteiro colaborei e do qual seria o consultor musical. Se tivesse saído do papel...

Kao ficou chapado com o que ouviu na igreja. E indignado.

— Mas como eu, que nasci e fui criado nesta cidade, não conhecia isso? E ainda venho trazido por um brasileiro, branco e católico!

Ele achou a música maravilhosa, mas ressalvou: "O som é uma merda".

Era tudo verdade. Microfones velhos apitando e chiando, som distorcido cheio de zumbidos em velhas caixas rachadas. Aquela música merecia uma amplificação decente.

— Vamos dar um som novo pra igreja — propôs John. — Eu pago metade e você metade, ok?

Topei. O professor voltou a Boston para dar aulas, e acabei comprando sozinho quatro microfones, duas caixas de som e um pequeno mixer, que levei em outro domingo para a igreja com meu sobrinho que me visitava em Nova York.

Esperamos o culto começar e depositamos discretamente as caixas de papelão com o equipamento no hall de entrada antes de subirmos para o mezanino vazio. No domingo seguinte voltei, mas as caixas continuavam intocadas no mesmo lugar. No seguinte, também. Caixas sem nome e sem dono, abandonadas numa igreja do Harlem, eram objetos suspeitos e só poderiam significar encrenca, entendi. Mas o que fazer? Não ia chegar lá metido a filantropo brasileiro, pedir para falar com o chefe e anunciar minha doação.

Desde a primeira vez, havia me surpreendido com algumas mulheres da igreja, vestidas de branco da cabeça aos pés, de jaleco e touca, que pareciam enfermeiras. E eram. Tinham o nome e a palavra *"nurse"* (enfermeira) bordados no jaleco e lhes cabia amparar e cuidar das devotas, geralmente velhinhas, que entravam em transe movidas pelas orações inflamadas do reverendo e pelo ritmo da música, dançando e estrebuchando como eu já tinha visto muitas vezes em terreiros de candomblé na Bahia.

Tempos depois, já amigos, perguntei ao reverendo Johnson o que, ou quem, se apossava das devotas nos cultos. Que santos elas recebiam? Eram "cavalos" de quem?

— Ora, meu filho. Do Espírito Santo.

Ah, bom. Mas dançavam igualzinho às filhas de santo que recebiam orixás no terreiro do Gantois, pensei, mas não disse.

Uma dessas enfermeiras, me vendo todos os domingos ali, o único branco na área, veio me perguntar se eu sabia alguma coisa sobre aquelas caixas misteriosas. Falei que era para ser uma doação anônima, de um admirador do coral. Virou festa. Ela gritava de alegria, chamou o reverendo e a diretoria da igreja, os paroquianos se juntaram em volta, o organista exultava enquanto as caixas eram abertas e surgiam os reluzentes microfones e os potentes alto-falantes. Natal fora de hora.

No domingo seguinte, com mais grave, mais agudo, mais eco, mais retorno, mais tudo nas caixas, fui convidado a me sentar nas primeiras filas com minhas filhas e passei a ser chamado de "Brother Nelson". E, a cada domingo, levava amigos que visitavam Nova York. Regina Casé, Washington Olivetto, Betty Faria, Regina Duarte, a turma do *Casseta e Planeta*, Daniel Filho, gente de música, de televisão, jornalistas. Lulu Santos ficou tão empolgado que soltou uma nota de cem dólares na bandeja de doações.

Todo mundo se maravilhava, não só pela música, mas pelo ambiente, pela atmosfera, e a igreja começou a ficar conhecida no Brasil. Num domingo de 1994, levei a produtora Ruth Escobar e Emilio Kalil, da Secretaria de Cultura paulista, que se encantaram com o coral e o convidaram para uma apresentação em um festival que organizavam em São Paulo.

Festa no Harlem. Ensaios. Passaportes. Vistos. Novas batas para todos. Muitos nunca tinham viajado de avião, nem ficado em hotéis de luxo, nem mesmo em qualquer hotel. Jamais tinham ganhado um cachê cantando, nem sonhado que um coral batista cantaria numa igreja católica como a do Mosteiro de São Bento, no centro histórico de São Paulo, num acordo transreligioso costurado por Ruth Escobar com o cardeal dom Paulo Evaristo Arns. E muito menos que seriam aplaudidos de pé pelo público que lotava a igreja, entre eles o presidente Fernando Henrique Cardoso e vários ministros.

O talento do coral continuava sendo noticiado no Brasil, culminando com um novo convite para apresentação, agora no Rio, na casa de shows Scala, superlotada de evangélicos e ateus, onde de novo receberam uma *standing ovation*. Ruth Escobar os chamou ainda para uma terceira apresentação no país, desta vez em Brasília, na catedral de Niemeyer lotada, com renda em benefício da Comunidade Solidária de dona Ruth Cardoso, onde foram novamente ovacionados pelo presidente Fernando Henrique e por muitos ministros, deram entrevistas para a televisão e foram homenageados com um coquetel no Iate Clube.

Em Nova York, a essa altura, a igreja já estava com seus quatrocentos lugares ocupados todos os domingos, quase todos por brasileiros. Para uma igreja modesta numa zona pobre da cidade, que mantinha com sacrifício um porão para distribuição de refeições e abrigo no inverno, e onde, como dizia o reverendo, só apareciam desgraças e pepinos, mães com filhos drogados e presos, ajuda a funerais, a velhos doentes e a negros desempregados e desamparados, aquilo era uma bênção divina. *Hallelujah!*

Os brasileiros falavam alto, alguns iam de chinelo, outros de bermuda, e tinham que ser informados de que estavam entrando numa casa de devoção, e não de show. Mas no geral o clima era de respeito e emoção, de gratidão pela música, e as doações eram generosas; nunca se viu tanto dinheiro na Mount Moriah. Alguns solistas do coro, de tanto serem aplaudidos e festejados, começaram a pensar em uma carreira artística. De fato, os solistas Duanne Jackson e Kelly Ross, os dois com dezoito anos, arrasavam na igreja e nos concertos e tinham todas as condições para se tornarem profissionais. "Quem sabe no meu selo?", eu pensava.

Com minha gravadorazinha começando, eu adoraria registrar ao vivo aquele coro sensacional, mas não sabia como levar o assunto, não queria dar a impressão de que pretendia explorar a música deles, ainda mais como branco, estrangeiro e católico, que havia sido recebido como um irmão na igreja.

Eu tinha me tornado amigo e admirador do reverendo Johnson, um homão corpulento de sessenta anos, de Atlanta, coração da América negra, formado não só em teologia mas também em artes, um homem de fé duro, rigoroso e finíssimo. Um dia, depois do serviço religioso, devorando umas costelas no Sylvia's, ele me disse:

— A igreja tem estado cheia, todos querem uma lembrança da música, e eu pensei que você, que é metido com essas coisas, poderia nos ajudar a gravar o coral e fazer uns cassetes para vender na igreja.

Era a minha deixa:

— Que mané cassete, reverendo! Vamos gravar um CD maravilhoso e vender nos Estados Unidos, no Brasil e na Europa!

Duas semanas depois, um enorme caminhão-estúdio parou na porta da Mount Moriah, e, com o Tuta Aquino pilotando a mesa, passamos o dia inteiro gravando doze músicas do coro, com um excelente som profissional, que também captava o ambiente da igreja. Depois de um mês no estúdio de Tuta, na 22nd Street, regravando vozes e instrumentos, refazendo arranjos, com grande sacrifício e paciência — afinal, eram todos amadores —, finalizamos o CD *Harlem Sunday*, que foi lançado pelo selo Lux nos Estados Unidos e no Brasil, com distribuição da Som Livre, vendendo mais de 100 mil cópias.

E recebemos convites não mais para um show, mas para uma turnê por Rio, São Paulo, Campinas, Ribeirão Preto e outras cidades do interior paulista. Depois, shows em Salvador, Curitiba e Porto Alegre. Com a igreja lotada em Nova York e, em pouco tempo, mais de 100 mil dólares de royalties da venda do disco, o reverendo Johnson parecia um empresário da Motown comandando seus artistas. Nunca a Mount Moriah tinha recebido tanto para ajudar a comunidade local.

Uma tarde, no Brasil, vi na televisão uma matéria sobre a chegada da Mount Moriah ao Rio de Janeiro. A repórter perguntava ao animadíssimo organista Dan Damon, que descia do ônibus de bata colorida, com sua cabeleira *black power*:

— Como você está se sentindo no Brasil?

— Like Michael Jackson! — respondeu ele com uma gargalhada.

De volta a Nova York, reparei que as coisas estavam mudando no Harlem. Operadoras de turismo brasileiras tinham começado a vender pacotes de ônibus para a Mount Moriah, a oitenta dólares por pessoa, repassando apenas dez dólares por cabeça à igreja. Brasileirice típica. Fazer o quê? Ninguém podia impedir os turistas de entrar na igreja nem proibir a operadora de cobrar para levá-los. O reverendo aceitava os dez dólares para evitar a perda total e contava com generosas doações na bandeja, mas estava preocupado. O *New York Times* publicou uma matéria sobre o fenômeno, em tom crítico e com o título "Voyeurs in the House of the Lord", contando que brasileiros ouviam o coral e saíam assim que começava o sermão.

Muitos queriam tirar fotos comigo ou com algum artista presente, alguns chegavam a trazer cassetes com suas próprias músicas e a enfiar no meu bolso, na esperança de que eu os convidasse a gravar um disco. Passei a entrar na igreja depois do início do serviço e a sair antes que terminasse, escondido no mesmo mezanino da primeira vez.

Um dia, vendo os ônibus chegando e a gritaria dos brasileiros, o reverendo me disse, entre a aceitação e a ironia:

— *We created a monster, my son.*

E rimos juntos.

O frio e o Rio

Foi em Nova York que me tornei escritor profissional, com o guia cultural *Nova York é aqui: Manhattan de cabo a rabo*, encomendado por Bob Feith e Isa Pessoa, então da editora Objetiva, atendendo a uma sugestão de Zuenir Ventura no enterro de Paulo Francis. Eu tinha recebido o mestre Zu e sua mulher Mary algumas vezes em Nova York e mostrado a eles uma cidade além do clássico e do turístico, inclusive com um domingo de manhã na igreja Mount Moriah e uma tarde no Harlem, além de uma excursão cultural à Filadélfia, com Costanza Pascolato, Gilda Barbosa e seu namorado Gerald Thomas pilotando uma van alugada, tudo para ver as obras mais importantes de Marcel Duchamp, que idolatrávamos e estavam no Philadelphia Museum of Art.

O *Nu descendo a escada*; a *Fountain*, um mictório de louça nomeado pelo artista como obra de arte; a roda de bicicleta montada sobre um pedestal, como escultura cinética; o retrato da Mona Lisa de bigode como humor e irreverência com a arte; e, principalmente, sua obra máxima e final, construída durante anos, o seu lendário *Étant donnés* (a cascata, a luz de gás), que só pode ser visto através de um pequeno buraco em uma pesada porta antiga. O voyeurismo como *state of the art*. Num cenário tridimensional de montanhas com ciprestes, um rio correndo e uma queda-d'água, numa atmosfera de paz e placidez, vê-se a escultura hiper-realista do corpo de uma mulher nua deitada sensualmente com as pernas abertas e o rosto encoberto, segurando uma lamparina de gás acesa.

É indescritível, infotografável, infilmável. A porta lacrada jamais foi aberta, e nenhuma imagem captada através do pequeno buraco consegue mostrar a obra em sua totalidade e seu impacto. Só pode ser vista por inteiro por um olho humano, um por um, no museu da Filadélfia.

O guia cultural de Nova York deu muito certo. Tive uma noite de autógrafos animadíssima no Mistura Fina da Lagoa, com Dom Pepe tocando para dançar e eu dando autógrafos nos intervalos. Festança entrando pela madrugada.

E vendeu muito. Com o real em paridade com o dólar, em 1994 os brasileiros iam a Nova York como quem vai a Ribeirão Preto. Todos os domingos encontrava muitos amigos na Mount Moriah, pelas ruas, nos restaurantes, correndo no Central Park, no sabadão do SoHo.

Vinte anos depois, se fosse editado, o guia teria metade das páginas. A explicação está na abertura do livro: a grande característica de Nova York é uma mudança permanente. E rápida. Entre outras coisas, o livro recomendava com entusiasmo um drinque no Bar 101,

no centésimo primeiro andar do World Trade Center, onde estive pela última vez em um showzinho de Bebel Gilberto.

Em 1998, animado com o sucesso do guia cultural e arrasado com a morte de Tim Maia, decidi escrever sua biografia, não só pela amizade, pela intimidade e pelo grande amor por ele, mas também por ser um grande conhecedor de sua obra. Só que os direitos de Tim Maia entraram num turbilhão judiciário, o que me obrigou a adiar os planos. Mas não me conformei.

Sem poder escrever a história de Tim por ora, decidi escrever as *minhas* histórias com João Gilberto, Rita Lee, Caetano Veloso, Nara Leão, Gilberto Gil, Raul Seixas, todos os personagens que estão neste livro que você está lendo, e também com Tim Maia, que naturalmente foram as mais loucas e engraçadas. Foi ótimo escrever o livro inteiro em Nova York, vendo a neve cair, as estações mudarem na janela, num cenário diferente, que me deu distanciamento para selecionar as lembranças e encadear os acontecimentos da minha vivência na música brasileira, da bossa nova até 1992, com o sertanejo, hegemônico nos anos anteriores, enfrentando a concorrência cada vez mais forte do axé de Daniela Mercury e do Olodum. Tudo sem Google, só de memória.

A noite de autógrafos de *Noites tropicais* teve uma festa de arromba, com o parque Lage recebendo mais de oitocentos convidados numa grande boca-livre só possível porque a editora Objetiva se juntou à gravadora Universal, que havia lançado um CD duplo de 32 faixas com as músicas mais importantes citadas no livro, para bancar essa extravagância. A pista de dança era a piscina vazia, com o som das picapes de Dom Pepe reverberando nos ladrilhos, criando um turbilhão sonoro enlouquecedor, e foi aberta por Paulo Coelho dançando com sua afilhada Taty, minha sobrinha.

Eu estava tão nervoso que não aproveitei muito da festa, mas fiquei imensamente feliz em rever meus amigos e vê-los se divertindo tanto.

Durante a temporada em Nova York, viajava ao Brasil sete, oito vezes ao ano. Saía na sexta à noite, depois da gravação do *Manhattan Connection*, voltava na quinta à noite para amanhecer em Nova York. Nessas viagens, sempre dava para ver um show, ir a uma praia, uma festa, acompanhar mais de perto a música que acontecia na minha terra.

Cássia Eller de moicano azul no Canecão; fazia anos que eu não via cantora tão poderosa. Fui conhecê-la no camarim, adorei abraçá-la e beijá-la, toda molhada de suor, e ela me pediu para fazer uma letra em português para uma música do desenho *Tom e Jerry*, que seu filho Chicão adorava. Achei que era brincadeira, mas ela me mandou uma fita de vídeo com a música. A besta que vos escreve não escreveu a letra, e perdeu a oportunidade de ser cantada por Cássia Eller.

Show apoteótico do Planet Hemp no Circo Voador, com aqueles doidões Marcelo D2 e BNegão inventando um punk-hop carioca, queimando até a última ponta. O Cidade Negra, reggae de primeira do Rio, ô cara bonito esse Tony Garrido! E o Rappa em Salvador! Foi impressionante ver pela primeira vez Marcelo Falcão, aquele animal de palco, a potência sonora da banda e das letras de Marcelo Yuka. A única vez que vi Chico Science e a Nação Zumbi foi no Summer Stage do Central Park, abrindo para o show de Gilberto Gil. Foi arrebatador. O cara era um grande inovador, um criador de linguagem, o mais original e poderoso representante da nova música brasileira. Os nova-iorquinos ficaram extasiados, e acabei me distraindo e perdendo o show de Gil enquanto conversava com Chico no *backstage*, sob um calor de três da tarde no pico do verão nova-iorquino.

Também em Nova York, conheci e ciceroneei Ivete Sangalo em sua primeira visita à cidade, em 1994, a pedido de Marcelo Castello Branco, presidente da Universal. Ela ainda era crooner da Banda Eva, mas eu e Marcelo concordávamos que era uma potência diferenciada de todas as (boas) cantoras formadas nos trios elétricos. Comemos na Plataforma, churrascaria brasileira de Alberico Campana que tinha lançado com espetacular sucesso o "rodízio" a 25 dólares em Nova York. Em outro dia, eu a convidei, com seu irmão Ricardo, para almoçar na minha casa, com um vistão de Manhattan do 26º andar, onde recebemos um delivery de comida mexicana que achei apimentada demais. Mas não para a baianidade dela. Rimos e nos divertimos muito. Adorei a baianinha. Quer dizer, a baianona. Tive certeza de que teria um futuro luminoso. E ainda era de Juazeiro, terra de João Gilberto.

Mas a maior das maravilhas para um brasileiro baseado em Nova York era trocar o frio de janeiro pelo verão do Rio de Janeiro, as nevascas de Manhattan pelas praias ensolaradas da minha cidade.

Voltei ao Rio em 2000. Minhas filhas, minha mulher, meu primeiro neto, meus amigos, todo mundo estava no Brasil, num clima mais quente e num ritmo de vida mais relaxado, *carioca style of life*. O que eu ia ficar fazendo sozinho em Nova York?

O resto não é história: são muitas histórias, que contei em *De cu pra lua: dramas, comédia e mistérios de um rapaz de sorte*, lançado em 2020 e escrito durante a pandemia de covid-19, trancado em meu apartamento, vendo a praia de Ipanema deserta.

Com minha mulher, Adriana, em Brasília; minha filha Joana, meus netos e meu bisneto no Rio; Nina em Lisboa; e Esperança em Madri, foi muito duro, mas tive a sorte da companhia de Mari, minha cozinheira há 35 anos, e meu gato Max, que alegra meus dias, para atravessar a quarentena.

Aos 78 anos, começo animado mais uma etapa da minha vida, trabalhando no livro de poesia *Sexo oral* e no romance *Coração de papel* e concluindo estes capítulos para a nova edição de *Noites tropicais*. E agora em outro país, diretamente de Lisboa.

Créditos das imagens

p. 10-11: Da esquerda para direita: Lenita Plonkzinska, Edu Lobo, Tom Jobim, Torquato Neto, Caetano Veloso, Capinam, Paulinho da Viola, Sidney Miller, Zé Kéti, Sonia Hirsh, Olivia Hime, Francis Hime, Luiz Eça, João Araújo, Dory Caymmi, Linda Batista, Chico Buarque, Luis Bonfá, Tuca, Maria Helena Toledo, Braguinha, Nelson Motta, Jandira Negrão de Lima e Vinicius de Moraes (Paulo Scheuenstuhl).

p. 18: João Gilberto (Claudio Kubrusly / Agência JB).

p. 23: Tom Jobim (Agência O Globo).

p. 30: Dori, Nelsinho e os irmãos Valle (Manchete).

p. 36: Erasmo Carlos, Roberto Carlos e Wanderléa (Arquivo Nacional — referência: BR_RJANRIO_PH_0_FOT_14662_007).

p. 41: Jorge Bem (Arquivo Nacional — referência: BR_RJANRIO_PH_0_FOT_11388_026).

p. 46: Edu Lobo (Arquivo Nacional — referência: BR_RJANRIO_PH_0_FOT_30063_010).

p. 52: Carlos Imperial (Manchete).

p. 60: Nelson Motta e Vinícius de Moraes (Acervo pessoal).

p. 64: Lennie Dale (Manchete).

p. 68: Ronaldo Bôscoli, Luiz Carlos Miele, Fagner e Elis Regina (Arquivo Nacional — referência: BR_RJANRIO_PH_0_FOT_12476_003).

p. 76: Nara Leão (Jorge Peter / Agência O Globo).

p. 86: Elis Regina (Agência O Globo).

p. 92: Elis Regina e Jair Rodrigues (Manchete).

p. 97: Maria Bethania (Cassio Vasconcellos / Folhapress).

p. 100: Wanderléa (Manchete).

p. 106: Jerry Adriani (Arquivo Nacional — referência: BR_RJANRIO_PH_0_FOT_07331_003).

p. 114: Chico Buarque (Arquivo Nacional — referência: BR_RJANRIO_PH_0_FOT_26011_002).

p. 122 - 123: Nana Caymmi (Estadão).

p. 130: Mesma fotografia da página 8 e 9.

p. 137: Wilson Simonal (Arquivo Nacional — referência: BR_RJANRIO_PH_0_FOT_43257_006).

p. 141: Elis Regina (Gil Passarelli / Folhapress).

p. 148: Gal Costa (Arquivo Nacional — referência: BR_RJANRIO_PH_0_ FOT_23549_015)

p. 154: Edu Lobo (Arquivo Nacional — referência: BR_RJANRIO_PH_0_FOT_30063_001).

p. 163: Gracinha Leporace (Manchete).

p. 168: Sergio Mendes (Manchete).

p. 174: Rita Lee (Estadão).

p. 184 - 185: Nelson Motta, Edu Lobo, Dina Sfat e Chico Buarque (França / Agência JB).

p. 194: Tom Jobim, Cynara e Cybele e Chico Buarque (Folhapress).

p. 204: Nelson Motta (Acervo pessoal).

p. 212: Ronaldo Bôscoli e Elis Regina (Arquivo Nacional — referência: BR_RJANRIO_PH_0_FOT_12476_002).

p. 221: Wilson Simonal (Arquivo Nacional — referência: BR_RJANRIO_PH_0_FOT_43257_081).

p. 227: Tim Maia (Rodolpho Machado / Agência O Globo).

p. 232: Chico Buarque (Rubens Seixas / Agência O Globo).

p. 238: Nelson Motta e Elis Regina (Acervo pessoal).

p. 246 - 247: Antigo píer na praia de Ipanema (Folhapress).

p. 253: Chico Buarque e Caetano Veloso (Arquivo Nacional — referência: BR_RJANRIO_PH_0_FOT_26011_086).

p. 258: Disco de vinil (Acervo pessoal).

p. 262: Raul Seixas (Estadão).

p. 274: Ney Matogrosso (Luis Gleiser / Agência JB).

p. 281: Nelson Motta e Chico Buarque (Arquivo Nacional — referência: BR_RJANRIO_PH_0_FOT_26011_036).

p. 286: Raul Seixas (Folhapress).

p. 293: Guardas (Arquivo Nacional — referência: BR_RJANRIO_PH_0_FOT_00229_D0027DE0774).

p. 298: Lobão, Lulu Santos e Ritchie (Manchete)

p. 306 - 307: As Frenéticas e Nelson Motta (Acervo pessoal).

p. 318: Nelson Motta e Leiloca (Mônica Prochownik).

p. 326: Nelson Motta e Midani (Acervo pessoal).

p. 332: Dom Pepe, Scarlet, Lulu Santos e Nelson Motta (Acervo pessoal).

p. 338: Júlio Barroso e Gang 90 (Acervo pessoal).

p. 350: Blitz (Estadão).

p. 367: Dom Pepe (Arthur Cavaliere / Agência O Globo).

p. 374 - 375: Roberto Carlos (Estadão)

p. 380: Gal Costa (Eduardo França / TV Globo).

p. 392 - 393: Legião Urbana (Nelson Stanisci Junior / Folhapress).

p. 400: Erasmo Carlos (Arquivo Nacional – referência: BR_RJANRIO_PH_0_FOT_14662_018).

p. 408: Renato Russo (Cris Bierrenbach / Folhapress).

p. 418: Chico Buarque e Caetano Veloso (Athayde dos Santos / Agência O Globo).

p. 424: Tom Jobim (Cícero P. R. / Folhapress).

p. 432: Marisa Monte (Selmy Yassuda / Agência O Globo).

p. 444 - 445: Titãs (Estadão).

p. 454: Marisa Monte e Nelson Motta (Acervo pessoal).

p. 460: João Gilberto (Janete Longo / Folhapress).

p. 470: Manhattan Connection (Acervo pessoal).

p. 476: Nelson Motta, Regina Casé e Benedita (Acervo pessoal).

p. 484 - 485: Jô Soares, Jabor, Hector Babenco e Nelson Motta (Acervo pessoal).

Todos os esforços foram feitos no sentido de identificar a autoria das fotos deste livro. No entanto, alguns fotógrafos, agência e pessoas fotografadas não foram localizados. Estamos à disposição para creditar todos aqueles que se manifestarem.

Músicas citadas

- *Brotinho sem juízo*, Carlos Imperial – Editora Musical Samba (Sadembra)
- *Influência do jazz*, Carlos Lyra – direto para o autor (Amar)
- *Sonho de Maria*, Marcos e Paulo Sérgio Valle – Editora Musical Tapajós
- *Só me fez bem*, Edu Lobo / Vinicius de Moraes – Irmãos Vitale
- *Tereza tristeza*, Chico Buarque – Ed. Música Brasileira Moderna
- *Samba da bênção*, Baden Powell / Vinicius de Moraes – Tonga Ed. Mus.
- *O morro não tem vez*, Tom Jobim / Vinicius de Moraes – Jobim Music / Tonga
- *Zambi*, Edu Lobo / Vinicius de Moraes – Irmãos Vitale
- *Marcha da quarta-feira de cinzas*, Carlos Lyra / Vinicius de Moraes – Ed. Mus. Arapuã
- *Velho pescador*, Dori Caymmi / Nelson Motta – Warner / Chappell
- *Sonho de um carnaval*, Chico Buarque – Ed. Mus. Arlequim / Sadembra
- *É de manhã*, Caetano Veloso
- *Festa de arromba*, Roberto e Erasmo Carlos – Emi Songs
- *Quero que vá tudo pro inferno*, Roberto e Erasmo Carlos – Irmãos Vitale
- *O bom*, Eduardo Araújo / Carlos Imperial – Ed. Mus. Samba
- *Quem me dera*, Caetano Veloso – Warner / Chappell
- *A banda*, Chico Buarque – Ed. e Import. Musical Fermata do Brasil
- *Disparada*, Théo Barros / Geraldo Vandré – Terra plana Ed. Mus (Fermata)
- *Pra não dizer que não falei de flores*, Geraldo Vandré – Ed. e Import. Fermata
- *Carango*, Nonato Buzar / Carlos Imperial – BMG Music
- *Nem vem que não tem / Mamãe passou açúcar ni mim*, Carlos Imperial – Musiclave Ed. Mus. (Sadembra)
- *Negro gato*, Getúlio Cortes – Emi Songs

- *Vem quente que eu estou fervendo*, Carlos Imperial – Musiclave
- *Roda-viva*, Chico Buarque – Ed. Mus. Arlequim (Sadembra)
- *O cantador*, Dori Caymmi / Nelson Motta – Warner / Chappell
- *Ponteio*, Edu Lobo / Capinam – Lobo Music / Warner Chappell
- *Alegria, alegria*, Caetano Veloso – Musiclave
- *Cipó de aroeira*, Hilton Acyolli / Geraldo Vandré – direto para o autor
- *De onde vens*, Dori Caymmi / Nelson Motta – Warner
- *Canzone per te*, Sergio Endrigo / Bardotti – Fermata do Brasil
- *Sentada à beira do caminho*, Roberto e Erasmo Carlos – Fermata
- *Bom tempo*, Chico Buarque – Ed. Mus. Arlequim
- *Saudosismo*, Caetano Veloso – GAPA
- *Chão de estrelas*, Sílvio Caldas / Orestes Barbosa – Irmãos Vitale
- *Aquele abraço*, Gilberto Gil – Gegê Produções Artísticas
- *Aqui é o País tropical*, Jorge Ben Jor – Musisom Ed. Mus.
- *Não tenha medo*, Caetano Veloso – GAPA
- *Fechado para balanço*, Gilberto Gil – Gegê Produções Artísticas
- *Sua estupidez*, Roberto e Erasmo Carlos – Emi Songs
- *O país do futebol*, Milton Nascimento / Fernando Brant – Três Pontas
- *Eu também quero mocotó*, Jorge Ben – Musisom Ed. Mus. (Sadembra)
- *O sonho acabou*, Gilberto Gil – GAPA
- *Apesar de você*, Chico Buarque – Cara Nova Ed, Mus. (Sadembra)
- *Adeus batucada*, Sinval Silva – Irmãos Vitale
- *Black is beautiful*, Marcos e Paulo Sérgio Valle – Warner
- *Cantoras do rádio*, João de Barro – Mangione e Filhos
- *Um novo tempo*, Marcos Valle / Paulo Sérgio Valle / Nelson Motta – Sigem
- *Nada será como antes*, Milton Nascimento / Ronaldo Bastos – Nascimento Ed. Mus / Três Pontas Edições Mus.
- *Ferro na boneca*, Moraes Moreira e Galvão – Warner
- *Let me sin*, Raul Seixas – Warner
- *Metamorfose ambulante*, Raul Seixas – Warner
- *Al Capone*, Raul Seixas / Paulo Coelho – Warner
- *Cálice*, Gilberto Gil / Chico Buarque – Cara Nova / Gegê Prod.
- *Jorge Maravilha*, Julinho da Adelaide – Cara Nova
- *Acorda amor*, Julinho da Adelaide – Cara Nova
- *Como vovó já dizia*, Raul Seixas / Paulo Coelho
- *Ouro de tolo*, Raul Seixas – Warner / Chappell
- *Gota d'água*, Chico Buarque – Cara Nova Ed. Mus.

- *Tigresa*, Caetano Veloso – GAPA
- *Perigosa*, Rita Lee / Roberto de Carvalho / Nelson Motta – Warner
- *Dancing Days*, Rubens Barra / Nelson Motta – Sigem
- *Perdido na selva*, Júlio Barroso – Mix Criação e Prod.
- *De repente Califórnia*, Lulu Santos / Nelson Motta – Mix Criação
- *Palestina*, Lulu Santos / Nelson Motta – Mix Criação (grupo Warner)
- *Você não soube me amar*, Evandro Mesquita / Guto / Zeca Mendigo – Ed. Mus. Tapajós / Warner Chappell
- *Românticos a go go*, Julio Barroso – BMG Music / Luz da Cidade
- *Como uma onda*, Lulu Santos / Nelson Motta – Mix Criação
- *O lado quente do ser*, Marina / Antonio Cícero – Sigem
- *Charme do mundo*, Marina / Antonio Cícero – Acontecimento Prod. / fullgás Prod.
- *Me chama*, Lobão – BMG Music
- *Vale tudo*, Tim Maia – Seroma Prod. (SICAM)
- *Pintura íntima*, Leoni / Paula Toller – Mix Criação
- *Nostadamus*, Eduardo Dussek / Luiz Carlos Góes – Irmãos Vitale
- *Rock da cachorra*, Léo Jaime – Emi Songs
- *Todo amor que houver nessa vida*, Cazuza e Frejat
- *Emoções*, Roberto e Erasmo Carlos – Ecra / Ed. Mus. Amigos (Sadembra)
- *Força estranha*, Caetano Veloso – GAPA
- *Só louco*, Dorival Caymmi – Ed. Euterpe
- *Valsa de quem não tem amor*, Custódio Mesquita – Irmãos Vitale
- *Inútil*, Roger Moreira – Warner / Chappell
- *Go back*, Sergio Britto / Torquato Neto – Ciclope / Luz da Cidade
- *Geração coca-cola*, Renato Russo – Ed. Mus. Tapajós
- *Óculos*, Herbert Vianna – Ed. Mus. Tapajós
- *Louras geladas*, Paulo Ricardo / Luiz Schiavon – Mercury / Warner
- *Será*, Renato Russo – Ed. Mus. Tapajós
- *Merda*, Caetano Veloso – GAPA
- *Bem que se quis*, Pino Daniele / Nelson Motta – Emi Music
- *Comida*, Arnaldo Antunes / Marcelo Fromer / Tony Belloto – Ciclope
- *Nome aos bois*, Marcelo Frommer / Tony Belloto / Arnaldo Antunes – Ciclope
- *Você bem sabe*, Djavan / Nelson Motta – Luanda Ed. Mus.

Referências bibliográficas

ARAÚJO, Lucinha; ECHEVERRIA, Regina. *Só as mães são felizes*. Rio de Janeiro: Globo, 1998.

BAHIANA, Ana Maria. *Nada será como antes – MPB nos anos 70*. Rio de Janeiro: Civilização Brasileira, 1980.

CALADO, Carlos. *Tropicália – A história de uma revolução musical*. São Paulo: Editora 34, 1997.

CASTRO, Ruy. *Chega de saudade*. São Paulo: Companhia das Letras, 1990.

CHEVALIER, Scarlet Moon de. *Areias escaldantes*. Rio de Janeiro: Rocco, 1999.

DAPIEVE, Arthur. *Brock – O rock brasileiro dos anos 80*. São Paulo: Editora 34, 1996.

ECHEVERRIA, Regina. *Furacão Elis*. Rio de Janeiro: Globo, 1994.

GALVÃO, Luiz. *Anos 70 – Novos e baianos*. São Paulo: Editora 34, 1997.

JOYCE. *Fotografei você na minha Rolleiflex*. Rio de Janeiro: MultiMais Editorial, 1997.

MACIEL, Luiz Carlos; CHAVES, Angela. *Eles e eu – memórias de Ronaldo Bôscoli*. Rio de Janeiro: Nova Fronteira, 1994.

MELLO, Zuza Homem de; SEVERIANO, Jairo. *A canção no tempo – 1958/85*. São Paulo: Editora 34, 1999.

SOUZA, Tarik de. *O som nosso de cada dia*. Porto Alegre: L&PM, 1983.

TROTTA, Felipe Mendes. *Titânicos caminhos*. Rio de Janeiro: Gryphus Editorial, 1995.

VELOSO, Caetano. Verdade tropical. São Paulo: Companhia das Letras, 1997.

WERNECK, Humberto. *Chico Buarque – Letra e música*. São Paulo: Companhia das Letras, 1989.

Este livro foi impresso pela Lisgráfica, em 2023, para a
HarperCollins Brasil. O papel do miolo é pólen
natural 70g/m², e o da capa é cartão 250g/m².